KB131647

우리말의 고저장단

우리말의 **고저장단**

1판 1쇄 인쇄 2016. 11. 18.
1판 1쇄 발행 2016. 11. 27.

지은이 손종섭

발행인 김강유
편집 김상영 | 디자인 이경희
발행처 김영사
등록 1979년 5월 17일 (제406-2003-036호)
주소 경기도 파주시 문발로 197(문발동) 우편번호 10881
전화 마케팅부 031)955-3100, 편집부 031)955-3250
팩스 031)955-3111

값은 뒤표지에 있습니다. ISBN 978-89-349-7617-2 03700

독자 의견 전화 031)955-3200
홈페이지 www.gimmyoung.com 카페 cafe.naver.com/gimmyoung
페이스북 facebook.com/gybooks 이메일 bestbook@gimmyoung.com

좋은 독자가 좋은 책을 만듭니다.
김영사는 독자 여러분의 의견에 항상 귀 기울이고 있습니다.

이 도서의 국립중앙도서관 출판시도서목록(CIP)은 서지정보유통지원시스템 홈페이지
(http://seoji.nl.go.kr)와 국가자료공동목록시스템(http://www.nl.go.kr/kolisnet)에서
이용하실 수 있습니다.(CIP제어번호 : CIP2016023386)

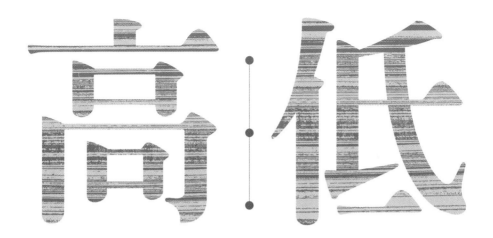

우리말의 고저장단

고저高低는 살아 있다

손
종
섭

김영사

1. 이 책의 기술 형식은 엄격한 논문 문체가 아니다. 더러는 서정·감탄·여담 등
   이 올섞인, 그리하여 비전문인인 일반 언중들도 부담 없이 읽을 수 있도록 하고
   자 한 것임을 먼저 밝혀 둔다.

2. 이 책에는 새로운 용어들이 많다. 워낙 새로운 경지의 새 질서에 대한 사상(事
   象)이기 때문에 적절한 신조어(新造語)가 불가피해서이다. 이러한 신조어는 처
   음 거론되는 부분에서 충분히 설명되어 있으나, 이하 거듭 거론되면서는 더 이
   상의 설명이 없으므로 편의상 말미(末尾)에 사전식으로 찾아볼 수 있게 하였다.
   이 '용어풀이'에는 긴요하거나 난해한 기존어도 함께 풀이하여 두었다.

3. 사성(四聲) 및 평측(平仄)의 음질(音質)에 대해서는 각가(各家)의 이설이 많으나,
   이를 본론에서 다루기에는 오히려 독자를 헷갈리게 하여 논지가 흐려질 염려
   가 있으므로, 그 자세한 시비(是非) 곡직(曲直)은 후부(後部)의 '별론(別論)'에서
   다루었다. 그러므로 본론(本論)의 필자 소신의 기술에 이견이 있을 때는 그때마
   다 '별론'의 해당처를 참조해 주기 바라는 바이다.

4. '결론'이나 '성조가(聲調歌)'도 본문의 논지를 대략하여 압축한 것이니, 이것만
   으로도 고저장단의 전모 대강을 한 손에 잡아쥘 수 있으리라 믿는다.

5. 부록으로 사용 빈도가 높은 상용어들의 측고조(仄高調), 평고조(平高調), 평저조
   (平低調) 및 제2음절 평고조(제3음절 이상의 평고조 예는 생략) 등의 많은 예어(例
   語)들을 들어 두었다. 이는 평측(平仄)의 구조 유형에 따라 고저장단의 발음이
   얼마나 규칙정연하게 이루어지고 있는가를 한눈으로 일괄 확인할 수 있게 하
   고자 한 것이니, 종횡(縱橫)으로 통찰해 주기를 바란다.

성조(聲調)를 연구하는 학자들의 주장이, 우리말의 고저(高低)는 오랜 옛날에 이미 없어지고 말았다 하며, 그 시기를 16세기 초에서 17세기 말의 2세기 폭으로 엇갈리게들 제시하고 있다.

그렇다면 우리말의 고저는 적어도 300년 이전에 이미 없어졌다는 것이 되는데, 과연 그렇다면 오늘날 우리 민족의 구두에 오르내리고 있는 우리말의 높낮은 가락은 무엇이란 말인가?

그것은 중세국어(中世國語)의 고저장단과는 무관한 것으로, 다만 사람에 따라, 또 그때그때의 기분에 따라, 아무런 원리나 법칙도 없이 일회성(一回性)으로 부침(浮沈)하는, 억양(抑揚)에 지나지 않는 것이라고 할 것인가?

아니다. 거기에는 필연성에 의한 과학적 법칙이 있고, 15세기 문헌의 방점(傍點)의 고저와 합치하는 유구한 전통이 숨 쉬고 있는 것이다.

그럼에도 불구하고 '고저는 이미 죽었다'는 이 터무니없는 오보(誤報)는 일점의 의심도 없이 학계에 수용되고 기정사실로 굳어져 오늘에 이르러 있다.

어째서일까?

살아 있는 모든 것은 언젠가는 죽게 마련이요, 존재하는 것은 필경 소멸되게 마련이라는 이 만고불변의 진리에 대한 성급한 선입견(先入見)에서, 그가 죽었다는 소문에 접하는 순간, '마침내 올 것이 왔다는 필연의 귀결'로 단정하여 어느 누구도 의심을 품거나, 진부를 확인해 보려는 노력도 부질없다는 듯, 무상감(無常感)에 이어 체념과 망각과 무심으로 오늘에 이르고 만 것이다.

그러나 이 고저가 소멸했다는 '결론'은 '소전제(小前提)의 오류(誤謬)'를 범한 데서 도출(導出)된 사이비(似而非) 결론이었을 뿐이다.

'말'은 본체요 '고저'는 그 말의 호흡과도 같은 유기적(有機的) 종속(從屬)관계이거늘, 본체인 '말'이 살아 있는데 그 호흡격인 '고저'만이 죽고 말았다니 이런 어불성설(語不成說)의 궤변이 어디 또 있다 할 것인가?

이리하여 우리말의 고저는 엄연히 살아 있으면서도 사망 처리되어 이날토록 복권되지 못하고 있다. 그러나 고저는 이에 아랑곳없이 여전히 건재하여, 비록 교육권 밖에서나마 '장단'과 제휴하여 일사불란한 대원칙하에, 이 순간도 간단없이 현대인의 구두에 활동을 지속해 오고 있는 것이다.

다져 말하거니와, 우리말이 죽지 않는 한, 우리말의 고저 또한 길이 무양(無恙)할 것이다.

여기서 한 번 돌이켜보건대, 고저가 죽었다는 소문은 '아니 땐 굴뚝의 연기'만은 아니었다. 감기에서 와병(臥病)→중병→불치→사망으로 과장된 유언비어의 소치로도 보아질 만큼, 우리말의 고저가 한때 변화를 겪은 것은 사실이다.

　곧 우리말의 악센트 격인 평고조(平高調)가 '최고조'에서 한 단계 낮아져 '고조'로 완화된 사실이다.

　구체적으로 말하자면, 전통적 고저를 계승·현행하고 있는 경상언어권에서는 여전히 평고조(平高調)가 최고조를 이룸으로써, 말씨가 규각(圭角)이 나고 거칠다는 인상을 주는 반면, 비경상권 언어에서는 이미 그 규각(圭角)의 돌기(突起)가 다분히 마모(磨耗)되어 꽤나 부드럽고 매끄럽게 세련된 감을 주게 된 점이다.

　다시 말하면, '최고조, 고조, 저조'의 3단체계였던 전통의 고저가 '고조, 저조'의 2단체계로 변화를 겪게 되었다는 것이다.

　그렇다면 이러한 변화를 가져오게 된, 그 절대적 요인은 무엇이었을까?

　첫째는 최고조를 발음하는 데 드는 힘의 소모를 될 수 있는 대로 아끼려는 경제 심리에서요, 둘째는 경사조(傾斜調, 京辭調)라 일컬어지는 '엇가락의 말씨', 곧 '엇진말'의 유행에서라 할 수 있다. 이 둘은 아마도 임진란 이후에 싹트기 시작하여 여러 세기에 걸쳐 극히 완만하게 진행되어 오면서 최고조의 '최(最)'를 침식해 오다가, 갑오경장(甲吾更張)에 이르러서야 오늘날과 같은 2단체계의 결정적 마지막 마무리로 가속화하게 된 것은 아닐까 하는 것이 필자의 견해이다.

　그것은 태초 이래로 닫혀만 있던 나라의 문호가 일조에 활짝 열리게 됨에 따른 급격한 사회심리의 변동에서라 할 수 있으니, 새 물결을 타고 밀어드는 외래문물에 대한 황홀한 호기심, 자유분방한 사조의 확산, 서당교육의 쇠퇴와 한문의 소외, 상상을 초월하는 신학문에의 동경 등 종래의 가치 기준을 근본적으로 뒤흔들어 놓는 과도기를 겪으면서 우리의 언어도 크게 흔들리기 시작했던 것이며, 그 중에도 일어(日語)의 악영향은 광복 직전까지 도를 더해 갔던 것이다.

곧 갑경(甲更) 이래로 일본식 한자 신조어(新造語)들이 홍수처럼 쏟아져 들어오면서 그것의 일본식 발음 가락의 영향으로 우리말의 고저장단은 크게 혼란을 빚기 시작했던 것이다.

그러나 신학문에 매료(魅了)되어 있었던 대다수의 식자(識者)들은 전통적인 것이야 아무려면 어떠냐는 식으로 우리 것을 비하하는 풍조에 가세하다 보니, 우리의 언어, 더구나 그 고저장단이 어찌 온전하기를 바랄 수 있었겠는가?

광복 후에는, 빈사상태에서 소생한 우리말에 대한 너무나 감격적인 애착으로, 한자어를 서얼시(庶孽視)하며 한글전용을 부르짖는, 그 틈바구니에서 한자는 초등교육에서부터 학대를 받게 되었으니, 어느 해가에 고저를 운위할 경황이나 있었으랴?

우리말의 80%를 상회하는 한자어가 그 자체에 내장(內藏)되어 있는 사성(四聲 : 平仄)에서 오는 고정장단의 규제에도 불구하고 이제는 고삐가 풀리고 말았으니, 자체에 내장이 없는 고유어의 고저장단이야 더구나 어찌 온전할 수 있었겠는가?

사실 한자를 철폐하고 한글을 전용하는 날이 온다 할지라도 한자어 자체의 철폐는 불가능할 것이다. 더군다나 한자어는 그 축약력(縮約力)

우리말의 고저장단

과 함축성(含蓄性) 등 조어상(造語上)의 뛰어난 편이성(便易性)으로 말미암아, 새로운 사물이 양산되는 작금의 추세에 맞춰 한자 어휘 또한 대량으로 쏟아져 나오고 있으며, 앞으로 더욱 가속화할 것이고 보면, 한자어 고저장단의 본래의 질서를 바로잡는 일은 동시에 고유어의 그것도 바로잡는 계기가 되는 것이므로, 비록 늦기는 하였으나 그러기에 더욱 시급한 일이 아닐 수 없다.

그러나 오늘날의 한자교육은 운소(韻素)에 대한 관심이 희박한 상태에서 수수(授受)되어 온 것인지라, 일부 식자를 제외한 대다수의 언중(言衆)은 숫제 운소(韻素)에 대해서는 그 존재마저 알지 못하고, 혹 안다 하여도 그것이 우리의 일상 생활언어와는 무관한, 다만 한시문(漢詩文)의 독송(讀誦) 제작(製作)에나 필요한 것인 양 여기는 정도로, 고저는 이제 언중의 관심 밖으로 밀려나고 만 것도 사실이다.

그러나 역설적(逆說的)인 것은, 평측(平仄)이 무엇인지 고저가 무엇인지를 알지 못하는 운롱(韻聾)인 언중이면서도, 실제 언어 생활에서는 사성(四聲 : 平仄)에서 오는 고저장단의 질서에 대부분 고분고분 잘도 따르고 있다는 사실이다.

'山谷' 할 때의 '山'이나 '山中' 할 때의 '山'이나, 글자가 같은 이상 고저도 같을 것이라고만 알고 있으며, '하늘〔天〕' 할 때의 '하'의 높이와 '하나〔一〕' 할 때의 '하'의 높이에 무엇이 다르겠느냐 하면서도, 그러나 실제 발음에서는 전자는 고조, 후자는 저조로 그르침이 없음을 본다.

이와 같이 우리는 일상생활에서 수많은 한자어나 고유어 어휘를 구사하면서, 그에 내재(內在)하고 있는 고저질서는 물론, 그 어편(語片)들이 상호 연접되면서 그때그때 이루어 내는 수많은 고저의 임시 질서마저도 자동적·기계적으로 유루(遺漏) 없이 이행하고 있음을 본다. 그러나 그들은 왜 그런 식으로 발음을 하고 있는지에 대해서는 알지 못한다. 그저 입에 익어 있는 대로 발음하고 있을 뿐이라고 여길 뿐이다.

그렇다. 그것은 이미 그의 임의(任意)에서도 아니며, 개인의 것으로도 아니다. 이는 다름 아닌 우리 대대의 선인들의 구기(口氣)를 어릴 때부터 이어받아 버릇으로 굳어진 것으로, 다만 일반 언중은 이를 자각하지 못하고 있을 뿐이다. 그만큼 언어의 생명력, 그 중에서도 고저장단의 보수성은 더더욱 강인한 것임에 새삼 경탄하지 않을 수 없게 된다.

한자의 일차음소(一次音素)인 자음(字音)은 통시적(通時的)으로 많은 변이(變異)를 거듭하여 고금(古今)이 엄청나게 달라졌으나, 이차음소(二次音素)인 운소(韻素 ; 四聲, 平仄)는 무지하게도 보수성이 강하여, 그 중에서도 음의 장단은 바뀌어도 고저는 요지부동인 것이 많으니, 문교부 선정 기초교육한자 1800자의 운소 변동이 실상을 필자가 조사한 바인, 별론(別論) '한자 사성의 변이 현황'(377쪽)에 의하면, 일부변이를 제외한 완전변이는 62자에 불과하다. 이는 현금(現今)이 아닌 중간 결산으로, 남광우(南廣祐) 님이 제시한 조선 초기에서 중기까지의 문헌—몽훈(蒙訓)·구간(求簡)·육조(六祖)·진권(眞勸)—에 의한 사성 변천 조사에서는 1623자 중 평측(平仄)이 뒤바뀐 것은 39자에 불과하다는 통계와 아울러 보아, 지극히 근소한 변동일 뿐이다.

고저장단은 미개언어에 있어서도 오히려 그러하거늘, 하물며 문명어로 자처하는 우리말이 고저도 없는 두루뭉수리일 수는 없는 일이며, 있되 무원칙·무규율일 수는 더욱 있을 수 없는 일이다.

동양의 각 언어가 고저언어이듯 우리말 역시 장단과 어우러진 고저언어임은 여러 음운학자들이 공인하는 바로, 중세국어의 방점도 이를 위한 수고로움이었음은 우리 모두가 익히 아는 바이다.

고저와 장단은 서로 분리하여 생각할 수 없는, 호흡과 맥박과도 같은 상관관계에 있으므로 어느 한쪽을 제거하면 다른 한쪽도 온전할 수 없다. 따라서 '장단'만으로는 언어의 평면감을 나타냄이 고작이지만, 고저가 동시 작동함으로써야 비로소 그 말의 입체감은 덩그러니 드러나게 되는 것이다.

음성은 숨결이 바탕이며, 어음(語音)은 숨결에 띄워 보내는 의사의 언어에 의한 표현인 것이다. 그 실어 보내는 바탕이 숨결인지라 자연 오르내림이 있고 세고 여림마저 수반되게 마련이나, 그것은 임의로서가 아니라, 거기 내재하고 있는 일정한 지시 규제에 따라서이다. 그 가장 기저(基底)가 되는 것은 한자나 어음 하나하나마다에 본래적으로 갖추어 있는 사성(四聲 : 平仄)에 의거한 고저장단인 것이다.

하나하나의 말에 내재하고 있는 그 말의 개념이 만인의 공통된 약속이듯이, 그 말 하나하나마다에 부수되어 있는 사성에 의한 고저장단 역시 만인 공통의 약속으로 그 말과 밀착되어 표리를 이루고 있는 것이다.

이와 같이 말에는 그 '뜻'과 '발음양식', 곧 말의 내용과 형식이 일원화되어 있기 때문에, 화자와 청자 사이에 별반의 중간적 장애나 정체가 없이 의사 전달이 직감적 공감으로 동시에 이루어지게 되는 것이다. 그러므로 어떠한 장애 요인으로 말미암은 말소리와 불분명함이 있을지라도, 오히려 그 고저장단의 윤곽만으로도 어의를 직감할 수 있을 만큼, 모국어에 부수된 고저장단의 전언중적(全言衆的) 통일은 모국어의 개념에 못지않은 소중한 것임을 깨닫게 되는 것이다.

이와 같은 말의 고저장단은 음성언어에서뿐만 아니라, 시·수필·소설 등 문자언어의 묵독(黙讀)에서도 마찬가지다.

독자는 거기에 서술되어 있는 각어사(各語辭)의 고저장단의 질서는 물론, 그것들의 연접에서 이루어 내는 임시 질서까지도 입을 통한 구술(口述) 때와 똑같이 눈을 통한 공감각으로 생생하게 실감할 수 있기 때문에, 전문장의 내용이 구술 때처럼 손색 없이 생동하는 상태로 받아들여지게 되는 것이다.

필자는 어려서부터 선친〔한학자 휘(諱) 병하(秉河 ; 1881~1951), 세칭(世稱) 월은(月隱) 선생〕에게서 한학을 배우면서, 한자의 '음(音)·훈(訓)'에 못지않게 '운(韻 ; 四聲, 平仄)'에 의한 고저장단의 정확한 독송(讀誦)을 독책(督責)받아 왔었다. 뿐만 아니라, 고유어의 고저장단도 한문에서의 원리와 조금도 다를 바 없다 하여, 일상어에 있어서도 그릇된 발음은 그 즉석에서 일일이 교정을 받아 왔었다.

그 후 본격적으로 국어를 전공하게 되어 성조(聲調)에 대한 관심이 깊어질수록 선고의 그와 같은 가르침이, 15세기 문헌의 방점(傍點) 표시와 감쪽같이 부합됨을 확인함으로써, 이야말로 대대로 전해 오는 우리말의 정통 성조임을 깨닫게 되었던 것이다. 따라서 관심도 더욱 높아져 그 근본을 궁구해 볼수록 그것은 하나의 음성과학적인 원리로 귀납(歸納)됨을 터득하게 되었으며, 특히 혜성과도 같은 행태(行態)인 평측배열

(平仄排列)에서의 평고조(平高調)에 매료되어, 광복 후 조잡한 대로나마 동학 간의 참고에 일조가 될까 하여 같은 제하의 작은 책자를 엮어 펴낸 바도 있었으나, 이래 80생애를 살아오는 동안 이에 대한 애착은 유구유절(悠久愈切)할 뿐이다.

그 후 각지로 다니면서 그 지방 특유의 억양(抑揚)의 차이에도 불구하고, 그 밑바닥에는 하나의 공통된 가락이 흐르고 있음을 알게 되었으며, 특히 평고조(平高調)의 일반적인 바탕은 어느 지방의 가락에도 내재하고 있음을 확인하게 되었다. 그것이 비록 경상언어권(慶尙言語圈)에서만큼 최고조까지는 미치지 못할망정 일반고조보다는 오히려 상회할 만큼 선명함을 확인함으로써, 15세기 당시의 성조가 아직도 우리나라 전역에 건재하고 있음을 절감하게 되었던 것이다.

뿐만 아니라, 우리말 사전에 올라 있는 수많은 어편(語片)들은 실사(實辭)·허사(虛辭)를 막론하고 저마다 남녀성(男女性)과도 같은 평측성(平仄性)으로 양립(兩立)하여 있어, 그것들이 상호 결합할 때에 태어나게 마련인 제2, 제3의 성질서(性秩序 : 고저질서)도 마치 유전자(遺傳子)의 법칙처럼 음성과학적으로 정확함을 발견하게 됨으로써, '우리말'이야말로 우주의 자연 법리(法理)와 합일체(合一體)임을 깨닫게 되었던 것이다.

이처럼 언어의 기식(氣息)이라 할 소중한 고저를 더 이상 방기(放棄)해 둘 수는 없는 일이니, 하루 빨리 제도권(制度圈) 안으로 복적(復籍)시켜 장단과 결합한 그 본래적 기능을 회복할 수 있도록 보호 육성해야 할 것이다.

그 방책으로는,

첫째, 고저에 대한 학계의 관심이 부활되어야 할 것이다. 그것은 '고저는 이미 죽었다'던 저간의 소문이 한갓 풍문에 지나지 않았음을 확인함에서부터 시작되게 될 것이다. 또한 그것은 현행의 우리말에 극명하게 나타나는 고저의 실존(實存)을 자타의 언어 관행(慣行)에서 쉽사리 찾을 수 있을 것이나, 그것이 다만 사람에 따라 혹은 기분에 따라 달라지는 일시적 일회성의 것이 아닌, 정연한 법칙하에 통제되어 있음을 확인함에서 얻어지게 될 것이다.

둘째, 각급 학교교육에 고저가 수용됨으로써 장단과의 불행한 오랜 상별(相別)을 끝내고, 비로소 양전(兩全)의 언어 기식(氣息)을 회복해야 할 것이다.

셋째, 고저장단을 명시한 시범적인 '국어사전'의 제작에서부터 시작되어야 한다. 그리하여 마침내는 모든 국어사전이 고저장단표를 갖추게 되는 날, 비로소 우리의 국어교육은 본궤도에 오르게 될 것이며, 우리 국어는 문화민족의 언어로서의 본래의 요건을 갖추게 될 것이다.

지금까지 장단과 고저를 별개의 존재로 여겨 그 시현(示顯)되는 말단적(末端的) 하나하나의 현상을 그저 단편적·개별적 현상으로만 기술했을 뿐, 이들을 귀납하지 못했던 것은, 그렇게 될 수밖에 없는 근본적인 대법칙을 발견하지 못하고 있었기 때문이었음에 감안하여, 본고(本稿)는 이러한 말단적·단편적 현상들을 하나의 대법칙으로 귀납하여 이를 다시 연역적(演繹的) 방법으로 풀이하고자 시도한 것이다. 그러나 필자의 연구가 아직 미숙한 점, 많은 질정(叱正)을 바라며, 동학 선후배들의 많은 연구 보전(補塡)을 갈망해 마지않는 바이다.

끝으로 바쁜 의무(醫務)의 쉴 틈을, 마구 흘려 쓴 이 초고(草稿)의 입력

(入力)으로 골몰한, 우리 맏아들 영주(英霍)에게도 말로는 못했던 '수고했다'는 한 마디를 남겨 둔다.

1999년 5월

손종섭

차례

●

1부

서론

　한 민족이나 국가의 언어생활에 있어 신속 정확한 의사 전달이라는 언어 본래의 기능을 완수하기 위하여는, 우선 언어 개념의 명확성, 문법적 구문의 정확성, 발음의 명료성이 필수적이다.

　발음에서 문제되는 것은, 각 단위음(單位音)의 정확한 발성에 못지않게 중요한, 생동하는 언어의 리듬을 담당하는 고저장단(高低長短)의 정확성이다.

　이는 어의(語義) 분화(分化)에 필수적일 뿐만 아니라, 신속한 의사 전달은 물론, 화자(話者)와 청자(聽者) 간의 직감적 공감대에 의한 유대감·친밀감을 일으킴으로써 언어의 정감적 일면을 담당하기까지 한다.

　우리가 외국어를 배울 때 입문에서부터 악센트에 대해 엄격한 훈련을 받게 되는 것도 그 때문이며, 같은 동양권 언어 특히 한자를 공용(共

用)하고 있는 중국어를 배울 때 더욱 까다로운 1·2·3·4성에 신경을 쓰는 것으로도, 그것이 얼마나 소중한 것인가를 알고도 남음이 있는 것이다.

그러나 막상 우리 국어를 배움에 있어서는 어찌하여 고저가 전혀 문제 되지 않는 것인가? 우리의 학교 교육에서 장단은 다루면서도 고저에 대해서는 한 마디 언급도 없다.[1]

우리말이 거의 빈사 상태에서 회생하여 오늘의 이만 한 경지에 이르렀음도 보기에 따라서는 대견하다 할 수 있겠으나, 광복 후 너무나 많은 과제들을 한꺼번에 안고 있었기 때문에, 고저에 대한 중대한 문제가 필경 사각지대(死角地帶)에 들어 돌보아지지 못한 상태에서 오늘에 이르렀음은 안타까운 일이 아닐 수 없다.

이처럼 고저에 대해서는 숫제 학계에서 이미 스스로 방기(放棄)해 놓은 터라, 이에 대한 오늘날의 난맥상(亂脈相)은 오히려 당연한 결과라 할 것이다.

이와 같은 고저에 대한 학계의 불감증과 언어 정책의 부재(不在)는 필경 누구보다도 국어를 사랑하면서도, 결과적으로는 스스로 국어를 비하(卑下)해 놓은 것이나 다름없다고 아니할 수 없게 되었다.

그러나 역설적이게도 그러한 오랫동안의 방기(放棄)에도 불구하고,

---

1 최현배(崔鉉培) 선생은 《한글길》(1961) 373쪽에서 다음과 같이 말하고 있다. "우리말에도 높이 악센트가 있는 것이다. 다만 국어 학자들의 연구가 미치지 못하고 있을 따름이다. 그러므로 오늘날 과학적으로 꾸민 말광(辭典)에다 소리의 길이표(長短票)와 올림표(抑揚票)를 붙여야 할 것이요, 과학스런 말씨 가르치기에는 역시 이 두 가지를 철저하게 밝게 가르쳐야만 진실로 바르고 생생한 말을 배우게 될 것이니라."

고저의 오류는 장단의 오류 이상도 아닐 만큼 국어 교육의 테두리 밖에서 야생(野生)으로 오늘날까지 그 명맥을 이어 오고 있다. 이것은 실로 불행 중 다행할 일이며 새삼 고저의 끈질긴 보수성과 그 강인한 생명력에 감탄하지 않을 수 없게 한다.

그러나 일부 음운학자들은 말한다. 고저는 일부 지방(경상도)의 방언에만 남아 있을 뿐, 이미 소멸해 버렸다고.

필자는 몇 해 전, 단 한 번밖에 들을 수 없었던, 모 방송국 한 아나운서의 5분 뉴스를 들으면서, '저 사람이야말로 고저는 이미 사라졌다고 주장하는 일부 학자들의 주장을 뒷받침해 주는 산 증인이 아닌가?'라고 생각한 적이 있었다. 그는 자신의 어조가 잔잔하게 물이 흐르듯 매우 유창하고 윤활한 어조라고 자부하고 있는지 모르겠으나, 그러나 그의 말은 이미 살아 있는 사람의 숨결을 타고 나오는 말이 아니었다. 맥 빠진 말, 숨 죽은 말, 고저도 억양도 없는 평면적인 말, 나른한 듯, 졸린 듯, 보도 내용의 희비에 아랑곳없이 무신경 무감각한, 어찌 들으면 유령의 저주 같기도 한 비인간적인 말소리였던 것이다.

우리는 냉철히 생각해 보아야 한다. 과연 고저는 이미 소멸해 버린 것인가?

그렇다면 지금 우리가 쓰고 있는 말은 위의 아나운서처럼 고저가 없는 말을 쓰고 있는 것인가?

고저가 있다면 그것은 도대체 어디서 온 것인가? 특정한 법칙이나 조상의 구기(口氣)와는 아무런 연관이 없는 것이란 말인가?

자의(恣意)에 의한 것이라면 각양각색으로, 또는 같은 사람이라도 그때그때의 기분에 따라 고저도 제멋대로 달라지고 있다는 말인가?

그렇다면 고저의 이러한 방만(放漫)을 아무런 규제도 없이 언제까지나 방치해 두어도 괜찮은 것인가?

이러한 고저의 난맥상은, 선인들이 방점(傍點, 사성점)으로 표시해 가면서까지 소중하게 다루어 오던 당시에 비하여 발전적 현상인가, 퇴행적 현상인가? 그리고도 문화민족의 언어로 자부할 수 있을 것인가?

세계의 어느 언어에 고저도 강약도 없는 그런 언어가 있을 수 있다고 생각할 수 있는가?

말은 어찌하여 입에서 나오는가? 말은 숨결에 실려서만 나오게 마련이기 때문이다. 곧 말이란 그 숨결의 바탕 위에 각종 발성 기관이 작용하여 온갖 소리결로 바뀌게 되는 것이니, 그 가장 기본은 숨결인 것이다. 숨결은 살아 있음의 표상일 뿐만 아니라, 숨결에는 '결(決)'이 있어 부침 기복(浮沈 起伏)하는 생의 리듬이 나타나게 마련이며, 그것이 필경 소리결(音波)로 나타나는 것이 다름 아닌 말의 고저장단이고 보면, 세계의 어느 미개인의 언어엔들 고저장단이 없는 죽은 언어가 있을 수 있겠는가? 하물며 문화민족의 언어에 강약이든 고저이든의 변화가 없는, 그런 언어가 있을 수 있는 것인가?

본디부터 없었더라도 오히려 길을 닦아야 하겠거늘, 하물며 그렇게 뚜렷하던 길을 묵혀 놓은 채 방황하는 언중을 인도할 줄 모르고 있는 것은 아닌가? 등등 자문 자답으로 냉철히 생각해 보아야 할 일이다.

다음과 같이 A, B의 발음을 두고 생각해 보자. 〔′ ′ 표는 고조(高調)〕

A   B

어린이   어린이

민주주의   민주주의[2]

이렇게 사람에 따라 발음을 달리하고 있는 것이 오늘날의 실상이다. 이처럼 아무렇게나 발음을 해도 괜찮단 말인가? 전자(前者)가 옳다면 후자(候者)는 틀린 것이 되어야 하고, 후자가 맞는 발음이라면 전자와 같은 발음은 하지 말아야 할 것이 아닌가? 어느 문화민족의 말에 이래도 좋고 저래도 맞는 그런 언어가 있단 말인가?

선진어로 자처하는 서구어들은 단어마다 악센트의 소재를 사전에 일일이 밝히고 있고, 한 치도 빗나가지 못하도록 가정이나 학교 교육에서 어릴 때부터 이를 규제하고 있지 않은가?

세로 가든 모로 가든 어의 전달(語意傳達)만 되면 그만이란 사고방식이라면 A든 B든 따질 필요가 없을지 모른다.

그러나 '어린이·민주주의'로 상용하는 사람이 '어린이·민주주의'란 발음을 듣고 그것이 무엇을 뜻하는 말인가를 이해하기까지에 겪는 약간의 혼선과 갈등, 다소의 거리감과 거부감, 그리고 이를 '어린이·민주주의'로 이해하기까지에 겪는 내적(內的) 판별의 최소한의 시간의 소요 등으로 말미암아, 어의가 직감적으로 와 닿지 못함에서 오는 친착미(襯着味)와 신속성의 결여(缺如) 등으로 보아, 음성체(音聲體)로 나타나는 구체

---

2 A의 발음이 법칙에 맞는 말이다. 이는 '늙은이', '젊은이'로 유추해 봄으로도 알 수 있다. 만일 '어린이'가 옳은 것이라면 '노인', '청년'은 '늙은이', '젊은이'로 유추될 것이므로 옳은 고저라 할 수 없다.

적인 메시지로서의 언어의 구실을 다했다 할 수는 없을 것이다. 또,

公私 : 工事,	名詞 : 名士,	民情 : 民政
공사　공사	명사　명사	민정　민정
東西 : 同壻,	青山 : 清算,	公山 : 公算
동서　동서	청산　청산	공산　공산

이런 말들을 문맥(文脈) 속에서가 아닌 단어만으로 똑같은 고저의 발음
을 한다면 어의가 헷갈리게 될 것이다.

비록 문맥 속이라 할지라도,

1. 남원에서 '춘향제'를 지내고, 각 향교에서도 '춘향제'를 지낸다.
2. '공주'가 '공주'에 왔다.
3. '청주'에 와서 마시는 '청주'의 맛
4. 백두산 정상에서 '천지'를 바라보며 '천지'를 굽어본다.
5. 아직 '이르'다고 '이를'수록 '이르'지 않다고 '이르'지 뭔가?
6. 이것이 '이른바' '잃은 바'는 대결이요, 얻은 바는 통일인 것이다.
7. '하나', 그것은 '하나'만 알고 둘은 모르는 소리다.
8. 지난날의 '허물'일랑 '허물'처럼 벗어 버리라.
9. '기아'가 심하다고 '기아'를 하다니?
10. 그는 한 나라의 '원수'인가 '원수'인가?
11. '자주', '자주', '자주' 듣는 말이지만, 진정한 '자주'는 알지 못하고
있다.

12. '한숨' 자고 나서 또 '한숨'을 쉰다.

13. '부동표'에 신경쓰지 말고 '부동표'에나 신경을 써라.

14. '신'을 신은 채 '신'의 전당에 오르다니?

15. 우리 '한민족'은 '한복'을 입고, '한어'를 쓰는가 하면, 저 '한민족'은 '한복'을 입고 '한어'를 쓴다.

* 정확한 발음은 주3을 보라.**3**

─예시 1

　이는 다만 고저장단이 어의 분화(語意分化)에 필수적이란 생각을 넘어 더 심각함이 있으니, 이 두 전후어(前後語)를 똑같이 발음했을 때의 청자의 당혹감을 상상해 보라. 문맥 의미로 더듬어 그 뜻을 간신히 알아냈다 할지라도, 마치 서투른 실력으로 외국어를 이해해 낸 듯, 어의 판별

---

3 1. 春香祭, 春享祭 2. 公主, 公州 3. 淸州, 淸酒 4. 天地, 天池 5. 이를(早), 이를(謂), 6. 이른바(所謂), 잃은 바(所先) 7. 하나(그러하나), 하나(一) 8. 허물(罪過), 허물(舊皮) 9. 飢餓, 棄兒 10. 元首, 怨讐 11. 자주(頻), 자주(自主) 12. 한숨(一枕), 한숨(歎息) 13. 浮動票, 不動票 14. 신, 神 15. 이는 장단 문제이니, '韓'이 짧고, '漢'이 깊을 확실히 해야 할 것. 우리 한민족은 한복을 입고 한어를 쓰는가 하면, 저 한민족은 한복을 입고 한어를 쓴다.

* 악센트로 표기된 것은 평고조(平高調)되는 음절 표시임.

* '1, 2, 3, 4'는 평저조(平低調)와 평고조(平高調)의 대비이며, 그 이하는 평고조(平高調)와 측고조(仄高調)의 대비이다.

* 여담 한 토막 : 어느 날 필자는 라디오를 켜 놓은 채, 잠이 들락말락 하는데, "오늘은 성균관에서 춘향제를 지내고 지방의 각 향교에서도 춘향제를 지낸다…"는 바람에 잠이 확 깨면서 벌떡 일어났다. 남원 광한루에서라면 모를까. 이럴 수가…?

보통 때였다면 '春享祭'를 잘못 발음하는 것으로 예사롭게 들었을 것을….

春香祭는 제2음절이 고조되고

春享祭는 제1음절이 고조된다.

고저장단의 대법칙을 알게 되면, 절로 수긍이 될 것이다.

을 위한 내적 갈등과 곤혹을 치른 나머지의 이해란, 이미 '신속 정확한 의사 전달'에도 낙제일 뿐만 아니라, 같은 언어를 쓰는 겨레로서의 친착미나 일체감이 결여되어 있음은 말할 나위도 없다.

세계의 모든 문화민족의 말은 단어마다 고저 또는 강약의 구체적·사회적 약속으로 공감대를 이루고 있어, 아무리 입빠른 어조로 지껄여도 별다른 내적 판별의 과정이 없이 최단 거리로 이해에 직결되기 때문에 몸에 착 달라붙는 정겨움마저 느끼게 되는 것으로, 비록 음절 발음에 불분명함이 있다 할지라도, 그 억양만으로도 무엇을 말하고 있는가를 직감할 수 있게 되는 것이다.

성조(聲調), 곧 언어의 고저장단은 언어의 리듬인 것이다. 리듬에는 기복이 있어, 오르내림의 공간적 일면이 있음과 동시에 그 오르내림의 시간적 일면이 있어, 이 둘이 상승(相乘)함으로써 비로소 살아 있는 '말소리'로서의 입체성과 생동성을 실감하게 되는 것이다.

이는 바로 인간의 호흡과 맥박과도 같은, 인체 생리의 생활 리듬으로 '고저장단'은 바로 그 생활 리듬의 언어에로의 발현인 것이다.

기복이 없는 언어는 평야나 사막을 도보하는 것과 같아서 쉬 피로하게 된다. 청자만이 아니라 화자도 함께 지치게 될 것이니, 이는 인간의 생리 현상을 거역함에서 오는 필연적인 위화현상(違和現象)인 것이다.

이와 같이 고저장단은 언어의 의미 분화에 기여할 뿐만 아니라, 그 생생한 호흡감·맥박감에서 오는, 같은 겨레로서의 유대감과 친착미를 절감하게 함과 동시에, 살아 있는 언어로서의 생동감과 율동미마저 느끼게 하는 것이다. 그러나 이처럼 소중한 우리말의 고저장단은 결코 개인의 구습(口習)이나 기분이나 자의(恣意)에서가 아니다.

만일 아무런 준거(準據)도 없이 기복(起伏)이 조작된다면, 그것은 리듬이 아니라 불협화(不協和)의 난조(亂調)일 뿐이니, 청자의 곤혹(困惑)을 감당하기 힘들 것이다.

고저장단은 하나하나의 개념을 가진 구체적인 어휘마다에, 필연적 법칙에 의하여 정착되어 우리의 조상 대대로 구구전승되어 오는 것이다. 그러므로 말의 개념과 그 말의 고저장단, 곧 말의 내용과 형식은 서로 분리할 수 없는 표리일체(表裏一體)의 상태로 전수(傳授)되는 것이며, 그 전수는 아직 '말문'이 터지기도 전인 강보(襁褓) 속에서부터 암암리(暗暗裡)에 이루어지게 되는 것이므로, 한 말의 고저장단은 그 말과 운명을 같이하는 것이다. 그러므로 말이 없어지지 않는 한, 그 고저장단 또한 없어질 수 없는 것이다.

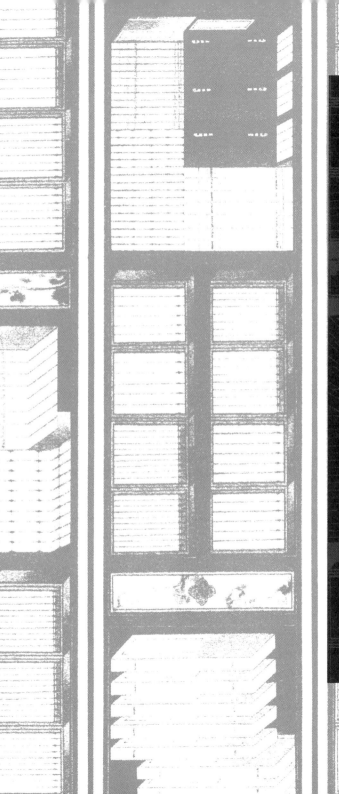

2부 ——— 본론

고저장단(高低長短)의 개요(概要)

  우리말의 고저장단(高低長短)은 한자가 들어오기 이전부터 우리 고유어의 속성(屬性)이었던 것으로 추측된다. 15세기 문헌의 방점과 신라 언어를 연원(淵源)으로 하는 경상언어와의 감쪽같은 부합(符合)이 이를 시사해 주고 있는 만큼, 한자의 사성(四聲)이 아무 거부반응 없이 우리 고유어의 바탕에 동화되었던 것으로도 짐작이 어렵지 않다. 그것은 무엇보다도 우리 고유어나 중국어가 다 같은 고저언어권(高低言語圈)에 속해 있었기 때문에 가능했던 것으로 짐작된다.[4]

  그러므로 필자는 우리말의 고저장단에 대한 이해를 쉽게 하기 위하

---

4 서양 언어가 대개 강약(强弱)언어인 것과는 반대로, 동양 언어, 즉 중국어 및 우리말, 일본말, 동남아시아이 각 언어들은 고저(高低)언어인 것이다.

여 역설적이기는 하나, 우리말의 80%를 훨씬 상회하는 한자어의 고저장단에서부터 시작하지 않을 수 없으며, 그러자니 그 본거인 사성(四聲)에서부터 단서를 잡아 설명하지 않을 수 없다.[5]

그것은 한자음의 사성과 그에서 일어나는 일사불란한 질서를 이해함으로써, 이를 도입·적용한 고유어에서의 방점(傍點)과 그 질서도 자연스럽게 터득할 수 있으리라 생각되기 때문이다.

(1) 사성(四聲)이란 무엇인가?

사성(四聲)이란 고저와 장단으로 구분한 한자음의 네 가지 성조(聲調)로서,

평성(平聲)   상성(上聲)   거성(去聲)   입성(入聲)

이 그것이다. 한자는 표의문자인 만큼 글자마다 뜻이 있고, 음이 있고, 또 그 음을 규제하는 운(韻)이 있다. 곧, 한자는

훈(訓)·음(音)·운(韻)

---

5   우리말 사전을 무작위로 표본 조사해 보면, 큰 사전의 경우 한자어가 80%를 상회한다. 뿐만 아니라 새로운 사물이 대량으로 쏟아져 나오는 오늘날의 추세라면, 앞으로 한자신조어(漢字新造語)는 더욱 그 비율이 높아져 갈 것이다.

의 3요소로 이루어져 있어, 그것이 삼위일체로 작용하고 있는 것이다. 음운(音韻)이란 말은 이 음과 운을 아울러 일컫는 말로서, 운은 음의 고저장단을 지시 규제하는 기능을 담당하고 있으며, 그것의 실현은 음의 발음상에서 이루어진다.

같은 음이라도 그 음의 높낮이나 길고 짧음, 곧 음의 고저장단은 서로 다르다. 예컨대 '氣, 妓, 奇'는 그 음을 한글로 표기할 때는 똑같은 '기'일 뿐이지만, 입으로 발음할 때에는 다음과 같이 서로 다르다.

묵직하고 약간 길게 소리 내야 하는 거성(去聲)으로서의 '기(氣)'와, 묵직하고 길게 소리 내야 하는 상성(上聲)으로서의 '기(妓)'와, 가볍고 짧게 소리 내야 하는 평성(平聲)으로서의 '기(奇)'로 각각 구별된다.

사성(四聲)을 결론부터 먼저 간략하게 그 특징을 들면 대략 다음과 같다.[6]

사성(四聲)	장단(長短)	경중(輕重)	고저(高低)	평측(平仄)
평성(平聲)	가장 짧고	가볍고	낮은 소리	平
상성(上聲)	가장 길고			
거성(去聲)	다음으로 길고	무겁고	높은 소리	仄
입성(入聲)	다음으로 짧고			

—예시 2[7]

---

6 사성에 대한 상론(詳論)은 별론(別論)인 '중국 한자음 사성(四聲)과 우리 어음(語音)의 사성(四聲)' (319쪽) 참조.

7 이 표에 규정된 장단(長短), 경중(輕重), 고저(高低)에 대한 논거는 별론으로 다룬 '1·2·3·4·5항' (319∼388쪽) 참조.

이 중 거성(去聲)·입성(入聲)의 음장(音長)은 '다음으로 긺'과 '다음으로 짧음'을 통분(通分)하면 필경 똑같은 비장비단(非長非短)으로 '평성(平聲)'과 '상성(上聲)'의 중간 길이에 해당한다.

사성은 한자음에서뿐만 아니라, 우리 고유어의 어음(語音)에 있어서도 그 궤(軌)를 같이하는 것으로 보고, 정음 창제 당시부터 이를 도입하여 국어의 고저장단의 준거로 삼아 왔던 것이다. 그리하여 모든 한글 또는 구한문 혼용 간행물에, 사성점〔방점(傍點)〕을 베푸는 번거로움을 감수하면서까지 이를 중요시해 왔던 것이다.

따라서 '고저'를 바로잡고자 하는 본고(本稿)의 의거처(依據處)도 당연히 고저의 본거(本據)인 사성의 규명에서부터 시작하지 않을 수 없는 것이다.

한자의 입성(入聲)은 'ㄱ, ㅂ, ㄹ'종성의 한자음으로, 사성 중 그 특색이 가장 두드러져 있어 분간하기에 어려움이 없다.[8] 평성(平聲)은 '가장 짧고 가볍고 낮은 소리'라, 이 또한 혼동의 소지가 비교적 적다. 그러나 상성(上聲)과 거성(去聲)은 성질(聲質)이 서로 비슷하여 헷갈리기 십상이다. 이에 대하여는 별론(別論)인 '상성(上聲)의 선고후고(先高後高)와 상거상혼(上去相混)'(349쪽)에서 따로이 논하기로 한다.

---

8 입성(入聲)이란 폐쇄음(閉鎖音) 'ㄱ, ㅂ, ㄹ'종성(終聲)의 한자음을 이름이다. 'ㄹ'종성은 유성음으로 폐쇄되지 않기 때문에 입성(入聲)이 될 수 없다. 그러므로 '훈민정음 종성해(訓民正音終聲解)'에서와 같이 'ㆆ'을 병서(並書)한 'ㅭ' 종성을 받쳐 '月웛, 葛갏'과 같이 표기하였던 것이다. 이는 '月ㅅ자, 葛ㅅ자' 할 때의 '자'로 넘어가기 직전의 음임을 보인 표기방식이다.

(2) 사성(四聲)과 평측(平仄)

'평측(平仄)'이란 세분해 놓은 '사성(四聲)'을 그 성질(聲質)에 따라 통합하여 양립(兩立)하는 체계로 개편해 놓은 것의 명칭이다.

곧 '平'은 사성 중의 평성(平聲)이요, '仄'은 사성 중의 '상성(上聲)·거성(去聲)·입성(入聲)'을 뭉뚱그린 이름이다.

그것은 상성·거성·입성은 그 소리가 한결같이 '중후하고 높은' 공통 특징을 가지고 있으므로, 이들을 한데 묶어 '仄'으로 삼아, 이와는 대조적인 '짧고 가볍고 낮은', '平'과 대립 개념으로 파악함이 고저장단을 논함에 있어 한결 편리하기 때문에 생긴 체계인 것이다.

사실 한자음의 고저를 운위(云謂)할 때는 평측(平仄)으로 족하다. 상성·거성이 상혼(相混)되어 구별하기 힘들지만 평측(平仄)으로 말한다면 그 둘은 똑같은 측성(仄聲)이기 때문에 아무 문제도 없는 것이 된다. 시부(詩賦)의 율조(律調)나 한시문(漢詩文)의 독송(讀誦)에도 평측(平仄)으로 족하며, 한자어의 성조에도 평측(平仄)의 양립체계(兩立體系)로 족한 것이다.[9]

또한 평측(平仄)은 한자어에서뿐만 아니라, 우리 고유어의 어음에 있어서도 마찬가지로 국어의 성조를 가늠하는 데 중요한 지표가 되어 오고 있는 것이다.

---

9 고저를 논할 때는 평측(平仄)으로 족하나, 장단을 논할 때는 장음(長音)인 상성(上聲)이 따로이 일컬어질 것은 물론이다.

다음에 그 평측(平仄)의 속성을 살펴보기로 한다.

우선 '平'과 '仄'의 청각 인상을 간기(簡記)하면 다음과 같다.

> 平 - 저(低)… 經 淸 小 急 薄 狹 淡 近 銳 淺 浮 疾 瘠 明 陽 短
> 경 청 소 급 박 협 담 근 예 천 부 질 척 명 양 단
> 仄 - 고(高)… 重 濁 大 緩 厚 廣 濃 遠 鈍 深 沈 徐 肥 暗 陰 長
> 중 탁 대 완 후 광 농 원 둔 심 침 서 비 암 음 장

-예시 3[10]

이를 달리 표현하면 '平'은 비중(比重)·비열(比熱)이 낮은 경쾌한 소리요, '仄'은 비중·비열이 높은, 무겁고 듬직한 소리다.

이를 다시 요약하면 '平'은 가장 짧고 가볍고 낮은 소리요, '仄'은 '平'보다는 길고 무겁고 높은 소리다.

이 사성의 고저장단에 대해서는 학자에 따라 중국의 속운(俗韻)[11]이라고 할 수 있는, 관화(官話)의 사성[이는 우리가 지켜오고 있는 전통적인 정운(正韻)의 사성과는 전연 딴판이다]과 혼동함에서 오는 여러 가지 이설(異說)이 많으나, 이에 대한 자세한 논의는 각각 멀미의 '별론(別論)'으로 미루고, 여기서는 다만 고래(古來)의 상식으로 일점(一点)의 의혹도 없이 신봉(信奉) 답습(踏襲)해 오고 있는 〈원화운보(元和韻譜)〉 소설(所說)의 정운(正韻)에 입각한, 상술한 바의 설명에 그치기로 한다. '중국 한자

---

10 이는 마치 우리말 모음의 양성(陽性), 음성(陰性)의 음성상징(音聲象徵)과도 비슷하다.

우리말의 고저장단

음 사성(四聲)과 우리 어음(語音)의 사성'(319쪽) 참조.

(3) 평측(平仄)과 고저(高低)

여기서 말하는 고저(高低)란 강약과는 다르다. 강약이 발음할 때 들이는 힘에 의한 음파(音波)의 대소(大小)에 기인하는 것과는 달리, 고저는 단위시간 내에서의 성대 진동에 의한 음파(音波)수의 다소(多少)에 기인하는 것이다. 그리고 이 고저는 강약과도 같이 상대적인 차이일 뿐, 절대적인 것은 아니므로 고저에 따라 다소의 강약이 수반되는 것도 자연자세(自然之勢)인 것이다.

서구 언어의 대다수가 강약언어임과는 대조적으로 동양 언어의 대

---

11 중국 본토에서는 문운(文韻)이라 할 수 있는 정운(正韻)은 정운대로 오늘날까지 그대로 변함없이 지켜오고 있는 한편, 어운(語韻) 또는 속운(俗韻)이라 할 수 있는 회화(會話)의 운이 딴 갈래로 발달하였다. 그것은 물론 정운에서 파생(派生)된 것이지만, 체제도 달라졌을 뿐 아니라 같은 '평·상·거성'이라도 발음은 전연 딴판이다. 그것은 북송(北宋) 때에 이미 평성이 上平(음평), 下平(양평)으로 나뉘어지고, 입성(入聲)은 폐쇄음(閉鎖音) 종성(終聲)을 잃고 평·상·거성으로 제각기 분입되어 오늘날의 북경관화(北京官話)의 사성 체계인 상평성(上平聲), 하평성(下平聲), 상성(上聲), 거성(去聲)으로 정착하게 되었다. 이를 일람표로 보이면 다음과 같다.

제1성(上平·陰平) … 5→5
제2성(下平·陰平) … 3→5
제3성(상성) … 2→1→4
제4성(거성) … 5→1
〔숫자는 고저의 도수(度數)를 나타낸 것〕

그러나 우리나라에 귀화한 사성은 귀화 당시의 정운(正韻)의 모습 그대로 그 체계에는 변동 없이 오늘날까지 그대로일 뿐만 아니라, 그 자체 문운(文韻)이자 어운(語韻)으로 우리말의 고저장단을 담당하고 있다.

다수는 고저언어이며, 우리말 또한 고저언어라는 것은 이미 음운학자들이 공인하는 바로서, 중세국어의 방점도 고저(장단도 내포)에 표준한 것임은 주지(周知)의 사실이다.

고저(高低)는 평측(平仄)의 속성이다. 곧 평평한 평성(平聲)은 낮은 가락〔低調〕이요, 우뚝한 측성(仄聲)은 높은 가락〔高調〕이다.[12]

이는 가장 초보적인 고래의 상식이다. 곧 상·거·입성(上·去·入聲)은 원래 고조(高調)로 태생하였으므로 언제 어디서나 고조로 일관되는 것이며, 평성(平聲) 또한 태생이 저조(低調)인 이상 언제 어디서나 저조로 일관되어야 할 것이다. 그러나 이 평성(平聲)은 그렇게 고분고분하지만은 않아서, 어느 일정한 상황하에서는 측고조(仄高調)보다도 더 높은 가락으로 반발하기도 하는데, 이에 대해서는 후술하기로 한다.

---

12 한자가 글자마다 평성(平聲) 아니면 측성(仄聲), 그 어느 한쪽에 소속되어 있다고 하면, 이에 생소한 사람들은, 그 식별(識別)이 매우 어려울 것으로 지레 짐작하고 성급하게 단념하려 할지 모르겠으나, 반드시 그렇지만은 않다. 상식으로도 어느 정도 추측할 수 있으니, 평소의 구습(口習)대로 발음해 보아, 짧고 가벼운 소리면 평성(平聲)이요, 좀 듬직한 질감이 느껴지는 소리면 측성(仄聲)인 것으로 짐작하면 어느 정도는 적중할 것이다. 그러나 그 정확함은 자전(字典 ; 옥편), 사전(辭典) 운고(韻考) 등에서 확인하는 것이 좋다. 자전에는 평·상·거·입성(平·上·去·入聲)으로 표시한 것도 있으나, 대개의 경우는 □나 ○안에 운통자(韻統字)를 넣어 표시한 것이 보통이다. 이 경우에는 그 속에 들어 있는 글자가 평성운통자(平聲韻統字)이면 평성(平聲)이요, 상성(上聲)이나 거성(去聲)이나 입성(入聲)의 운통자(韻統字)이면 측성(仄聲)이 되는 것이다. 그러나 거기 신경쓸 필요는 전연 없다. 왜냐하면, 평성(平聲)만 알면 그 이외의 것은 다 측성(仄聲)이기 때문이다. 위의 □○ 속에 들어 있는 운통의 글자가 다음의 30자 중의 하나이면 그것은 다 평성(平聲)인 것이다.

東,	冬,	江,	支,	微,	魚,	虞,	齊,	佳,	灰,	眞,	文,	元,	寒,	刪
동	동	강	지	미	어	우	제	가	회	진	문	원	한	산
先,	簫,	肴,	豪,	歌,	麻,	陽,	庚,	靑,	蒸,	尤,	侵,	覃,	鹽,	咸
선	소	효	호	가	마	양	경	청	증	우	침	담	염	함

우리말의 고저장단

(4) 고조(高調)와 저조(低調)

　이제 이 원리원칙을 결론적으로 먼저 내세우면 다음과 같다.
　우리말(고유어나 한자어)의 고저장단은, 각 음절(音節)이 가지고 있는 소리의 속성인 평성(平聲) 또는 측성(仄聲)의 구성(構成) 유형(類型)에 따라 결정된다. 곧 2음절어를 예로 한 그 구성 유형은 아래의 4가지가 되는데, 고저장단은 그 유형에 따라 제각기 달라진다.

平平,　　平仄,　　仄仄,　　仄平

평평　　　평측　　　측측　　　측평

　이는 2음절어 기준의 유형이나, 그러나 우리말의 고저는 3음절어든

　모두가 짧은 가벼운 소리니 눈에 익히고 입으로 외워 버리면 그만이다.
　그러나 좀 더 지혜롭게 편찬한 현대의 자전이나 옥편은 평·상·거·입성(平·上·去·入聲) 운통자를 에워싼 □형의 네 귀에 작은 고리나 점을 붙여, 그것의 위치만으로도 사성 중의 어느 성인가를 한눈에 알아볼 수 있게 해 놓고 있다. 곧 □은 평성(平聲), ▢은 상성(上聲), ▢은 거성(去聲), ▢은 입성(入聲)으로 되어 있어, □ 안에 들어 있는 운통자의 운속(韻屬)은 몰라도, 작은 고리나 점의 소재 방위만으로도 사성을 판별할 수 있다.
　이는 최세진(崔世珍)의 《훈몽자회(訓蒙字會)》 범례(凡例)에 도시되어 있는 '平上去入定位圈'에서 발상(發想)한 방법으로, 지금은 한문화권의 외국사전들로 이 방식을 채택하여 두루 쓰고 있다.
　그 대강은 이러하다. 사각(四角)의 네 귀를 각각 사성에 배정하여 좌하귀는 평성(平聲), 좌상귀는 상성(上聲), 우상귀는 거성(去聲), 우하귀는 입성(入聲)으로 정위(定位)하여 '平上去入如人自平地升上行去還入之意'라 하고, 풀이하여 '平上去入, 네 자는, 사람이 평지로부터 올라, 다녀가, 도로 돌아옴과 같은 뜻이라'고 했다. 곧 다음과 같이 도시되어 있다.

4음절어든 맨 앞의 두 음절의 유형에서 결정되는 것이므로, 위의 네 유형은 기실 모든 다음절(多音節) 어휘의 고저를 가늠하는 지표이기도 하다. 이에 대한 상술(詳述)은 뒤로 미룬다.

각 유형의 고저 특징을 살펴보면, '平平'은 문자 그대로 '평평'한 낮은 가락이요, '仄仄'과 '仄平'은 측기어(仄起語)로서 언제나 중후(重厚)한 무게가 실린 어두고조(語頭高調)의 높은 가락이며, '平仄'은 측성(仄聲) 앞에 위치했을 때의 평성(平聲)이 문득 긴장하는, 가장 특이한 고조이다.

이는 우리말의 전통적 성조로서 중세국어(中世國語)의 방점(傍點)에서 시현(示顯)된 바요, 중부 언어권, 곧 표준어 발음에서도 일반언중(言衆)이 의식하지 못하는 가운데 극명하게 현행되고 있는 바이다.

우리말의 이와 같은 고조 현상은 단어마다에 고정적으로 관용되고 있을 뿐만 아니라, 인접 요소들과의 임시적 연관관계에서도 같은 법칙이 적용된다.

곧 고조(高調)에는 측고조(仄高調)와 평고조(平高調)가 있는데, 측고조(仄高調)란 측성[상성(上聲)·거성(去聲)·입성(入聲)]이 어두에 위치한 말로서, 이들 말은 언제나 변하지 않는 중후한 어두고조이다. 반면, '平+仄' 구조에 있어서는—즉 근본 저조(低調)인 평성(平聲)이 측성(仄聲) 직전(直前)에 위치했을 때는—오히려 측성(仄聲)보다도 더 높이 앙양(昻揚)하는 임시적 가변고조(可變高調)가 되는데, 그것은 거의 산술적 계산에 의하여 고조의 소재를 밝힐 수 있다. 이와 같은 현상을 필자는 편의상 '측상평고조(仄上平高調 : 측성 위에 위치한 평성은 고조된다는 뜻)'라 하고, 약칭하여 '평고조(平高調)'라 해둔다. 이상을 일람(一覽)하면 다음과 같다.

　　　　　　　　　　　우리말의 고저장단

—예시 4

　그런데 한자의 성조(聲調)와 한자어의 성조는 서로 반드시 일치하는 것은 아니다.

　이는 한자의 성조가 매개자(每個字)의 속성으로 내재(內在)하고 있는 사성(四聲, 平仄) 중의 어느 하나로 고정되어 있는 것과는 달리, 한자어의 성조는 그것들이 서로 어우러져 이루어진 어휘 내지 문장으로서의 전후 인접한 상관관계(相關關係)에서 재구성(再構成)되기 때문이다. 이때의 운소(韻素)들은 서로의 상관관계에서 물리적인 하나의 새로운 질서를 정돈해 낸다. 그것은 전체에 조화할 역학적인 균형점을 찾아, 그 최선의 위치에서 정위(定位)하는, 이 또한 하나의 '지어지선(止於至善)'의 현상인 것이다.

　이는 고유어에서도 마찬가지이므로 고유어나 한자어가 아무런 트집도 없이 자연스럽게 서로 혼용되어 오는 것이다.

　그러면 이와 같이 고유어나 한자어에 있어 새 질서를 정돈해 내는 그 원리원칙은 무엇인가? 그러나 그것은 예로부터 내려오는 하나의 불문율일 뿐, 과학적인 분석이나 조직적인 설명도 없이 우리의 생활 언어 속에 또는 전인(前人)의 구조(口調)대로 구구승승(口口承承) 내려왔을 뿐이다. 그러므로 이에 대한 이론적 문헌도 백지 상태이나, 그러나 거기에는 그렇게 되어질 수밖에 없는 음성과학적인 법칙이 엄연히 내재하고 있었음을 발견하게 된다.

(5) 측고조(仄高調)란 무엇인가?

측고조(仄高調)란, 측성(仄聲 ; 上聲, 去聲, 入聲)으로 시작하는 모든 어휘의 어두고조(語頭高調)를 말한다.

이에는 그 구성유형으로 보아 '仄仄', '仄平'의 두 가지가 있다. 둘 다 '仄'으로 시작하는 말이므로 이들을 묶어 측기어(仄起語)라 일컫는다. 측기어는 제2음절이 '仄'이든 '平'이든 상관없이 어두가 고조된다. 그 성질(聲質)은 출발음이 묵직하고 듬직한 어두고조로서, 저평고조(平高調)의 긴장된 짧은 고조와는 대조적이다. 약간의 보기를 들면 다음과 같다.

改革	建設	景氣	慶事	共存	最高(上)
개혁	건설	경기	경사	공존	최고
究明	氣運	技術	紀綱	緊急	地位(去)
구명	기운	기술	기강	긴급	지위
國家	刻苦	結論	決裂	給水	納稅(入)
국가	각고	결론	결렬	급수	납세

·가·지(가지 枝)　　·ᄀᆞ·믈(가물 旱)　　·골·치(골치 腦)

:겨집(계집 女)　　:말·ᄉᆞᆷ(말씀 談)　　:사ᄅᆞᆷ(사람 人)

·ᄀᆞᆮᄒᆞ(같다 如)　　·ᄭᆡᄃᆞᆮ(깨닫다 覺)　　·그립(그리워하다 慕)

—예시 5

　　　　　　　　　　　　　　　　　　우리말의 고저장단

이와 같이 측고조(仄高調)는 항상적(恒常的) 불변고조로서 언제나 어두 위치에 진좌(鎭座)해 있으므로, 고조로서 가장 이해하기가 쉽다. 그러므로 이에 대한 자세한 해설은 104쪽 '측고조의 여러 형태'에서 후술(後述)하기로 하고, 연접관계에 따라 변화가 많은 평고조(平高調)에 대한 해설로 이어 나갈까 한다.

(6) 평고조(平高調)란 무엇인가?

우리말은 고저언어이며, 그 고조되는 곳은 으레 상성(上聲)·거성(去聲)·입성(入聲), 곧 측성(仄聲)으로 시작하는 측기어(仄起語 ; 仄仄, 仄平)의 어두(語頭)임은 상술한 바와 같거니와, 한편 측성(仄聲) 직전에 있는 평성(平聲)도 고조된다는 이 특이한 사실을 특념(特念)하여야 한다. 이를 '측상평고조(仄上平高調)', 약칭하여 '평고조(平高調)'라 했거니와, 그것은 다음의 동음이의어(同音異義語)의 고저 차이를 대비해 봄으로써 그 개략을 파악할 수 있으리라 생각한다.

A	:	B
公州	:	公主
공주		공주
淸州	:	淸酒
청주		청주

天池	:	天地
천지		천지
春香祭	:	春享祭
춘향제		춘향제

—예시 6

A는 '仄仄' 구조요, B는 '平仄' 구조이다.

A의 두 음은 그야말로 평평하여 전후음(前後音)이 거스르는 곳 없이 평온하여 잔잔한 것과는 대조적으로, B는 첫 음이 긴장(緊張) 앙양(昂揚)함을 보게 된다. A, B의 첫 자가 똑같은 평성자(平聲字)이면서도 그 후속자의 고저에 따라 이같이 달라지는 것이다. 고유어끼리에서도 마찬가지다.

A		B
이르[謂]	:	이르[早]
이른바[所謂]	:	잃은 바[所失]
하나[一]	:	하나('그러하나'의 준말)
허물[舊皮]	:	허물[罪過]
우리[吾等]	:	우리[畜舍]

—예시 7

A의 두 음절의 연음은 평평하여 기복이 없이 평온하고 잔잔한 데 반하여, B에서는 첫음절이 긴장 앙양하여 고조 현상이 나타남을 본다.

따라서 이 또한 한자어의 고저 이치를 원용항 A는 '平平', B는 '平仄'의 관계로 이해해서, 중세 문헌의 방점 기준도 A도 둘 다 무점(無点)이요, B는 무점(無点)과 1점(仄聲)으로 표시하였던 것이다.

A	:	B
棄兒	:	飢餓
기아		기아
怨讐	:	元首
원수		원수
자주(自主)	:	자주〔頻數〕
한숨〔歎息〕	:	한숨〔一寢〕
부동(不動)	:	부동(浮動)

−예시 8

A, B는 다 어두고조이다. A는 측성(仄聲)으로 시작하니 측고조(仄高調)이며, B는 '平仄' 구조로서 평고조(平高調)이다.

2

평고조(平高調)의 실제

한 의미 단위를 이루고 있는 한자어로서 2음절어의 경우, 그 구성 유형은 전술한 바와 같이 아래의 네 갈래가 된다. '平平', '平仄', '仄仄', '仄平'. 그 각각의 발음 특색은 이미 언급한 바와 같이, '平平'형은 자의 (字義) 그대로 평평하게 기복이 없이 잔잔하고 가벼운 저조어(低調語)이며, '仄仄'형과 '仄平'형, 곧 '측기어(仄起語)'는 듬직한 무게가 실린 중후한 소리로 출발하는 어두고조어(語頭高調語), 곧 측고조(仄高調)이다.

그러나 유독 '平仄'형만은 유별난 변화를 보이는 것으로, 측성(仄聲)을 만난 평성(平聲)이 문득 긴장하여 갑자기 고조(高調)하는 현상을 나타내는 것이다.

여기서 한 가지 유의할 것이 있으니, 그것은 우리 고유어의 상성(上聲)이나 선저후고(先低後高), 곧 낮은 소리에서 시작하여 높은 소리로 올라가는 소리가 아니라, 처음부터 높은 소리로 시작하는 이음장(二音長)의 높고 긴 소리라는 사실이다. 한자의 상성(上聲)이 높은 소리, 곧 측성(仄聲)이 될 조건으로는 그 운두(韻頭), 곧 시발음(始發音)이 높은 소리라야한다. 그러므로 상성(上聲)은 일부학자들이 공식처럼 쓰고 있는 '平＋去
→上('낮은 평성에서 높은 거성으로 올라가는 소리'란 뜻을 공식화한 표기)'이 아니라, 선고후고(先高後高)임을 명확히 인식해야 한다는 것이다. 이에 대해서는 별론
'상성(上聲)의 선고후고(先高後高)'(333쪽) 참조.

   평성(平聲)의 본질이 저조임에도 불구하고, 측성(仄聲) 앞에 위치한 평성(平聲)은 예외 없이 저조 아닌 고조로 둔갑하는 이러한 반발현상을 아연(俄然) 긴장이니, 발연(勃然) 고조니, 또는 격앙(激昂)이니 하는 따위로 표현하는 것은 지나친 과장이 아니냐 할 독자도 적지 않으리라 추측된다.
   그러나 고래(古來)의 우리말(한자어든 고유어든)의 '平＋仄' 구조어, 곧 무점+1점 또는 무점+2점으로 방점(傍點)한 모든 어휘에 있어, 측성(仄聲)을 만난 평성(平聲)의 심리적 대응 태세로서의 이와 같은 표현은 조금도 과장이라 할 수 없으니, 이는 옛 성조를 그대로 계승·현행하고 있는 경상어에 의하여 극명하게 방증(傍證)되고 있는 것이다.
   일반적으로 경상인의 말씨가 타지방처럼 부드럽지 못하고 억양이심하다는 인상을 주는 것은 바로 이 평고조(平高調)가 측고조(仄高調)보다도 더 높은 최고조(最高調)의 높이의 차에서 오는 것이다. 다시 말하면경상인은 옛가락을 그대로 이어 지켜 이를 최고조로 발음하는 데 반하여, 비경상인은 경상어에서 만큼 최고조로까지는 앙양되지 않는 것이현실이기 때문이다. 더 자세히 말하면, 비경상인이면서도 사람에 따라

서는 경상인에 필적할 만큼 고조되는 일도 적지 않으나, 일반적으로 측고조(仄高調)의 높이만큼 고조됨이 보편적인 현실인 듯하다.

필자는 고저에 대한 이와 같은 불일치를 그냥 비켜 갈 수만은 없이, 이에 대한 상론(詳論)은 뒤의 '고저(高低)의 체계 변이(體系變移)'(224쪽)에 미루기로 하고, 여기서는 우선 이에 대한 조정(調整)의 대요(大要)만을 일러두고자 한다.

곧, 고어(古語) 및 경상어에서의 고저의 삼단체계(최고조·고조·저조)에 일대 조정(調整)을 가하여, 평고조(平高調)의 높이를 한 단계 낮춰 측고조(仄高調)와 같은 높이로 일원화함으로써, 현대어의 고저를 '고저와 저조'의 2단체계로 개편함을 원칙으로 하는 동시에, 전래의 3단체계는 '허용'하는 것으로 타협하고자 하는 바이다.

이는 비경상지방의 현실에 부합될 뿐만 아니라, 이는 마땅히 지방차를 배제한 전국적·보편적인 고저의 표준체계로 전 언중(全言衆)에 공감(共感)될 수 있겠기 때문이다.

그러나 평고조(平高調)와 측고조(仄高調)는 그 높이에 있어 일원화는 됐을망정, 그 바탕에 있어서의 현저한 차이만은 서로 동화할 수 없으니, 측고조(仄高調)는 대범하면서도 항시적(恒時的)인 비중 높은 고조임에 반하여, 평고조(平高調)는 강자인 양 위장하는 약자로서의 임시적·순간적 도발적인 고조임은 끝내 감출 수가 없기 때문이다.

이와 같이 측고조(仄高調)는 항시적 불변고조로서 언제 어디서나 고조로서만 행세하기 때문에 긴 설명이 필요치 않겠으나, 임시적 가변고조인 평고조(平高調)는 전후 접속어와의 연접관계에서 다양한 변화를 보이는 본고(本稿)의 주안목(主眼目)으로서, 그때그때마다 수다로울 만큼 긴 설명이 따를 것이다. 그리고 평고조(平高調)가 비록 측고조(仄高調)의 높이로 완화는 되었을망정, 저조가 고조 행세를 하는 그 심리적 대응 태세는 여전함에서 '아연(俄然) 긴장(緊張), 발연(勃然) 고조(高調), 격앙(激昂)' 등의 표현은 향후로도 잉용(仍用)할 것이다. 그것은 이에 대한 평성(平聲)의 자대(自大) 심리(心理)를 실감해 주기를 바라서이다.

(1) 생활어에 실현되는 평고조(平高調) 현상

商號,	移動,	專力,	冬至,	中等,
상호	이동	전력	동지	중등
東海,	言及,	油紙,	公衆,	朝日,
동해	언급	유지	공중	조일
支出,	天地,	人命,	工作,	船舶,
지출	천지	인명	공작	선박
高級,	凶惡,	中國,	民族,	無視,
고급	흉악	중국	민족	무시
生産,	方向,	機會,	參考,	行樂,
생산	방향	기회	참고	행락
休暇,	三億,	全國,	窮極,	公式,
휴가	삼억	전국	궁극	공식
餘暇,	同族,	南北,	先納,	先例,
여가	동족	남북	선납	선례

山谷,	精密,	當局,	遺品,	推進,
산곡	정밀	당국	유품	추진
要望,	金利,	開放,	開發,	埋沒
요망	금리	개방	개발	매몰
車輛,	行事,	能動,	恢復,	中立,
차량	행사	능동	회복	중립
時計,	戀結,	光復,	禽獸	
시계	연결	광복	금수	

-예시 9

이상은 잠시 뉴스 방송을 들으면서 받아 쓴 '平+仄' 구조의 단어들로서, 평고조(平高調)되는 어휘들이다.

'평고조(平高調)' 현상이 나타나는 '平+仄'형을 더 자세히 분류하면, '平+上', '平+去', '平+入'으로 세분하여 볼 수 있다.

15세기 방점으로는 '平+上'은 '무점+2점'이요, '平+去'와 '平+入'은 '무점+1점'으로 표시했던 말들이다.

ㄱ. 평성(平聲)+상성(上聲)

(A)	春享,	公使,	三倍,	模倣,	形象,	辭典,	寒冷,	騷動,
	춘향	공사	삼배	모방	형상	사전	한랭	소동

淳厚,	千古,	靑史,	爭取,	人品,	親善,	環境,	兵士,
순후	천고	청사	쟁취	인품	친선	환경	병사
宮女,	良好,	君子,	多寡,	都市,	人影,	優待,	來往
궁녀	양호	군자	다과	도시	인영	우대	내왕
欣快,	悲憤,	提携,	領洗,	增減,	圓滿,	侵犯	
흔쾌	비분	제휴	영세	증감	원만	침범	

(B)	中世,	平亂,	三代,	留任,	依例,	關係,	符號,	凝視,
	중세	평란	삼대	유임	의례	관계	부호	응시
	餘暇,	康健,	軍備,	眞僞,	談判,	公務,	時勢,	家計,
	여가	강건	군비	진위	담판	공무	시세	가계
	生命,	貧困,	平地,	連坐,	官報,	言外,	雄大,	文字,
	생명	빈곤	평지	연좌	관보	언외	웅대	문자
	忠孝,	貧富,	商店,	金庫,	文廟,	荒廢,	嘲弄,	流彈
	충효	빈부	상점	금고	문묘	황폐	조롱	유탄

-예시 10

ㄴ. 평성(平聲)+거성(去聲)

(C)	同氣,	神位,	回顧,	裁判,	空地,	甘味,	基幹,	遺志,
	동기	신위	회고	재판	공지	감미	기간	유지
	金庫,	天壽,	禽獸,	多樣,	冬至,	田舍,	公認,	安慰,
	금고	천수	금수	다양	동지	전사	공인	안위

依賴,	明記,	姦詐,	官許,	難句,	紅樹,	堅固,	來往
의뢰	명기	간사	관허	난구	홍수	견고	내왕
(D) 城主,	重九,	銅像,	文士,	貞女,	天子,	巡守,	三部,
성주	중구	동상	문사	정녀	천자	순수	삼부
陳腐,	丁酉,	甘酒,	身體,	名手,	明敏,	山坂,	根本
진부	정유	감주	신체	명수	명민	산판	근본
風水,	嚴父,	新版,	勞苦,	民草,	原稿,	元祖,	喪禮
풍수	엄부	신판	노고	민초	원고	원조	상례
生命,	貧困,	平地,	連坐,	官報,	言外,	雄大,	文字,
생명	빈곤	평지	연좌	관보	언외	웅대	문자
忠孝,	貧富,	商店,	金庫,	文廟,	荒廢,	嘲弄,	流彈
충효	빈부	상점	금고	문묘	황폐	조롱	유탄

—예시 11

(A)는 본래의 상성(上聲)이요, (B)는 '상거상혼(上去相混)'으로 거성(去聲)에서 전신(轉身)한 상성(上聲)이며, (C)는 본래의 거성(去聲)이요, (D)는 '상거상혼(上去相混)'으로 상성(上聲)에서 전신한 거성(去聲)이다.

그러나 이것은 구태여 구별할 필요는 없으니, 우리에게 필요한 것은 상거상혼(上去相混) 이전의 본적(本籍)이 아니라, 그 이후의 현주소인 것이다. 곧 현실적 상성(上聲 : 長音)과 현실적 거성(去聲 ; 稍長音=仄短音)임을 앎으로써 족한 것이다. 별론인 '상성(上聲)의 선고후고(先高後高)와 상거상혼(上去相混)'(349쪽) 참조.

ㄷ. 평성(平聲)+입성(入聲)

• 平+ㄱ종성

潛伏,	工作,	風俗,	催促,	忠僕,	書册,	時刻,	悲劇,	南北,
잠복	공작	풍속	최촉	충복	서책	시각	비극	남북
忘却,	憂國,	文學,	安宅,	行客,	山岳,	懲役,	收復,	恩德
망각	우국	문학	안택	행객	산악	징역	수복	은덕
追憶,	依託,	貞淑,	耽溺,	推測,	沙漠,	衝擊,	淸濁,	離陸,
추억	의탁	정숙	탐닉	추측	사막	충격	청탁	이륙
間隔,	休息,	行惡,	迷惑,	民族,	交易,	淳朴,	移植,	登極,
간격	휴식	행악	미혹	민족	교역	순박	이식	등극
華燭,	圓熟,	英特,	珠玉,	段落,	含蓄,	輕薄,	驅逐,	侵略,
화촉	원숙	영특	주옥	단락	함축	경박	구축	침략
防疫,	明白,	公的,	題目,	當直,	監督,	和睦,	多福,	官祿,
방역	명백	공적	제목	당직	감독	화목	다복	관록
松竹,	先覺,	通譯,	斟酌					
송죽	선각	통역	짐작					

• 平+ㄹ종성

豪傑,	流出,	行列,	離別,	分割,	庸劣,	明哲,
호걸	유출	행렬	이별	분할	용렬	명철
消失,	王室,	親密,	忠實,	音律,	透徹,	奇拔,
소실	왕실	친밀	충실	음률	투철	기발

埋沒,	生活,	明滅,	淸潔,	疏忽,	休日,	正月,
매몰	생활	명멸	청결	소홀	휴일	정월
名札,	粉末,	忠烈,	身熱,	人物,	陳述,	能率,
명찰	분말	충열	신열	인물	진술	능률
開發,	衝突,	名筆,	名節,	終結,	貧血,	仁術
개발	충돌	명필	명절	종결	빈혈	인술

• 平+ㅂ종성

窮乏,	收入,	宮合,	呼吸,	威壓,	妻妾,	花押,	收拾,
궁핍	수입	궁합	호흡	위압	처첩	화압	수습
隣接,	便法,	交涉,	多濕,	時急,	修業,	中葉,	華甲,
인접	편법	교섭	다습	시급	수업	중엽	화갑
私立,	高級,	威脅,	都邑				
사립	고급	위협	도읍				

−예시 12

위에서와 같이 평측(平仄)을 '平上·平去·平入'의 셋으로 세분하여 보았으나, 세분한 보람도 없이 나타난 '평고조(平高調)' 현상은 한결같을 뿐 다른 변화는 나타나지 않음을 알 수 있다.

그러나 '平+上'에서 '上'의 성가(聲價)가 선저후고(先低後高)가 아니라 선고후고(先高後高)라는 사실을 확인하게 해 주는 동시에, 제2음절이 모두 장음으로 나타남도 확인하게 된다.[13]

또 '平+入'에서 '平+ㄹ종성어'가 폐쇄음이 아니기 때문에 입성어(入聲

語)가 될 수 없을 것 같지만, 실제에 있어서는 그 발음이 완벽한 입성(入聲) 노릇을 하고 있다는 사실이다.

'ㄹ'은 고유어에서는 'ㄴ, ㅁ, ㅇ'들과 함께 유성자음(有聲子音)이어서 그 받침들로 이루어진 음절은 끝받침 소리를 한없이 길게 늘일 수 있어, 폐쇄음인 'ㄱ·ㄷ·ㅂ·ㅅ·ㅈ·ㅋ·ㅍ·ㅎ' 받침들과는 다르다. 그러나 한자에 있어서의 'ㄹ'종성은 본래부터 폐쇄적 무성자음(無聲子音)이기 때문에 'ㅭ'받침으로 표기했던 것인데, 'ㅎ'이 소멸되면서부터는 유성자음과 구별할 수 없게 되었지만, 'ㅭ'의 그 정신은 그대로 남아 있어 여전히 폐쇄음 노릇을 하고 있는 것이다.[14]

(2) 평고조(平高調)의 변별(辨別)

측성(仄聲)은 그 자체가 워낙 중후하고 듬직하기 때문에 어떤 전후 환경에서도 그 운가(韻價 ; 고저장단)에 변동이 오지 않지만, 평성(平聲)은 다르다. 평성(平聲)은 비중·비열이 낮은 가볍고 짧은 소리이기 때문에 전후

---

13 '平+上'에서, 둘째 음절이 장음으로 나타나는 일은 당연하니, 다음의 대비에서 더욱 뚜렷하다. 화신(花神) : 화신(花信), 沙場 : 査丈, 全身 : 傳信, 國民葬 등 그 수가 많으며, 새옹지마(塞翁之馬), 누란지세(累卵之勢), 자중지란(自中之亂)과 같은 삼음절·사음절어에서도 현실적으로 장음이 뚜렷하건만, 근래 제2음절 장음 표시 무용론을 주장하는 일부 학자들의 설에 따라, 이전에 표시해 오던 2음절 이하의 장음 표시를 사전에서 제거해 버린 것은, 국어 발전에 크나큰 역행이 아닐 수 없다.

14 위에 든 '예시 9·10·11·12'의 어휘들은 다 평고조어(平高調語)로서, 측성(仄聲) 위의 평성(平聲)이 고조되는 말들이다. 그러나 이들 '平+仄' 구조어의 첫음절을 평성(平聲) 본연의 낮은 가락으로 발음함을 간혹 듣게 되는데, 이때 그러한 발음에서 일종의 거부감 같은 것을 느끼게 되는 것은 그 전후고저가 뒤바뀌었기 때문이다.

음의 연접관계에서 예민하게 반응함을 보게 된다.

곧, 평성(平聲)이 제 본연의 운가대로 평온하게 유지될 수 있는 위치는 '平+平'과 '仄+平'의 위치에서다.

곧, 다른 평성(平聲)과 이웃했을 때(윗이웃을 하든 아랫이웃을 하든 그것은 필경 '平平'이 되니까)와 그리고 측성(仄聲) 아래에 놓였을 때이다. 그러나 평성(平聲) 다음에 측성(仄聲)이 와서 '平+仄'의 형태가 됐을 때는 '平'의 운가(韻價)에 큰 변동이 일어나는 것으로, 이른바 '평고조(平高調)' 현상이 나타나게 되는 것이다.

고조의 실상을 우리는 다음과 같은 비교음에서 실험해 볼 수 있다. 이는 고조의 개념 자체가 절대적이 아닌 상대적인 것이기 때문이다.

A	同行(平平) 동행	東方(平平) 동방	空中(平平) 공중	南山(平平) 남산
	直行(仄平) 직행	北方(仄平) 북방	地中(仄平) 지중	北山(仄平) 북산
	行軍(平平) 행군	方言(平平) 방언	中間(平平) 중간	山間(平平) 산간
B	行動(平仄) 행동	方法(平仄) 방법	中部(平仄) 중부	山嶽(平仄) 산악

—예시 13

위에서와 같이 A의 '行, 方, 中, 山'은 평성(平聲) 본연의 저조인데 반하여, B의 그것은 측성(仄聲) 앞에서 고조된 평고조(平高調)인 것이다.

시험 삼아 '동행(同行)·직행(直行)·행군(行軍)' 할 때의 '行'의 낮은 가락의 소리를 그대로 '行動'의 '行'에 옮겨다 '행동' 하고 발음해 보면 그것이 옳은 발음이 아님을 직감하게 될 것이다.[15]

또 이를 거꾸로 실험해 볼 수도 있다. 곧, '행동' 할 때의 '행'의 높은 가락의 소리를 '행군·직행·동행'의 '行'에다 대입해 보아도 그 역시 바른 가락이 아님을 직감하게 될 것이다.

여기서 다시 한 번 평측성(平仄聲)의 변이상(變移相)을 잠시 개관해 보면, 평성(平聲)의 본연의 성조는 앞의 표에서와 같이 평성(平聲) 앞, 평성(平聲) 뒤, 그리고 측성(仄聲) 뒤에 위치했을 때요, 측성(仄聲) 앞에 위치했을 때는 갑자기 긴장 고조하여 측성(仄聲)보다도 더 높아짐을 알 수 있다.[16]

---

15 이때 A의 '行, 方, 中, 山'의 음의 높이와 B의 음의 높이가 다름을 느끼는 데는 예민한 고저 변별력이 있어야 할 것이다. A, B의 음높이에 아무런 차이를 느끼지 못하는 사람이면, 누차 반복하여 딴 사람의 발음에 귀 기울여 보아야 할 것이다.

16 같은 '中, 人'이지만 그 차이점을 살펴보면,

中東,	中間,	中央 ; 山中,	空中(平平)
중동	중간	중앙 산중	공중
人間,	人生,	人形 ; 商人,	人權(平平)
인간	인생	인형 상인	인권

은 '平平'형이라, 평평하고 잔잔한 낮은 가락의 평저조(平低調)인 데 반하여,

中立,	中國,	中性,	中正(平仄)
중립	중국	중성	중정
人格,	人選,	人品,	人望(平仄)
인격	인선	인품	인망

에서는 '中, 人'이 갑자기 긴장 고조됨을 보게 된다. 이는 물론 '平仄' 구조이기 때문에 '측상평고조(仄上平高調)'의 원리에 의하여 측성(仄聲) 위의 평성(平聲)이 고조되기 때문이다.

앞에서와 같이 A의 평성(平聲)은 평성(平聲) 본래의 평저조(平低調 ; 低調) 그대로인 데 반하여, 측성(仄聲) 위에 위치한 B의 평성(平聲)은 고조로 돌변하는 예이다. 이러한 예를 다음에서 더 살펴보면,

	A			B		
	평저조 (平平)	측고조 (仄平)	평저조 (平平)	평고조 (平仄)	평고조 (平仄)	평고조 (平仄)
前 : 전	空前 공전	直前 직전	前人 전인	前後 전후	前道 전도	前職 전직
當 : 당	金堂 금당	草堂 초당	神堂 신당	堂叔 당숙	堂號 당호	堂上 당상
淸 : 청	忠淸 충청	肅淸 숙청	淸風 청풍	淸潔 청결	淸濁 청탁	淸白 청백
深 : 심	幽深 유심	水深 수심	深山 심산	深刻 심각	深慮 심려	深甚 심심
天 : 천	晴天 청천	感天 감천	天文 천문	天地 천지	天命 천명	天理 천리
文 : 문	時文 시문	國文 국문	文人 문인	文筆 문필	文學 문학	文集 문집
同 : 동	和同 화동	協同 협동	同門 동문	同氣 동기	同姓 동성	同意 동의
公 : 공	三公 삼공	貴公 귀공	公明 공명	公式 공식	公理 공리	公約 공약

우리말의 고저장단

寒： 한	孤寒 고한	大寒 대한	寒風 한풍	寒暑 한서	寒感 한감	寒氣 한기
南： 남	東南 동남	日南 일남	南山 남산	南極 남극	南北 남북	南道 남도
明： 명	淸明 청명	失明 실명	明年 명년	明月 명월	明渡 명도	明滅 명멸
生： 생	門生 문생	一生 일생	生光 생광	生計 생계	生態 생태	生命 생명
言： 언	甘言 감언	失言 실언	言文 언문	言約 언약	言動 언동	言辯 언변
門： 문	家門 가문	石門 석문	門生 문생	門戶 문호	門客 문객	門下 문하
仁： 인	成人 성인	小人 소인	仁兄 인형	仁術 인술	仁義 인의	仁德 인덕
人： 인	軍人 군인	俗人 속인	人文 인문	人命 인명	人傑 인걸	人力 인력
今： 금	當今 당금	古今 고금	今時 금시	今後 금후	今日 금일	今昔 금석
風： 풍	家風 가풍	暴風 폭풍	風流 풍류	風力 풍력	風俗 풍속	風景 풍경
香： 향	淸香 청향	暗香 암향	香煙 향연	香氣 향기	香水 향수	香燭 향촉

音：	和音	發音	音聲	音樂	音色	音韻
음	화음	발음	음성	음락	음색	음운
心：	良心	善心	心中	心性	心醉	心血
심	양심	선심	심중	심성	심취	심혈
身：	修身	變身	身元	身命	身體	身數
신	수신	변신	신원	신명	신체	신수
魚：	人魚	海魚	魚油	魚族	魚腹	魚眼
어	인어	해어	어유	어족	어복	어안
黃：	玄黃	地黃	黃昏	黃菊	黃鶴	黃色
황	현황	지황	황혼	황국	황학	황색

-예시 15

A의 '平' 소리는 '平' 본래의 낮은 가락(저조)인 데 반하여, 측성(仄聲) 앞에 위치한 B의 '平'은 한결같이 평고조(平高調)로 소리남을 실감하게 될 것이다.

그런가 하면 측성(仄聲)은 그 자체가 중후한 음질이기 때문에 다음과 같은 어느 경우에도 격변(激變)하는 일이 없다.

A.
┌ 佛國(仄仄)   過去(仄仄)   認定(仄仄)   地主(仄仄)
│ 불국   과거   인정   지주
└ 韓國(平仄)   除去(平仄)   人定(平仄)   公主(平仄)
   한국   제거   인정   공주

B.
┌ 國政(仄仄)   去就(仄仄)   定處(仄仄)   主客(仄仄)
│ 국정   거취   정처   주객

우리말의 고저장단

國民(仄平)	去年(仄平)	定員(仄平)	主人(仄平)
국민	거년	정원	주인

－예시 15

A의 '國, 去, 定, 主'는 B의 '國, 去, 定, 主'와 함께 그 놓인 위치의 전후에 상관없이, 또 그 이웃의 평측(平仄)에 상관없이, 언제나 제 본연의 묵직한 측고조(仄高調)로서의 품위를 잃지 않고 있다.

여기서 특기해야 할 것은, A의 둘째 줄인 '平仄' 구조의 경우이다.

'韓國, 除去, 人定, 公主'에서 '韓, 除, 人, 公' 등의 평성(平聲)이 고조됨으로 말미암아 마치 제2음절의 '國, 去, 定, 主'의 측성(仄聲)이 측성(仄聲) 본연의 성조보다 낮아진 듯한 인상이지만, 이는 고조된 평성(平聲)이 측성(仄聲)보다 더 높아졌기 때문일 뿐, 측성(仄聲) 자체에 변동이 온 것은 아니라는 점에 유의해야 할 것이다.

이에 대하여 좀 더 부연하면, 아래와 같은 A, B, C음의 비교에서 더욱 명백한 해답을 얻게 될 것이다. 곧 '善'의 경우, '善處, 善良, 獨善, 親善'에서 D의 '親善'은 평고조(平高調)로, 평성(平聲) '親'이 고조로 앙양되었음에도 아랑곳없이 '善'의 음고(音高)는 A, B, C의 '善'의 음고와 조금도 달라지지 않고 있음을 알 수 있다.

	측고조	측고조	측고조	평고조
(仄)	A(仄仄)	B(仄平)	C(仄仄)	D(平仄)
善 :	善處	善良	獨善	親善
선	선처	선량	독선	친선

女 : 여	女史 여사	女流 여류	長女 장녀	仙女 선녀
共 : 공	共學 공학	共存 공존	反共 반공	親共 친공
學 : 학	學問 학문	學窓 학창	後學 후학	東學 동학
室 : 실	室長 실장	室人 실인	暗室 암실	分室 분실
政 : 정	政見 정견	政治 정치	善政 선정	民政 민정
合 : 합	合格 합격	合心 합심	會合 회합	和合 화합
事 : 사	事理 사리	事情 사정	慶事 경사	工事 공사
伏 : 복	伏願 복원	伏兵 복병	屈伏 굴복	埋伏 매복
品 : 품	品格 품격	品種 품종	物品 물품	人品 인품

−예시 16

또 아래와 같이 ‘平+平’ 구조의 평저조(平低調)와 ‘平+仄’ 구조의 평고
조(平高調)를 대비해 보면,

우리말의 고저장단

평저조	평고조	평저조	평고조	평저조	평고조
(平平)	(平仄)	(平平)	(平仄)	(平平)	(平仄)
宮中 :	宮女	三千 :	三萬	同窓 :	同學
궁중	궁녀	삼천	삼만	동창	동학
花郎 :	和硫	名聲 :	名望	收金 :	收入
화랑	화류	명성	명망	수금	수입
銀河 :	銀髮	身元 :	身分	家庭 :	家屋
은하	은발	신원	신분	가정	가옥

－예시 17

이들은 다 같은 글자이면서도 '宮中' 할 때의 '궁'과 '宮女' 할 때의 '궁'이 서로 같지 않음을 알게 될 것이다. 그것은 후자의 '宮'이 측성(仄聲) 위에서 고조되었기 때문이다. '三, 同, 名, 收, 銀, 身, 家'도 마찬가지다.

(3) 평고조(平高調)와 다른 성조(聲調)와의 대비

다음 대비표들을 통하여 평고조(平高調)의 여러 측면을 좀 더 자세히 살펴보기로 한다.

• 대비(1) 동자(同字) · 동음어(同音語)끼리 '平平 : 平仄'

평저조	평고조	평저조	평고조	평저조	평고조
(平平)	(平仄)	(平平)	(平仄)	(平平)	(平仄)
家庭 : 家政		公私 : 公事(工事)		同期 : 同氣	
가정 : 가정		공사 : 공사(공사)		동기 : 동기	
公山 : 公算		公安 : 公案		軍師 : 軍事	
공산 : 공산		공안 : 공안		군사 : 군사	
金光 : 金鑛		名詞 : 名士		明星 : 明聖	
금광 : 금광		명사 : 명사		명성 : 명성	
民情 : 民政		飛翔 : 飛上		山河 : 山下	
민정 : 민정		비상 : 비상		산하 : 산하	
嚴明 : 嚴命		恩師 : 恩赦		離韓 : 離恨	
엄명 : 엄명		은사 : 은사		이한 : 이한	
秋收 : 秋水		閑家 : 閑暇			
추수 추수		한가 한가			

−예시 18

동일자의 평성(平聲)이면서도 측성(仄聲) 위에서의 고조된 평성(平聲)이 측성(仄聲)보다도 더 선명해짐을 보게 될 것이다.

• 대비(2) 동자(同字)이면서 둘째 자의 음이 다른 것들끼리

평저조	평고조	평저조	평고조	평저조	평고조
(平平)	(平仄)	(平平)	(平仄)	(平平)	(平仄)

우리말의 고저장단

家庭 : 家寶	歌詞 : 歌手	高僧 : 高德
가정　가보	가사　가수	고승　고덕

功勞 : 功過	光陰 : 光景	交通 : 交易
공로　공과	광음　광경	교통　교역

軍人 : 軍備	年金 : 年齒	論文 : 論說
군인　군비	연금　연치	논문　논설

擔當 : 擔任	忘年 : 忘却	私情 : 邪正(査正·査定)
담당　담임	망년　망각	사정　사정(사정·사정)

心情 : 心腹	漁船 : 漁父	油田 : 油價
심정　심복	어선　어부	유전　유가

流行 : 流浪	常情 : 常識	城門 : 城郭
유행　유랑	상정　상직	성문　성곽

詩人 : 時客	安心 : 安息	龍床 : 龍馬
시인　시객	안심　안식	용상　용마

元金 : 元老	衣裳 : 衣食	人材 : 人物
원금　원로	의상　의식	인재　인물

慈堂 : 慈善	朝鮮 : 朝夕	平民 : 平面
자당　자선	조선　조석	평민　평면

鄕歌 : 鄕土	淸明 : 淸潔	
향가　향토	청명　청결	

-예시 19

'平平' 구조인 전자에서는 고조되지 않던 것이, '平仄' 구조인 후자에서는 두음인 '平'이 격앙 고조되는 것을 보게 된다.

• 대비(3) 이자(異字)끼리 '平平 : 平仄'

* 여기서 'ㅇ'는 평성(平聲) 표시이고, '•'는 측성(仄聲) 표시이다. 두음(頭音)이 고조되는 것은 'ㅇ•' 구조에서의 'ㅇ'음뿐이다.

평저조	평고조		평저조	평고조		평저조	평고조
歌詞(袈裟) : 袈裟			江都 : 剛度			京畿 : 驚氣	
가사(가사)	가사		강도	강도		경기	경기
京東 : 驚動			工期 : 空氣			功勞 : 空老	
경동	경동		공기	공기		공로	공노
工夫 : 公簿			空中 : 公衆			空閒 : 公翰	
공부	공부		공중	공중		공한	공한
同聲(東城) : 同姓(同性)			工程 : 公正			東西 : 同壻	
동성(동성)	동성(동성)		공정	공정		동서	동서
同鄕 : 東向			東湖 : 同好			東京 : 同慶	
동향	동향		동호	동호		동경	동경
班常 : 盤上			鮎魚 : 防禦			悲鳴 : 非命	
반상	반상		방어	방어		비명	비명
詞章 : 師匠			山花 : 山火			親庭 : 親政	
사장	사장		산화	산화		친정	친정

神明：身命 　　尋常：心象 　　心中：深重
신명 　신명 　　심상 　심상 　　심중 　심중

鞍裝：安葬 　　憂愁：優秀 　　圓筒：冤痛
안장 　안장 　　우수 　우수 　　원통 　원통

搖鈴：要領 　　油田(遺傳)：流轉 　　音聲：陰性
요령 　요령 　　유전(유전) 　유전 　　음성 　음성

人名：人命 　　人情：人定
인명 　인명 　　인정 　인정

丁丁：訂正 　　精華：情火 　　靑山：淸算
정정 　정정 　　정화 　정화 　　청산 　청산

咸陽：涵養 　　花期：和氣
함양 　함양 　　화기 　화기

　　　　　　　　　　　　　　　　　　　　　　　　　　　－예시 20

　'。。(平平)' 구조에서는 고조 현상이 나타나지 않으나 '。•(平仄)' 구조에서만 '평고조(平高調)' 현상이 나타나는 것을 보게 된다.

　• 대비(4) '측기어(仄起語, 仄仄·仄平)：平仄'

　이는 측고조(仄高調)와 평고조(平高調)와의 대비인 것이다.

측고조 평고조	측고조 평고조	측고조 평고조
灌漑 : 關係 관개 관계	孔雀 : 工作 공작 공작	正義 : 情誼 정의 정의
管理 : 官吏 관리 관리	技術 : 奇術 기술 기술	忌日 : 期日 기일 기일
命名 : 明命 명명 명명	美蘇 : 微小 미소 미소	分數 : 噴水 분수 분수
四部(史部) : 師父(師傅 / 詞賦) 사부(사부) : 사부(사부 / 사부)	尙書 : 祥瑞 상서 상서	
尙州 : 常住(喪主) 상주 상주(상주)	垂蓮 : 修鍊 수련 수련	水利 : 修理 수리 수리
首級 : 需給 수급 수급	審査 : 心事 심사 심사	樣姿 : 陽子 양자 양자
女眞 : 餘震 여진 여진	女姪 : 麗質 여질 여질	怨讐 : 元首(元帥 / 元數 / 員數) 원수 원수(원수/원수/원수)
隱德 : 恩德 은덕 은덕	印度 : 人道 인도 인도	子母 : 慈母 자모 자모
主食 : 柱式 주식 주식	地殼 : 遲刻 지각 지각	止息 : 知識 지식 지식

―예시 21

측기어(仄起語 ; 仄仄, 仄平)는 다 어두에 고조가 나타나는 측고조(仄高調)이
나, 이와 대비되는 '平仄' 구조에서의 '平'은 측기어의 '仄'보다도 더욱

선명한 가락으로 고조됨을 보게 된다.

• **대비(5) 음의 동화로 인한 유음**(類音)**끼리**

이는 입성(入聲) 첫 자로 된 '仄起語 : 平仄'의 대비로서, 측고조(仄高調) : 평고조(平高調)의 대비인 것이다. 그 구조는 입성자(入聲字)의 종성(終聲)과 그 다음 자의 초성(初聲)이 연접됨에서 오는 자음접변(子音接變)의 음과 평측어(平仄語)와의 대비인 것이다.

ㄱ종성

측고조		평고조	측고조		평고조	측고조		평고조
角木	:	綱目	隔離	:	經理	擊滅	:	輕蔑
각목		강목	격리		경리	격멸		경멸
穀物	:	公物	國內	:	宮內	國利	:	窮理
곡물		공물	국내		궁내	국리		궁리
國營	:	俱慶	獨樂	:	同樂	木理	:	夢利
국영		구경	독락		동락	목리		몽이
伯夷	:	排氣	霹靂	:	兵力	朔望	:	相望
백이		배기	벽력		병력	삭망		상망
叔母	:	崇慕	食餌	:	猜忌	赤米	:	精米
숙모		숭모	식이		시기	적미		정미

ㄹ종성

物理 : 文理		不亦 : 浮力		雪路 : 線路	
물리 문리		불역 부력		설로 선로	
悅樂 : 連絡		月老 : 元老		月曆 : 原力	
열락 연락		월로 원로		월력 원력	
月利 : 元理		一流 : 人類		節力(絶力) : 全力(前歷)	
월리 원리		일류 인류		절력(절력) 전력(전력)	
絶禮 : 前例		哲理 : 千里			
절례 전례		철리 천리			

ㅂ종성

甲五 : 家寶		十里 : 心理		十五 : 時報	
갑오 가보		십리 심리		십오 시보	
葉腋 : 餘白		立木 : 林木		法例 : 凡例	
엽액 여백		입목 임목		법례 범례	
業命 : 嚴命					
엄명 엄명					

－예시 22

    우리는 이 대비(5)에서 'ㄱ, ㄹ, ㅂ'종성에 연접하는 유성자음(有聲子音) 'ㅇ, ㄴ, ㅁ, ㄹ'로 말미암아 자음접변(子音接變)된 어음과 이에 상당한 '平仄' 구조의 어음에서 후자의 평고조(平高調) 현상의 두드러진 가락을 실감하는 한편, 전자인 측기어(仄起語)의 어두고조에서 오는 그 듬직한 무게에 수반된 음장도 동시에 실감하게 될 것이다.

곧, 입성(入聲)의 음장이 거성(去聲)의 음자과도 같이, 평성(平聲)보다는 길고 상성(上聲)보다는 짧으며 그 음질에 있어서도 상·거성(上·去聲)의 음장이 평성(平聲)의 그것보다 다소 길게 되는 것은, 의식적으로 그렇게 발음하자 해서가 아니라, 거·입성(去·入聲)을 다만 중후하게 발음하다 보니 그 중후함에 수반되어 나타나는 자연부가(自然附加)의 음장으로 이해해야 할 것이다.

• 대비(6) 고유어 : 한자어

看守 : 간수(苦鹽)　　國手 : 국수(麵)　　起寢 : 기침(咳嗽)

남(他人) : 南　　무리(輩衆) : 無理　　문안(門內) : 文案

선술(선술집) : 仙術　　신(履) : 神, 臣　　재물(灰汁) : 財物

전국(純汁) : 全國　　旱害 : 한해(一年)

설치다(잠을) : 설치다(행동을)

—예시 23

'간수, 국수, 기침, 한 해, 설치다(행동을), 無理, 文案, 仙術, 全國'은 '平仄' 구조의 평고조(平高調)이며, '南, 神, 臣'은 단음절 평성어(平聲語)로서의 평고조이며, '문안, 선술, 전국'은 '平平'으로 평저조(平低調)이며, '신, 무리, 재물, 설치다(잠을)'는 측기어(仄起語語)로서 고조되는 측고조(仄高調)

이다.

• 대비(7) 고유어끼리

<table>
<tr><td colspan="2" align="center">A   B</td><td colspan="2" align="center">A   B</td></tr>
<tr><td colspan="2" align="center">평고조 : 측고조</td><td colspan="2" align="center">평고조 : 측고조</td></tr>
<tr><td>갈다〔改替〕 : 갈다〔磨〕</td><td></td><td>걸음〔步〕 : 거름〔肥料〕</td><td></td></tr>
<tr><td>굴음〔轉〕 : 구름〔雲〕</td><td></td><td>길이(영구히) : 길이(道路가)</td><td></td></tr>
<tr><td>깨다〔破〕 : 깨다〔覺·醒〕</td><td></td><td>닳음〔熱〕 : 다름〔異〕</td><td></td></tr>
<tr><td>다리〔月子〕 : 다리〔橋·脚〕</td><td></td><td>달다〔甘〕 : 달다〔懸〕</td><td></td></tr>
<tr><td>되다〔化〕 : 되다〔斗量〕</td><td></td><td>들다〔擧〕 : 들다〔入〕</td><td></td></tr>
<tr><td>매다〔結〕 : 매다〔耘〕</td><td></td><td>배〔梨〕 : 배〔復·船〕</td><td></td></tr>
<tr><td>살음〔生〕 : 살음〔燒〕</td><td></td><td>불〔陰囊〕 : 불〔火〕</td><td></td></tr>
<tr><td>새끼〔雛〕 : 새끼〔繩〕</td><td></td><td>손〔客〕 : 손〔手〕</td><td></td></tr>
<tr><td>말〔馬〕 : 말〔斗〕</td><td></td><td>초〔醋〕 : 초〔燭〕</td><td></td></tr>
<tr><td>이름〔名〕 : 이름〔云〕</td><td></td><td>집〔家〕 : 짚〔藁〕</td><td></td></tr>
<tr><td>우리〔畜舍〕 : 우리〔我等〕</td><td></td><td>한숨〔一枕〕 : 한숨〔太息〕</td><td></td></tr>
<tr><td>하늘〔天〕 : 하늘하늘〔經飄貌〕</td><td></td><td>허물〔罪過〕 : 허물〔舊皮〕</td><td></td></tr>
<tr><td>물음〔問〕 : 무름〔柔〕</td><td></td><td></td><td></td></tr>
</table>

−예시 24

위의 A : B는 평고조(平高調) : 측고조(仄高調)의 말들이다. 다만 끝부분의 '하늘하늘, 허물〔舊皮〕, 무름〔柔〕'은 '平平'으로 고조되지 아니한다.

우리말의 고저장단

그러나 이러한 고유어들은 자체의 성조를 내장하고 있는 한자어의 경우와는 달라서, 방점이 없어진 후로 다소 문란해졌는 듯하나, 이들 대칭어들의 고저의 변별은 표준어권에서도 여전히 뚜렷하다.

　고유어에서의 고조는, 한자어에서처럼 매개자(每個字)의 자운(字韻)에 의해서가 아니라, 언중(言衆)의 관행에 따라 정착된 것으로, 중세국어에서는 이 또한 '측상평고조(仄上平高調)'의 한자어운(漢字語韻) 표시 방식을 원용(援用)하여, 평고조(平高調)되는 음절은 무점(無点 ; 平聲), 이에 연접하는 음절은 유점(有點 ; 仄聲)으로 표시했던 것이다.[17]
　구체적인 실례는 '예시 23~24'에서 볼 것이다.

17　위의 여러 '예시 14~24'의 대비되는 두 단어들 시재(詩材)로 하여, 서로 반대되는 가락으로 소리 내어 봄으로써 자신의 평소의 버릇된 성조를 시험해 볼 수도 있을 것이다.

3

평고조(平高調) 현상이 나타나게 되는 이유

(1) 평고조(平高調)가 되는 그 심리적 동기

'측상평고조(仄上平高調)'는 그 정황(情況)대로 말한다면 '측상평고도(仄上平高跳)'라 함이 더 실감날지 모른다. 이는 위에서 보인 바와 같이, 낮다는 평성(平聲)이 높다는 측성(仄聲)을 만나는 순간 갑자기 긴장 앙양하여 측성(仄聲)보다도 '더 높은 소리'로 뛰어오르는 현상이기 때문이다.

그러면 이와 같은 현상은 어찌하여 일어나게 되는 것일까? 그 몇 가지 이유를 다음에서 들어보기로 한다.

'平'은 평평한 낮은 소리요, '仄'은 우뚝한 높은 소리이다. '平'이 '仄'을 만나는 순간, 갑자기 긴장하여 고도(高跳)하게 되는 현상은 대개 두

가지 측면의 심리적 갈등에서 결행(決行)되는 자경(自警)현상이라 풀이할 수 있을 것 같다. 곧, 목전에 다닥친 측성(仄聲)을 측성(仄聲)답게 '중후한 높은 소리'로 발음해 주어야 한다는 의무감과, 한편 측성(仄聲)답게 중후한 높은 소리로 대접해 주기를 측성(仄聲)에게서 강요당하는 듯한 강박관념(强迫觀念)과 위압감(威壓感), 그러나 그렇게 하다가는 본디 미약한 '平' 자신의 소리가 '仄'의 '중후한 높은 소리'에 압도되어 상대적으로 더욱 미약해져 존재 자체마저 위태로울 것을 염려한 나머지, 일종의 자위적(自衛的) 반발의 행태로 나타난 현상이라고 볼 수 있을 것 같다.

또 이를 도보에 비유하여, 평성(平聲)은 가벼운 걸음걸이로 사뿐사뿐 경쾌하게 걸어갈 수 있는 평탄한 노면이라 한다면,[18] 측성(仄聲)은 노상에 우뚝 나타난 장애물이라 할 수 있다. 평탄한 길을 걷다 무심코 이런 장애물을 만났을 때의 행인은 아연(俄然) 긴장(緊張)하지 않을 수 없게 된다. 평평한 길을 걷던 그런 보조로는 그 장애물을 극복하지 못할 뿐만 아니라, 전패(顚沛)의 봉변(逢變)을 면키 어려울 것이기 때문이다.

이때에 취하게 되는 아연 긴장의 자세, '仄'을 극복하기 위하여 거의 반사적·무의식적으로 취하게 되는 이 결연한 대응 태세, 이것이 다름 아닌, '평고조(平高調)' 현상이 빚어지게 되는 유력한 기서(機緖)라 할 것이다. 이는 목전에 다닥친 장애물인 '仄'을 극복하기 위한 자율적 반사 심리에서의 물리적·역학적 대응 자세라 할 만하다.

---

18 명(明)의 석진공(釋眞空)의 《옥약시가결(玉鑰匙歌訣)》의 〈사성론(死聲論)〉에도 '평성평도막저앙(平聲平道 莫低昻)'이라 하여 평성(平聲)을 높낮이가 없는 평평한 노면(路面)에 비유하고 있다.

이상을 또 다른 말로 표현한다면, 평고조(平高調)는 평성(平聲)의 본성인 '가장 짧고 가볍고 낮은 소리'라는, 약자로서의 제 자질을 의식한 자격지심(自激之心)에서, 당면한 측성(仄聲)의 그 고압적인 성세(聲勢)에 압도될세라, 이에 반발하여 강자인 양 위장하는 자기보위(自己保衛)의 생리 현상이라 풀이할 수도 있을 것 같다.

이때 '平'이 '仄'을 뛰어넘으려면, 뛰어넘음을 당하는 '仄'보다 더 높아져야 할 것은 물론이다. 그러므로 이때의 '平'의 높이는 자연 '仄'보다 더 높은 위치에까지 고조되는 것이다. 이는 '平'의 본래의 음도 아니요, '仄'의 음도 아니다. 이는 그 두 음의 연접관계에서 빚어진 전혀 다른, 제3의 음인 것이다.[19]

이상은 '平'의 처지에서의 설명이다. 그러나 '仄'으로 하여금 말하게 한다면, '平'을 고도(高跳)케 하는 것은 '仄'의 당연한 자기 권능의 행사로 자처할 수도 있을 것 같다. '仄' 자의 자의(字意)가 '치솟다', '우뚝하다'인 것과 같이, 매우 고압적인 적극성으로써, 제게로 다가온 '平'을 아연 흥분케 하여 고도케 하는 역충력〔逆衝力, 역행충격(逆行衝擊)〕의 행사라 할 수도 있겠기 때문이다. 측성(仄聲)의 이와 같은 '역충력'은 필경 평성(平聲)에게는 측성을 중후하게 발음하기를 강요하는 강박관념과 위압감으로 받아들여지게 됨으로써, 이에 반발하여 고도(高跳)케 하는 촉발제(觸發劑)로 작용한 것이라고 볼 때, 그 둘의 수수(授受) 관계는 일치

---

19 '평고조(平高調)'를 도보에 견줄 때, '平仄'에서의 '平'의 도약은 평고조(平高調 ; 제자리 높이뛰기)요, '平平仄' 또는 '平平平仄'에서의 제2음절 또는 제3음절의 도약은 주고도(走高跳 ; 도움닫기 높이뛰기)라 할 만하다.

한다 할 것이다.

이상은 '평고조(平高調)' 현상이 빚어지게 되는 과정에 있어서의 심리적 발단과 역학적 작용 측면에서 본 견해이다. 그러나 그 결과적·종합적 관점에서 풀이한다면, '측상평고조(仄上平高調)'는 평측(平仄) 구조의 미편(未便)한 만남을 극복하기 위하여 음양(陰陽)이 상교(相交)하듯 자동적 조절로 마침내 '지어지선(至於至善)'의 절충점에서 정위(定位)하게 되는 현상으로 인식할 수도 있을 것이다.

(2) 평고조(平高調)의 음성학적 소견

고도음(高跳音)이 발생하게 될 때의 구강(口腔) 내정(內情)을 잠시 살펴보면, 극히 미약하기는 하나 '平'의 운미(韻尾)에 순간적인 절음(絶音 ; 정지음) 현상이 나타남으로써 구강 내압(內壓)이 높아진다. 이는 다음의 측성(仄聲)을 중후하게 발음하기 위한 힘의 비축(備蓄)으로, 필경 그 구강 내압은 측성(仄聲)의 운두(韻頭)에 내파음으로 작용할 것이지만, 그러나 이에 앞서 그 내압은 기실 역(逆)으로 고여올라 '平' 자체를 풍선처럼 부풀려 놓음으로써 평고조가 이루어지는 것으로도 관측된다.

A	淸算 : 靑山	親政 : 親庭	男性 : 男聲
	청산　청산	친정　친정	남성　남성
B	秋水 : 秋收	家政 : 家庭	非命 : 悲鳴
	추수　추수	가정　가정	비명　비명

-예시 25

전자는 '平仄'형이요, 후자는 '平平'형이다. A의 '淸, 親, 男'의 종성은 다 'ㅇ, ㄴ, ㅁ'의 유성종성(有聲終聲)이요, B의 '秋, 家, 非'의 끝소리 'ㅜ, ㅏ, ㅣ'는 다 유성모음(有聲母音)이다. 그러므로 절음 현상이 일어날 이유가 전혀 없는데도 불구하고, 그러한 내압(內壓) 현상이 나타나는 것은, 이 또한 전술한 바와 같은 일련의 심리현상에서의 비롯된 것이라 할 수 있다.[20]

(3) 평측(平仄)의 역추리(逆推理)

우리는 이 '평고조(平高調)' 법칙에 입각하여 어떤 자(字)가 평성(平聲)인지 측성(仄聲)인지를 역추리하여 분간해 낼 수도 있다.

예 : 子, 字, 女, 祖, 首, 水…
　　자　자　녀　조　수　수

이들이 평성(平聲)인지 측성(仄聲)인지 아리송할 때, 이들을 첫음절로 삼고, 다음 음절이 측성자(仄聲字)로 이루어지는 단어를 찾아보면,

---

20　내파음(内破音)은 모든 유성음(有聲音)을 제외한, 무성(無聲) 자음 'ㄱ, ㄷ, ㅂ, ㅅ, ㅊ, ㅋ, ㅌ, ㅍ, ㅎ'의 종성에서만 나타나는 현상이다. 한자어에 있어서 'ㄹ'종성은 기실 'ㅀ'종성의 입성(入聲 ; 仄聲)이기 때문에 예외이다.
　　위의 A, B에서 우측의 '平平'형을 보라. '靑과 山' 사이엔 연음독(連音讀)으로 순평하게 이어지지만, 좌측의 '淸과 算' 사이에는 순간적인 절음 현상이 일어남으로써 순평하지 못함을 체인(體認)하게 될 것이다.

子爵	子息	子弟	子吾線
자작	자식	자제	자오선
字幕	字體	字母	字劃
자막	자체	자모	자획
女史	女息	女姪	女壻
여사	여식	여질	여서
祖國	祖上	祖父	祖母
조국	조상	조부	조모
水口	水害	水路	水産
수구	수해	수로	수산

등 '○+仄' 구성에서의 반응을 살펴보면 된다. 만일 첫 자가 평성자(平聲字)라면 '平+仄'이 됨으로써 평고조(平高調) 현상이 나타나야 할 것이다. 그러나 여기서는 그런 현상이 일어나지 않는다. 그러고 보면 이들은 다 측성자(仄聲字)일 개연성이 높다.

더 확실하게 하기 위하여 이번에는, 평성자(平聲字)를 앞에 둔 '平+○' 구조의 단어들로 추려 보면, 다음과 같이

公子	男子	君子	王子
공자	남자	군자	왕자
文字	同字	銜字	名字
문자	동자	함자	명자

遊女	三女	宮女	仙女
유녀	삼녀	궁녀	선녀

高祖	先祖	元祖	曾祖
고조	선조	원조	증조

寒水	春水	雲水	氷水
한수	춘수	운수	빙수

등에서 첫음절이 죄다 고조되는 것으로 보아, 둘째 음절인 문제의 글자들이 모두 측성자(仄聲字)임을 확인하게 된다.

뿐만 아니라 필요하다면 사성까지도 구별해 낼 수 있으니, 이들 문제자들이 'ㄱ, ㅂ, ㄹ'종성자가 아닌 것으로 보아 입성(入聲)이 아님이 확실하며, 또 장음이 아닌 것으로 보아 상성(上聲)이 아님도 분명하다. 그리고 보면 거성(去聲)일 수밖에 없게 되는 것이다.[21]

이번에는 다음 글자들의 평측(平仄)을 가려 보기로 하자.

예 : 平, 高, 音, 南, 文…
평 　 고 　 음 　 남 　 문

이들 글자를 첫음절로 하고, 다음 음절이 측성자(仄聲字)로 된 단어를 찾아보면 :

21 　여기 말하는 거성(去聲)은 운보(韻譜)상의 거성(去聲)이 아니라, 현행되고 있는 실질상의 거성(去聲)을 이름이다.

平地	平面	平日	平亂
평지	평면	평일	평란

高手	高見	高級	高潔
고수	고견	고급	고결

音律	音信	音節	音讀
음율	음신	음절	음독

南國	南極	南海	南向
남국	남극	남해	남향

文筆	文教	文武	文法
문필	문교	문무	문법

東國	東海	東向	東漸
동국	동해	동향	동점

위에서와 같이 첫음절이 한결같이 고조되는 것으로 보아, 그것이 '平+仄' 구조로서의 문제의 자가 평성자(平聲字)임을 알 수 있다.

그러나 미심하면, 제2음절에 평성자(平聲字)들을 받쳐 발음해 본다.

平均	平民	平時	平和
평균	평민	평시	평화

高空	高官	高堂	高樓
고공	고관	고당	고루

音聲	音程	音波	音調
음성	음정	음파	음조

南風	南窓	南韓	南方
남풍	남창	남한	남방
文身	文人	文章	文明
문신	문인	문장	문명
東宮	東方	東洋	東夷
동궁	동방	동양	동이

이에서는 고조되는 곳이 없을 뿐만 아니라, 아무 데도 기복이 없이 평평하고도 잔잔한 낮은 가락임을 보아, 그 첫 자가 평성(坪城)이기 때문임을 또 한 번 확인하게 되는 것이다.

위에서와 같이 우리는 유추(類推)에 의하여 평측(平仄)은 물론, 사성까지도 짐작할 수 있으며, 고저장단 또한 자명해지게 되는 것이다.[22]

---

22 문제자를 첫소리로 한 많은 어휘들을 상기하면서 그 발음의 길고 짧음을 유추(類推)해 보면 고저뿐만 아니라 그 장단도 자명해질 것이다. 이처럼 유추(類推)에서 얻는 소득은 크다 할 것이다.

4

평성단음절어(平聲單音節語)의 고조(高調) 현상

　위에서 본 것은 다 2음절 단어에 있어서의 고조 현상이었으나, 여기서는 단음절로 된 평성어(平聲語)에도 고조가 나타나는 현상에 대해 보고자 한다. 이에 속하는 말들은 단음절의 평성(平聲) 한자어로서, 이미 고유어로 귀화한 말들인데, 그 수가 많다.

　예 : 山, 羊, 蘭, 王, 門, 車, 龍, 窓, 神, 鐘, 功, 喪, 瓶, 陵,
　　　 산　양　난　왕　문　차　용　창　신　종　공　상　병　능

　　　 連, 東, 西, 時, 倭, 臺, 碑, 銀, 情, 魂, 風, 香, 兄, 形…
　　　 연　동　서　시　왜　대　비　은　청　혼　풍　향　형　형

　그것은 고유어에 있어서도 마찬가지다. 단음절 평성성 체언(平聲性體

言)이나 단음절 평성성 용언(平聲性用言)은 단독형 또는 측조사(仄助詞) 앞에서는 언제나 고조로 나타난다.

체언 –	말〔馬〕	배〔梨〕	손〔客〕		
	옻〔漆〕	집〔家〕…			
용언 –	갈〔改替〕	되〔化〕	들〔擧〕		
	매〔結〕	달〔甘〕…			

그렇다고 하여 이들이 태생부터 높은 소리는 아니다. 이들은 낮은 소리인 평성(平聲)으로 태어나(방점은 무점), 이후 내내 평성(平聲)에 적을 두고 있는 말들이다. 그러면서도 그 단독형의 성조는 평고조(平高調)의 높이로 난다.

그러나 이들도 단독이 아니고 평성성 조사(平聲性助辭)·평성성 어미(平聲性語尾)·평성성 접사(平聲性接辭)와의 연접관계, 또는 평성성 어사(平敍性語詞)와 복합어를 이루는 경우에는 평성(平聲)의 본모습으로 돌아간다.[23]

말고삐	배꼭지	손맞이〔迎賓〕	집 앞	초고추장
갈도다	되노라	들거늘	매더라	달든지

-예시 26

---

23 연접관계란 하접(下接)하는 관계만이 아니라, 접두(接頭)에 의한 상접(上接)에 있어서도 마찬가지다. '꿀, 길'과 같은 평성어(平聲語)의 접두로 '꿀배, 길손…'과 같이 '배, 손'은 물론, '꿀, 길'까지도 평성(平聲) 본연으로 소리남을 볼 것이다. 그것은 '平'과 '平'이 서로 만나 '平平' 구조, 곧 평저조(平低調)가 되기 때문이다.

와 같다. 곧 연접하는 말이 평성성(平聲性)일 때는 '平+平', 즉 '平平' 구조가 되기 때문에. 이런 조건에서야말로 그 본연의 '平'의 모습을 보게 되는 것이다. 이는 단음절 평성(平聲) 한자어에 다시 평성자(平聲字)가 상·하접(上·下接)하여 다음과 같이 평성자(平聲字)와 이웃하게 되었을 때, 평성(平聲) 본연의 성조로 환원되는 이치와 마찬가지다.

空山, 山間 牛羊, 羊毛 風蘭, 蘭花
공산 산간   우양 양모   풍란 난화

天王, 王宮 城門, 門樓…
천왕 왕궁   성문 문루

—예시 27

이에 대하여는 두 가지 측면에서 설명할 수 있으니, 먼저 다음과 같이 생각해 볼 수 있다.

'東風(동풍)'은 '平+平' 구조로, 평성(平聲)이 비록 '경(輕), 단(短), 저(低), 약(弱), 미(微)…'한 음질(音質)이지만, 전후음이 서로 지원(支援)함으로써 평평하고 잔잔하나마 분명하여 별반의 보강을 하지 않아도 어의(語意) 전달에 염려할 것이 없지만, 하나하나 분립했을 때의 '東'과 '風'은 사정이 달라진다.

'東으로 갈 것인가, 西로 갈 것인가?'
'저 사람은 風(중풍 따위)을 맞은 모양이다.'

위의 '東'과 '西'와 '風'은 자신의 성세(聲勢)가 미약하기 때문에 어의 전달이 불분명할 것을 염려한 나머지, 이를 보강하려는 일종의 보강 심리에서 고조되는 것이며, 또 그러한 심리에서이다 보니 자연 과보강 (過補强)하는 경향마저 있게 된다. 그러므로 이는 '보강고조(補强高調)' 현상이라 할 만하다.

졸졸졸 물이 흐르고 있는 시내를 사이에 두고 두 사람이 나누는 대화를 들어보자.

"지목(地目)은 무엇인데?"
"한 필은 '산(山)'이고, 한 필은 '전(田)'이고, 또 한 필은 '임(林)'이라네."
"'임'이란 '산'과 같은 것 아닌가?"
"아니지. '산'은 '산'으로 따로 표시되는 것이지만, '임'이란 평지에 숲으로 된 곳을 말하는 거지."
"그럼 '임'을 '전'으로 지목(地目) 변경(變更)은 안 되는가?"
"안 될 리야 있겠나."

이 대화에서 화자들은 그 평성단음절어(平聲單音節語)인 '山, 田, 林'의 발음에서, 얼마나 과보강까지 하고 있는가를 볼 것이다.

한편, 또 이렇게도 생각해 볼 수 있다.
무릇 언어란 의사 전달의 도구이니만큼 실용의 언어란, 특수한 경우가 아닌 한 적어도 의사를 전달할 수 있는 주어(主語)·술어(述語)가 갖추어졌을 때라야 가능하다.

밥, 배, 집, 金, 窓, 神…

등 사전식 나열만으로는, 다만 의사 전달의 소재(素材)일 뿐, 하나의 구체적인 언어는 될 수 없다.

'배를 먹고'   '窓을 열었다'   '神이 怒한다'…

등, 비록 주어가 생략됐을망정 이쯤이라도 돼야 최소 한도의 의사표시가 된 것이라 할 수 있다. 곧, 이때의 조사나 어미가 붙은 상태에서의 평성(平聲)의 성조를 단독일 때도 그대로 적용한 것으로 보아, 그 시원(始原) 또한 '측상평고조(仄上平高調)'임을 추측해 볼 수도 있다.

왜냐하면, 평성(平聲)은 측성(仄聲)을 만나면 언제든지 고조될 자질인데다가, 우리말의 격조사·보조어간·어미들의 대부분은 측성성(仄聲性)이 많으므로(예시 68·102 참조), 단음절 평성어(平聲語)는 그 뒤에 측성성 접사(仄聲性接司)가 받쳐졌을 때의 성조를, 단독의 경우에도 그대로 잉용(仍用)한 것이라 할 만도 하다.

사람 인(人) 자 여섯 자 '人人人人人人'에 적절한 토를 달아 보라는 수수께끼가 있다. 그 정답은 이렇다.

'人이 人이면 人인가? 人이 人이라야 人이지.'

여기서는 '人'이 천야만야 고조되는 것을 볼 수 있으며, 또《중용(中

庸)》의 한 대문,

> '성자(誠者)는 천(天)이요, 성지자(誠之者)는 인(人)이라.'

에서 '천'과 '인'을 과보강할 만큼 고조하는 심리에서도, 저간(這間)의 경위를 십분 이해할 수 있을 것이다.

이상은 모두 단음절로 된 평성어(平聲語)로서, 그 고조 향상은 '平仄' 구조에서의 평고조(平高調)와도 같이, 그 최고의 음조, 그 최단의 음장, 그 팽팽한 긴장도 등에 있어 촌분(寸分)도 다르지 않다. 따라서 이들 어휘는 '평고조(平高調)'의 범주에 들게 된다.

그러나 같은 단음절어라도 측성단음절어(仄聲單音節語)는 다르다.

運	景	罪	禍	靴	恨	賞	母
운	경	죄	화	난	한	상	모
禮	氣	腦	壽	法	鶴	毒	脈
예	기	뇌	수	법	학	독	맥
百	劃…						
백	획						

말〔藻〕	배〔舟, 腹〕	손〔手〕	짚〔藁〕	옷〔依〕…
갈〔耕〕	되〔斗, 量〕	들〔入〕	매〔耘〕	달〔懸〕…

—예시 28

위의 한자어들은 측성자(仄聲字)이며, 고유어는 성점(聲點) 1점 또는 2점으로 표시하던 측성어(仄聲語)들이라, 그 성조 또한 중후한 고조로 이들은 다 '측고조(仄高調)'의 범주에 드는 것이다.

그리하여, 같은 단음절어라도 다음과 같이 고도(高度)에 차가 난다.

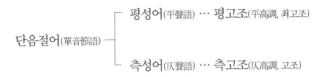

```
                      ┌─ 평성어(平聲語) … 평고조(平高調, 최고조)
단음절어(單音節語) ─┤
                      └─ 측성어(仄聲語) … 측고조(仄高調, 고조)
```

그러나 이 단음절 평고조(平高調)는 측상평고조(仄上平高調)에서 그러했 듯이, 그 최고조로서의 전통 그대로 계승·현행되고 있는 경상어에서 와는 달리, 비경상어에서는 그 높이가 최고조에까지는 이르지 못함이 일반적 현상이므로, 이 또한 한 등 낮추어 측고조(仄高調)와 같은 높이로 하고, 전래의 가락을 허용하는 것으로 조정할 수밖에 없게 된다.

이에 대해서는 '평고조(平高調)와 측고조(側高調)의 대비'(71쪽) 참조.

5

고저(高低)와 장단(長短)의 유기적 상호관계

이상에서 말한 바와 같이 측상평고조(仄上平高調) 현상이나 단음절 평성어(平聲語)의 보강고조(補強高調) 현상은, 모두 다 특수한 위치에 처했을 때의 평성(平聲)이 자신의 미약함을 보강하여 스스로 돋보이려고 하는 일종의 자위적 생리 현상인 것이다. 곧 '平+仄' 구조에 있어 다음의 측성(仄聲)을 측성(仄聲)답게 중후히 발음하려다 보면, 자신의 미약한 자질로는 그 성세에 압도되어 거의 제 존재마저 잃게 되리라고 지레 겁을 먹은 평성(平聲)이, 반사적으로 긴장·격앙하는 자가(自家) 보위(保衛)의 반발생리(反撥生理) 현상, 이것이 곧 평고조(平高調)의 속사정인 것이다.

그러므로 이의 발단은, 평성(平聲)의 '가장 짧고 가볍고 낮은 소리'라는 무의식적 자각에서부터라 할 수 있으니, 그 중에서도 '가장 짧다'는 조건이 선행(先行)되지 않고서는 평고조(平高調)는 일어나지 못하게 된다.

東	冬	江	支	微	魚	虞	齊	佳	灰	眞	文	元	寒	删
동	동	강	지	미	어	우	제	가	회	진	문	원	한	산

先	蕭	肴	豪	歌	麻	陽	庚	靑	蒸	尤	侵	覃	鹽	咸
선	소	효	호	가	마	양	경	청	증	우	침	담	염	함

-예시 29

평성자(平聲字)를 대표하는 이 30자의 운통자(韻統字 ; 대표운자)를, 홈통을 타고 맑은 은빛 개울물이 흘러내리듯, 또는 피아노 건반을 경쾌하게 연타하듯, 빠른 속도로 연송(連誦)했을 때의 그 낱낱의 소리 '동동강지미어우 제가회진문원…'이 곧 평성(平聲)의 표본음이라 할 수 있으니, 오늘날 경상어에서 측상평고조(仄上平高調) 현상이 확연한 것도 이 평성(平聲)의 '가장 짧은' 조건을 전제로 한 데서 오는 현상인 것이다. 만일 '平'을 최단(最短)이 아닌 차단(次短)으로 어지중간하게 늦춘다면 그것은 이미 거성적(去聲的) 음장(音場)이 되기 때문에 고조 현상은 불발이 되고 만다.

이는 흔히 장단에 대한 자신이 없는 사람이 그 잘못된 책임을 모면하기 위하여 비장비단(非長非短)으로 호도(糊塗)하는 경우에 볼 수 있다. 이는 이미 장단마저 범한 처지이니, 하물며 바른 고저를 어찌 기대할 수 있으랴?
일례로 '高速道路(고속도로)'의 '高'나 '韓國'의 '韓'이나 '移動通信(이동

통신'의 '移'가 다 평성(平聲)으로서 가장 짧은 소리라는 자의식(自意識)이 선행됨으로써, 후접하는 '速, 國, 動' 등 측성(仄聲)과의 관계에서 평고조 (平高調) 현상이 나타나는 것이건만, 이를 어중간하게 호도함으로써는 성조를 그르칠 뿐만 아니라, 마침내는 '高·韓·移'를 장음화까지 하여 ' : 고속도로', ' : 한국', ' : 이동통신'과 같이 이중 오류를 범하는 예도 비일비재한 것이 현실이다.

이상에서 본 바와 같이 고저와 장단은 언제나 상호 긴밀한 관계로 동시 작동하는 것이어서, 거기에는 선후가 있을 수 없는 것이다. 그것 은 호흡과 맥박의 관계와도 같아, 그 발생에 시대적인 차가 있을 수는 더더구나 없는 일이다. 그러므로 일부 학자의 주장대로, 어느 시기에 와서 고저는 없어지고 이에 대체(代替)하여 장단이 생긴 것이란 논리가 옳지 않음은 자명한 일이다.

'고저'와 '장단'은 두 단어임에 틀림없지만, 우리의 선인들은 '고저장 단'을 하나의 단어로 묶어서 관용했으며, 하나의 동일한 사상(寫像)으로 관념해 왔던 것이다. 그리하여 흔히 인물평에서도 아무는 고저장단을 아느니 모르느니를 화제로 삼는 일이 일쑤였다. 그것은 그 사람의 말 가락이나 한시의 작시 능력 등을 통하여 그 사람의 학문의 정통성과 그 깊이 내지 생장한 집안의 유서까지를 간접적으로 평가하는 일이기 도 했던 것이다.

고유어의 고저장단은 언중(言衆)의 관행에서 굳어진 것이지만, 한자 어의 그것은 그 구성된 한자의 평측(平仄)과 그 상호 위치에 따라 규정지어지는 것이다.

　오늘날 학교 교육에서 강조하고 국어사전마다 표시하고 있는 '장단'
도 한자어인 한, 그것은 다 '평측(平仄 : 사성)'에 기준한 것이다.

　곧 고저(高低)를 논할 때는 상·거·입성(上·去·入聲)은 '仄'으로 묶여져
고(高)가 되고, '平'만이 홀로 '仄'에 대응하는 저(低)가 되지만, 장단을
논할 때는 '去·入·平'은 일괄되어 '단(短)'이 되고, '上'만이 홀로 '장
(長)'으로 이에 대응하게 된다. 이를 도시하면 다음과 같다.[24]

고저(高低)　　　사성(四聲)　　　장단(長短)

고, 仄 ──── 上 ──── 長
去
入 ──── 短
저, 平 ──── 平

　　　　　　　　　　　　　　　　　　　　　　　　　　　　　　　－예시 30

　이와 같이 고저와 장단은 호흡과 맥박의 관계와도 같은 유기체이기
때문에, 그 어느 한쪽이 결손되면 다른 한쪽도 온전하지 못하게 되고
말 것은 자명한 일이다. 그럼에도 불구하고, 오늘의 교육이 이를 파행

24　여기에서의 상성(上聲)은 상거상혼(上去相混)의 교류로 인한 실제적 상성, 다시 말하면 본적(本籍)으로
　　서의 상성이 아니라, 현주소로서의 실제적 상성을 이름이다. 별론의 '상성(上聲)의 선고후고(先去後高)
　　와 상거상혼(上去相混)'(349쪽) 참조.
　　거·입성(去·入聲)은 초장음(梢長音), 곧 '平'과 '上'의 중간 길이지만 장단을 논함에 있어서는 '平' 쪽
　　으로 일괄하여 단(短)으로 처리하고 있다.

(跛行)하여 고저장단에서 고저만을 박리(剝離)하여 제도권(制度圈) 밖으로 내친 지 이미 반세기! 그러나 아직도 이를 회복시키려는 조짐이 없으니 참으로 딱한 일이 아닐 수 없다.

오늘날은 장단 운운하나, 옛날에는 장단을 고저의 한 속성(屬性)으로 간주하여 한자의 운(韻), 곧 고저장단을 지칭할 때는 '이 자는 낮은 자, 저 자는 높은 자' 하는 식으로 말해 왔던 것이다. 이 '낮다'는 표현에는 '짧다·가볍다'는 뜻이, 또 '높다'는 표현에는 상대적으로 '길다·무겁다'는 뜻이 내포되어 있는 것이다. 그리하여 우리의 선인들은, 평성(平聲)은 '낮은 소리', 측성(仄聲)은 '높은 소리', 또 평성자(平聲字)는 '낮은 자', 측성자(仄聲字)는 '높은 자'라 일컬어 왔던 것이다.

그러면 필자가 역설하는 '평고조(平高調)'는 무엇인가? 이는 '더 높은 소리'인 것이다. 다시 말하면, '측성(仄聲)' 앞에서 고조된 '평성(平聲)'은 '측성(仄聲)'보다도 더 높은 소리인 것이다. 그러므로 '平+仄' 구조어에서 첫음절인 '平'이 더 높은 소리로 고조되다 보니 상대적으로 제2음절의 '仄'이 '저조(低調)'로 저하된 듯한 착각을 일으키게도 되나, 기실은 조금도 저하된 것이 아니라, 여전히 '仄'의 높이에는 변동이 없는 것이다.('예시 16' 및 그에 딸린 설명 참조)

성조 학자 중에는 '平+仄'을 고저로, '仄+平'을 저고로, '平+平+仄'을 고고저로…, 마치 '平=高, 仄=低'의 등식(等式)으로 이해하려는 학자도 있으나 이는 심히 잘못된 일이다.

'平'은 역시 '저(低)'요, '仄'은 역시 '고(高)'가 제 운가(韻價)이지만, '平+仄' 구조에서의 '平'만은 '仄'보다 한결 더 높은 소리로 앙양될 뿐이다.

다시 말하면 평측(平仄)과 고저에 대하여 논할 때, '낮은 소리·높은 소리·더 높은 소리' 중 앞의 두 소리는 평성(平聲)과 측성(仄聲)의 고유적인 성조이지만, 맨 뒤의 '더 높은 소리'는 '平'과 '仄'의 상관관계에서 빚어지는 비고유적인 임시적 소리임에 유의해야 하며, 또 '높은 소리'와 '더 높은 소리'를 혼동하지 말아야 한다. 이 관계를 혼동하기 때문에 성조 학자들이 경상도 한학자들의 고저에 대한 관용어를 이해하지 못하는 것이다.[25]

---

25 허웅(許雄) 님은 《국어 성조 연구》 357쪽에서, "경상도의 한학자들은 상성(上聲)의 자음을 낮은 가락으로 발음하면서, 이것을 높은 소리라 하고, 평성자(平聲字)를 높은 소리로 발음하면서, 이것은 낮은 소리라고 한다.… 이것은 아마 중부지방에서 '낮다'고 하는 평성(平聲)이, 경상도 방언에서는 '높게' 발음되기 때문에, 이 '높은 소리'를 중부 지방의 표현을 그대로 받아들여서 '낮다' 하고, '낮은 소리'에 대해서도 역시 같은 모양으로 '높다'고 한 것이 아닐까 생각한다"고 했다. 그리고 김완진(金完鎭) 님은 《중세국어 성조의 연구》 18쪽에서, "경상도 방언이 어느 시기엔지는 모르지만, 현대에 이르는 어느 시점에서 성조상의 일대추이(一大推移)를 경험했다는 것만은 의심할 여지가 없게 된다. 영남 고로(古老)들이 평성자(平聲字)를 높은 소리로 발음하면서 '낮은 소리'라고 말하고, 상성자(上聲字)들은 낮은 소리로 발음하면서 '높은 소리'라고 말한다는 것도 유래 없는 일일 수 없다"고 했다.

6

우리말의 성조(聲調) 체계

(1) 성조(聲調)의 분류

우리말의 성조를 연구하는 학자들의 성조 분류를 보면, 서로 약간의 차이는 있으나 대략 다음과 같이 요약할 수 있다.

평성	거성 · 입성	상성
저조	고조	저고조
낮은 가락	높은 가락	높아 가는 가락

여기서 상성(上聲)을 측성(仄聲 ; 상·거·입성)에서 분리하여 '저(低)+고(高)'로, 또는 낮은 데서 시작하여 '높아 가는 가락', 곧 선저후고(先低後高)의

소리로 별도 처리하였는데, 그 유일한 근거는 저《훈민정음》〈사성해(四聲解)〉에 명시되어 있는 '상성 화이거(上聲和而擧)'에서임은 말할 것도 없다.

그러나 이에 대한 필자의 견해는 다르다. 그 이유는 별론 '상성(上聲)의 선고후고(先高後高)'(333쪽) 및 '상성의 선고후고와 상거상혼(上去相昆)'(349쪽)에서 상론(相論)하겠지만, 결론부터 말한다면 이렇다. 곧 고유어 상성(上聲)의 '화이거(和而擧)'는 한자어 상성(上聲)의 '여이거(厲而擧)'로 기울어져, 모든 상성(上聲)은 선저후고가 아닌, 선고후고로 통일되었다는 사실이다.

또 우리말 성조의 기본은 평조(平調)와 측조(仄調), 곧 저조와 고조의 2단 구조로 대응하고 있으나, '平+仄' 구조어의 위치차에서 빚어지는 제3의 소리인 '더 높은 소리'의 존재를 도외시할 수는 없는 것이다.

이는 저조가 본분인 '平'의 변신이며, 그가 가진 두 얼굴의 하나로 일견 비고유적(非固有的)·비실체적(非實體的)·가공적(架空的)·허상(虛像)인 것 같으나, 기실 그 '단단하고 팽팽하고 영근 소리'는, 다름 아닌 우리말의 고조 악센트 바로 그것으로 고저를 논함에 있어서의 핵심인 것이다.

이를 편의상 '앙양조(昂揚調 : 쳐든 가락)'라 하여 표로 정리해 보면 다음과 같다.

저조	고조	최고조
낮은 가락	높은 가락	쳐든 가락
낮은 소리	높은 소리	더 높은 소리
평조(平調)	측조(仄調)	앙양조(昂揚調)

−예시 31[26]

이것이 필자가 주장하는 고래(古來)의 우리말 성조 체계의 대강(大綱)이다.

이러한 성조관(聲調觀)은 다른 학자들의 그것과 너무나 현수(懸殊)하기 때문에, 전적으로 필자의 독단으로만 보기 쉽겠으나, 그러나 이는 고래의 불문율로서 경상언어권에서 현행되고 있는 그대로이며, 중부지방 언어에서도 최고조가 아닌 고조로 극명하게 현행되고 있는 사실을 기술한 데 지나지 않은 것이다.

이와 같이 경상외지방에서 보편적으로 현행되고 있는 사실에 비추어, 고저 2단체계로 재조정하게 된 경위에 대해서는 '고저(高低)의 체계변이(體系變移)'(224쪽)를 아울러 참조하기 바란다.

위에서 말한 '더 높은 소리', 곧 '평고조(平高調)'는 고유어의 표기에도 원용되었다. 15세기 문헌의 방점에서 첫음절이 고조되는 어휘, 이를테면 :

나라〔國〕	무덤〔塚〕	어름〔氷〕
머굼〔含〕	더디〔遲〕	어렵〔難〕

등은 모두 '평성(무점)+측성(1점 또는 2점)' 형태로 시점하였음을 볼 수 있

---

26 고조를 중조(中調)로, 최고조를 고조(高調)로 하여, 저조·중조·고조로 명명함이 간편하지 않겠느냐는 의견도 있을 수 있겠으나, 이는 방언 연구 학자들이 '거성(去聲)'에 명명한 중조와 혼동될 염려가 있을 뿐만 아니라, 원래 평측(平仄) 양립체계에 있어서의 거성(去聲)은 그 기본 위치가 '고(高)'일 뿐, '중(中)'일 수는 없기 때문이다.

우리말의 고저장단

다. 그뿐 아니라,

ᄀ술〔秋〕   ᄃ죽〔賊〕   ᄆ슴〔心〕

등은 둘 다 무점인 '平+平'으로 다루어 평온하고 잔잔한 낮은 가락임
을 보이고 :

: 언제〔何時〕   울에〔雷〕   적삼〔衫〕

등 어두(語頭)에 무게가 실려 있는 어두고조어(語頭高調語)들은 '平仄〔유점
(有點)+유점〕' 또는 '仄平〔유점+무점(無點)〕'으로 다루었음을 알 수 있다.
이에 대하여는 뒤에 다시 상술하기로 한다.

7

측고조(仄高調)의 여러 형태

고저에 있어 가장 현저한 것은 단음절 평성어(平聲語) '平+仄' 구조어에서의 평고조(平高調) 현상이다. 이에 대해서는 위에서 이미 충분할 만큼 설명이 되었으므로 재언하지 않겠으며, 또 '平+平' 구조어는 기복이 없는 잔잔한 가락의 저조이기 때문에 쉬 판별할 수 있겠으므로 이 또한 재론을 생략하고, 여기서는 주로 측기어(仄起語)의 여러 형태에 대해서만 언급하고자 한다.

측기어(仄起語)란 '仄仄' 또는 '仄平' 구조의 어휘를 말한다. 이들은 한결같이 듬직한 무게가 어두에 실려 있는, 중후한 음질(音質)의 어두고조어(語頭高調語)이다.

(1) '仄仄'형

ㄱ. (上+上) :

上古	上下	久遠	亂動
상고	상하	구원	난동
事理	享有	任用	信望
사리	향유	임용	신망
假定	勇敢	勤勉	使命
가정	용감	근면	사명
問病	奉養	喜報	坐視
문병	봉양	희보	좌시
曠野	境界	妙計…	
광야	경계	묘계	

—예시 32

ㄴ. (上+去) :

勇氣	勉勵	勸諭	吾睡
용기	면려	권유	오수
品位	世子	史話	否認
품위	세자	사화	부인
免許	制度…		
면허	제도		

—예시 33

ㄷ. (上+入) :

上客	下級	儉約	亂筆
상객	하급	검약	난필

享樂	信託	倍額	冷血
향락	신탁	배액	냉혈
創作	副食…		
장착	부식		

—예시 34 27

ㄹ.(去+上) :

主上	固有	召喚	不渡
주상	고유	소환	부도
企望	首肯	守護	引上
기망	수긍	수호	인상
壽命	誘致	認定…	
수명	유치	인정	

—예시 35

ㅁ.(去+去) :

主幹	氣候	肖像	授受
주간	기후	초상	수수
姉妹	主婦	審判	廉恥
자매	주부	심판	염치
苦惱	治水…		
고뇌	치수		

—예시 36

---

27 '上+上' 또는 '上+去', '上+入', '上+平' 등으로 표시했으나, 실제에 있어서는 '상거상혼(上去相混)'으로 상성(上聲)과 거성(去聲)이 혼효(混淆)되어 있다. '上'과 '去'는 그 중후미(重厚味)에 있어 서로 같으나, 上은 장음, 去는 초장음의 기준으로 구별된다. 자세한 것은 변론의 '상성(上聲)의 선고후고(先高後高)와 상거상혼(上去相混)'(349쪽) 참조. '上'은 선저후고(先低後高) 아닌, 선고후고(先高後高)임에 유의할 것이다. 이에 대해서도 전기 별론 참조.

우리말의 고저장단

ㅂ.(去+入) :

汽笛	構築	召集	氣壓
기적	구축	소집	기압
水沒	求職	固着	指摘
수몰	구직	고착	지적
慣習	引率…		
관습	인솔		

−예시 37

ㅅ.(入+上) :

俗信	末世	室內	法案
속신	말세	실내	법안
活路	入選	作況	削減
활로	입선	작황	삭감
博愛	列擧	億萬	別世…
박애	열거	억만	별세

−예시 38

ㅇ.(入+去) :

獨島	立體	答禮	給水
독도	입체	답례	급수
冊子	月水	葉草	刻苦
책자	월수	엽초	각고
出版…			
출판			

−예시 39

ス.(入+入) :

一色	日給	月食	缺乏
일색	일급	월식	결핍
合作	克服	獲得	洽足
합작	극복	획득	흡족
吸入	叔侄	肉食…	
흡입	숙질	육식	

—예시 40

이들은 전후음이 다 중후하나 고조는 어두에 온다.

(2) '仄平'형

ㅊ.(上+平) :

上旬	丈人	免除	冷情
상순	장인	면제	냉정
動機	厚生	史官	可能
동기	후생	사관	가능
喪妻	喜悲	共存…	
상서	희비	공존	

—예시 41

이들은 다 중후한 장음에서 짧은 후음으로 가볍게 끝나는 어두고조
의 어휘들이다.

ㅋ.(去ㅣ平) :	主人	亞流	企圖	自他
	주인	아류	기도	자타
	印鑑	忍從	志操	幹線
	인감	인종	지조	간선
	板書	慣行	酒豪…	
	판서	관행	주호	

—예시 42

ㅌ.(入+平) :	伏兵	俗人	北韓	卒兵
	복병	속인	북한	졸병
	切開	勿驚	合同	吸煙
	절개	물경	합동	흡연
	協同	急行…		
	협동	급행		

—예시 43

이상은 일부러 조각조각 사성에 의하여 세분해 본 것으로, 일견 매우 복잡하다는 인상을 받게 되었을 것이나, 이를 평측(平仄)으로 정리해 보면 아주 간단하다.

곧, 그것들은 다 측기어(仄起語 ; 仄仄·仄平)로서, 'ㄱ~ㅈ'은 '仄仄'이요, 'ㅊ~ㅌ'은 '仄平'으로, 똑같이 어두가 고조되는 측고조(仄高調)의 어례들이다.

그 중 'ㄱ, ㄴ, ㄷ, ㅊ'은 첫 음이 상성(上聲)이기 때문에 어두 장음의 측고조(仄高調)이며, 'ㄱ, ㄹ, ㅅ'은 둘째 음이 상성(上聲)으로 또한 장음이다.[28]

'仄仄'형(ㄱ~ㅈ)의 제2음절의 '仄'은 어두고조의 산하(傘下)에 들게 되어 비고비저(非高非低)로 약화된다. 이는 고조에 힘을 소모한 직후이므로 '측하무고조(仄下無高調)'의 원칙에 의해서다.

그런데 세간에는 왕왕 이러한 측기어(仄起語)를 다음 예와 같이 제1음을 가볍게, 제2음을 고조로 발음함을 듣게 된다.

瑞草洞, 佛光洞, 七夕날…29

이는 본고(本稿)의 서두에 제기했던, '어린이 · 민주주의(民主主義)'… 등의 발음에서 제1음을 고조하느냐, 제2음을 고조하느냐 하는 문제와 다시 마주치게 된다. 이러한 문제는 위에 열거한 측기어(仄起語)에 접미어가 연접하거나 또는 타어사(他語辭)와 복합하는 경우에 문득 전도(顚倒)된 고저로 착각하기 쉽다. 예를 들면 :

入選作	肖像畵	慰藉料	地下鐵(측고조어)
입선작	초상화	위자료	지하철
勞動法	環境部	無免許	無酌定
노동법	환경부	무면허	무작정

28　제2음절의 장음에 대하여는 '장단의 몇 가지 문제점'(280쪽) 참조.

29　'서초동(瑞草洞)'은 상성(上聲)인 '서(瑞)'의 어두 장음으로 고조가 희석(稀釋)되어 잘 드러나지 않는 듯하나, 역시 어두고조어이며, '불광동(佛光洞) · 칠석(七夕)날'도 '불(佛) · 칠(七)'의 측성(仄聲)으로 말미암아 어두가 고조되는 말들이다. 지명과 같이 대중이 제멋대로 발음하여 굳어진, 빈도(頻度) 높은 고유명사의 고저장단에는 법칙에서 벗어나는 것이 적지 않다.

無所屬	無勝負	多國籍	高物價
무소속	무승부	다국적	고물가

都市計劃	明洞聖堂	私敎育費	公敎育費
도시계획	명동성당	사교육비	공교육비

公正去來法	高位黨職者	京釜高速道路(평고조어)…
공정거래법	고위당직자	경부고속도로

—예시 44 30

등과 같은 어두고조어(語頭高調語)의 고조를 제2음절로 옮겨 발음하는 오류를 범하는 일이 많다.

그 심리적 소견으로는, 다음절어(多音節語)일수록 발음을 빨리 해야겠다는 부담감 때문인 듯, 또는 제1음절의 고조보다 제2음절 고조에 힘이 덜 소모되는 듯한 착각 때문인 듯도 하나, 이는 분명히 규범에 벗어난 발음이다.

그러나 고유어에서는, 평측(平仄)을 내장(內臟)하고 있는 한자어에서와는 달리, 다음절화(多音節化)한 복합어의 발음을 촉급하게 하려는 심리적 경향으로 말미암아, 어두고조가 제2음절로 옮겨져 굳어진 관용 가락이 적지 않으니, 다음 말들은 현실 성조대로 인정하지 않을 수 없을 것 같다.

---

30 세간에는 무승부(無勝負), 무소속(無所屬), 노동법(勞動法), 환경부(環境部) 등 어두평고조어(語頭平高調語)의 고조를 제2음절로 옮겨 발음하는 경향이 있으나, 이는 분명히 규범에서 벗어난 발음이다.

누네노리	말죽거리	이부자리
반짓고리	바느저리	빌엉뱅이
머리카락	더부살이	노랫가락
버드나무	버들피리	버들개지
딸내미	아들내미	가슴걸이
어깨쭉지	어깨동무	어깨걸이
이마받이	이마빼기	모래무지
가시덤불	허리끈	아랫도리
아랫목	아랫사람	사로잡다…

—예시 45

8

다음절어(多音節語)에서의 평고조(平高調)

위에서 우리말의 보편적·일반적 현행 실정에 의한 고저의 재정립 결과는 최고조인 평고조(平高調)를 한 단계 낮추어 고조로 통합하고, 그 본래의 높이인 '최고조'는 '허용'하는 것으로 조정해야 할 것임을 기술한 바이다. 이는 단음절 평성어(平聲語)나 2음절어에서뿐만 아니라 다음절어(多音節語)에서도 같으며, 조사(助詞)·어미(語尾) 등의 후접어(後接語)와의 관계에서 발생하는 모든 '平+仄' 구조어에서도 마찬가지다.

(1) 3음절어(三音節語)

家家禮	民聲函	官能的	求心力
가가례	민성함	관능적	구심력

人間性	完全性	朝鮮語	城南市
인간성	완전성	조선어	성남시
潭陽郡	梁山邑	城東里	
담양군	양산읍	성동리	

—예시 46

이들은 다 '平平仄' 구조이나, 측상평고조(仄上平高調)의 대원칙에 의하여 '측성(仄聲)' 직전의 '平'인 제2의 '平'에 고조 현상이 나타남은 당연하다.

眞善美	天地人	陸海空	知情意
진선미	천지인	육해공	지정의

—예시 47

위의 예처럼 병렬관계가 아닌, 대부분의 3음절어는 2음절어에 접두자 또는 접미자가 첨가된 형태인 것이 많다. 이때의 평고조(平高調)는 접사(接辭)와 본어사(本語詞)를 구별할 것 없이, 그 합해져 이룬 상태에서의 산술적 계산에서 평고조의 소재가 밝혀진다.

곧, 아래와 같은 '平仄' 구조의 평고조어(平高調語)인 :

期日	東向	元帥	兵力	廉恥
기일	동향	원수	병력	염치

干涉	常識	君子	公正	成就
간섭	상식	군자	공정	성취

—예시 48

등에 다음과 같은 측성접두자(仄聲接頭字)가 첨가되어,

滿期日	北東向	大元帥	總兵力	破廉恥
만기일	북동향	대원수	총병력	파렴치

不干涉	沒常識	四君子	不公正	未成就
불간섭	몰상식	사군자	불공정	미성취

沒風景…
몰풍경

—예시 49

등으로 되고 보면 본래의 평고조(平高調) 현상은 사라지고 측고조(仄高調) 현상이 나타나게 된다.

또 아래와 같은 '平仄' 구조인 평고조어 :

天地	山月	能率	常識	能力
천지	산월	능률	상식	능력

公害	消息	君子	科目	分別
공해	소식	군자	과목	분별

離別	男子…
이별	남자

등에, 평성 접두자가 붙어 :

新天地	空山月	非能率	無常識
신천지	공산월	비능률	무상식
無能力	無公害	無消息	眞君子
무능력	무공해	무소식	진군자
全科日	無分別	生離別	多男子…
전과일	무분별	생이별	다남자

—예시 50

등으로 되고 보면 '平平仄' 구조가 되므로 이 또한 '仄'의 직전인 제 2음절이 평고조(平高調)될 것은 물론이다.

이는 平仄, 平平仄, 平平平仄…과 같이 '平'의 행렬이 아무리 접두하더라도 고조되는 곳은 '仄' 직전의 '平'만임을 보여준다. 이를 높이뛰기에 비유한다면 '平仄'은 평고도(平高跳 ; 제자리 높이뛰기)요, '平平仄, 平平平仄…'은 주고도(走高跳 ; 도움닫기 높이뛰기)라 할 만하다.

또 이를 음부(音符)의 계이름[階名]으로 노래를 부르듯이, '平仄'을 음부 삼아 '平仄·平平仄·平平平仄'으로, 구체적 어례(語例) 없이도 그 순수한 고저를 여실히 발음해 볼 수 있을 것이다.

한편, 아래와 같은 '平平'형의 평저조어(平低調語)인 :

文章	人間	沙工	天候
문장	인간	사공	천후

祠堂	條件	鞍裝	粧刀
사당	조건	안장	장도
今明	金剛	三人	人生
금명	금강	삼인	인생
長庚	淸溪	裝身	朝鮮
장경	청계	장신	조선
求人	民間…		
구인	민간		

등에 다음과 같은 평성(平聲) 접두자나 접미자가 첨가되는 경우에는 '平平平'밖에 되지 않기 때문에 여전히 고조는 일어나지 않는다. 예 :

平+平平 …	名文章	非人間	都沙工	全天候
	명문장	비인간	도사공	전천후
平平+平 …	生祠堂	無條件	金鞍裝	銀粧刀…
	생사당	무조건	금안장	은장도
	今明間	金剛經	三人稱	人生觀
	금명간	금강경	삼인칭	인생관
	長庚星	淸溪川	裝身具	朝鮮人
	장경성	청계천	장신구	조선인
	求人難	民間人…		
	구인난	민간인		

—예시 51

등과 같다. 그러나 '平平'형인 :

良心	天然	神經	空虛
양심	천연	신경	공허

등에 아래와 같이 측성(仄聲) 접미자가 붙는 경우면 '平平仄' 구조가 되므로, 다음과 같이 제2음절이 고조되는 것은 당연하다.

平平+仄…	良心的	天然性	神經質	空虛感…
	양심적	천연성	신경질	공허감

또 다음과 같이 측기어(仄起語) :

致辭	武裝	感情	石灰
치사	무장	감정	석회

등에 아래와 같이 '平'이 접두하여 :

空致辭	非武裝	無感情	生石灰…
공치사	비무장	무감정	생석회

등과 같이 되고 보면, 접두한 '平' 자신이 고조되어 평고조어가 되고 만다. 이는 마치 다음과 같은 '平仄'형어인 :

收入	三萬	歸國	刑務
수입	삼만	귀국	형무

에 아래와 같인 평성접미자(平聲接尾字)가 붙어 :

收入金	三萬圓	韓國人	刑務官…
수입금	삼만원	한국인	형무관

등과 같은 '平仄平'이 되어 첫음절인 평고조(平高調)됨과 같은 형태를 띠게 된다.

또 아래와 같은 '仄仄'형어 :

大木	面目	住宅	大陸	目的
대목	면목	주택	대륙	목적
感覺	講義	放送	事故	世界
감각	강의	방송	사고	세계

등에 다음과 같이 '平' 접두자가 붙어 '平仄仄'형인 된 :

都大木	眞面目	無住宅	新大陸	多目的
도대목	진면목	무주택	신대륙	다목적
無感覺	名講義	生放送	無事故	全世界
무감각	명강의	생방송	무사고	전세계

無反應	非暴力…
무반응	비폭력

등도 접두한 '平' 자신의 고조되어 평고조어(平高調語)로 바뀌게 된다. 이는 마치 '平仄'형인:

優越	當事	防禦	公簿
우월	당사	방어	공부

등에 다음과 같은 측성 접미자가 붙어 '平仄仄'이 된 :

優越感	當事者	防禦率	公簿上	人物評
우월감	당사자	방어율	공부상	인물평

등과 같이 어두부(語頭部)가 '平仄'형이 되어 평고조어로 유지되는 이치와 같다 하겠다.

이상은 같은 한자끼리의 접두나 접미에서 일어나는 변화를 보아 왔거니와, 조사(평성성 조사 또는 측성성 조사)의 접미에서도 똑같은 이치에 의하여 평측(平仄) 가락의 변화가 일어날 것임을 말할 나위도 없는 일이다.

이상을 공식으로 집약하면 다음과 같다.
   * ( ) 안은 접두(接頭), 접미(接尾), 조사(助詞), 어미(語尾) 등의 첨가 부분.

(1) (平)+平平 ⎤
　　平平+(平) ⎦ → 平平平(무고조인 평저조)

(2) (仄)+平平平 → 仄平平平(측고조)

(3) 平平平+(仄) → 平平平仄(제3음절 평고조)

(1) (平)+平仄 ⎤
　　平平+(仄) ⎦ → 平平仄(제2음절 평고조)

(2) (仄)+平平仄 → 仄平平仄(측고조)

(1) (平)+仄仄 ⎤
　　平仄+(仄) ⎦ → 平仄仄(제1음절 평고조)

(2) (仄)+平仄仄 → 仄平仄仄(측고조)

(3) (仄)+平仄平 → 仄平仄平(측고조)

이상의 모든 어례 및 공식을 귀납(歸納)하여 정의하면 다음과 같다.

'측고조(仄高調) 또는 평고조(平高調)'의 소재는 그 어휘의 구성요소 또는 결합 경위 여하에 상관없이, 다만 그 결과적·총체적 평측(平仄)의 배열 상태에서 산출된다. 곧, 어휘나 어절을 분석적으로 따질 필요 없이, 그 되어 있는 결과적 현재 상태 그대로에서, 고조의 소재는 밝혀지게 마련인 것이다.[31]

---

31 평고조(平高調)든 측고조(仄高調)든 고조된 음절 다음의 '仄' 음절들은 어떻게 되는가? 그것은 한 '성조단위(聲調單位)' 내에서는 비고비저(非高非低)의 상태로 약화되어 버린다. 이에 대해서는 '측하무고조(仄下無高調)의 원리'(310쪽)에서 후술하기로 한다.

(2) 4음절어(四音節語)

평고조(平高調)는 4음절어에서도 예외일 수는 없다.
그 구성 유형을 보면 다음과 같이 세 부분으로 대분(大分)할 수 있다.
(가) 중간에 띄우는 곳 없이 내쳐 발음하는 것
(나) 2 : 2로 띄우는 것
(다) 3 : 1로 띄우는 것

(가)는 다시 다음의 둘로 나뉘어진다.
(A) 병렬관계로 이루어져 있는 말 예 :

(ㄱ)	仁義禮智	生老病死	春夏秋冬	金木水火
	인의예지	생노병사	춘하추동	금목수화
	梅蘭菊竹	東西南北	身言書判	金銀銅鐵
	매란국죽	동서남북	신언서판	금은동철
(ㄴ)	士農工商	伯仲叔季	耳目口鼻	起承轉結
	사농공상	백중숙계	이목구비	기승전결
	甲乙丙丁…			
	갑을병정			

−예시 52

(B) 논리대로라면 1 : 3 또는 2 : 2 로 띄어야 할 것이나, 관습에 따라
내쳐 읽는 것 예 :

우리말의 고저장단

(ㄱ)	明若觀火	山不壓高	無所不爲	朝不謀夕
	명약관화	산불압고	무소불위	조불모석

	三十六計	烏飛梨落
	삼십육계	오비이락

(ㄴ)	不問曲直	坐不安席	水不厭深	響不辭聲	鑑不辭形
	불문곡직	좌불안석	수불염심	향불사성	감불사형

膾不厭細…
회불염세

－예시 53 **32**

(ㄱ)의 말들은 다 평기어(平起語) 중의 '平仄' 구조이기 때문에 평고조(平高調)되는 말들이며,

(ㄴ)의 말들은 측기어(仄起語)들이기 때문에 어두에 듬직한 무게의 측고조(仄高調)가 나타나는 말들이다.

또 위의 말들은 이론과는 달리, 실제에는 2 : 2로 떼어 읽혀지는 경향이 있기도 하다.

(나) 2 : 2로 떼어 발음하는 것. 이들은 대등한 두 단어의 결합이거나 전후부가 합하여 하나의 의미를 이루는 말들이다.

---

32 ' ` '는 측고조(仄高調)의 소재를 나타내는 표.

평고조(平高調) + 측고조(仄高調)

(ㄱ)

悲憤慷慨 비분강개	三三五五 삼삼오오	公明正大 공명정대	驚天動地 경천동지
佳人薄命 가인박명	同床異夢 동상이몽	乾坤一擲 건곤일척	明明白白 명명백백
同音異義 동음이의	詩人墨客 시인묵객	朝雲暮雨 조운모우	平安南道 평안남도
丹脣皓齒 단순호치	仙風道骨 선풍도골	同門同學 동문동학	三千宮女 삼천궁녀
勞心焦思 노심초사	空山明月 공산명월	貪官汚吏 탐관오리	東奔西走 동분서주
多情多恨 다정다한	三千三萬 삼천삼만	門前成市 문전성시	高山流水 고산유수
流言蜚語 유언비어	行雲流水… 행운유수		

(ㄴ)

曲學阿世 곡학아세	萬化方暢 만화방창	束手無策 속수무책	弱肉强食 약육강식
百發百中 백발백중	九牛一毛 구우일모	自家撞着 자가당착	大慈大悲 대자대비

－예시 54

(ㄱ)의 말들은 평기어(平起語)로서 '平仄', '平平仄', 또는 '平平平仄'의 말들이기 때문에 제1음절, 제2음절, 제3음절에 각각 평고조(平高調) 현

우리말의 고저장단

상이 일어나지만, (ㄴ)의 말들은 측기어(仄起語)이기 때문에 어두에 듬직한 무게의 측고조(側高調)가 나타나는 말들이다.

2 : 2로 중간을 띄어 발음하는 것 중,

'平仄+平仄' 구조어

收入支出 수입지출	南北交涉 남북교섭	心性涵養 심성함양	嚴父慈母 엄부자모
非命橫死 비명횡사	營業課長 영업과장	年末年始 연말연시	同病相憐 동병상련
文武兼備 문무겸비	同姓同本 동성동본	天地長久 천지장구	氷炭相愛 빙탄상애
三尺秋水 삼척추수	君子三樂 군자삼락	天地開闢 천지개벽	風紀紊亂 풍기문란
門戶開放 문호개방	偕老同穴… 해로동혈		

－예시 55

위와 같은 '平仄' 구조의 두 단어의 합성에서는, 앞의 '平'의 고조에 비하여 뒤의 '平'의 고조는 일단 약화된 고조이다. 이 같은 현상은 이미 위에서 힘을 소모했기 때문에, 거듭 고조하기 힘든 자연 현상에서이다. 그러나 이 또한 평고조(平高調)로서의 요건인 그 긴장된 영근 가락은 잃지 않고 있으므로, 제2고조로 허용할 수밖에 없다.

그리고 다음과 같은 '측기어(仄起語 ; 仄仄 또는 仄平)+平仄'형의 4자어에 있어서의 제3음절 '平'은 그 고조됨이 어두의 측고조(仄高調)보다 한결 뚜렷하므로 이 또한 제2고조로 인정하게 된다.[33]

　이들은 다 말을 또박또박 느리게 할 때의 현상일 뿐, 말을 빨리하는 경우면 제2고조는 비록 그 평고조(平高調)로서의 골격은 유지된다 할지라도, 거의 제1고조의 그늘에 묻혀 버리게 마련이다. 이는 후술할 '측하무고조(仄下無高調)의 원리'이기도 한 것이다. 따라서 이처럼 가까운 거리에서 거듭되는 제2고조는 화자의 발음 속도에 따라 그 존부(存否)가 갈리므로, 이런 경우의 제2고조는 허용규정으로 인정함이 좋을 듯하다.[34]

측성어(仄聲語)+평성어(平聲語)

一心同體	洞房華燭	實事求是
일심동체	동방화촉	실사구시

---

33 한 어절 내의 가까운 사이를 두고 두 번 이상 고조함은 그만큼 호흡을 피곤하게 하는 불유쾌한 일이므로, 제2고조가 제1고조보다 일단 약화되는 것은 다 일종의 자연적인 생리 현상인 것이다.
　한시의 율격도 '平平 仄仄平 / 仄仄 平平仄 / 식으로 조직되는 오언시(五言詩)나, '平平仄仄 平平仄 / 仄仄 平平 仄仄平' 식으로 조직되는 칠언시(七言詩)나, 다 호흡의 자연스러운 리듬에 편승한, '平'과 '仄'의 알맞은 간격으로의 안배에서 운율미의 쾌감을 얻고자 배려된 것임을 말할 나위도 없는 일이다.

34 '수입지출(收入支出)', '연말연시(年末年始)'와 같은 '平仄平仄' 구조에서는 이미 어두의 '平'에 큰 힘을 소모했기 때문에 뒤의 고조 높이는 자연 앞의 그것에 미치지 못하지만, '예시 56'의 '仄仄平仄'이나 '仄平平仄' 구조에서의 어두 '측고조(仄高調)'는 평고조(平高調)만큼 높지는 않은 단순고조의 소리이기 때문에 '예시 55'의 고조음만큼 힘을 소모한 것은 아니다. 그러므로 후부에 위치한 平仄에서 평고조(平高調)가 두드러짐은 당연하다 할 것이다. 함경남도(平仄平仄)는 전자에 속하고, 경상남도(仄仄平仄)는 후자에 속한다. 그러나 이들은 다 말씨가 빠를 때는 잘 드러나지 않으므로, 이들 제2고조들은 허용으로 인정하게 되는 것이다.

藍田生玉	一笑風月	孟母三遷
남전생옥	일소풍월	맹모삼천
暗中摸索	有名無實	泰山鳴動
암중모색	유명무실	태산명동
發憤忘食	意氣投合	喜怒哀樂
발분망식	의기투합	희로애락
大旱慈雨	美風良俗	一瀉千里
대조지우	미풍양속	일사천리
養虎遺患	所願成就	四海兄弟
양호유환	소원성취	사해형제

-예시 56

'예시 55·56'의 어휘들에 사전식 고조표(高調票)를 배푼다면 다음과 같이 평고조(平高調)는 'ˊ' 측고조(仄高調)는 'ˋ'로 표시할 수 있을 것이다.

수입지출(예시 55)   일심동체(예시 56)

(다) 4자숙어 중 특이한 것은 3 : 1로, 제3·4음절 사이를 띄어 발음하는 것들이다.

(ㄱ)   漁父之利   而立之年   靑出於藍   羞惡之心
        어부지리   이립지년   청출어람   수오지심

胡蝶之夢	風樹之嘆	烏合之衆	魚躍于淵…
호접지몽	풍수지탄	오합지중	어약우연

(ㄴ)

浩然之氣	累卵之勢	伯仲之間	自重之亂
호연지기	누란지세	백중지간	자중지란
破竹之勢	背水之陣	不請而來	半途而廢
파죽지세	배수지진	불청이래	반도이폐
未明而起	善游者溺	亂生於治…	
미명이기	선유자익	난생어치	

—예시 57

(ㄱ)은 어두가 평고조(平高調)되는 말들이요,

(ㄴ)은 측기어(仄起語)로서 어두가 측고조(仄高調)되는 말들이다.

그 구성상의 특징은 제3음절이 '之·於·而·乎·千·者…' 등의 조자(助字)로 이루어져 있다는 점이다.

고유어에서도 그러하듯이 이러한 조자(助字)는 다 위쪽으로 가볍게 살짝 올려붙이고 난 다음 나머지 끝의 한 음절을 한층 실하게 다져 발음하는 것이다. 이는 이분지 일(二分之一), 백분지 삼(百分之三), 천분지 오(千分之五), 만분지 일(萬分之一) 등을 발음해 보면 절로 터득될 것이다.

이 끝음을 독립된 음절로 발음하자니, 만일 조금이라도 명료하지 못했다가는 어의가 불분명해질 염려에서, 이를 더욱 똑똑하게 꾹꾹 눌러 다짐하듯 확실하게 발음하는 것이니, 이 또한 일종의 보강 심리에서다.

여기서 더욱 문제가 되는 것은,

우리말의 고저장단

漁父之利	萬物之靈	犬馬之勞
而立之年	靑出於藍	不聽而來
大東之論	三顧之禮	自中之亂
股肱之力	十分之六…	

–예시 58

등과 같이 끝 한 음절을 독립되게 발음하는, '利, 靈, 勞, 年, 藍, 來, 論, 禮, 亂, 力'에 대한 두음법칙의 적용 여부이다. 현행 맞춤법이나 국어사전에서는 일률로 두음법칙을 적용하지 않고 '리, 령, 로, 년, 람, 래, 론, 례, 란, 력, 류'으로 적고 있다.

따라서 독자들은 윗음절을 아래로 내려붙여 '어부-지리, 만물-지령, 견마-지로, 이립-지년, 청출-어람, 불청-이래, 대동-지론, 삼고-지례, 자중-지란, 고굉-지력, 십분-지류…' 식의 어불성설의 기괴한 발음을 하고 있는 것이다.

이들은 마땅히 다음과 같이 읽어야 하고, 또 그렇게 사전 표기를 해야 한다. 그것은 '이분지 일, 삼분지 이, 십분지 육, 백분지 육, 천분지 육' 등의 발음 이치로 유추해 보아도 알 일이다.

어부지-이	만물지-영	견마지-노
이립지-연	청출어-남	불청이-내
대동지-논	삼고지-예	자중지-난
고굉지-역	십분지-육…	

그리고 그 끝 독립된 음이 평성(平聲)인 경우면, 전술(51쪽)한 바와 같이 자신의 미약을 염려하는 보강 심리에서 고조는 물론 강세현상마저도 나타나게 마련인 것이다.[35]

그것은 끝음이 측성(仄聲)인 경우 :

浩然之氣	漁父之利	塞翁之馬	累卵之勢	江山之助…
호연지기	어부지리	새옹지마	누란지세	강산지조

등에서 '기, 이, 마, 세, 조…'와 같은 측성에서도 보세현상(補勢現象)이 나타나는 것으로 보아서도 더욱 그러하다.

이에 대해서는 따로이 상론하기로 하고, 여기서는 이쯤으로 줄인다.

---

35 여기의 강세 현상이란 고조 현상과는 다름에 유의할 것이다. 41쪽 '평측(平仄)과 고저(高低)' 참조.

9

고유어에서의 평고조(平高調)

위에서 말해 온 한자어에서의 평고조(平高調) 원리는 고유어에서도 그 표시 방법을 원용(援用)하여, 평고조음은 한결같이 '平+仄(무점+1점, 또는 무점+2점)'으로 나타냈다.

곧, 제1음절이 고조되는 말들은 15세기 문헌에서 다음과 같이 시점(施點)되어 있음을 본다.

• **체언**(體言)

바·늘[針]	소·리[音]	서·리[霜]
불·휘[根]	나·라[國]	무·덤[塚]
엇·게[肩]	마·리[頭]	일·훔[名]
어·름[氷]	아·들[子]	기·름[脂]

허·리〔腰〕   아·래〔下〕   가·슴〔胸〕

니·마〔額〕   니·물〔이물-首〕   말·밤〉말·왐〔藻〕

저·울〔秤〕   든:쟝〔甛醬〕   목:숨〔命〕

대:범〔大虎〕

• **용언**(用言)

삼·가〔謹〕   더·듸〔遲〕   머·굼〔含〕

니·르〔至〕   어·듭〔暗〕   머·믈〔留〕

졈·글〔暮〕   어·렵〔難〕   빈·호〔學〕

기·울〔傾〕   머·흘〔險〕   여·희〔離〕

이·올〔枯〕   조:쑵〔좇잡〕   죽:배〔喪亡〕

죽:살〔死生〕   횟:돌〔廻〕   잡:쥐〔操〕

석:배〔衰朽〕

• **수식언**(修飾言)

다·못〔더불어〕   미·이〔매우〕   주·조〔자주〕

쟝·ᄎ〔將次〕   이·믜〔이미〕   ᄀ·론〔曰〕

• **접미**(接尾)·**조사**(助詞)·**어미**(語尾)

- 드·비〉드·이〔답게〕   - 도·곤〔보다〕   - 라·와〔보다〕

- 어·늘〔거늘〕   - 오·니〔으니〕   - ᄂ·다〔는다〕

- 도·다〔구나〕   - 놋·다〔는구나〕   - 로·딕〔로되〕

- 리:여〔리요?〕

−예시 59

위에서와 같이 고유어의 방점도 한자어의 그것과 궤를 같이하게 하였던 것이다.

하기야 고유어에다 사성을 배당한 자체부터가 이미 고유어와 한자어를 같은 궤도 위에서 운전되게 하려는 의도에서였으니 만큼, 그 고저장단의 표기 수법을 원용하였음은 또한 지극히 당연한 처사였다 할 것이다.

이는 물론 우리 고유어의 어음(語音)이 한자의 사성과 우합하는지라, 그러므로 그 외래(外來) 성조가 아무런 저항 없이 우리 고유어에 순응 귀화하게 된 것인데, 이번에는 그 성조의 표시 방법에 한자어의 성조 표시 방법을 그대로 고유어에로 원용한 것이니, 그 귀일(歸一)하는 전후 상호수수(前後相互受授)의 경위(經緯)가 쉬 이해됨직하다.[36]

---

[36] 허웅(許雄) 님은, 15세기 문헌에서 고유어의 '平+去'('平+上'은 제외) 구조어의 첫음절이 고조됨은 경상어와 부합된다 하여, 이를 전적으로 경상방언 성조(聲調)로 국한시키고 있다.

10

우리말의 평측성성(平仄聲性)

우리말의 모든 말조각〔語片〕은 제각기 평성성(平聲性)과 측성성(仄聲性)으로 양립해 있다. 그것은 고유어·한자어를 가릴 것 없이 말조각치고 평성성(平聲性) 아니면 측성성(仄聲性) 그 어딘가에 분속(分屬)되어 있지 않은 조각은 없는 것이니, 이를테면 명사에도 평성성 명사(平聲性名詞 ; 平名詞)와 측성성 명사(仄聲性名詞 ; 仄名詞)가 있고, 동사에도 평성성 동사(平聲性動詞 ; 平動詞)가 있는가 하면 측성성 동사(仄聲性動詞 ; 仄動詞)가 있듯이, 모든 품사가 저마다 평측성(平仄性)으로 나뉘어져 있음은 물론, 조사(助詞)·어미(語尾)·접사(接辭 : 접두·접요·접미)에 이르기까지 그것들은 다 평성성(平聲性) 아니면 측성성(仄聲性)이요, 측성성(仄聲性) 아니면 평성성(平聲性)으로, 그 어느 데에도 속해 있지 않는 중성(中性) 따위란 아예 존재하지 않는다.

그것은 마치 동양철학의 음양(陰陽) 이의(二儀)와도 같으며, 인간의 남녀성(男女性), 모든 동식물의 자웅성(雌雄性)과도 같이 양립하여 있을 뿐만 아니라, 그 성비(性比) 또한 균형되어 있어, 서로 조화하고 화합하여 생산해 내는 제2, 제3의 새로운 평측성적(平仄性的) 질서는 유전자의 그것과도 비슷함이 있다 할 수 있으니, 언어의 생명성과 그에 내재하는 우주 진리의 숭고한 시비에 상도(想到)한다면 누구나 새삼 크나큰 감동을 받지 않을 이 없을 것이다.

그리고 한자어에도 모든 조사·어미·접사 등이 다 쓰임은 물론이다. 특기할 점은, 상술한 바와 같이, 한자어는 그 자체가 이미 제각기 '平' 또는 '仄'의 고정된 성조를 지니고 있는 만큼, 이에 대응하는 조사나 어미도 각각 평성성(平聲性) 또는 측성성(仄聲性)으로 양립되어 있어, 그것들이 어떻게 서로 결합하는가에 따라 본디의 성조가 변동된다는 사실이다.

이러한 사실은 비단 한자어에서뿐만 아니라 고유어에서도 마찬가지로, 15세기 문헌의 방점 표시에 이미 극명하게 반영되어 있음을 본다.

다시 말하면, 우리말의 성조는 유동적·비고정적(非固定的)이어서 본어사(本語詞)와 접사(接辭)와의 관계에서 그 변동 양상을 보아왔듯이, 본어사와 조사 또는 어미에 따라서도 서로 변동을 겪게 됨을 볼 것이다.

(1) 평측성성(平仄聲性)의 성전환(性轉換)

사전에 올라 있는 수많은 우리말 어휘들은 그 하나하나마다 평성성

(平聲性) 또는 측성성(仄聲性)으로 점지되어 있어, 어떤 경우에도 성전환(性轉換)을 하지 않는다. 그것은 남녀가 뒤바뀔 수 없듯, 평성어(平聲語)는 어느 경우에도 평성성(平聲性)으로 처신하고, 측성어(仄聲語)는 어느 이웃과의 만남에서도 언제나 측성성(仄聲性)으로 행세한다.

그러나 어의(語義)를 뒤집거나, 새 개념으로 태어나기 위하여 접두어(接頭語) 또는 접미어(接尾語)를 취하는 경우에는 그 새 인자(因子)의 성분(性分)에 따라 성전환이 이루어질 것임은 이 또한 자연의 이세이다. 이제 그 대강을 살펴보면 :

(가) 측성성(仄聲性 ; 측고조)에서 평성성(平聲性 ; 평고조)으로의 성전환

所有	→	無所有		祖母	→	曾祖母
소유		무소유		조모		증조모
氣力	→	無氣力		北方	→	西北方
기력		무기력		북방		서북방
放送	→	生放送		正道	→	非正道
방송		생방송		정도		비정도
教育	→	私教育		念佛	→	空念佛
교육		사교육		염불		공염불
武裝	→	非武裝		致辭	→	空致辭
무장		비무장		치사		공치사
國土	→	全國土		手票	→	空手票
국토		전국토		수표		공수표

世紀	→	今世紀		手苦	→	虛手苦
세기		금세기		수고		허수고

發明	→	新發明		歲月	→	虛歲月
발명		신발명		세월		허세월

得點	→	高得點		國籍	→	多國籍
득점		고득점		국적		다국적

−예시 60

(나) 평성성(平聲性 ; 평고조)에서 측성성(仄聲性 ; 측고조)으로의 성전환

公定	→	不公定		開發	→	再開發
공정		불공정		개발		재개발

名譽	→	不名譽		人物	→	大人物
명예		불명예		인물		대인물

常識	→	沒常識		誠實	→	不誠實
상식		몰상식		성실		불성실

期日	→	滿期日		風景	→	沒風景
기일		만기일		풍경		몰풍경

兵力	→	總兵力		公演	→	大公演
병력		총병력		공황		대공황

君子	→	四君子		收入	→	總收入
군자		사군자		수입		총수입

騷動	→	大騷動	支出	→	總支出
소동		대소동	지출		총지출
城郭	→	古城郭	韓末	→	舊韓末
성곽		고성곽	한말		구한말
東向	→	北東向	時代	→	舊時代
동향		북동향	시대		구시대
千里	→	四千里	天地	→	別天地
천리		사천리	천지		별천지

－예시 61

(다) 평성성(平聲性 ; 평저조)에서 측성성(仄聲性 ; 측고조)으로의 성전환

人情	→	沒人情	流行	→	大流行
인정		몰인정	유행		대유행
朝鮮	→	古朝鮮	人倫	→	反人倫
조선		고조선	인륜		반인륜
公山	→	八空山	前提	→	小前提
공산		팔공산	전제		소전제
金剛	→	海金剛	文書	→	古文書
금강		해금강	문서		고문서
寒風	→	雪寒風	高調	→	最高調
한풍		설한풍	고조		최고조

우리말의 고저장단

明年	→	又明年		南端	→	最南端
명년		우명년		남단		최남단
黃昏	→	日黃昏		團圓	→	大團圓
황혼		일황혼		단원		대단원
山河	→	舊山河		空中	→	半空中
산하		구산하		공중		반공중
詩人	→	漢詩人				
시인		한시인				

—예시 62

(라) 첫음절 평고조(平高調)가 제2음절 평고조(平高調)로 이동

誠意	→	無誠意		人類	→	全人類
성의		무성의		인류		전인류
原則	→	無原則		承旨	→	都承旨
원칙		무원칙		승지		도승지
公害	→	無公害		天地	→	新天地
공해		무공해		천지		신천지
公式	→	非公式		商品	→	新商品
공식		비공식		상품		신상품
方位	→	全方位		人事	→	修人事
방위		전방위		인사		수인사

天候 → 全天候
천후   전천후

(마) 평성성(平聲性 : 평저조)에서 제2음절 평고조(平高調)로 이동

清州 → 清州市   青松 → 青松郡
청주   청주시   청송   청송군

江東 → 江東面   神經 → 神經質
강동   강동면   신경   신경질

龍頭 → 龍頭洞   春香 → 春香母
용두   용두동   춘향   춘향모

青山 → 青山里   清明 → 清明節
청산   청산리   청명   청명절

朝鮮 → 朝鮮語   空虛 → 空虛感
조선   조선어   공허   공허감

人間 → 人間性   忘年 → 忘年友
인간   인간성   망년   망년우

良心 → 良心的   遺傳 → 遺傳子
양심   양심적   유전   유전자

위에서와 같이 어의(語義)가 바뀌지 않는 한 성전환은 일어나지 않지

만, 말의 개념을 달리하기 위하여 접두자(接頭字)를 첨가하는 경우, 그 접두자(接頭字)의 평측성(平仄性)에 따라서 성전환도 이루어진다. 곧 측성성어(仄聲性語 ; 仄起語)에 평성접두자(平聲接頭字)를 첨가하면 평성성어(平聲性語 ; 平高調)로 전환하고, 평성성어(平聲性語 ; 平高調)에 측성접두자(仄聲接頭字)를 첨가하면 측성성어(仄聲性語 ; 仄高調)로 성전환하게 된다.

(2) 체언(體言)과 조사(助詞) 간의 성조(聲調) 대응

(가) 조사(助詞)의 평측성성(平仄聲性)

체언에 후접(後接)하는 모든 조사는 평성성 조사(平聲性助詞)와 측성성 조사(仄聲性助詞)로 양립되어 있어, 체언의 평측성성(平仄聲性) 성조에 변동을 가져오게 한다. 곧, 한 어절을 이루고 있는 전부(前部)의 체언 성조가 이에 연접되는 후부의 조사 성조가 결합하여 새로운 성조 질서를 정돈해 내는 것이다.

우선 이들 조사를 평측성성(平仄聲性)으로 분류·정리하면 대략 다음과 같다.

평성성 조사(平聲性助詞 ; 平助詞)는 첫음절이 평성(平聲 ; 무점)이고 제2음절이 측성(仄聲 ; 유점)이며, 측성성 조사(仄聲性助詞 ; 仄助詞)는 첫음절이 측성(仄聲 ; 유점)인 조사들이다.[37]

먼저 고어에서의 평조사(平助詞)와 측조사(仄助詞)를 유별해 본 일람표는 대략 다음과 같다.

• **조사의 평측성성(平仄聲性) 일람표(고어)**

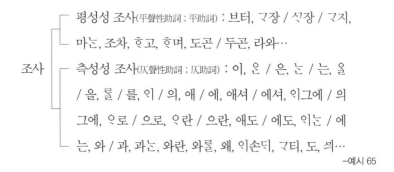

조사
├── 평성성 조사(平聲性助詞 ; 平助詞) : 브터, ㄱ장 / 신장 / ㄱ지,
│   마ᄂᆞᆫ, 조차, ᄒᆞ고, ᄒᆞ며, 도곤 / 두곤, 라와…
├── 측성성 조사(仄聲性助詞 ; 仄助詞) : 이, 은 / 은, ᄂᆞᆫ / 는, 을
│   / 을, ᄅᆞᆯ / 를, ᄋᆡ / 의, 애 / 에, 애셔 / 에셔, 이그에 / 의
│   그에, ᄋᆞ로 / ᄋᆞ로, ᄋᆞ란 / ᄋᆞ란, 애도 / 에도, ᄋᆡᄂᆞᆫ / 에
└── ᄂᆞᆫ, 와 / 과, 과ᄂᆞᆫ, 와란, 와ᄅᆞᆯ, 왜, 이손ᄃᆡ, ㄱ티, 도, 씌…

　　　　　　　　　　　　　　　　　　　　　　　　　　　　　－예시 65

다음은 현대어에서의 평측성성 조사(平仄聲性助詞) 일람표이다.

• **조사의 평측성성(平仄聲性) 일람표(현대어)**

평성성 조사(平聲性助詞 ; 平助詞) : 까지, 더러, 마저, 만은,
부터, 조차, 커녕, 하고, 한테, 보다,[38] 마다[39]

---

37 평조사(平助詞)는 대개 특수조사(特殊助詞 ; 보조사)이며 측조사(仄助詞)는 대개 격조사(格助詞)인 경우가
많다.

38 평성성 조사(平聲性助詞 ; 平助詞)는 대개 첫음절이 평성(平聲)이고 둘째 음절이 측성(仄聲)이나, '보다'
만은 전후음절이 다 평성(平聲)인 점이 특이하다.

39 '마다'는 본디 ': 마·다'로 방점되던 측성성 조사(仄聲性助詞 ; 仄助詞)였으나 현대어에서는 평조사(平助
詞)로 바뀌었다.

조사 ┬ 측성성 조사(仄聲性助詞 : 仄助詞) :

A항 … 가 / 이, 께서, 은 / 는, 을 / 를, 와 / 과

B항 … (으)로, (으)로서, (으)로써, (으)ㄹ랑

C항 … 에, 에게, 에는, 에도, 에서, 엔들

D항 … 의, 아 / 야, (이)여, 이다, (이)ㄴ들, (이)나, (이)든
　　　 지, (이)라도, (이)며

E항 … 도, 만, 같이, 만큼, 처럼

−예시 66

(나) 체언과 조사 간의 성조 대응의 실제

　체언의 평측성성(平仄聲性)과 조사의 그것과의 대응에서 나타나는 성조는, 체언과 조사를 따로 계산하지 않는, 한 어절로서의 통산(通算)에서 이루어진다.

　예를 들면 '山이'는 '체언+조사'로 된 '平+仄'이므로, 이는 '平仄' 구조의 한 단어와 같이 다루면 그만이란 뜻이다.

　시험 삼아 '山'을 전기 조사일람표의 평조사(平助詞)에 대입하여 보면 다음과 같다.

山까지,　　山더러,　　山마다,　　山마저,　　山부터,　　山조차,

山커녕,　　山하고,　　山한테…

　이와 같이 '山'은 고조되지 않고 제2음절(곧 조사의 제1음절)이 한결같이 고조됨을 본다.

이는 '平+平仄→平平仄'이 되므로 평고조(平高調)의 원칙대로 측성(仄聲) 직전의 平이 고조된 결과인 것이다.

단, '山보다' 많은, '보다'가 '平平' 구조이므로 '平+平平→平平平'이 되어 무고조로 나타난다.

또 측성성조사(仄聲性助詞) 위에서는 다음과 같이 '山' 자체가 고조된다.

> 山이, 山은, 山으로, 山에, 山에는, 山이여, 山이다, 山만, 山도,
> 山같이, 山처럼…

이는 '平+仄→平仄'형이 됨에서 나타나는, 이 또한 평고조(平高調) 현상인 것이다.

다음은 '정(情)'을 주제로 하여 약간의 살을 붙여 가며, 타어사(他語辭)와의 관계에서 빚어나는 평측(平仄)의 역학적(力學的) 실상(實狀)을 살펴보기로 한다. '정(情)'은 물론 한자에서 유래한 평성어(平聲語)이다.

조사와의 관계에서 살펴보면 다음과 같다.

• **평조사(平助詞) 위에서의 경우**

· 무엇이 중하단들 정보다 중할손가?
· 아무리 무정키로 정마저 앗을손가?
· 차마 어찌 정까지 떼고 가랴?

—예시 67

이와 같이 '平 + 平仄→平平仄'이 되므로 제2음절, 곧 조사의 제1음절이 평고조(平高調)될 뿐, '정(情)' 자체는 평성(平聲) 본연의 저조 그대로이다. 단, '정보다'만은 '平平平'으로 무고조이다.

- **측조사(仄助詞) 위에서의 경우**

  · 정이란 무엇인가?

  · 정이란 인간의 향기

  · 정이란 가슴에서 가슴으로 전하는 영혼의 체온

  · 정이란 사랑을 양조(釀造)하는 효소원(酵素原)

  · 정은 인간이기를 지키는 최후의 보루(堡壘)

  · 정으로 밝힌 세상

  · 못 잊을손 정일레라.

  · 정을랑 변치 말자.

  · 남은 정을 다하리라.

  · 그에는 순정이 있다.

  · 그녀는 잔정이 많다.

  · 옛정이 그리워라!

  · 옷깃에도 정이 든다.

  · 정은 왜 두고 갔나?

  · 덧없는 한 세상 정이나 쓰고 가자.

  · 정에 웃고 정에 운다.

  · 뜻은 굳어도 정엔 약하다.

· 정인들 오죽하랴?

· 봄볕에 정이 밴다.

· 눈길에도 정이 묻어난다.

· 인간 회복은 정의 회복에서부터

· 정에 무른 사람

· 정은 해서 무엇하리

· 정에 빠져 맥 못 춘다.

· 그까짓 정이 뭐길래?

—예시 68

이와 같이 측조사(仄助詞) 위에서는 '정' 자체가 고조된다. '平+仄' 구조가 되므로 측상평고조(仄上平高調)의 대원칙에 의해서다.

타어사(他語辭)와의 연접관계에서 살펴보면 :

• 평성성 용언(平聲性用言)이나 평성성 접미사(平聲性接尾辭) 위에서의 경우

· 정 있으면 단칸 셋방도 고대광실!

· 정 두고 몸만 가는 이별의 설움

· 정 떨어지면 끈 떨어진다.

· 그 한마디에 정다시다.

· 정겨운 미소 앞엔 노염도 봄눈이라.

· 정다이 잡은 손길 봄바람이 감도는 듯

—예시 69

이와 같이 '정'은 본래의 저조(低調)대로다. 그것은 '있다, 두다, 떨어지다, 다시다, 겹다, 답다' 등의 후접어(後接語)들이 다 평성어(平聲語)이므로, 필경 '平 + 平仄→平平仄'이 되어 제2음절이 평고조(平高調)되기 때문이다.

• 측성성 용언(仄聲性用言)이나 측성성 접미사(仄聲性接尾辭) 위에서의 경우

· 부부도 정 없으면 남남

· 타향도 정들면 고향

· 정든 임 보내는 맘!

· 사람과 사람 사인 정들기 나름

· 정 들자 이별

· 정 따로 흥 따로

· 정 많음도 병이런가?

−예시 70 40

이와 같이 '정'은 고조로 나타난다. 그것은 '없다, 들다, 보내다, 따로, 많다' 등의 후접어(後接語)들이 다 측성어(仄聲語)이므로, 필경 '平+仄'으

---

40 위에서 '있다, 두다, 떨어지다, 다시다…' 등의 후접어(後接語)들은 평성성어(平聲性語)요, '없다, 들다, 보내다, 많다' 등의 후접어(後接語)들은 측성성어(仄聲性語)라고 말하였는데, 이는 다만 이 경우에서만의 일회성이 아니라, 다른 어느 경우에서도 마찬가지다. 그것은 남녀의 성구별이 선천적이듯이, 우리 말의 모든 어편(語片)들도 평성성(平聲性) 아니면 측성성(仄聲性)으로 이미 태생이 그러한 한, 성전환(性轉換)은 불가능하다.

로 연접되기 때문에 나타나는, 이 또한 평고조(平高調) 현상일 뿐이다.

• 독립어로 후접어(後接語)가 없거나 중단되는 경우

· 정, 그것은 하늘이 묶어 준 사랑의 끈
· 오는 정, 가는 정, *끈끈한 정*
· 낳은 정, 기른 정, 하해 같은 정

―예시 71

이와 같은 독립어로서의 '정'의 발음은 마땅히 고조되어야 할 것 같지만 실은 그 반대이다. 강조의 수법은 목청을 올리는 데만 있는 것이 아니라, 한층 아래로 내리깐 목소리에서 오히려 같은 효과, 내지는 그 이상의 효과를 거둘 수 있는 이치와 마찬가지로, 평성(平聲)인 '정'이 과장도 허세도 없이 겸허하고 다소곳한 제 본연의 모습을 드러내고 있는 것이다.

그것은 이와 같은 제시어(提示語)나 열거식의 명사종결어(名詞終結語)들은 그 자체가 이미 감탄적 정감에 흠뻑 젖어 있기 때문이다. 무릇 감동, 감탄, 감격 따위 느꺼움의 떨림 속에서는 가장 순수한 제 모습으로 돌아가게 마련이니, 어찌 감히 과장이나 허세 따위가 고개를 쳐들 수 있겠는가? 이러한 자연 이세가 창졸 간에도 차질 없이, 미묘하고도 정미로이 언어 감정으로 반영되는 것을 보면, 또한 감탄하지 않을 수 없을 것이다.

여담이지만, '정'을 주제로 삼다 보니, KBS1 TV의 일일연속극 '정 때문에'의 출연진들이 드라마 방영 직전에 TV 토크쇼 '아침마당' 모임에서 나눈 이야기들이 생각난다. 출연진들은 그 드라마의 시청률이 굉장히 높으리라 장담들 하고는,

"왜?"

"정 때문에."

몇몇 주역들이 이처럼 저마다 자문자답의 형식으로 장담들 하는데, 그들은 하나같이 '정'을 천야만야로 고조하는 것이었다. 그 부자연한 억지 고저에 고소(苦笑)한 시청자도 많았으리라. 하기야 이 또한 역(逆)을 찌르는 광고 효과를 계산에 넣은 의도적인 연출이었는지도 모를 일이기는 하지만….

아무튼 여기서의 '정'은 고조가 될 수 없다.

정(平)+때문(平平)+에(仄)→ 平平平仄

여기에서 고조되는 곳은 말할 것도 없이 측성(仄聲) 직전인 제3음절이어야 할 뿐, '정' 장체는 본래의 저조 그대로여야 하기 때문이다.

그것은 '정 땜에', '정 땜시로', '정 따외', '정 때문에' 등, 방언으로도 마찬가지요, '정 탓으로'도 마찬가지다. 그것은 이들 후접어들이 모두 첫음절이 평성(平聲)으로 시작되는 평성성어(平聲性語, 平聲語)들이기 때문이다.

위에서 '정'에 대한 평측(平仄) 관계의 이모저모를 보아 왔으니, 이왕이면 '정'을 전후로 한 단어들을 대강 들어 유별해 보기로 하자.

(가) '정'에 평성자(平聲字)가 후접하여 이루어진 '平平'형의 평성성어

이들은 고조되는 곳 없이, 가볍고 잔잔하게 연속되는 평저조(平低調)이다.

情交	-人	-郎	-歌	-操
정교	인	낭	가	조
-緣	-行	-形	-像	-心
연	행	형	상	심
-深	-知	-癡	-調	-通
심	지	치	조	통
-田	-文	-慮	-靈	-塵…
전	문	려	령	진

-예시 72

(나) '정'에 측성자(仄聲字)가 후접하여 이루어진 '平仄'형의 평성어(平聲語)

이들은 '정' 자체가 고조되는 평고조어(平高調語)이다.

情愛	-意	-育	-性	-炎	-怨
정애	의	육	성	염	원
-猿	-客	-感	-義	-況	-火
원	객	감	의	황	화
-願	-景	-語	-恨	-死	-至
원	경	어	한	사	지

-志	-事	-實	-趣	-緒	-色
지	사	실	취	서	색
-性	-勢	-節	-志	-熱	-念
성	세	절	지	열	염
-薄	-婦	-分	-慾	-理…	
박	부	분	욕	리	

—예시 73

(다) '정'에 평성자(平聲字)가 상접하여 이루어진 '平平'형의 평성어

이들은 (가)에서와 마찬가지로 고조되는 곳 없이, 가볍고 잔잔하게

연속되는 평저조(平低調)이다.

人情	心-	中-	丹-	交-	同-
인정	심	중	단	교	동
多-	私-	忠-	非-	幽-	春-
다	사	충	비	유	춘
柔-	風-	恩-	高-	胸-	歡-
유	풍	은	고	흉	환
神-	眞-	深-	陳-	常-	陰-
신	진	심	진	상	음
崇-	庸-	無-	嬌-	餘-	聰-
숭	용	무	교	여	총

遺-…
유

(라) '정'에 측성자(仄聲字)가 접두하여 이루어진 '仄平'형의 측성어(仄聲語)

이들은 측기어(仄起語)로서 어두가 중후하게 고조되는 측고조어(仄高調語)이다.

七情	下-	反-	友-	世-	有-
칠정	하	반	우	세	유
至-	色-	性-	事-	定-	表-
지	색	성	사	정	표
厚-	客-	宦-	俗-	怨-	素-
후	객	환	속	원	소
宿-	愛-	勝-	性-	奪-	鄙-
숙	애	승	성	탈	비
暮-	母-	薄-	戀-	襟-…	
모	모	박	연	금	

위에서 한자 유래어인 평성어(平聲語) '정'에 대한 고저 양상의 변화를 살펴보아 온 김에, 이왕이면 고유어인 측성어(仄聲語) '뜻'을 표본 삼아

그 변화를 살펴보기로 한다.

　조사와의 관계에서,

　• 평조사(平助詞) 위에서는 :

　· 마음이 여릴망정 뜻마저 여릴쏘냐?
　· 자유는 뺏길망정 뜻까지 뺏길쏘냐?
　· 뜻대로 이루어지이다.

—예시 76

　'뜻' 자체가 측성어이기 때문에 평조사(平助詞)가 후접해도 여전히 측고조(仄高調)로 그 측성성(仄聲性)에 변동이 없다.

　• 측조사(仄助詞) 위에서는 :

　· 뜻이 있는 곳에 길이 있다.
　· 뜻은 크고 마음이 작게…
　· 뜻은 굳으나 정에 약하다.
　· 같은 뜻의 동지
　· 뜻을 같이하는 천생연분
　· 뜻을랑 변치 마오
　· 뜻같이 이루어지이다.

—예시 77

와 같이 여전히 측고조(仄高調)로 '뜻'의 측성성(仄聲性)은 불변이다. 이상과 같이 평조사(平助詞)나 측조사(仄助詞) 위에서 '뜻'의 가락이 동요하지 않을 뿐 아니라, '뜻' 이하의 '仄' 음절들이 '뜻'의 산하에 들게 되어 약화됨을 보게 된다.

• 다른 어사(語辭)와 연접하는 경우

'뜻'에 상접(上接)하는 평성어(平聲語)를 평고조(平高調)되게 한다.

· 한마음 한뜻 … 平+仄 → 平仄
· 원뜻을 밝히어라. … 平+仄仄 → 平仄仄

이들은 합쳐서 '平仄' 구조가 되므로 평고조(平高調) 현상이 나타나게 되는 것이다.

'뜻'에 상접(上接)하는 다음과 같은 측성어(仄聲語)에는 측고조(仄高調)의 권위를 상향(上讓)하고 자신은 그 산하에 들어 겸손한다.

· 오직 일편단심 딴 뜻을 품을손가?
· 참뜻이 무엇인가?
· 군뜻이 전혀 없다.
· 네 뜻이 내 뜻이요, 내 뜻이 네 뜻이다.
· 별뜻 없이 한 말이야.

·송죽은 옛 뜻 품어 창창히 푸르렀고….

―예시 78

이들은 '仄+仄→仄仄'으로 측고조(仄高調)가 한 음절 역상(逆上)하는 바람에 '뜻' 자신은 약화되었다. 이는 '뜻' 자신이 '측이하음절(仄以下音節)'의 산하(傘下)에 들게 되어 '측하무고조(仄下無高調)'의 원칙에 복속(服屬)하게 된 것이다.

• 타어사(他語詞)의 복합에서는 후접하는 어사(語詞)의 평측(平仄)에 아랑곳없이 일률로 이하 저조로 평준화한다.〔仄下無高調〕

·뜻밖에 만난 사람

·그는 뜻 맞는 동지이다.

·한자는 뜻글자다.

·그것은 뜻있는 일이다.

·뜻 없는 일에 생애를 거랴?

·뜻 모아 환경 보호

·뜻 잃은 좌절감

·그 일은 뜻밖의 일이다.

―예시 79

'뜻'이 측고저어(仄高調語)이기 때문에 그 '仄' 이하의 '仄'들은 맨 앞의 '平'에 종속되고 만 셈이다.

이상과 같이 어편(語片)끼리의 연접에서 빚어나는 새로운 고저질서는, 그 접속되는 짬(接線)의 전후음의 평측성성(平仄聲性)에 따라 자동적으로 이루어지고 있음을 보아 왔다. 곧 :

平+平 → 平平이면 평저조(平低調)

平+仄 → 平仄이면 평고조(平高調)

仄+仄·仄+平 → 仄仄·仄平이면 측고조(仄高調)

위와 같이, 평측(平仄) 구조의 여하에 따라 고저는 자동적으로 자리 잡히게 된다는, 그 대원칙에 촌분도 벗어나지 않음을 우리는 재확인하게 된 것이다.

(3) 체언(體言)과 조사(助詞) 간의 정조(正調)와 변조(變調)

체언과 조사의 연접에 있어, 규칙정연한 대응을 정조라 하고, 그러하지 못한 것을 변조라 한다.

그러나 변조 또한 일정한 조건하에서의 일부평성화(一部平聲化)나 일부측성화(一部仄聲化)의 결과로 나타나는 현상인 만큼, 이 또한 그 조건에서의 일사불란(一絲不亂)한 규칙에 따르고 있음은 말할 나위도 없는 것이다.

(가) 단음절(單音質) 체언(體言)과 조사(助詞) 간의 성조 대응

위에서 말해 온 바를 역추리하여 체언의 평측성(平仄性)을 변별(辨別)해 낼 수도 있으니,

• 단음절 체언으로, 평성성 조사(平聲性助詞 ; 平助詞) 위에서 제2음절(곧 조사의 제1음절)이 고조되고, 측성성 조사(仄聲性助詞 ; 仄助詞) 위에서는 체언 자체가 고조되는 체언은 평성체언(平聲體言)이며, 그렇지 못한 체언은 측성체언(仄聲體言)이다.

• 또 평성자(平聲字)가 후접하여 평저조(平低調)로 나타나거나, 측성자(仄聲字)가 후접하여 평고조(平高調)로 나타나는 자는 평성체언(平聲體言)이며, 평성성 조사(平聲性助詞)나 측성성 조사(仄聲性助詞) 위에서 측고조(仄高調)되는 체언은 측성체언(仄聲體言)이다.

왜냐하면 측고조(仄高調)는 '仄仄'형이나 '仄平'형이 공통되기 때문이다. 단음절 평성체언(平聲體言)에는 대략 다음과 같은 말들이 있다.

(나) 단음절 평성체언(平聲體言) 한자어 정조(正調)

이 말들은 위의 '정(情)'과 마찬가지로 본디 한자에서 온 말이기는 하나, 너무 익숙해짐에 따라 마치 고유어인 양 사용되는 말들이다. 위의 '정'의 여러 예에 다음 자들을 대입했을 경우의 고저장단의 변동도 그 궤를 같이하게 될 것임은 말할 나위도 없다.

經	功	公	官	軍	君	宮	金	蘭	南	陵	唐
경	공	공	관	군	군	궁	금	난	남	능	당
東	銅	燈	綿	門	民	房	瓶	兵	山	喪	床
동	동	등	면	문	민	방	병	병	산	상	상

線	城	僧	詩	神	臣	心	羊	陽	鳶	蓮	翁
선	성	승	시	신	신	심	양	양	연	연	옹
王	龍	圓	銀	陰	音	腸	場	前	情	精	占
왕	용	원	은	음	음	장	장	전	정	정	점
鐘	眞	窓	槍	千	風	香	兄	刑	型	壕	魂
종	진	창	창	천	풍	향	형	형	형	호	혼
區	旗	樓	茶	臺	碑	私	西	手41	倭	差	車
구	기	누	다	대	비	사	서	수	왜	차	차
妻	包…										
처	포										

-예시 80

(다) 단음절 평성체언(平聲體言) 고유어 정조(正調)

겉(表) 곁(傍) 꽃(花) 꿩(稚) 나(我) 낯(顔) 너(汝) 넋(魂)
노(繩) 닥(楮) 닻(錨) 닭(鷄) 독(甕) 돝(豚) 똥(糞) 말(馬)
목(項) 뭍(陸) 밑(底) 밖(外) 밭(田) 배(梨) 빚(債) 섶(薪)
손(客) 솥(鼎) 초(醋) 순(筍) 술(酒) 숯(炭) 조(粟) 앞(前)
옆(傍) 옻(漆) 집(家) 콩(豆) 팔(臂) 피(稷) 활(弓) 흙(土)…

-예시 81

*'나(我)'는 '는·를' 위에서 장음화하는 경향이 있다.

---

41 '手'는 상성(上聲)이지만 '手巾' 외에는 다 거성화(去聲化)하였다. 여기에 '手'는 바둑, 장기 등의 용어 '수가 보인다', '좋은 수가 있다'와 같은 '수'로서, 이는 평성성(平聲性)으로 고유어화한 것이다.

단음절 평성체언(平聲體言)은 그것이 한자어든 고유어든 변조(變調)가 없다.

(라) 단음절 측성체언(仄聲體言) 한자어 정조(正調)

이들 말은 평측성성(平仄聲性) 어느 조사 위에서도 변동되지 않는다. 그것은 그 자체가 항상 듬직한 무게를 가진 측성(仄聲)이기 때문이다.

感	客	劍	景	契	戒	曲	管	壙	櫃	劇	氣	亂	綠	腦
감	객	검	경	계	계	곡	관	광	궤	극	기	난	녹	뇌
代	答	黨	毒	洞	幕	萬	脈	面	命	母	墓	半	倍	百
대	답	당	독	동	막	만	맥	면	명	모	묘	반	배	백
罰	法	便	病	福	鳳	富	父	北	上	想	賞	序	善	姓
벌	법	편	병	복	봉	부	부	북	상	상	상	서	선	성
性	勢	稅	俗	損	壽	信	腎	十	惡	量	億	列	熱	令
성	세	세	속	손	수	신	신	십	악	양	억	열	열	영
嶺	例	禮	玉	辱	運	韻	位	胃	義	利	將	笛	籍	節
영	예	예	옥	욕	운	운	위	위	의	이	장	적	적	절
祭	兆	罪	粥	陳	質	菜	賤	鐵	妾	銃	肺	幅	下	鶴
제	조	죄	죽	진	질	채	천	철	첩	총	폐	폭	하	학
恨	害	血	禍	劃	孝…									
한	해	혈	화	획	효									

—예시 82

(마) 단음절 측성체언(仄聲體言) 고유어 정조(正調)

고유어에서의 단음절 측성체언(仄聲體言)은 정조(正調)와 변조(變調)로 나뉘는데, 정조는 어떤 조사를 만나도 자체 변동이 없는 체언이요, 변조는 특정 조사 위에서 고조되는 체언이다.

먼저 정조의 예를 들면:

값(價)	꼴(芻)	굽(蹄)	글(文)	꿀(蜜)	금(理)	놈(者)
날(刃·日)	달(月)	딸(女)	땀(汗)	말(斗)	먹(墨)	모(方)
물(水)	밀(小麥)	박(瓠)	발(足)	북(鼓)	불(火)	뿔(角)
빛(光)	섬(斛)	솔(松)	쑥(艾)	신(履)	알(卵)	열(十)
임(君)	잔(盞)	좀(蠹)	짐(荷)	짚(藁)	춤(舞)	침(唾)
칡(葛)	탑(塔)	터(基)	톱(鉅)	풀(草)	팥(小豆)	혹(疣)
깨(荏)	내(烟)	대(竹)	때(垢)	띠(帶)	모(方)	배(舟·腹)
베(布)	소(牛)	비(雨)	씨(種)	자(尺)	재(灰)	쥐(鼠)
이(蝨)	채(鞭)	초(燭)	키(身長)	파(蔥)	피(血)	혀(舌)
감(柿)	게(蟹)	골(谷)	곰(熊)	내(川)	널(板)	눈(雪)
돈(錢)	돌(石)	둘(二)	뒤(後)	말(語)	매(鷹)	메(山)
밀(蠟)	발(簾)	밤(栗)	벗(友)	벌(蜂)	범(虎)	별(星)
새(鳥)	숨(息)	실(絲)	옴(疥)	외(瓜)	일(事)	임(主)
잣(柏)	종(僕)	줄(鑢)	중(僧)…			

—예시 83

이들 말에는 평성성 조사(平聲性助詞)나 측성성 조사(仄聲性助詞) 어느 것

우리말의 고저장단

이 오더라도 자체 변동이 되지 않는다.

(바) 단음절 측성체언(仄聲體言) 고유어 변조(變調)

다음 말들은 조사 일람표 '예시 66'의 C항 위에서 고조되는 것이 특징이다. 이는 이 말들이 부분적으로 평성화(平聲化)한 때문이라 볼 수 있다.

갓(笠)	꾀(謀)	귀(耳)	칼(刀)	코(鼻)	꿈(夢)
끝(末)	틈(隙)	끈(紐)	길(道)	낫(鎌)	낮(晝)
논(畓)	눈(眼)	이(齒)	잎(葉)	남(他)	땅(地)
담(墻)	떡(餅)	절(寺)	뜻(意)	맛(味)	못(釘)
몸(身)	못(池)	발(足)	밤(夜)	뺨(頰)	밥(飯)
봄(春)	붓(筆)	빗(梳)	살(矢)	손(手)	신(履)
쌀(米)	안(內)	엿(飴)	옷(衣)	입(口)	채(篩)…

−예시 84

(사) 2음절 체언과 조사 간의 성조(聲調) 대응

2음절 체언의 평측(平仄) 관계인 '平平, 平仄, 仄仄, 仄平'의 네 가지 유형 중, '仄仄, 平仄'은 말음(末音)이 측성(仄聲)이기 때문에 그 중후한 장벽을 조사의 힘으로 역역향(逆影響)할 수 없으므로 체언 자체에 변동이 오지 않는다. 그러나 '平平'형은 크게 변동을 일으키게 될 소지(素地)를 가지고 있다.

우선 이들 어휘를 생각나는 대로 들어 본다.

'平平'형

(ㄱ) '平平'형의 한자어

家庭 가정	秋收 추수	山河 산하	花神 화신	民情 민정	同窓 동창	朝鮮 조선	銀河 은하	詩人 시인
分家 분가	尋常 심상	心中 심중	心身 심신	詞章 사장	誇張 과장	東京 동경	工夫 공부	飛行 비행
精華 정화	臺帳 대장	靑山 청산	歌詞 가사	東西 동서	身元 신원	空中 공중	人情 인정	同鄕 동향
空間 공간	神明 신명	油田 유전	宮中 궁중	花郎 화랑	乾坤 건곤	亡身 망신	交流 교류	亭亭 정정
人民 인민	今時 금시	仙人 선인	修身 수신	停車 정차	傍觀 방관	催眠 최면	山僧 산승	儒林 유림
元金 원금	光明 광명	先親 선친	充當 충당	軍兵 군병	分身 분신	初春 초춘	前科 전과	功勞 공로
千秋 천추	南侵 남침	和同 화동	名聲 명성	君臨 군림	和音 화음	悲哀 비애	唐詩 당시	奇工 기공
喪心 상심	嚴冬 엄동	因緣 인연	圓盤 원반	公園 공원	城樓 성루	登場 등장	多忙 다망	天恩 천은
無妨 무방	婚姻 혼인	安康 안강	孤軍 고군	官能 관능	完全 완전	宣言 선언	東宮 동궁	貧寒 빈한
高層 고층	平和 평화	朝廷 조정	洋弓 양궁	從軍 종군	情談 정담	風波 풍파	河川 하천	消防 소방

浮雲	清凉	深層	添加	清流	源泉	潮流	除名	陰陽
심운	청량	심층	첨가	청류	원천	조류	제명	음양
陳情	隨行	花心	離愁	心情	忠臣	悲情	慈堂	成功
진정	수행	화심	이수	심정	충신	비정	자당	성공
支持	文人	新年	明朝	星霜	春耕	晴天	書齋	期間
지지	문인	신년	명조	성상	춘경	청천	서재	기간
朝刊	東洋	山林	松林	桃源	橋梁…			
조간	동양	산림	송림	도원	교량			

-예시 85

(ㄴ) '平平'형의 고유어(방점은 두 음절 다 무점)

가루(ㄱ르·粉)	가을(ㄱ술·秋)	가지(가지·茄)
고래(고래·鯨)	고랑(고랑·畦)	고을(ㄱ올·鄕)
고추(고쵸·椒)	구둘(구들·溫突)	구멍(구무·穴)
그대(그듸·君)	꺼풀(거플·皮)	나루(ㄴ르·津)
나무(나모·木)	나물(ㄴ물·菜)	사내(남진·男)
너희(너희·汝)	노루(노르·獐)	누이(누의·姉)
눈썹(눈섭·眉)	다락(다락·樓)	다리(드리·橋)
도둑(도죽·賊)	따름(ㅼ롬·耳)	따비(짜보·犁)
마디(ㅁ듸·節)	마을(ㅁ술·里)	마음(마슴·心)
먼저(몬져·先)	먼지(몬지·塵)	메밀(모밀·蕎)
무우(무수·菁)	바람(ㅂ람·風)	버선(보션·襪)

보리(보리·麥)	부엌(브섭·廚)	부처(부텨·佛)
풀무(불무·冶)	비녀(빈혀·釵)	사공(샤공·師)
소금(소곰·鹽)	손톱(손톱·爪)	스승(스승·師)
시루(시르·甑)	시름(시름·愁)	아우(아ᅀᆞ·弟)
언덕(언덕·丘)	얼굴(얼굴·容)	여우(여ᅀᆞ·狐)
이삭(이삭·穗)	자루(쟈ᄅᆞ·袋)	자루(ᄌᆞᄅᆞ·柄)
저녁(나조·夕)	적삼(적삼·衫)	터럭(터럭·毛)
하루(ᄒᆞᄅᆞ·一日)…		

─예시 86

위의 (ㄱ), (ㄴ)의 '平平'형 어휘들과 조사의 관계에서 대응되는 성조 양상을 보기 위하여, 이 중 '家庭'과 '가을'을 표본 삼아 전기 조사일람표 '예시 66'에 대입하여 보면 다음과 같다.

• 평조사(平助詞) 위에서의 경우

가정까지, 가정마다, 가정만은, 가정부터…
가을까지, 가을마다, 가을만은, 가을부터…

이와 같이 제3음절(곧 조사의 제1음절)이 고조됨을 보게 된다.
이는 平平＋平仄→平平平仄이 되므로 평고조(平高調) 원칙에 의하여 측성(仄聲) 직전의 '平'이 고조되기 때문이다.

• 측조사(仄助詞) 위에서의 경우

가정이, 가정은, 가정을, 가정에, 가정도, 가정만큼, 가정이라…
가을이, 가을은, 가을을, 가을에, 가을도, 가을만큼, 가을이라…

이와 같이 제2음절이 고조된다. 이는 말할 것도 없이 '平平+仄─平平仄'이 되므로, 이 또한 평고조(平高調) 원칙에 의하여 측성(仄聲) 직전의 평성(平聲)이 고조된 것이다.

위의 두 경우의 결과로 보아 '平平'형 체언과 조사의 관계에서 오는 성조 대응은, 그 묶어져 이룬 어절로서의 산술적 통산에서, 측상평고조(仄上平高調)의 원칙에 의하여 산출된다고 귀납(歸納)할 수 있다.

'平仄'형의 평고조(平高調語)

(ㄱ) '平仄'형의 한자어

家庭	秋收	山河	花神	民情	同窓	朝鮮	銀河	詩人
가정	추수	산하	화신	민정	동창	조선	은하	시인
分家	尋常	心中	心身	詞章	誇張	東京	工夫	飛行
분가	심상	심중	심신	사장	과장	동경	공부	비행
精華	臺帳	靑山	歌詞	東西	身元	空中	人情	同鄕
정화	대장	청산	가사	동서	신원	공중	인정	동향
空間	神明	油田	宮中	花郞	乾坤	亡身	交流	亭亭
공간	신명	유전	궁중	화랑	건곤	망신	교류	정정

人民 인민	今時 금시	仙人 선인	修身 수신	停車 정차	傍觀 방관	催眠 최면	山僧 산승	儒林 유림
元金 원금	光明 광명	先親 선친	充當 충당	軍兵 군병	分身 분신	初春 초춘	前科 전과	功勞 공로
千秋 천추	南侵 남침	和同 화동	名聲 명성	君臨 군림	和音 화음	悲哀 비애	唐詩 당시	奇工 기공
喪心 상심	嚴冬 엄동	因緣 인연	圓盤 원반	公園 공원	城樓 성루	登場 등장	多忙 다망	天恩 천은
無妨 무방	婚姻 혼인	安康 안강	孤軍 고군	官能 관능	完全 완전	宣言 선언	東宮 동궁	貧寒 빈한
高層 고층	平和 평화	朝廷 조정	洋弓 양궁	從軍 종군	情談 정담	風波 풍파	河川 하천	消防 소방
浮雲 심운	淸凉 청량	深層 심층	添加 첨가	淸流 청류	源泉 원천	潮流 조류	除名 제명	陰陽 음양
陳情 진정	隨行 수행	花心 화심	離愁 이수	心情 심정	忠臣 충신	悲情 비정	慈堂 자당	成功 성공
支持 지지	文人 문인	新年 신년	明朝 명조	星霜 성상	春耕 춘경	晴天 청천	書齋 서재	期間 기간
朝刊 조간	東洋 동양	山林 산림	松林 송림	桃源 도원	橋梁… 교량			

−예시 87

(ㄴ) '平仄'형의 고유어(방점은 무점+유점)

가래(가래·鍬)　　　　가마(가마·釜)　　　　가슴(가슴·胸)

가시(가시·棘)　　　　가위(가새·剪)　　　　가지(가지·種)

각시(각시·女)　　　　감투(감토·帽)　　　　갓풀(갓블·膠)

거리(거리·街)　　　　거미(거믜·蛛)　　　　거북(거붑·龜)

거위(거유·鵝)　　　　거품(더품·泡)　　　　겨를(겨를·暇)

겨울(겨슬·冬)　　　　고개(고개·峴)　　　　고기(고기·魚)

고깔(곧갈·弁)　　　　고리(골회·環)　　　　고치(고티·繭)

꽃잎(곳닢·花瓣)　　　구리(구리·銅)　　　　구슬(구슬·珠)

구유(구슈·槽)　　　　굽이(고비/구븨·曲)　　그릇(그릇·器)

기름(기름·油)　　　　기침(기츰·嗽)　　　　기슭(기슭·簷)

꼬리(쏘리·尾)　　　　나귀(나귀·驢)　　　　나라(나라·國)

나비(나비·蝶)　　　　나절(나잘·半日)　　　나흘(나흘·四日)

노래(놀애·歌)　　　　노새(노새·驢)　　　　높이(노픠·高)

누룩(누룩·麴)　　　　누에(누에·蠶)　　　　다리(둘외·月子)

닷새(다쐐·五日)　　　더덕(더덕·砂蔘)　　　덮개(닫개·蓋)

도리(도리·桁)　　　　도마(도마·俎)　　　　동무(동모·伴)

마늘(마늘·蒜)　　　　마소(ᄆ쇼·馬牛)　　　마흔(마순·四十)

머리(마리·頭)　　　　멍에(멍에·駕)　　　　메주(며주·醬麴)

모래(몰애·砂)　　　　무덤(무덤·塚)　　　　바늘(바늘·針)

바둑(바독·碁)　　　　바다(바롤·海)　　　　바위(바회·岩)

방울(바올·毬)　　　　바치(바치·匠人)　　　버들(버들·柳)

벌레(벌에·蟲)　　　　버릇(버릇·慣習)　　　　버섯(버슷·茸)

벼루(벼로·硯)　　　　벼룩(벼록·蚤)　　　　벼슬(벼슬·爵)

보름(보롬·望)　　　　부들(부들·蒲)　　　　비늘(비늘·鱗)

비지(비지·豆腐渣)　　뿌리(불휘·根)　　　　사슴(사슴·鹿)

사위(사회·壻)　　　　사이(사시·間)　　　　사흘(사ᄋᆞᆯ·三日)

새끼(삿기·雛)　　　　서른(셜흔·三十)　　　　서리(서리·霜)

선비(션비·士)　　　　소리(소리·音)　　　　수풀(수플·林)…

—예시 88

위의 (ㄱ), (ㄴ)의 말들은 다 15세기 문헌에 '무점+유점(평성+측성)'으로 방점되었던 말들인데, 측상평고조(仄上平高調)에 의하여 첫음절이 고조됨을 보였던 것으로, 현대어에도 그 가락이 계승되어 있으며, 특히 경상도 말에는 거의 예외 없이 옛날 그대로의 또렷한 악센트로 나타나고 있는 것이다.

또 이 말들 다음에는 비록 측조사(仄助詞)가 연접되더라도 체언 자체 성조에는 변동이 오지 않을 뿐만 아니라, 오히려 그 산하(傘下)에 들어 약화되어 버리고 만다.

위에서와 같이 한자어는 그 자체 내에 성조가 내장되어 있어서 쉽사리 그 규제를 일탈할 수 없었던 것과는 달리, 일부 고유어는 방점이 없어진 후 점차 변이(變移)를 겪게 되었음을 볼 수 있다.

두토다(爭·다투다)　　　　　　　눈호다(分·나누다)

$$\overset{\cdot\,\cdot}{\text{도도다}}(\text{培}\cdot\text{도두다}) \qquad\qquad \overset{\cdot}{\text{ᄠᆞ다}}(\text{摘}\cdot\text{따다})$$

$$\overset{\cdot\,\cdot}{\text{ᄆᆡᆼ글다}}(\text{製}\cdot\text{만들다}) \qquad\qquad \overset{\cdot\,\cdot}{\text{돋갑다}}(\text{厚}\cdot\text{두껍다})$$

$$\overset{\cdot}{\text{다복북}}(\text{蓬}\cdot\text{다북쑥}) \qquad\qquad \overset{\cdot\,\cdot}{\text{반ᄃᆞ기}}(\text{必}\cdot\text{반드시})\cdots$$

-예시 89

위의 말들은 방점으로 보아 지금과는 달리 옛날에는 평고조어(平高調語)였던 것임을 알 수 있으며, 또

$$\text{돋 : 갑다}(\text{厚}\cdot\text{두껍다}) \qquad\qquad \text{들 : 줍다}(\text{聞}\cdot\text{들잡다})$$

$$\text{- : 마다}(\text{조사 -마다}) \qquad\qquad \text{- : 만 : 뎡}(\text{조사 -망정})\cdots$$

등은 상성(上聲 : 장음)으로 발음하던 말들이었음을 알 수 있다.

(아) 3음절 체언과 조사 간의 성조 대응

3음절의 구성 유형은

1. 平平平　　2. 平平仄　　3. 平仄仄　　4. 平仄平

5. 仄平平　　6. 仄仄平　　7. 仄仄仄　　8. 仄平仄

의 여덟 가지 유형이 있을 수 있으나, 이 중 2, 3, 7, 8은 측성말음(仄聲末音)이기 때문에 조사의 평측(平仄) 여하에 상관없이 '仄'의 장벽을 허물고 거슬러 영향할 수 없으므로 체언 자체의 성조에는 변동이 오지 않

는다. 그러나 4, 5는 말음이 평성(平聲)이기 때문에 후접하는 측성성 조사(仄聲性助詞)와 합하여 '平+仄' 구조가 되므로 이중고조(二重高調)가 이루어지게 된다. 그러나 너무 가까운 사이에서 이루어지는 이중고조(二重高調)이기 때문에 이 또한 측하무고조(仄下無高調)의 원칙에 의하여 제1고조의 산하에 들게 됨으로써 제2고조는 허용규정(許容規定)으로만 인정하게 된다.

그러나 1의 平平平은 다음에 연접되는 조사의 평·측성(平·仄性)에 따라 크게 동요될 소지를 가지고 있다.

'平平平'형(조사외의 관계에서 크게 변동된다)

(ㄱ) 한자어

朝鮮人	都沙工	平常時	平和軍	農繁期
조선인	도사공	평상시	평화군	농번기
非人間	生存權	金剛山	成川江	南朝鮮
비인간	생존권	금강산	성천강	남조선
江東區	東洋人	西洋蘭	春窮期	非常金
강동구	동양인	서양란	춘궁기	비상금
三年生	功名心	文明人	金殘花	無窮花
삼년생	공명심	문명인	금잔화	무궁화
靑蓮峰	花中王	城隍堂	回歸線	人生觀
청련봉	화중왕	성황당	회귀선	인생관

交通網	成層圈	停留場	豊年歌	無關心…
교통망	성층권	정류장	풍년가	무관심

—예시 90

(ㄴ) 고유어(방점은 셋 다 무점)

구윗집(관청·公廳)	구지람(꾸지람·叱責)
갯버들(갯버들·楊柳)	거러치(가라치종·僕)
거우루(거울·鏡)	고의밑(속잠방이·內衣)
곳고의(꽃받침·萼)	그스름(그으름·煤)
싣나모(신나무·楓)	뽕나모(뽕나무·桑)
옷나모(옷나무·漆)	댓받리(댑싸리·地膚)
서흐레(서래·杷)	늟중싱(날짐승·飛鳥)
기르마(길마·鞍)	밧가락(발가락·趾)
빅드리(배다리·舟橋)	즈오롬(졸음·睡)
됫프람(휘파람·嘯)…	

—예시 91

이들 '平平平'형의 체언과 조사의 관계에서 오는 성조 대응은, 이미 위에서 본, 단음절 체언, 2음절 체언들과의 관계에서와 마찬가지로, 3음절 또는 4음절어라 해서 다를 바가 없다.

위에 예거(例擧)한 '朝鮮人'과 '발가락'을 조사일람표 '예시 66'에 넣어 보면 :

조선인까지	조선인더러	조선인마저
조선인만은	조선인마다	조선인조차…

발가락까지	발가락더러	발가락마저
발가락만은	발가락마다	발가락조차…

와 같이 평조사(平助詞) 위에서는 제4음절(조사의 첫음절)이 고조된다. 그러나

조선인이	조선인은	조선인을	조선인과
조선인일랑	조선인에게	조선인의	조선인만큼…

발가락이	발가락은	발가락을	발가락과
발가락일랑	발가락에게	발가락의	발가락만큼…

과 같이 측조사(仄助詞) 위에서는 제3음절(조사의 직전 음절)이 고조됨을 알 수 있다. 이 또한 말할 것도 없이 측상평고조(仄上平高調) 현상인 것이다.

'平平仄'형(조사와의 관계에서는 변동이 없으나, 제2음절이 고조된다)

(ㄱ) 한자어(平平仄)

家家禮	三千里	三田渡	空山月	人生苦	多男子
가가례	삼천리	삼전도	공산월	인생고	다남자

東洋畵	無名草	陰陽術	生離別	靑山里	人間性
동양화	무명초	음양술	생이별	청산리	인간성
空虛感	無常識	空間美	公州市	雰圍氣	空中戰
공허감	무상식	공간미	공주시	분위기	공중전
人形劇	精神病	神經質	無公害	期成會	平年作
인형극	정신병	신경질	무공해	기성회	평년작
工場長…					
공장장					

−예시 92

(ㄴ) 고유어(平平仄)

가마괴(까마귀·烏)　　　간나히(계집아이·女兒)　　　굴거미(갈거미·蟢)

개야미(개미·蟻)　　　　고고리(꼭지·蔕)　　　　　고사리(고사리·蕨)

곳고리(꾀꼬리·鶯)　　　광조리(광주리·筐)　　　　국거리(국건더기·羹)

구렁이(구렁이·蟒)　　　그르메(그림자·影)　　　　나못닙(나뭇잎·葉)

녑구레(옆구리·脇)　　　눈마올(눈망울·眸)　　　　그려기(기러기·雁)

도리채(도리깨·枷)　　　두터비(두꺼비·蟾)　　　　다와기(따오기·鷲)

막다희(막대기·棒)　　　머고리(개구리·蛙)　　　　미야미(매미·蟬)

ᄆᆞ아지(망아지·駒)　　　믈구싀(말구유·馬槽)　　　바고니(바구니·篋)

봉오리(봉우리·峰)　　　비두리(비둘기·鳩)　　　　비마ᄌᆞ(피마자·蓖麻子)

숫바당(손바닥·掌)　　　아가외(아가위·棠)　　　　아자비(아저비·叔)

어버싀(어버이·親)　　　입시울(입술·脣)　　　　　족졉개(족집게·鑷)

주머니(주머니·囊)　　　즈릆길(지름길·徑)　　　ᄎ조기(차조기·蘇)
ᄒᆞᆫ가지(한가지·同)…

—예시 93

　위의 말들은 15세기 문헌에서 '무점+무점+유점(平+平+仄)'으로 방점되어, 측상평고조(仄上平高調)에 의하여 제2음절이 고조되던 말로서, 현대어에도 그 가락이 계승되어 있으며, 연접되는 조사에 아랑곳없이 변동이 없다.

　이상의 현상을 묶어 귀납하면, 체언과 조사는 제각기 평성성(平聲性) 또는 측성성(仄聲性)을 띠고 있는데, 그것이 연접하여 이룬 한 어절은, 그 어절을 구성하고 있는 평측(平仄)의 산술적 통산(通算)에 의한 성조 질서(聲調秩序)로 정위한다고 할 수 있다.

　(자) 4음절 체언과 조사 간의 성조 대응
　4음절 체언의 구성유형은 다음과 같다. 그리고 4음절어는 대개 2음절어 두 개의 연합으로 이루어지는 일이 가장 많다.
　그러므로 고저는 첫 단어의 고저가 주도하게 되는데, 측고조(仄高調) 또는 평고조(平高調)가 연접하여 이중고조(二重高調)를 이루거나, 측고조(仄高調)와 측고조(仄高調)의 연접에서는 측하무고조(仄下無高調)를 이룸으로써 둘째 고조는 첫 고조의 산하(傘下)에 들어 유약무(有若無)로 끝나는 수가 많다.

1) 平平平平	2) 平平平仄
3) 平平仄仄	4) 平仄仄仄
5) 平仄平仄	6) 仄平平平
7) 仄仄平平	8) 仄仄仄平
9) 平平仄平	10) 平仄仄平
11) 仄平仄平	12) 平仄平平

　2), 3), 4), 5)는 말음(末音)이 '仄'이므로 조사의 영향이 이 장벽을 넘을 수 없다.

　8), 9), 10), 11)은 말음이 '平'이므로 측조사(仄助詞) 위에서 평고조(平高調)가 되기는 하나, 이는 너무 가까운 거리에서의 제2고조이기 때문에 제1고조의 측하무고조(仄下無高調) 산하(傘下)에 들게 됨으로써 제2고조는 허용규정으로만 인정하게 된다.

　그러나 6), 7), 12)는 측조사(仄助詞) 위에서 말음이 평고조(平高調)되되 상당한 거리에서 일어나는 제2고조이므로 다소 약화는 하였을망정 그 고조가 선명하므로 마땅히 제2고조로 인정할 수밖에 없다.

　예:

6)仄平平平

| 武陵桃源 | 以心傳心 | 一騎當千 |
| 무릉도원 | 이심전심 | 일기당천 |

| 一攫千金 | 百年河淸 | 百家爭鳴 |
| 일확천금 | 백년하청 | 백가쟁명 |

7)仄仄平平

錦上添花	起死回生	古色蒼然
금상첨화	기사회생	고색창연

國色天香	捲土重來	馬耳東風
국색천향	권토중래	마이동풍

羽化登仙	異口同聲	事實無根
우화등선	이구동성	사실무근

有口無言	一日三秋	積土成山
유구무언	일일삼추	적토성산

8)平仄平平

無故之民	烏有先生	嗚越同舟
무고지민	오유선생	오월동주

前尊洋洋	危急存亡	溫故知新
전도양양	위급존망	온고지신

經國濟民	才子佳人	
경국제민	재자가인	

-예시 94

이들 6), 7), 8)의 성어(成語)들은 끝부분이 '平平'이기 때문에 측조사 (仄助詞)가 후접(後接)하는 경우면 맨끝의 '平'(조사 직전의 平)이 선명하게 고조됨을 보게 된다.

다음은 번거로움을 피하여, '平平平平'형과 '平平平仄'형만 예시해

우리말의 고저장단

보기로 한다.

'平平平平'형

이 형과 조사와의 관계에서 오는 성조의 대응은, 위에서 보인 '平·平平·平平平'형들과 같은 이치로 후접하는 조사에 따라 크게 변동된다.

公平無私	修身齊家	和光同塵
공평무사	수신제가	화광동진
全身全靈	天衣無縫…	
전신전령	천의무봉	

—예시 95

이를 조사일람표에 대입하여 보면 :

• 평조사(平助詞) … 수신제가까지, -만은, -마저, -부터, -조차…
• 측조사(仄助詞) … 수신제가가, -는, -를, -와, -로, -에서, -의, -도,
　　　　　　　　　-같이, -만큼, -처럼…

과 같이 평조사(平助詞) 위에서는 제5음절(조사의 제1음절)이 고조되고, 측조사(仄助詞) 위에서는 제4음절(조사의 직전 음절)이 고조된다.

이 또한 측상평고조(仄上平高調)에 의한 평고조(平高調) 현상일 뿐이다.

'平平平仄'형

(ㄱ) 한자어

春蘭秋菊 춘란추국	多情多恨 다정다한	人山人海 인산인해	完全無缺 완전무결
春華秋實 춘화추실	高山流水 고산유수	東奔西走 동분서주	行雲流水 행운유수
林間紅葉 임간홍엽	流言蜚語 유언비어	淸風明月 청풍명월	光風霽月 광풍제월
深山幽谷… 심산유곡			

—예시 96

(ㄴ) 고유어(방점은 '무점+무점+무점+유점')

글가마괴(갈가귀)	되야마ᄂᆞᆯ(달래)
만드라미(맨드라미)	ᄇᄅᆞᆷ가비(바람개비)
빗얌도랏(뱀도랏·蛇床子)	귀밀터리(귀밑털)
슕주여미(술지게미)	소옴터리(솜털)
호올아비(홀아비)	ᄒᆞᄅᆞ사리(하루살이)
즈름아비(거간·居間)	

—예시 97

이들은 측상평고조(仄上平高調)에 의하여 제3음절이 고조됨은 물론이나, 말음(末音)이 '仄'이므로 어떤 조사에도 변동이 오지 않는다. 3 : 1로 끊어 발음하게 되는 창상지변(滄桑之變), 삼고지예(三顧之禮), 어부지리(漁父之利), 청운지지(靑雲之志), 궁여지책(窮餘之策)… 등은 연음독(連音讀)을 하지 않기 때문에 예외이다. 이에 대하여는 '예시 57~58'의 설명 참조.

4음절 '平平平仄' 구조의 고유어도 제3음절이 고조됨은 측상평고조(仄上平高調)에 의한 당연한 현상이나, 조사와의 관계에는 변동이 없다.

(4) 복합어(複合語)에서의 성조(聲調) 대응

복합어(複合語)에서의 성조 대응은 기술(旣述)한 접사(接辭)에 의한 성조 대응과 다를 바 없다. 곧 접사로든 타어사(他語詞)와의 복합(複合)으로든, 그 형성 경위(經緯)에 아랑곳없이, 이루어진 결과적 상태에서의 통산적(通算的) 계산에 의하여 '평고조(平高調)'의 소재는 자동적으로 밝혀지게 되는 것이다.

'산(山)'을 예로 하여 보면 :

山蔘	山峰	山田	山羊	山城	山家
산삼	산봉	산전	산양	산성	산가
산닭,	산밭,	산밑,	산마루,	산바람,	산비탈,
산나물,	산포도,	산딸기,	산능금,	산봉우리,	산꼭대기,
산등성이,	산울림,	산허리…			

-예시 98

등은 전후어가 모두 평성어(平聲語)의 복합이므로, 무고조(無高調, 평저조)이
지마는 그러나,

山主	山脈	山賊	山藥	山麓	山路…
산주	산맥	산적	산약	산록	산로
산길,	산턱,	산새,	산쥐,	산벌,	산임자,
산대추,	산치자,	산자고…			

―예시 99

등은 평성어(平聲語)+측성어(仄聲語)의 복합으로서, 그 접속부에 나타나는
'平+仄' 구조에 의하여, '山' 자체가 고조된다.
　이는 후접어가 측성어(仄聲語)로서 첫음절이 측성성(仄聲性)을 띠고 있
기 때문으로, 이 또한 측상평고조(仄上平高調) 현상일 뿐이다.
　위의 예시 98, 99의 사실에서

　　닭, 밭, 밑, 마루, 바람, 비탈, 포도, 딸기, 나물, 허리, 꼭대기…

등의 말이 평성어(平聲語)임을 알 수 있으며,

　　　　　蓼　　峰　　田,　羊,　城…

등이 평성자(平聲字)임도 알 수 있다. 또한

긴, 턱, 새, 쥐, 벌, 인자, 대추, 치자, 자고…

등이 측성어(仄聲語)임도 동시에 알게 되며,

主, 脈, 賊, 藥, 露, 路…

등이 측성자(仄聲字)임도 알게 된다. 그리고 그것은 어떤 경우에도 성전환(性轉換)을 하지 않는다. '平+平'의 복합어인

술집(酒家), 콩밭(豆田), 문밖(門外), 말똥(馬糞), 닭똥(鷄糞)

등은 평저조(平低調)로 무고조임은 말할 나위도 없다. 그것은 '술·집·콩·밭…' 등 '平'이 단독일 때는 자신의 미약(微弱)함을 의식하는 나머지 보강해야겠다는 심리에서 평성단음절(平聲單音節) 평고조(平高調) 현상이 나타나게 됐지만, 이제 '술집·콩밭…'과 같이 같은 처지의 '平'과 '平'이 서로 도와 한 낱말을 이룸으로써는 그런대로 보강 따위 하지 않아도 행세할 수 있다는 안도감에서 평저조(平低調)로 처세하게 된 것이다.

또 평성어(平聲語) '콩'과의 복합어를 살펴보면 :

콩밭, 콩가루, 콩멍석, 콩깻묵, 콩노굿, 콩나물, 콩꼬투리

등은 '平+平平→平平平'형으로 무고조이나,

콩기름,　콩고물,　콩강정,　콩깍지,　콩다식,　콩국수

등은 '平＋平仄→平平仄'형으로 제2음절(후접어의 첫음절)이 고조된다.

　　다시 말하면 이는 '기름, 고물, 강정, 깍지, 다식, 국수' 그 자체가 '平仄'형으로 평고조되는 말이기 때문에, 그 앞에 평성성(平聲性) 선접어(先接語)인 '콩'이 와도 '平＋平仄→平平仄'이 되어 고조의 위치는 변하지 않기 때문이다. 그러나,

콩밥,　콩엿,　콩죽,　콩섬,　콩말,　콩새,　콩떡,　콩잎

등은 첫음절인 '콩'이 고조됨으로써 '콩'이 평성어(平聲語)임을 재확인하게 됨과 동시에, 후접어(後接語)인

밥,　　엿,　　죽,　　섬,　　말,　　새,　　떡,　　잎

등의 체언들이 한결같이 측성어(仄聲語)임도 알 수 있다.

　　이상에서 체언과 조사, 접사, 복합 관계에서의 성조 대응의 실상을 보아왔거니와, 그것들은 한결같이 연접된 어절 단위 안에서의 고조 원칙하에서 일사불란하게 이루어지고 있음을 확인하게 되었으며, 동시에 역으로 그 전후 말들의 평·측성성(平·仄聲性)도 구명(究明)할 수 있게 된 것이다.

　　이와 같이 우리말의 모든 말조각(語片)은 접사(接辭) 하나하나까지도 평성성어(平聲性語 : 平聲語)와 측성성어(仄聲性語 : 仄聲語)로 양립되어 있어, 마

치 음양이나 남녀 양성과도 같이, 서로 비슷한 비율로 양존(兩存)하여, 그것들의 상호 연접관계에서 성조는 규칙정연하게 조화되어 가게 마련임을 알 수 있다.

(5) 용언(用言)과 어미(語尾) 간의 성조(聲調) 대응

• 어미(語尾)의 평측성성(平仄聲性)

용언의 형태부(形態部)인 어미(語尾)나 보조어간(補助語幹)도 제각기 평측성성(平仄聲性)으로 양립(兩立)되어 있어, 어간(語幹)의 평측성성(平仄聲性)과 대응하게 된다.

우선 어미의 평측성성(平仄聲性)을 일람하여 보면 :

• 고어(古語)의 어미일람표(語尾一覽表)

고어
┬ 평성성 어미 (평어미)
│ ┬ 가행 …거늘/거늘, 거니, 거든, 거사, 거뇨, 과져
│ │ 나행 …ᄂᆞᆫ/는, ᄂᆞ다, 노니, 노라, 놋다
│ │ 다행 …도다, 다니/더니, 다가, 더라
│ │ ᄉᆞ행 …ᄉᆞᄫᅡ, 습ᄂᆞᆫ, 습거늘, *쇼셔
│ └ ᄌᆞ행 …ᄌᆞᄫᅡ, 즙고, ᄌᆞᄫᆞ니, ᄌᆞᄫᆞᄃᆡ
│
└ ┬ 자음 어미 : 다, ᄂᆞ다, ᄂᆞ다, 게, 고/오, 고져, 도소니,
   │   ᄃᆞ록

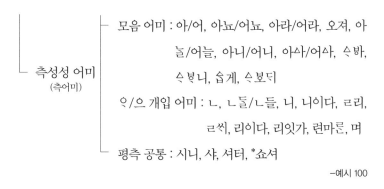

└ 측성성 어미　모음 어미 : 아/어, 아뇨/어뇨, 아라/어라, 오져, 아
　　(측어미)　　　　　　　늘/어늘, 아니/어니, 아ᄉᆞ/어ᄉᆞ, ᄉᆞᄫᅡ,
　　　　　　　　　　　　　ᄉᆞᄫᅵ니, 습게, ᄉᆞᄫᅩᄃᆡ
　　　　　　　　으/으 개입 어미 : ㄴ, ㄴ들/ㄴ들, 니, 니이다, ㄹ리,
　　　　　　　　　　　　　ㄹ씨, 리이다, 리잇가, 련마른, 며
　　　　　　└ 평측 공통 : 시니, 샤, 셔터, *쇼셔

　　　　　　　　　　　　　　　　　　　　　　　　−예시 100

• 현대어(現代語)의 어미일람표(語尾一覽表)

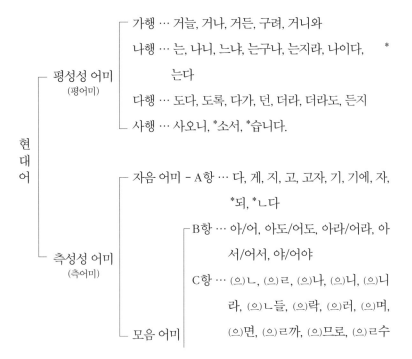

현　　　평성성 어미　┌ 가행 … 거늘, 거나, 거든, 구려, 거니와
대　　　(평어미)　　　├ 나행 … 는, 나니, 느냐, 는구나, 는지라, 나이다,　　*
어　　　　　　　　　　│　　　는다
　　　　　　　　　　　├ 다행 … 도다, 도록, 다가, 던, 더라, 더라도, 든지
　　　　　　　　　　　└ 사행 … 사오니, *소서, *습니다.

　　　　측성성 어미　┌ 자음 어미 − A항 … 다, 게, 지, 고, 고자, 기, 기에, 자,
　　　　(측어미)　　　│　　　*되, *ㄴ다
　　　　　　　　　　　│　┌ B항 … 아/어, 아도/어도, 아라/어라, 아
　　　　　　　　　　　│　│　　　서/어서, 야/어야
　　　　　　　　　　　│　│ C항 … (으)ㄴ, (으)ㄹ, (으)나, (으)니, (으)니
　　　　　　　　　　　│　│　　　라, (으)ㄴ들, (으)락, (으)러, (으)며
　　　　　　　　　　　└ 모음 어미 │　　(으)면, (으)ㄹ까, (으)므로, (으)ㄹ수

록, (으)ㄹ망정, (으)ㄹ지라도

D항 ⋯ (으)오, (으)오니, (으)시다, (으)소,
*(으)소서, (으)옵소서

E항 ⋯ (으)리라, (으)려면, (으)려니와, (으)
ㅁ, (으)세, (으)ㅂ시다, *ㅂ니다,
*(으)되

—예시 101

위에 대해 좀 더 부연하면 :

ㄱ. 기본형 '다'는 측성성(仄聲性)이다.

ㄴ. 접미사 '하다, 되다, 롭다, 스럽다, 엽다, 겹다'는 평성성(平聲性)이다.

ㄷ. 부사화 접미사 '이/히'는 측성성(仄聲性)이다.

ㄹ. 보조어간의 시제 '는, 겠, 더'는 평성성(平聲性)이다.

　　피동(被動) '이, 히, 리, 기'는 평성성(平聲性)이다.[42]

　　사동(使動) '이, 히, 리, 기, 우, 구, 추'는 측성성(仄聲性)이다.

---

42 시동·피동의 성조(聲調)의 상이(相異)함을 다음에서 볼 것이다.

원형	사동	피동
보다	보이다	보이다
날다	날리다	날리다
눕다	눕히다	눕히다
먹다	먹이다	먹히다

*사동의 '이, 리, 히'는 첫음절이 고조된다.

*피동의 '이, 리, 히'는 제2음절이 고조되는 동시에 장음화(長音化)한다.

존경(尊敬) '시', 겸양(謙讓) '옵', 과거(過去) '았/었', 강세(强勢) '야'는 측성성(仄聲性)이다.

의도형(意圖形) '오/우'는 C·D·E 항에 개입(介入)하여 측성성(仄聲性)이 된다.

—예시 102

이러한 평측성성 어미(平仄聲性語尾)나 보조어간은, 고문헌의 경우 일일이 방점으로 표시하여, 그 고저의 평측성(平仄性)을 명시하고 있다. 마치 체언과 조사의 관계에서와 같이….

다음의 몇 개를 대표 시재(詩材)로 삼아 시험해 봄으로써 족할 것이다.

· 평성성 어미(平聲性語尾) : 거늘·느냐·도다

· 측성성 어미(仄聲性語尾) : 다·아/어·고·기에

(6) 용언(用言)과 어미(語尾) 간의 정조(正調)와 변조(變調)

용언(用言)과 그 형태부(形態部)의 관계에서 오는 성조 대응에도 규칙적 대응인 정조(正調)와 불규칙적 대응인 변조(變調)의 두 가지로 나누어진다.

이는 전적으로 용언 자체의 원인에서 오는 것이다.

우리말의 고저장단

(가) 단음절(單音節) 평성용언(平聲用言) 정조(正調)

갈(替)	갖(具)	갚(報)	깎(削)	깨(破)	꺾(折)	걷(捲)	곧(直)
꽂(揷)	굳(固)	굽(曲)	궂(惡)	날(飛)	낳(産)	낚(釣)	넓(廣)
넣(入)	늦(晚)	늙(老)	녹(溶)	놓(放)	달(甘)	닫(閉)	덮(被)
돋(昇)	들(擧)	막(防)	맑(淸)	맞(適)	맡(嗅)	맺(結)	먹(食·聾)
멎(停)	묵(陳)	물(咬)	묽(淡)	밝(明)	믿(信)	받(受)	묻(埋·染)
벗(說)	빚(釀)	뻗(伸)	붓(注)	붙(附)	붉(赤)	섞(混)	썪(腐)
속(欺)	솎(使疏)	쏟(瀉)	솟(聳)	숙(低)	앓(痛)	업(負)	옅(淺)
익(熟·習)	읽(讀)	잃(失)	입(被)	잊(忘)	잘(細)	잡(捕)	적(記)
접(褶)	잦(頻)	젖(濕)	좁(狹)	좇(從)	쫓(逐)	죽(死)	질(泥)
찍(啄)	흩(散)						

—예시 103

　　이들 어휘들은 고어에서는 모두 무점으로 표시하던 평성용언(平聲用言)들이다. 이를 어미일람표 '예시 101'에 대입하여 시험해 보면, 그것이 한결같이 측상평고조(仄上平高調)의 원칙에 의하여 규칙적으로 대응함을 확인할 수 있다.

　　'먹다(食)'를 예로 들어 보면 :

　　평어미(平語尾) 위에서

　　먹거늘,　먹겠다,　먹나니,　먹느냐,　먹도다,　먹사오니,　먹습니다…

와 같이 제2음절(조사의 제1음절)이 고조된다. 이는 평성성 어미(平聲性語尾 : 平語尾)는 일반적으로 '平仄' 구조의 어미이기 때문에 '平+平仄→平平仄'형이 됨으로써다. 그런가 하면

측어미(仄語尾) 위에서는

먹고,   먹자,   먹어,   먹으니,   먹을망정,   먹으오…

등과 같이 첫음절, 곧 어간 자체가 고조됨을 본다. 이는 측성성 어미(仄聲性語尾 : 仄語尾)는 첫음절이 반드시 측성(仄聲)이기 때문에 '平+仄→平仄'형이 되므로, 측상평고조(仄上平高調)의 대원칙에 의하여 '평'이 고조되지 않을 수 없게 된 것이다.

(나) 단음절 평성용언(平聲用言) 변조(變調)
단음절 용언에는 다음과 같은 불규칙 성조 변동을 하는 말들도 있다.

(ㄱ) '서다〔立〕'형 평성용언(平聲用言) 변조(變調)

서〔立〕   이〔戴〕   지〔負·落〕   켜〔點火〕   펴〔伸·展〕…
—예시 104

이들은 어미일람표(현대어) '예시 101'의 B항 위에서 고조되지 아니하고, 장음화(長音化)하는 경향이 있다.

(ㄴ) '앉다〔坐〕'형 평성용언(平聲用言) 변조(變調)

앉〔坐〕   듣〔聞〕   있〔有〕   높〔高〕   깊〔深〕   얹〔載〕…

−예시 105

이들은 어미일람표, C, D, E항 위에서 고조되지 아니한다.

(ㄷ) '하다〔爲〕'형 평성용언(平聲用言) 변조(變調)

하〔爲〕   가〔行〕   나〔出〕   두〔置〕   보〔見〕
누〔尿〕   오〔來〕   자〔寢〕   주〔與〕…

−예시 106

이들은 어미일람표 A, C항 위에서 고조되고, E항 위에서는 장음화한다.

(ㄹ) '눕다〔臥〕'형 평성용언(平聲用言) 변조(變調)

눕〔臥〕   밉〔憎〕   맵〔辛〕…

−예시 107

이들은 ㅂ변칙 용언의 일부로서 어미일람표 A, B항 위에서 고조된다.

(ㅁ) '사다〔買〕'형 평성용언(平聲用言) 변조(變調)

사〔買〕…

−예시 108

이 말은 어미일람표 B, D항 위에서 고조되지 아니한다.

(다) 단음절 측성용언(仄聲用言) 정조(正調)

깔〔敷〕	깨〔覺·醒〕	꿀〔跪〕	끄〔消〕	기〔訇〕	달〔懸〕
되〔斗量〕	들〔入〕	뜨〔浮〕	매〔耘〕	뽑〔拔〕	살〔燒〕
새〔漏〕	숨〔隱〕	시〔酸〕	옳〔是〕	째〔裂〕	쏘〔射〕
찌〔蒸〕	차〔滿·蹴·佩·冷〕		참〔忍〕	찾〔尋〕	춥〔寒〕
치〔打〕	크〔大〕	타〔乘·燒·和〕	트〔通〕	캐〔採〕	파〔掘〕
팔〔賣〕	패〔打〕	푸〔汲〕	피〔開〕	희〔白〕	개〔和·晴〕
곱〔麗〕	굵〔太〕	꿰〔貫〕	내〔出〕	뚊〔澁〕	많〔多〕
벌〔坼·獲〕	베〔刈〕	뵈〔謁〕	새〔曙〕	세〔旛〕	섧〔痛〕
세〔强〕	쉽〔易〕	쓰〔書·用·冠·苦〕		언〔得〕	없〔無〕
작·적〔小·少〕		재〔測〕	좋〔好〕		

−예시 109

이들은 예외 없이 전기 어미일람표 '예시 101'의 틀에서 벗어나는 성조 변동을 하지 않는다. 곧 평어미(平語尾) 위에서나 측어미(仄語尾) 위에서나 측성(仄聲)으로서의 중후한 본음(仄高調)을 잃지 않는다. 이는 측성어(仄聲語)로서의 당연한 수분(守分)인 것이다. 이 중에는 ㄹ변칙, ㅂ변칙, ㅅ변칙 활용어(變則活用語)의 일부가 들어 있다.

(라) 단음절(單音節) 측성용언(仄聲用言) 변조(變調)

(ㄱ) '놀다〔遊〕'형 측성용언(仄聲用言) 변조(變調)

놀〔遊〕	갈〔耕〕	갚〔拉〕	걸〔掛〕	겯〔編〕	긷〔汲〕
길〔長〕	덜〔減〕	떨〔震〕	돌〔廻〕	말〔勿〕	멀〔遠〕
몰〔驅〕	물〔償〕	밀〔推〕	베〔枕〕	불〔吹〕	빌〔乞·祈〕
살〔居〕	설〔未熟〕	알〔知〕	얼〔凍〕	열〔實·開〕	울〔泣〕
일〔成·淘〕	줄〔減〕	절〔塞〕	고〔烹〕	꿰〔貫〕	메〔駕·擔〕
비〔虛〕	쉬〔休〕	쪼〔啄〕	헐〔破·瘡〕		

—예시 110

이들은 어미일람표 '예시 101'의 B항 위에서 고조되는 것이 특징으로, 'ㄹ변칙 활용어'의 일부가 이에 속한다.

(ㄴ) '걷다〔步〕'형 측성용언(仄聲用言) 변조(變調)

걷〔步〕	갋〔拉〕	감〔捲〕	검〔黑〕	겯〔編〕	곪〔膿〕

굴〔轉〕	굶〔飢〕	굽〔炙〕	긷〔汲〕	깁〔補〕	남〔餘〕
낫〔勝·癒〕	넘〔過·越〕	눋〔焦〕	담〔盛〕	닮〔似〕	덥〔暑〕
돕〔助〕	묻〔問〕	밝〔測〕	밟〔踏〕	붇〔增〕	삼〔爲〕
삶〔烹〕	신〔着靴〕	싣〔載〕	안〔抱〕	얇〔薄〕	앗〔奪〕
옮〔遷〕	웃〔笑〕	잇〔續〕	젓〔攪〕	줍〔拾〕	짓〔作〕
짖〔吠〕					

—예시 111

이 말들은 어미일람표 '예시 101'의 B·C·D·E항 위에서 고조되는 것이 특징이다.

이 사실은 곧 그 해당군(該當群) 위에서는 부분적으로 평성화(平聲化)한 다는 뜻이기도 하다.

이 중에는 ㄷ변칙, ㅂ변칙, ㅅ변칙 활용어가 대부분이다.

(7) 2음절 이상의 용언(用言)과 어미(語尾) 간의 대응

(ㄱ) '平仄'형(첫음절 평고조)

가싀(가시다·變)	거츨(거칠다·荒)	견듸(견디다·忍)
계우(겹다·不勝)	고오(고다·熬)	고티(고치다·改)
과ᄒ(칭찬하다·獎賞)	괴오(고우다·支)	결오(겨루다·競)
구짇(꾸짖다·叱)	구티(굳히다·堅)	구피(굽히다·屈)

그츠(그치다·止)   긔이(꺼리다·諱)   기리(기리다·讚)

기울(기울다·傾)   기트(끼치다·遺)   삐우(끼우다·嵌)

나오(드리다·進上)   난호(나누다·分)   날호(더디다·遲)

너기(여기다·想)   ᄂᆞ릭(나리다·降)   ᄂᆞ릭(날다·飛)

놁드(날뛰다·扈)   누르(누르다·黃)   누르(누르다·壓)

니기(익히다·習)   니르(이르다·至)   ᄃᆞ리(데리다·率)

ᄠᆞ리(때리다·打)   ᄃᆞ니(다니다·行)   ᄃᆞᆯ이(달리다·走)

더듸(더듸다·遲)   두렵(둥글다·圓)   두립(두렵다·畏)

드듸(디디다·踏)   ᄯᅴ우(띄우다·浮)   디니(지니다·藏)

마시(마시다·飮)   마치(맞추다·中)   ᄆᆞ츠(마치다·終)

*밍ᄀᆞᆯ(만들다·作)   ᄆᆞᆫ지(만지다·摩)   말이(말리다·禁)

맛디(맡기다·任)   머굼(머금다·含)   *모ᄅᆞ(모르다·不知)

믈리(물리다·退)   미치(미치다·狂)   바티(바치다·貢)

바히(베다·斬)   ᄇᆞ리(버리다·捨)   ᄇᆞᆰ기(밝히다·明)

비호(배우다·學)   브르(부르다·招·唱)   브티(부치다·寄)

ᄲᅳ리(뿌리다·撒)   비비(비비다·鑽)   빈ᄊᆞ(비싸다·價貴)

빌이(빌리다·貸)   사기(새기다·釋·刻)   싸호(싸우다·戰)

삼가(삼가다·謹)   ᄉᆞᆷᄢᅵ(삼키다·呑)   새오(새우다·妬)

성긔(성기다·疎)   셤기(섬기다·事)   소기(속이다·欺)

시기(시키다·使)   암글(아물다·完)   앗기(아끼다·吝)

어긔(어기다·違)   어듭(어둡다·暗)   어렵(어렵다·難)

여위(여위다·瘦)   여희(여의다·別)   염글(영글다·實)

오라(오래다·久)   옴기(옮기다·移)   외오다(외우다·誦)

우희(움키다·掬)	이긔(이기다·勝)	이울(이울다·萎)
져믈(저물다·暮)	프르(푸르다·靑)	헤티(헤치다·披)

－예시 112

이들은 다 '平+仄'형으로, 15세기 문헌에는 '무점+유점'으로 방점되었던 용언들로서, 첫음절이 평고조(平高調)로 고조되는 말이며, 오늘날도 오히려 그러하다.

또 이들 용언 아래에는 平·仄 어느 어미가 오더라도 용언 자체의 성조에는 변동이 오지 않는다. 그것은 어떠한 어미도 말음(末音)인 '仄'의 장벽을 넘어 역영향할 수 없기 때문이다.

이 중 '밍글(만들다·作)'은 현대어에서는 '平平'형으로 바뀌었으며, '모 룰(모르다·不知)'는 어미일람표 B항 위에서 장음화하여 측고조(仄高調)로 바뀐다.

'平平'형(무점+무점)에는 정조와 변조로 나누어진다.

(ㄴ) '平平'형 정조(正調 ; 평저조, 무고조)

갓갑(가깝다·近)	개오(개우다·嘔)	궁글(궁글다·空)
다듣(다닫다·臨)	다ᄋ(다하다·盡)	달호(다루다·理)
드위(뒤치다·飜)	슴겁(싱겁다·淡)	알외(알리다·告)
앗갑(아깝다·惜)	니르(이르다·謂)	이받(이바지하다·獻)
일벗(도둑질하다·盜)	일큰(일컫다·稱)	잇그(이끌다·牽)

ㅈ올(졸다·眠)   즌볿(짓밟다·踐)

−예시 113

위의 말들은 15세기 문헌에는 '무점+무점'으로 방점되던 '平平' 구조이기 때문에, 평어미(平語尾) 위에서는 '平平+平仄→平平平仄'이 되어 제3음절(곧 어미의 제1음절)이 고조되고, 측어미(仄語尾) 위에서는 '平平+仄○→平平仄○'형이 되어 제2음절(곧 어간의 끝음절)이 고조된다.(*○는 평측(平仄)에 상관없음)

(ㄷ) '平平'형 변조(變調; 평저조, 무고조)

ᄀ르(가르다·分)   ᄀᆞ브(가쁘다·疲)   거르(거르다·濾)

고르(고르다·均)   골프(고프다·飢)   그르(그르다·非)

끄르(끄르다·解)   그울(구르다·轉)   기르(기르다·育)

깃브(기쁘다·喜)   나ᄅ(나르다·運搬)   낟브(나쁘다·惡)

니르(이르다·謂)   드르(다르다·異)   뎌르(짧다·短)

디르(찌르다·刺)   ᄆᆞ르(마르다·乾)   브르(바르다·塗)

바ᄅ(바르다·正·直)   밧브(바쁘다·忙)   샌ᄅ(빠르다·急)

브르(부르다·飽·召·唱)   식브(시프다·싶다)   슬프(슬프다·悲)

알프(아프다·痛)   오ᄅ(오르다·上)   이르(이르다·무)

ᄌᆞ르(자르다·切)   흐르(흐르다·流)

−예시 114

위의 말들은 어미일람표 '예시 101'의 B항 위에서는 어간이 축약(縮約)되면서 고조된다.

이는 이들 말들이 변칙 활용어(르변, 으변)임에서 오는 필연적인 결과인 것이다.

'흐르다〔流〕'를 예로 보면, 어간 '흐르'가 B항 위에서는 축약되어 단음절인 '흘'로 줄어든다. 이때 '흘'의 성조는 축약의 원칙 '예시 131'에 의하여 '平平'의 축약은 '平'이 된다. 그러고 보면 이는 다름 아닌 '단음절 평성어(平聲語)'로 변신해 있는 셈이다. 그러므로 B항 어미 '어, 어도, 어라, 어서' 위에서는 '平+仄○' 구조가 형성됨으로써 측상평고조(仄上平高調) 현상이 나타날 수밖에 없게 되는 셈이다.

(ㄹ) '平平仄'형과 '平平平仄'형

平平仄仄(제2음절 평고조)	平平平仄(제3음절 평고조)
다ᄉᆞ리다(다스리다·治)	*게으르다(게으르다·懶)
두르혀다(돌이키다·反)	*과ᄀᆞᄅᆞ다(급하다·遽)
두위티다(번드치다·飜)	*다디르다(대지르다·衝)
ᄉᆞᄆᆞᆾ다(사무치다·徹)	비ᄅᆞ먹다(빌어먹다·乞)
입주리다(읊조리다·吟)	*마ᄆᆞᄅᆞ다(메마르다·瘠)
무릅스다(무릅쓰다·蒙)	브드ᄠᅳ다(부릅뜨다·怒目)

—예시 115

이 말들은 평고조(平高調) 원칙에 의하여 제각기 측성(仄聲) 직전의 평성(平聲), 곧 '平平仄仄'에서는 제2음절이, '平平平仄'에서는 제3음절이 고조됨은 물론이다. 단, *의 '르'변칙 활용어(變則活用語)들은 어미일람표 '예시 101'의 B항 위에서 제2음절이 고조된다.

또 '平平仄仄'은 '平平仄平'일지라도 제2음절 고조에 변동이 없으며, '平平平仄'은 '平平平仄仄'이거나 '平平平仄平'일지라도, 제3음절 고조에 변동이 없음도 물론이다. 그것은 측하무고조(仄下無高調)의 원칙에 의해서다.

이상에서와 같이 용언과 어미 관계에서도, 체언과 조사의 관계에서처럼, 성조는 '측상평고조(仄上平高調)'란 대원칙하에서 일사불란하게 이루어지고 있음을 보게 된다. 그러므로 각 변격 성조[變調]를 일일이 열거할 것도 없으니, 필요하다면 전기 어미일람표 '예시 101'에 대입하여 즉석에서 그 변화 양상을 시험해 볼 수 있을 것이다.

(8) 수식사(修飾詞 ; 부사·관형사)에서의 성조(變調) 대응

(가) 부사
(ㄱ) '平仄'형(무점+유점, 첫음절 평고조)

ㆍ곳비(가쁘게·疲)	ㆍ장(가장·最)
거듭(거듭·重)	거의(거의·庶)
계오(겨우·僅)	고대(고대·卽時)

구디(굳이·强)　　　　　　노피(높이·高)

달이(달리·異)　　　　　　더욱(더욱·尤)

다뭇(더불어·與)　　　　　다시(다시·更)

마조(마주·對)　　　　　　미이(매우·猛)

모다(모두·皆)　　　　　　무슴(무슨·어찌·何)

믄득(문득·便)　　　　　　샐리(빨리·速)

볼셔(벌써·已)　　　　　　부러(일부러·故)

비록(비록·誰)　　　　　　삼가(삼가·謹)

샹녜(늘·常)　　　　　　　아니(아니·否)

안직(아직·且)　　　　　　앗가(아까·這)

오날(오늘·今日)　　　　　오직(오직·唯)

외오(외따로·孤)　　　　　이믜(이미·旣)

일즉(일찍이·曾)　　　　　조초(좇아·從)

ᄌ로(자주·頻)　　　　　　ᄌ못(자못·頗)

짐즛(짐짓·故)

—예시 116

(ㄴ) '平平仄'형(무점+무점+유점, 제2음절 평고조)

갓가비(가까이·近)　　　　개을리(게을리·懈)

과글이(갑자기·卒)　　　　ᄂ가비(나직이·低)

돈가이(도타이·篤)　　　　도ᄅ혀(도리어·反)

비스기(비스듬하게·傾)　　앗가이(아깝게·借)

얼픠시(어렴풋이 · 優)　　　　　이러틋(이렇듯 · 如斯)

잇다감(이따금 · 有時)　　　　　제여곰(제각기 · 各)

져근덛(적은덧 · 少時)　　　　　죵용히(조용히 · 從容)

ᄒ오아(홀로 · 獨)　　　　　　　호온자(혼자 · 獨)

ᄒ올로(홀로 · 獨)

−예시 117

(ㄷ) ‘平仄○’형(첫음절 평고조)

그러나(그러나 · 然)　　　　　기우루(기울게 · 傾)

더브러(더불어 · 與)　　　　　드듸여(드디어 · 遂)

다시곰(다시금 · 更)　　　　　반ᄃ기(반드시 · 必)

비르수(비로소 · 始)　　　　　ᄆᄎ매(마침내 · 竟)

모로매(모름지기 · 須)　　　　시러곰(능히 · 得)

어려비(어렵게 · 難)

−예시 118

이상 (ㄱ), (ㄴ), (ㄷ)항의 어휘들은 다 ‘平仄’ 또는 ‘平平仄’ 구조어이기 때문에 하나같이 측성(仄聲) 직전의 ‘平’이 고조되는 것으로 현대어와도 부합된다.

단, ‘반ᄃ기’는 예외여서 현대어에서는 제2음절이 고조되는 것으로 보아, 그 동안에 성조의 변천이 있었는 듯하다.

(ㄹ) '平平'형(무점+무점, 평저조)

스믓(사뭇·徹)   바ᄅ(바로·直)

서르(서로·相)   그스기(그윽이·竊)

―예시 119

등이 있다. 한편 상기한 모든 부사어에는 후접어가 올 수 없으므로, 본래의 성조를 언제나 유지할 뿐이다.

단, '다시'에는 '또다시, 다시금'과 같이 강조의 뜻으로 접두어나 접미어를 첨가할 수 있다.

(나) 관형사

• '平仄'형(첫음절 평고조)

모든(모든·諸)   므슷(무슨·何)

여라(여러·諸)   다ᄉᆞᆺ(다섯·五)

여슷(여섯·六)   닐온(이른바·謂)

닐굽(일곱·七)   여듧(여덟·八)

아홉(아홉·九)   오ᄋᆞᆫ(온·모든·全)

셜흔(서른·三十)   마ᅀᆞ〉마은〉(마흔·四十)…

―예시 120

윗말들이 측상평고조(仄上平高調)로 어두가 고조됨은 새삼 말할 필요가 없다.

그리고 :

두	세(셋·서·석)	네(너·넉)
다섯(다·五)	여섯(여·六)	스물(스물·二十)
열(열·十)	온(백·百)	하(많이·多)…

—예시 121

등은 다 측성어(仄聲語)이기 때문에 후접어와의 관계에서 성조의 변동은 오지 않으나,

한[一], 다·닷[五], 여·엿[六], 삼[三], 천[千]…

등은 평성어(平聲語)이기 때문에 후접어와의 관계에서 규칙정연한 성조 변동이 오게 마련이다.

수량관형사와 단위를 나타내는 체언[양사(量詞)]과는 서로 다른 품사이기 때문에 각각 따로 계산되어야 할 것이나, 실제에 있어서는 마치 접두사와 같이 밀착된 발음을 하게 마련이기 때문에 한 어절로 간주된 성조 변동을 보게 된다.

수를 나타내는 한자, '一, 二, 三, 四, 五, 六, 七, 八, 九, 十, 백(百), 천(千), 만(萬), 억(億), 조(兆)…' 중 평성(平聲)은 다만 '三, 千' 두 자뿐이요, 기타는 모두 다 측성(仄聲)이다. 또 고유어에서도 평성(平聲)은 '한[一], 닷[五], 엿[六]'의 셋뿐이다.

수량관형사의 단위체언(單位體言) 사이에는 각각 제 짝이 따로 있으니,

이를 그르치면 올바른 말이 되지 못한다. 이제 그 대요(大要)를 보이면
아래와 같다.

한, 두, 세(셋·서·석)   네(넷·너·넉)

다섯(다·닷)   여섯(여·엿)…

등이 가장 헷갈리기 쉬운 말인데, 이들을 제 궁합대로 짝지으면 다음
과 같다.

- 한 … 두루 통한다
- 두 … 두루 통한다.
- '세, 네'의 짝은 두루 통하나, 다음의 '서·석·너·넉'의 짝인,

근(斤), 돈(錢), 말(斗), 발(丈), 치(寸), 푼(分), 냥(兩),

대, 단, 동, 섬, 자, 잔, 장, 점, 죽, 줄, 질, 집…

등과 짝하면 말이 안 된다.
　'서, 너, 닷, 엿'의 짝은

'근(斤), 돈(錢), 말(斗), 발(丈), 치(寸), 푼(分) 〔단 : '치(寸)' 위에서의
'닷, 엿'은 '다, 여' 또는 '다섯, 여섯'으로 바뀌며, '닷, 엿' 아래에서의
'푼(分)'은 '분(分)'으로 바뀐다〕'**43**

우리말의 고저장단

등이다.

- 석, 넉 … 냥(兩), 대, 단, 동, 섬, 자, 잔, 장, 점, 죽, 줄, 질, 집
- 대, 여 … 자('대자, 여자'는 5척, 6척의 뜻)

이상을 요약하면 :

1. '서, 너, 닷, 엿'은 'ㄱ, ㄷ, ㅁ, ㅂ, ㅊ, ㅍ' 위에서 쓰이고,
2. '석, 넉'은 'ㄴ, ㄷ, ㅅ, ㅈ' 위에서 쓰인다.

이 중 'ㄷ'은 1·2에 공통이나, 1에는 '돈[錢]'만이 적용되는 듯하다.

이상과 같은 짝짓기는 '열, 스물…백, 천, 만…' 등 고단위하에서도 마찬가지다.

다음 예시 122의 어휘들은 단위를 나타내는 측성체언(仄聲體言)들이다.

한(1),　　　닷(5),　　　엿(6),　　　삼(三),　　　천(千)

등의 평성수량관형사(平聲數量冠形詞)를 관(冠)하여 그 관(冠)한 말들이 고조되면 그 아래의 체언은 측성체언(仄聲體言)들임이 증명되는 것이다.

---

43 이에 대해서는 중년 이하의 사람들이 그르치는 경우가 많은 듯하다. 예를 들면 바둑의 경우, '세 점으로도 지고 네 점을 놓아도 진다', '끝내기를 실수하는 바람에 세 집을 졌다', '우상귀를 죽여주는 바람에 스물네 집이나 이겼다' 등 궁합이 맞지 않는 말을 예사로 쓴다. 이때는 마땅히 '석 점, 넉 점, 열석 집, 스물넉 집'으로 말해야 한다.

'한'을 대표 시재(詩材)로 하여 시험해 볼 것이다.

(ㄱ) 측성체언(仄聲體言)

갑(匣), 개(個), 권(卷), 면(面), 수(首), 자(字), 잔(盞), 절(節), 질(帙),
책(冊), 획(劃)…
건물(建物), 박자(拍子), 부모(父母), 세상(世上), 학교(學校)…
길, 끈, 끼, 낮, (단), 대, 땀, 때, 떼, (돈), (되), 뜻, (말),
몸, (발), 배, 벌, 뺨, 삽, (섬), 술, 숨, 잎, 자, 점, 죽, 줄,
질, 짐, 집, 채, 축, 치, 탕, 톨, 통, 틀, 푼…
꼬지, 무리, 바리, 배미, 뙈기, 솔기, 차례…
*( ) 안은 '닷(5), 엿(6)'의 경우와도 어울릴 수 있다.

– 예시 122

위의 체언에 '한[一]'을 관하였을 때, 그 '한'이 한결같이 평고조(平高調)되는 것은 '平+仄→平仄'으로 연접되었기 때문이다. 그러므로 '한'은 평성성(平聲性)이요, 그 다음의 단위 체언들은 측성성(仄聲性)임을 동시에 확인하게 된다.

그러나 측성성 관형사(仄聲性冠形詞) '두, 세(서), 네(너)' 등을 관하면 '仄+仄→仄仄'형이 되므로 '두 말[二斗], 서 되[三升]'와 같이 측고조(仄高調)가 될 것도 뻔한 이치이다.

다음은 단위를 나타내는 평성체언(平聲體言)들이다.

우리말의 고저장단

(ㄴ) 단음절 단위의 평성체언(平聲體言)

근,	독,	동,	몫,	방,	번,	병,	솥,
장,	짝,	접,	집,	칸,	컵,	팔,	패,
필,	포…

-예시 123

등에 평성성(平聲性)인 '한'을 관하면 :

한 근〔一斤〕,   한 방〔一房〕,   한 병〔一甁〕…

과 같이 '한'은 고조됨이 없이 '平＋平→平平'형으로 평저조(平低調)가
된다. 그러나 이에 다시 조사가 후접하는 경우,
　평조사(平助詞) 위에서는 :

한 근만은,   한 방마다,   한 병까지…

와 같이 제3음절(곧 조사의 제1음절)이 고조되나,
　측조사(仄助詞) 위에서는 :

한 근을,   한 방에,   한 병만…

과 같이 제2음절(조사의 직전 음절)이 고조됨은 측상평고조(仄上平高調)의 원

칙에 의한 당연한 결과이다.

(ㄷ) 2음절의 단위를 나타내는 평성체언(平聲體言)과 수량관형사

A. '平仄' 구조어

갈래,	그릇,	나라,	나절,	떨기,	동이,
마리,	모금,	목숨,	바탕,	뿌리,	비탈,
소리,	송이,	아름,	오리,	우물,	이불,
접시,	줄기,	친구,	켤레,	타래,	포기…

—예시 124

윗말에 '한'을 관하면 '平+平仄→平平仄'형이 되어 제2음절이 고조될 것은 물론이다.

B. '平平' 구조어

가닥,	가락,	고을,	구멍,	그루,	다리,	마루,
마당,	마디,	마을,	마음,	묶음,	밤중,	부엌,
비탈,	사발,	시간,	시름,	자루,	지붕,	도막…

—예시 125

이들에 '한'을 관하면 '平＋平平→平平平'형이 되어

한 가닥,   한 가락,   한 고을…

등과 같이 고조되는 곳 없이 순평(順平)하나, 후접조사에 따라 고조점이
각각 달리 정위(定位)하게 될 것은 말할 것도 없다. 곧,
　평조사(平助詞) 위에서는 :

　한 가닥조차,   한 가락만은,   한 고을마다…

와 같이 제4음절이 고조되고,
　측조사(仄助詞) 위에서는 :

　한 가닥을,   한 가락에,   한 고을이…

등과 같이 제3음절이 고조된다.
　또 측성성 수량관형사(仄聲性數量冠形詞) '두, 세, 네' 등을 관하면 측고조
(仄高調)될 것 또한 당연한 일이다.

C. 한자어로 된 평성체언(平聲體言)

班,	雙,	章,	層,	區域,
반	쌍	장	층	구역
單位,	民族,	時節,	場所,	兄弟…
단위	민족	시절	장소	형제

—예시 126

등 헤아릴 수 없이 많으나, 그 선·후접어(先後接語)에 의한 성조 변동의 원리는 기술한 바와 다를 바 없다.

위에서 설명해 온 바를 뒤집어 말하면, 다음과 같이 된다. 곧 : '한(1), 닷(5), 엿(6), 삼(三), 천(千)' 등 평성성 수량관형사(平聲性數量冠形詞)와, 단위를 나타내는 체언의 어울림에서, 윗말이 고조되면, 아랫말이 측성성 체언(仄聲性體言)이요, 평평하고 잔잔하여 고조되는 데가 없으면, 아랫말이 평성성 체언(平聲性體言)인 것이다.

생명은 말초신경, 모세혈관을 통하여 전신의 세포 조직에까지 미만히 내재하여 상호 긴밀(緊密)하듯이, 평측(平仄)에 대한 고저의 진리 또한 쇄말(瑣末)에 이르기까지 어그러짐 없이 상호 긴밀히 상응하니, 이러한 우리말의 합리론적(合理論的)·합자연적(合自然的) 정연한 법리(法理)에 어찌 숙연해지지 않겠는가?

11

한자어의 활용

(1) 한자어의 용언화(用言化) 조건

한자어는 그 자체로는 활용될 수 없고 접미사가 첨가됨으로써만 용
언화하게 된다. 이에는 :

-하다   -되다   -롭다   -답다   -스럽다
-겹다   -엽다…

등이 있고, 또한 활용은 아니지만 이들에서 파생되어 부사화(副詞化)하
게 하는 접미사로

-하 → 히/이   -되 → 되이   -롭다 → 로이

-답다 → 다이   -스럽 → 스러이…

등이 있다.

'-하다'가 붙어 용언화한 한자어가 가장 많은데, 이를 구명(究明)하려
면 우선 그 '-하다'의 성격부터 밝혀야 하는 것이 순서일 것 같다. 우
선 '-하다'는 평성성 접미사(平聲性接尾辭)이다.

'-하다'는 '예시 106'에서와 같이 소위 '하다'형 평성용언(平聲用言) 변
조어(變調語)로서, 어미일람표 '예시 101'의 A·C항 위에서 고조되고, E
항 위에서 장음화한다.

'능(能)하다'를 예로 하여 어미일람표(예시 101)에서 보면 :

평어미(平語尾) 위에서는 :

능하거늘   능하겠다   능하나니   능하느냐

능하도다   능하더라   능하소서…

와 같이 어간 '능하'가 '平平'이기 때문에 '平平+平仄→平平平仄'형이
되어 제3음절이 고조됨을 본다.

측어미(仄語尾) 위에서는 :

A항 … 능하다   능하게   능하고자

B항 … 능하여   능하여도   능하였다

C항 … 능하니	능한들	능할수록
D항 … 능하오	능하시다	능하옵소서
E항 … 능하려면	능함세	능합니다…

와 같이 '平平+仄〇→平平仄〇'형이 되어 제2음절이 고조됨을 본다.

이는 고유어의

혼하다〔多〕   성하다〔完〕…

등도 마찬가지다.

이에 속하는 평성단음절(平聲單音節) '하다' 따위 한자어를 들면 다음과 같다.

能하다 능	和하다 화	傳하다 전	強하다 강	窮하다 궁
當하다 당	親하다 친	求하다 구	像하다 상	兼하다 겸
亡하다 망	行하다 행	通하다 통	困하다 곤	論하다 논
加하다 가	居하다 거	輕하다 경	關하다 관	勤하다 근
連하다 연	臨하다 임	衰하다 쇠	嚴하다 엄	留하다 유

精하다	題하다	除하다	陰하다	淸하다
정	제	제	음	청

貪하다	探하다	標하다	虛하다…
탐	탐	표	허

—예시 127

그러나 다음절(多音節) 평성(平聲) 한자어 아래에서는 아직도 E항 위에서 장음화하는 경향을 현저히 띠고 있음에 유의해야 할 것이다. 이는 '하다'형 변조, '예시 101' E항의

:호려　　　　:호리·라　　　　:호되　　　　:호·미

의 말들이 'ㅎ+오→호'의 축약으로 이루어진 장음이었던 여세(餘勢)라 할 만하다.

이에 속하는 평성(平聲) 한자어로는

分明하다	勘當하다	公言하다	君臨하다
분명	감당	공언	군림

單純하다	嚴然하다	生生하다	純眞하다
단순	엄연	생생	순진

成功하다…
성공

—예시 128

등이 있다.

위에서 말해 온 평성성(平聲性) '하다' 따위 한자어의 변화상을 더욱 명백하게 관찰하려면, 그 어간 말음과 어미와의 축약된 형태에서 볼 수 있다.

'능(能)하다'를 가지고 그 축약상을 살펴보면 :

평성성 어미(平聲性語尾 ; 平+仄) 위에서 :

능하+거든 → 능커든   능하+거늘 → 능커늘

능하+거니 → 능커니   능하+더니 → 능터니

능하+도다 → 능토다   능하+구려 → 능쿠려

능하+거나 → 능커나   능하+거니와 → 능커니와

능하+다가 → 능타가   능하+도록 → 능토록

능하+겠다 → 능켔다

와 같이 축약되기 전에는 제3음절에 고조되던 것이 축약 후에는 제2음절로 고조가 이동됨을 볼 수 있다.

측어미(仄語尾)와의 축약은

능하+였 → 능했   능하+게 → 능케

능하+지 → 능치   능하+고 → 능코

능하+옴 → 능홈   능하+고자 → 능코자

능하+기에 → 능키에   능하+지마는 → 능치마는

능하+되 → 능퇴   능하+자 → 능차(연발형)

능하+였 → 능했

등과 같이 이 또한 축약된 결과는 한 음절 역상하여 첫음절인 '능'이
고조됨을 본다. 이는 '平+仄'의 축약은 '仄'이란, 축약의 원리 '예시
131'에 의하여 '平平+仄○'의 가운데 부분인 '平+仄'의 축약이 '仄'이
됨으로써 '능(平)+仄', 곧 '平仄'형이 되기 때문으로 이 또한 측상평고조
(仄上平高調)의 현상일 뿐이다.

(가) '하다'가 붙어 용언화한 한자어
(ㄱ) 측성(仄聲) 단음절 '하다 따위 용언 한자어'

爲하다	達하다	合하다	困하다	屈하다
위	달	합	곤	굴
唱하다	願하다	命하다	向하다	請하다
창	원	명	향	청
罰하다	哭하다	免하다	定하다	避하다
벌	곡	면	정	피
妙하다	勸하다	忌하다	屬하다	濁하다
묘	권	기	속	탁

우리말의 고저장단

醜하다	厚하다	快하다	減하다	速하다
추	후	쾌	감	속
野하다	弱하다	重하다	急하다	怒하다
야	약	중	급	노
鈍하다	反하다	壯하다	憤하다	吐하다
순	반	장	분	토
禁하다	弄하다	諫하다	罪하다	犯하다
금	농	간	죄	범
富하다	善하다	盛하다	接하다	敗하다
부	선	성	접	패
惑하다…				
혹				

－예시 129

이들은 다 측고조(仄高調)의 측성어(仄聲語)이기 때문에 '하다'가 접미(接尾)해도 성조에 변동이 올 리 없다. 뿐만 아니라, 그 중의 다음 한자어들은 일견(一見) 평성(平聲)처럼 들리나, 실은 초장음(梢長音)의 거성적(去聲的) 측고조(仄高調)인 것이다.**44**

壽하다	忌하다	快하다	淨하다…
수	기	쾌	정

수(壽)의 경우, '수복(壽福)·수명(壽命)'과 같이 측성자(仄聲字) 위에서는

수(壽)가 고조되지 않으며, '장수(長壽)·천수(天壽)'와 같이 평성자(平聲字) 아래서는 '長·天'을 역충(逆衝)하여 고조되게 하는 것으로 보아 수(壽)가 측성자(仄聲字)임을 역추리(逆推理)할 수 있다. 〔'평측(平仄)의 역추리(82쪽)' 참조〕

2음절 '하다 따위 용언'은 그 수가 많아 이루 열거할 수 없다.

그 중 측기어(仄起語 ; '仄仄'형 또는 '仄平'형)는 '하다'의 접속 여부에 영향 받지 않으며, '平仄'형도 어두에 이미 평고조되었으므로, '하다'의 접 부(接否)에 관계 없이 자체 성조에 변동이 없다.

그러나 '平平'형만은 후접되는 평·측어미(平·仄語尾)에 따라 크게 달 라진다. 우선 그 몇을 생각나는 대로 적어 보면 :

悠然하다(이하 '하다' 생략)　　　　　　　從容　　　多情　　　重言
유연　　　　　　　　　　　　　　　　　종용　　　다정　　　중언

荒唐　　　　慌忙　　　登仙　　　飛行　　　分明　　　無關
황당　　　　황망　　　등선　　　비행　　　분명　　　무관

44　(忌祭, 忌日 : 猜忌, 妬忌)

　忌 … (忌祭, 忌日 : 猜忌, 妬忌)

　기 … (기제, 기일 : 시기, 투기)

　快 … (快樂, 快適 : 明快, 全快)

　쾌 … (쾌락, 쾌적 : 명쾌, 전쾌)

　淨 … (淨潔, 淨土 : 淸淨, 明淨)

　정 … (정결, 정토 : 청정, 명정)

에서 각각 전 2례(前二例)에서 측고조되고, 후 2례(後二例)에서 첫음절이 평고조되는 것으로 보아, 이들 한자들이 다 측성자(仄聲字)임을 알 수 있다.

堪當	完全	修身	修交	森嚴	純貞
감당	완전	수신	수교	삼엄	순정
昭詳	成功	貧寒	蘇生	君臨	平安
소상	성공	빈한	소생	군림	평안
衰殘	調査	浮游	當然	銘心…	
쇠잔	조사	부유	당연	명심	

-예시 130

이들 '平平'형 '하다 따위 용언 한자어'의 변화상은 그 어간 말음과 어미와의 축약된 형태에서 더욱 자세히 볼 수 있다.

'분명(分明)하다'를 예로 보면 :

측어미(仄語尾) 위에서 :

분명하+다 → 분명타   분명하+게 → 분명케

분명하+지 → 분명치   분명하+고 → 분명코

분명하+옴 → 분명홈   분명하+기에 → 분명키에

분명하+지마는 → 분명치마는   분명하+되 → 분명퇴

축약되기 전에는 '분명하(平平平)+다(仄)→平平平仄'이 되므로 제3음절이 고조되었으나, 축약된 결과는 '하+다→타'가 '仄'이 되므로 제2음절, 곧 '명'이 고조됨을 본다. 곧 측상평고조(仄上平高調)의 현상인 것이다. 그런가 하면

평어미(平語尾 ; 平+仄) 위에서는 :

분명하+거든 → 분명커든	분명하+거늘 → 분명커늘
분명하+거니 → 분명커니	분명하+더니 → 분명터니
분명하+도다 → 분명토다	분명하+구려 → 분명쿠려
분명하+다가 → 분명타가	분명하+도록 → 분명토록
분명하+더라 → 분명터라	

축약 전에는 제4음절이 고조되던 것이 축약 후에는 제3음절(곧 어간 말음과 어미의 첫 음과의 축약된 어미 부분)이 고조됨을 보게 된다. 이 또한 측상평고조(仄上平高調)의 당연한 결과일 뿐이다.

위에서 보아온 바와 같이 축약에서 도출되는 '平' 또는 '仄'은 다음과 같다.

'平+平'의 축약은 '平'이며,

'平+仄'의 축약은 '仄'이며,

'仄+平'의 축약도 '仄'이며,

'仄+仄'의 축약은 물론 '仄'이다.

—예시 131

이는 성세(聲勢)에 있어 '平'보다 '仄'이 우세(優勢)하므로 우승열패(優勝劣敗)의 자연 이법에 따른 것으로, '平'은 '仄'에 흡수 통일되게 마련인 당연한 결과인 것이다.

(나) '-되다'가 붙어 용언화한 한자어

이는 '-하다' 다음으로 그 수가 많다. '-되다'는 평성성 접미사(平聲性 接尾辭)이다.

(ㄱ) 측기어

洗錬되다(이하 '되다' 생략) 세련		量産 양산	保存 보존
保護 보호	想像 상상	始作 시작	禁止 금지
擴戰 확전	引致 인치	愛用 애용	包圍 포위
領置 영치	愛唱 애창	組織 조직	照明 조명
快癒 쾌유	殺害 살해	押送 압송	聽取 청취
視聽 시청	强要 강요	記憶 기억	捕虜 포로
祝福 축복	敎育 교육	實現 실현	早熟 조숙

-예시 132

(ㄴ) '平仄' 구조어

身勢	增殖	拘束	監禁
신세	증식	구속	감금
追跡	恢復	投獄	推仰
추적	회복	투옥	추앙
迎入	妨害	拘禁	連結
영입	방해	구금	연결

−예시 133

이들 측기어(仄起語)는 측고조(仄高調)로 어두에서 고조되었으며 '平仄' 구조어도 이미 어두에서 평고조(平高調)되었기 때문에 이하 어떠한 어미가 후접해도 어간의 성조에는 변동이 오지 않는다. 그것은 :

숫되다	올되다	늦되다
봉되다	돌되다	병되다
속되다	욕되다	한되다
버릇되다	그릇되다	잘못되다
보람되다…		

등 고유어에서도 마찬가지다.

그러나 :

우리말의 고저장단

分家되다	歡迎되다	榮光되다
분가	환영	영광

와 같은 '平平'형은 어미의 평측(平仄)에 따라 변동됨이 '하다 따위 동사'의 경우와 꼭 같으므로 설명은 생략한다.

　(다) '-롭다, -답다, -스럽다, -엽다…' 등이 붙어 용언화한 한자어
　이들은 다 'ㅂ변칙어'들이므로 모음 위의 'ㅂ'을 오/우로 바꾸어 활용시켜 보면 이것들이 다 평성성(平聲性)임을 알 수 있다. 곧,

情답다	情겹다	愁愁롭다	貪스럽다	人間답다…
정	정	수수	탐	인간

—예시 134

등에서는 이들 접사의 첫음절이 한결같이 고조된다. 그 까닭은 접사 자체가 '平仄' 구조이기 때문에 '平' 또는 '平平'형 어근과 합성되었을 때의 당연한 결과이다.

노엽다	괜스럽다	한스럽다	대범스럽다	해롭다
가소롭다	까다롭다	순조롭다	학자답다	학생답다…

—예시 135

등은 측기어(仄起語)로서 측고조(仄高調)이기 때문에 접사의 접부(接否)에

아무 영향을 받지 않는다. 측하무고조(仄下無高調)의 원칙에 의해서다.

(라) '-하다'에서 파생된 부사화(副詞化) 접미사

이는 용언처럼 활용하지는 않는 것으로, '-하다'에서 파생된 '이/히'와 '-컨대(-ㅎ건대)', '-코(-ㅎ고)' 등을 들 수 있다.

'平' 또는 '平平'형 한자어의 경우 :

能히	嚴히	親히	便히	多情히	分明히
능	엄	친	편	다정	분명

相當히	悠悠히	雙雙이	堂堂히…		
상당	유유	쌍쌍	당당		

─예시 136

등은 '이/히' 직전의 '平'을 고조시키는 것으로 보아 '이/히'는 측성성 접미사(仄聲性接尾辭)임을 알 수 있다. 또

敢히	甚히	共히	足히	可히	重히
감	심	공	족	가	중

正히	快히…	鞏固히	着實히	淡淡히	秘密히
정	쾌	공고	착실	담담	비밀

屢屢이…					
누누					

─예시 137

우리말의 고저장단

등은 측기어(仄起語)이기 때문에 어두가 측고조(仄高調)되며, '다행(多幸)히'는 '平仄'형으로 평고조(平高調)되는 말이라, 이들 두 경우의 측성성 접미사(仄聲性接尾辭) '이/히'는 도리어 측하무고조(仄下無高調)의 산하(傘下)에 들게 되므로 약화된다.

(ㄱ)	決코	決斷코	斷然코…	
	결	결단	단연	
(ㄴ)	盟誓코	期必코	眞情코	期於코…
	맹서	기필	진정	기어

　(ㄱ)은 측기어(仄起語)로서 측고조(仄高調)이기 때문에 접미사에 의한 변화가 없으며, (ㄴ)의 '盟誓코', '期必코'는 '平仄'형으로 평고조(平高調)되는 말이므로 접미사의 영향이 역상하지 못하지만, '眞情코', '期於코'는 '平平'형이라, 제2음절이 고조됨을 보게 된다. 그러므로 접미사, '코'는 측성성(仄聲性)임을 알 수 있다.[45]
　고유어 접미사가 연접하여 용언화하게 된 한자 용언들의 어미 활용은 고유어에서의 활용과 다를 바가 없다. 그러므로 구태여 장황하게 설명할 필요조차 없기에 이상으로 줄인다.

---

45 '컨대'는 '하건대', '코'는 '하고'의 축약된 형태이다.

12

고저장단(高低長短)의 현황

(1) 고저(高低)의 체계 변이(體系變移)

위에서 누언(累言)했지만, 평고조(平高調)와 단음절 평성어(平聲語)는 측고조(仄高調)보다 '더 높은 가락', 곧 최고조의 악센트(pich accent)로 경상어에 현행되고 있다. 이는 15세기 성조의 계승으로 당시 문헌들의 방점이 이를 증거하고 있다.

그러나 경상외지방에서는 이미 그 긴장·양양의 도가 다분히 해이해져 있음이 또한 현실이다. 곧 '平+仄' 구조의 경우, 平에서 仄으로 옮아가는 순간적 절음현상(切音現象)에서의 구압(口壓)이 약화되어 최고조로까지 긴장·앙양되지 못하고, 기껏 측고조(仄高調)와 대등한 높이로 격하(格下)되어 있음이 일반적 현상이며, 단음절 평성어(平聲語)도 마찬가지다.

이를 달리 표현한다면, '平仄' 구조어에서 긴장·앙양되어 솟구친 '평고조(平高調)' 돌기(突起)랄까 규각(圭角)이랄까의 뾰족한 모가 비경상어에서는 다분히 마모(磨耗)되었다고 할 수 있으니, 표준어 발음이 부드럽게 느껴지는 것도 그 때문이다.

어찌하여 이러한 현상에 이르렀는가에 대해서는 물론 여러 가지 이유를 들 수 있으나, 가장 직접적 원인으로는, 첫째 평고조(平高調)의 최고조 발음에 들이는 힘을 가급적 덜 들이고자 하는 경제 심리와, 둘째 임란(壬亂) 이후 서울말에서 시작되었으리라 짐작되는 경사조(傾斜調, 京斜調)의 엇가락 말씨(엇진말씨)의 유행을 들 수 있는데, 이 두 세력이 평고조(平高調)의 돌기를 서서히 침식한 결과라 할 수 있을 것 같다. 이에 대한 자세함은 '평고조(平高調)가 약화된 원인'(271쪽) 참조.

이와 같은 현실을 감안하여 보편적인 우리말의 성조를 현행대로 재점검해 보면, 최고조인 평고조(平高調) 및 단음절 평성어(平聲語)의 성조를 측고조(仄高調)와 같은 고조로 통합하여, 결과적으로 '고조(高調) : 저조(低調)'의 양립체계로 개편 재정립(再定立)할 수 있게 된다. 앞에서 제시했던 고저알람표를 이 자리에 다시 끌어와 정리해 보면 다음과 같다.

A	B	C
저조 평조(平調) 낮은 가락 낮은 소리	고조 측조(仄調) 높은 가락 높은 소리	최고조 앙양조(昂揚調) 처든 가락 더 높은 소리

-예시 138

위의 표에서 C는 경상어에 현행되고 있는 고래(古來)의 정통 성조이기는 하나, 이미 약화되어 있는 경상외지방의 실정을 감안하여, 이 최고조를 B의 고조로 한 단계 낮춰 통합하여 A·B 체제로 양립하게 하는 한편, C는 C대로 또한 허용함이 온당하리라 여겨진다.

다시 말하면 '仄'을 만난 '平'이 이단(二段)으로 도약하여 '仄'보다 더 높은 높이로 올라가던 전통적인 평고조(平高調)의 고도(高度)를, 측고조(仄高調)의 높이만큼 한 단계 낮추어 현실화하여 이를 공인(公認)하고자 하는 것이다.

측고조		평고조	측고조		평고조
灌漑	:	關係	管理	:	官吏
관개		관계	관리		관리
技術	:	奇術	忌日	:	期日
기술		기술	기일		기일
美蘇	:	微少	尙書	:	祥瑞
미소		미소	상서		상서
尙州	:	喪主	睡蓮	:	修鍊
상주		상주	수련		수련
水利	:	修理	首級	:	需給
수리		수리	수급		수급
審査	:	心事	樣姿	:	陽子
심사		심사	양자		양자

女眞	:	餘震	女姪	:	麗質
여진		여진	여질		여질
怨讐	:	元首	隱德	:	恩德
원수		원수	은덕		은덕
印度	:	人道	子母	:	慈母
인도		인도	자모		자모
主食	:	柱式	地殼	:	遲刻
주식		주식	지각		지각
止息	:	知識			
지식		지식			

－예시 139

위는 측고조(仄高調) 대 평고조(平高調)의 대비이다. 곧 좌측은 '仄仄' 또는 '仄平' 구조요, 우측은 '平仄' 구조어로서 둘 다 어두가 고조되는 어휘들이다.

이들은 정통대로라면 좌측의 측고조(仄高調)보다 우측의 평고조(平高調)가 한 단 더 고조되던 것이나, 경상외지방의 현실음대로 조정하여 좌우측을 동등의 높이로 일원화하자는 것이다. 뿐만 아니라, 같은 측기어(仄起語)지만 다음과 같은 상성(上聲) 초두의 측기어(仄起語) :

景氣	:	驚氣	孔雀	:	工作
경기		경기	공작		공작

分數	:	噴水	詩題	:	時祭
분수		분수	시제		시제

正義	:	情誼…
정의		정의

—예시 140

와 같은 경우는 장단의 차이마저 가세됨으로써 같은 높이로 보기에는
불일치(不一致)의 감이 적지 않으나, 이는 상성(上聲)의 음장(音長) 때문에
그 음고(音高)가 희석(稀釋)된 소치임을 감안해야 할 것이다.

위에서와 같이 평고조(平高調)의 높이를 측고조(仄高調)의 높이와 같은
높이로 간주(看做)하여 일람(一覽)하면 :

고저(高低) ─┬─ 고조(高調) ─┬─ 평고조(平高調, '平仄'형)
　　　　　　│　　　　　　　└─ 측고조(仄高調, '仄仄'·'仄平'형)
　　　　　　└─ 저조(低調) … 평저조(平低調, '平平'형)

—예시 141

와 같은 고저 양립체계로 개편(改編)된다. 그러나 평고조(平高調)와 측고
조(仄高調)의 그 너무나 대조적인 음질은 어찌할 수 없는 것으로, 그 대
강을 열거하면 다음과 같다.

우리말의 고저장단

측고조(仄高調)	평고조(平高調)
비중·비열이 높다.	비중·비열이 낮다.
묵직하고 여유가 있다.	가볍고 성급하다.
느긋하여 기품이 있다.	기민하며 반사적이다.
대범하다.	충동적이다.
둔중하다.	경쾌하다.
항구적이다.	임시적이다.
실질적으로 높다.	자위적(自衛的) 허세(虛勢)로 높다.

—예시 142

이처럼 두 고조의 대척적(對蹠的)인 속성 때문에 그 이질감(異質感)은 여전히 남는 것이니, 비록 자위적 허세로나마 평고조(平高調)의, 그 순간적·충동적 긴장으로 말미암아 우리의 청각 인상에 측고조(仄高調)보다 오히려 선명한 듯 느껴짐은 비경상인으로도 부인할 수 없는 일이다.

이제 위와 같이 재정립(再定立)한 결과에 따라 우리말의 고저를 다시 정리해 보면 :

1. 모든 측기어(仄起語 ; 仄仄·仄平)는 첫음절인 고조된다.
2. 평기어(平起語) 중 '平+仄' 구조어의 평고조(平高調)는 최고조에서 한 단계 낮아져 고조로 간주한다. 다음절 평성어(平聲語)도 마찬가지다. 그리고 평고조(平高調)는 어두에서만 한정되지 아니하고, '平+仄' 구조가 이루어지는 부위면 어복(語腹)에서도 일어난다.
3. 평기어(平起語) 중 '平+平' 구조어는 그 행렬이 아무리 길어도 무고조, 즉 평저조(平底調)이다.

(2) 장단(長短)의 체계 변이(體系變異)

위에서와 같이 사성의 고저가 전통적 3단체계(三段體系)에서 2단체계(二段體系)로 바뀐 것과 궤를 같이하여 장단도 같은 변천의 길을 밟고 있음은 매우 흥미로운 현상이라 아니할 수 없다. 곧 고저가 3단에서 2단으로 바뀐 것과 마찬가지로 장단도

```
        ┌─ 단음(短音) … 평성(平聲)
장단 ──┤─ 장음(長音) … 상성(上聲)
        └─ 초장음(梢長音) … 거·입성(去·入聲)
```

의 3단에서

```
        ┌─ 장음(長音) … 상성(上聲)
장단 ──┤                              ┌─ 평단음(平短音) … 평성(平聲)
        └─ 단음(短音) … 평성(平聲) ──┤
                                        └─ 측단음(仄短陰) … 거·입성(去·入聲) 46
```

의 2단으로 바뀌게 된 것이다.

이를 묶어 도시하면 다음과 같다.

---

46 한자 거성(去聲)으로서는 사전적 거성(去聲)이 아니라, 상거상혼(上去相混)으로 말미암아 상성화(上聲化)한 나머지의 잔류(殘溜) 거성(去聲)과, 상성(上聲)에서 내부(來附)한 거성(去聲), 곧 현실적 거성(去聲)을 이름이다.

• 새로 정립된 현행 성조알람표

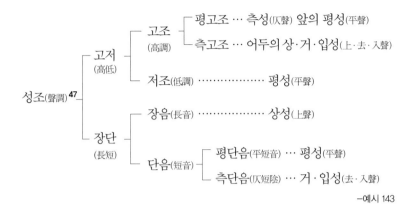

－예시 143

　이와 같이 외형상 또는 사전상 2단체계로 개편되었다고는 하나, 실질상으로는 여전히 고저나 장단에 옛 넋이 그대로 깃들여 있음은 어찌할 수 없다.

　곧 하나의 고조로 묶여 있지마는, 평고조(平高調)가 측고조(仄高調)보다 긴장에 수반되는 약간의 고부가도(附加高度)가 있음을 어찌할 수 없듯이, 거·입성(去·入聲)과 평성(平聲)이 단음으로 일괄되었으나 실제에 있어서는 거·입성(去·入聲)의 그 중후에 수반되는 약간의 음장(音長)의 부가(附加)를 오늘날도 여전히 부인할 수는 없는 것이다. 이에 대하여는 별론의 '거성(去聲)의 정체'(355쪽) 및 '입성(入聲)의 음장(音長)'(365쪽) 참조.

---

47 일반적으로 성조의 개념을 고저 위주로 보려는 경향이 있으나, 그러나 고저에 수반되는 자연부가(自然附加)의 장단 또한 암암리(暗暗裡)에 동시작용함으로써 어음(語音)의 입체성이 구현되는 것인 만큼, 성조는 고저뿐 아니라, 장단을 포괄한 개념으로 보아야 할 것이다.

13

성조단위(聲調單位)와 측하무고조(仄下無高調)

(1) 성조단위(聲調單位)

성조단위란 한 음세(音勢)하에 시종하는 고저장단의 소절(小節)을 이름
이다. 이는 사전상의 단위와 실용상의 단위로 구분된다. 사전상의 성
조단위란, 각 품사를 비롯하여 어미 접사 등, 무릇 사전에 등재(登載)할
수 있는 모든 표제어(標題語)를, 그 음절수의 많고 적음을 막론하고 몰밀
어 한 단위로 간주하는, 가장 기본적인 단위이다.

그러나 실용상의 성조단위는, 사전상의 그것을 바탕으로 하여, 거기
에 연접하여 이루어지는 '실사(實辭)+허사(虛辭)'로 된 어절이나, 복합어
절들로서, 사전상의 그것보다 포괄적인 단위인 것이다. 곧 사전에서는
하나하나의 어편(語片 : 표제어)을 각각 한 단위로 삼는 것과는 달리, 실용

상의 단위는 몇 개의 어편이 자연스러이 연접 또는 연합하여 고저장단의 발음이 한 음세(音勢) 내에서 시종하게 되는 단위이다.[48]

이하에서 말하는 성조단위란 곧 이 실용상의 단위를 지칭한다.

그리고 연접 또는 연합하여 이루는 단위는 '한 음세 내'에서라야 한다는 필수 조건이 선행되어야 한다.

여기서의 '음세(音勢)'의 개념은, '의미상으로나 어조상(語調上) 또는 운율상, 자연스러이 서로 인력(引力)하여 한데 묶여지려는 발음상의 기세(氣勢)'를 이름이다.

이런 조건하에서 한 단위로 이루어지는 유형은 대략 다음과 같다.

1. 실사(實辭)+허사(虛辭 ; 조사, 어미, 접사)[49]

2. 수식사(修飾辭)+피수식사(被修飾辭)

3. 주어(主語) · 목적어(目的語) · 보어(補語)+술어(述語)

4. 복합어(複合語)

---

48 성조단위는 대개 의미단위와 일치하는 경우가 많으나, 몇 개의 의미단위를 포괄하는 경우도 적지 않다. 그러다 그 포괄하는 어란은 대개 5음절을 상한(上限)으로 하는 수가 일반적이고, 특수한 경우는 예외이다.

黃金萬能主義	湖南高速道路
황금만능주의	호남고속도로
大統領當選者	東大門運動場驛
대통령당선자	동대문운동장역

위에서 보는 바와 같이 전 2자는 의미단위와 성조단위가 하나로 일치하지만, 후 2자의 경우 의미단위는 하나이다. 성조단위는 둘인 것과 같다.

49 접사는 접두사(接頭辭), 접요사(接腰辭), 접미사(接尾辭)로 구분된다.

다음 예문에서 →표의 좌측인 일차적 '연접'과, 그 우측의 이차적 '연접'으로 이루어지는 각개의 성조단위를 확인해 볼 수 있을 것이다.

하늘 과 땅 → 하늘과 땅 ⇒ 하늘땅

가을 의 하늘 → 가을의 하늘 ⇒ 가을하늘

나물 을 먹 고 물 을 마시 고 → 나물을 먹고 물을 마시고

⇒ 나물먹고 물마시고

하늘 은 높 고 달 은 밝 은데 외기러기 가 슬프게 운다

→ 하늘은 높고 달은 밝은데 외기러기가 슬프게 운다

⇒ 하늘높고 달밝은데 외기러기 슬퍼운다

그리 운 그 의 모습 이 눈 에 삼삼하 고 귀 에 쟁쟁하 다

→ 그리운 그의 모습이 눈에 삼삼하고 귀에 쟁쟁하다

⇒ 그리운 그의 모습 눈에삼삼 귀에쟁쟁

→표의 왼쪽은 어편개개(語片箇箇)의 평측(平仄)이요(고어 기준), →표의 오른쪽은 실용상의 고저이며, ⇒표의 오른쪽은 운율상의 축약된 고저이다. ' ° '는 평성(平聲), ' • '는 측성(仄聲), ' − '는 상성(上聲)으로 장음, ' ´ '는 평고조(平高調), ' ` '는 측고조(仄高調)이다.

운문(韻文)의 성조단위는 그 전편의 율격(律格)과 호응한다. 예문 중 ' ̋ ' 또는 ' ̋ ' 부분은, 그 음절의 성조가 고조인데다가 또한 율조(律調)

의 높은 가락이 가세함으로써, 최강고조로 나타나는 곳임을 보임이다.

술 익는 마을마다 타는 저녁놀

구름에 달 가듯이 가는 나그네

새야 새야 파랑새야

녹두밭에 앉지 마라.

윗가지 꽃봉오리 아랫가지 낙화로다.

世事는 琴三尺이요 生涯는 酒一盃라.

靑山影裏 碧溪水야 容易東流 爾莫誇하라.

　　한시의 성조단위는 오언(2+3)이든 칠언(4+3)이든 각각 두 단위가 된다. 또 시조나 가사의 성조단위는 3 또는 4음절이다. 단 시조의 제3장 제2구와 가사 낙구(落句)의 제2구는 5음절이 보통이다.

　　이 연접이나 연합에서 나타나는 고저장단의 새로운 질서란, 이미 체언과 조사, 용언과 어미, 또는 복합어에서의 성조대응(聲調對應)에서 각각 설명했던 바와 같이, 어디까지나 사전상의 성조를 바탕으로 하여, 그 전부(前部)의 말음(末音)과 후부(後部)의 두음(頭音)이 상접(相接)하는 접선(接線)에서 나타나게 마련인 平平(평저조), 平仄(평고조), 仄仄(측고조), 仄平(측고조)의 4가지 유형에서 나타나는 고저장단의 특성, 바로 그것에 불외(不外)한 것이다.

'하늘과(平仄仄) 땅(仄)'은 두 단위이나 '하늘땅'은 한 단위가 되는 동시에 '땅'은 그 자신이 측성(仄聲)임에도 불구하고 일단 '하늘'이란 평고조(平高調)의 산하(傘下)에 들게 되면서는 저조로 복속(服屬)하고 만다. '가을의(平平仄) 하늘(平仄)'은 두 단위나 '가을하늘(平平平仄)'은 한 단위로서 제3음절이 고조되는 이치와 같다.

(2) 측하무고조(仄下無高調)

고조에는 측고조(仄高調)와 평고조(平高調)의 두 가지가 있거니와, 그 어느 경우를 막론하고, 한 성조단위 내에서는 '측하무고조(仄下無高調 : 측성 아래는 고조가 없다는 뜻)'의 원칙이 적용된다. 곧 측성에 연접된 음절들은 모두 그 측성(仄聲)의 고조 산하(傘下)에 들게 되므로, 다음의 측성(仄聲)들은 약화되어 비고비저(非高非低)의 상태가 되고 만다는 뜻이다. 이를 더 자세히 말한다면, '일단 고조된 음절에 후속되는 측성(仄聲)들은 평성(平聲)보다는 높고, 고조된 앞의 측성(仄聲)보다는 낮다'라고 할 수 있다.

'측하무고조(仄下無高調)'의 원리는 이렇다.

측기어(仄起語)는 어두(출발음)에서 이미 고조로 발음하느라 많은 힘을 소모했기 때문에 이하 가까운 거리에서 다시 고조를 반복하기 어렵기 때문이며, 같은 이치로, 평고조(平高調)를 일으키는 '平仄' 구조어도 어두(語頭) 어복(語腹)할 것 없이, 그 일어나는 고조 다음의 후속 음절 또한 고조를 반복하기 어렵기 때문이니, 이는 다 생리의 자연 현상인 것이다.

성조단위의 상한을 대략 5음절로 본다면 '측하무고조(仄下無高調)'되는 범위는 대략 1음절 내지 4음절로 볼 수 있다.

　4음절어의 구성 유형은

　• 측고조(仄高調)인 경우

　　　① 仄仄仄仄　　② 仄仄仄平　　③ 仄仄平仄

　　　④ 仄仄平平　　⑤ 仄平平仄　　⑥ 仄平平平

　　　⑦ 仄平仄平　　⑧ 仄平仄仄

의 유형 중 ①, ②, ④, ⑧의 어두측(語頭仄) 이하의 '仄'은 죄다 측하무고
조(仄下無高調)의 산하에 듦으로써 비고비저(非高非低)의 상태가 되어 어두
측(語頭仄)에 복속(服屬)하게 된다.
　　예 :

　　　　① 不問曲直(仄仄仄仄)　　② 盛者必衰(仄仄仄平)
　　　　　불문곡직　　　　　　　　성자필쇠

　　　　④ 羽化登仙(仄仄平平)　　⑧ 五風十雨(仄平仄仄)
　　　　　우화등선　　　　　　　　오풍십우

　그러나 ③, ⑤, ⑦은 후부의 제2고조가 살아남으로 해서 복수고조로
허용된다.
　　예:

③ 孟母三遷(仄仄平仄)　　⑤ 洞房華燭(仄平平仄)
　　맹모삼천　　　　　　　　　동방화촉

⑦ 半陽半陰(仄平仄平)
　　반양반음

　이들은 제1고조와 제2고조 사이에 '무고조'의 산하에 드는 단 한음절을 격(隔)하여 다시 고조되기 때문에 온전한 고조일 수 없으나, 말을 또박또박 느리게 하는 경우를 위하여 허용하는 것일 뿐, 일반적으로는 측하무고조(仄下無高調)의 그늘에 묻혀 버림이 보통이다.

• 평고조(平高調) 4음절어의 구성 유형은

① 平平平平　　　② 平平平仄　　　③ 平平仄平
④ 平平仄仄　　　⑤ 平仄仄仄　　　⑥ 平仄仄平
⑦ 平仄平平　　　⑧ 平仄平仄

　위의 유형 중 ④, ⑤, ⑥의 첫 번째 '仄' 이하는 다 측하무고조(仄下無高調)의 산하에 들게 된다.
　예 :

④ 光風霽月(平平仄仄)　　⑤ 私敎育費(平仄仄仄)
　　광풍제월　　　　　　　　　사교육비

⑥ 今是昨非(平仄仄平)
　　금시작비

그러나 ⑧은 평고조(平高調)가 둘 연접된 형태로서,

咸鏡南道　　　收入支出　　　年末年始
함경남도　　　　수입지출　　　　연말연시

南北交涉　　　天地開闢
남북교섭　　　　천지개벽

들과 같이 후부 평고조(平高調 ; 제2고조)가 허용된다.

　　그러나 이는 제2고조로 인정하기에는 그 거리가 너무 가깝다. 왜냐하면 '平仄' 구조어에 나타나는 '평고조(平高調)' 현상은 '平'과 '仄'의 공동작용으로 빚어내는 고조로서 '平'만 고조되는 것이 아니라, '仄'의 고조도 손감(損減)되지 않고 있는 터에, 다시 '平仄' 구조어가 '측하무고조(仄下無高調)'의 매개도 없이 바로 연접하였기 때문이다.

　　이러한 평고조(平高調)가 중첩(重疊)하는 연발(連發) 고조는, 2음절 평고조어(平高調語)에 평조사(平助詞)가 첨가되는 경우에도 나타나는 현상이다.

　　예 :

民族만은(平仄平仄)　　　公益마저(平仄平仄)

가슴만은(平仄平仄)　　　하늘마저(平仄平仄)

와 같다. 아무리 말을 또박또박 느리게 하는 경우라도 이런 연발고조는 말하기나 듣기에 부담스러우므로, 비록 제2고조로 허용은 하되, 실제 발음에서는 측하무고조(仄下無高調)의 그늘에서 그 골격만이 유지되게 함이 말하거나 듣기에 편안할 것이다.

14

고저장단(高低長短)의 이모저모

(1) 전통적 성조(聲調)에 벗어난 현관용어(現慣用語)

위에서 측상평고조(仄上平高調) 현상은 고유어나 한자어를 가릴 것 없이, 하나의 엄연한 법칙으로 우리말의 과거와 현재에 작용하고 있음을 위에서 보아 왔거니와, 오늘날 우리의 일상 생활어에는 이에서 벗어나는 것이 적지 않다.

그 벗어나게 된 이유로는 대게 의도적인 것과 비의도적인 것으로 대별하여 볼 수 있다. 그리고 의도적인 것으로는 단순히 어의(語義)를 구분하기 위한 것과, 한쪽이 다른 한쪽을 기피(忌避)해서인 것으로 갈라 볼 수 있다.

(A) 의도적인 것

(가) 어의(語義)를 구분하기 위한 경우
그 몇을 예거(例擧)하면 :

- '先妣(선비)'는 평측형으로 마땅히 '先'이 평고조(平高調)되어야 할 것이나, '선비(士)'와의 혼동을 피하여 '平平'조로 발음한 데서 '先考(선고 : 平仄)' 또한 같은 가락으로 동화된 듯.
- '優先(우선)'은 '平平'형이나 '于先(우선 : 平平)'과의 혼동을 피하여, 또 그 여럿 중에서 다른 모든 것을 제치고 가장 먼저 하게 됨을 강조하려는 속셈에서, '平仄'식으로 '優'를 고조하게 된 듯.
- '同志(동지)'는 '平仄'형으로 '同'이 고조되어야 할 것이나, '冬至(동지 : 平仄)'와의 구분을 위해서 '平平'식으로 발음하게 된 듯.

(나) 어의 분화(分化) 및 동음이의어(同音異議語)의 상서롭지 못한 뜻을 기피(忌避)한 경우

- '話題(화제)'는 '仄平'이나, '火災(화재 ; 仄平)'의 불상(不詳)을 기피하여 '平平'식으로 발음하게 된 듯.
- '化粧(화장)'은 '化'가 장음인 '仄平' 구조이나, '火葬(화장 ; 仄仄)'과 유사하므로 그 뜻의 불상을 기피하여 '平平'식으로 발음하게 된 듯.
- '商社(상사)'는 '喪事(상사)'와 똑같은 '平仄'형이나, 이 또한 그 뜻의 불상을 기피하여 '平平'식으로 발음하게 된 듯.

- '媚笑(미소)'는 '平仄' 구조어로 '微(미)'가 평고조되어야 할 말이나, '微 小(미소), 微少(미소)'와의 혼동을 피할 뿐만 아니라, 한편 그 소모(笑貌) 의 한아(閒雅)한 정감을 어감으로 풍기려는 자연심리에서 장음화 경 향을 띠게 된 듯.

—예시 144

(B) 비의도적인 것

(가) 자의(字意)의 심리적 영향에서의 경우

- 徐(平) … 徐徐(서서)·徐步(서보)·徐緩(서완) 등이 장음으로 잘못 발음되 는 경향은 느릿느릿해야겠다는 심리에서인 듯.(姓의 경우는 예외)

- 長(平), 短(仄) … '長點(장점)·短點(단점)'을 '長'은 길고 '短'은 짧아야겠 다는 심리에서 둘 다 반대되게 잘못 발음.

- 瞬(去) … '순간(瞬間)'을 '平平'식으로 발음하는 것은, '瞬(순)'이 '눈 깜 짝할 순' 자이니만큼 짧아야겠다는 심리에서인 듯.

- 敏(上) … '敏速(민속)'에서 '敏'이 짧아지는 것도 敏速(민속)해야겠다는 심리에서인 듯.

- 躁(去) … '躁急(조급)'을 '平仄'식으로 단촉(短促)하게 발음함도 '躁(조급 할 조)'의 자의에 이끌려서인 듯.

- 銃(去) … '銃(총), 銃劍(총검)'도 빨라야 하겠다는 심리에서인 듯.

- 窟(入) … '굴(窟)'의 장음화도 긴 동굴을 연상함에서인 듯.[50]

- 高(平) … '高速(고속)·高度(고도)·高級(고급)'은 '平仄'형으로 평고조(平高 調)가 되는 말이나, 일본말 'コウソク, コウド, コウキコウ'의 유추 영

향과 또 높으니까 길기도 해야겠다는 심리에서 '고'를 장음으로 잘못
발음.

—예시 145

(나) 유사음부자(類似音符字) 또는 동음부자(同音符字)의 변천을 따른 유추
에서의 경우

- 遷(천)先은 '薦(천)霞'을 유추함에서 상성화
- 勞(노)覽는 '奴(노)虞, 勞(로)豪'를 유추함에서 평성화
- 卑(비)支는 '俾(비)紙, 婢(비)紙'를 유추함에서 평성화
- 拳(권)先은 '券(권)願, 卷(권)霞'을 유추함에서 상성화
- 低(저)齊는 '底(제)薺, 抵(저)薺, 邸(저)薺'를 유추함에서 평성화
- 村(촌)元은 '寸(촌)願, 忖(촌)院'을 유추함에서 상성화
- 壬(임)侵은 '姙(임)沁, 衽(임)寢, 紝(임)沁'을 유추함에서 상성화
- 粉(분)吻은 '紛(분)文'을 유추함에서 평성화
- 臟(장)漾은 '藏(장)陽'을 유추함에서 평성화
- 航(항)陽은 '亢(항)漾, 伉(항)漾, 抗(항)漾'을 유추함에서 상성화
- 苗(묘)蕭, 猫(묘)는 '畝(묘)有'를 유추함에서 상성화
- 誣(무)虞, 巫(무)虞들은 '무당'의 유추에서 모두 상성화
- 培(배)灰, 陪(배)灰들은 '倍(배)賄'를 유추함에서 상성화

—예시 146

---

50 입성자(入聲字)의 장음화는 '窟' 외에도 '蜜 : 밀', '頉 : 탈', '毒 : 독', '帙 : 질' 등이 있는데, 이는 이들 말
을 고유어로 착인함에서인 듯.

(다) 고저장단의 통시적(通時的) 변천에서의 변화

측성(仄聲)의 평성화(平聲化) 내지 일부 평성화(平聲化), 평성(平聲)의 측성화(仄聲化) 내지 일부 측성화(仄聲化)

• 受(上) … 受侮(수모 ; 仄仄)·受胎(수태 ; 仄仄)에서 '受'가 평고조(平高調)되며, 傳受(전수 ; 平仄)·心受(심수 ; 平仄)에서 '受'가 고조되지 않고 '平平'식으로 발음되는 것은 '受'가 이미 상성(上聲)의 기능을 잃고 평성화(平聲化)했기 때문이다.

• 誘(上) … 誘導(유도 ; 仄仄)·誘惑(유혹 ; 仄仄)·開諭(개유 ; 平仄)·慰誘(위유 ; 平仄) 등에서 전 2례(前二例)에 '誘'가 고조되고 , 후 2례(後二例)에는 고조되지 않음으로 보아, 이미 완전 평성화(平聲化)되었음을 알 수 있다.

• 企(上) … 企業(기업 ; 仄仄)·企劃(기획 ; 仄仄)에서 '企'가 고조됨으로 보아 일부 평성화(平聲化)

• 幼(去) … 幼弱(유약 ; 仄仄)·幼學(유학 ; 仄仄)에서 '幼'가 평고조(平高調)되는 것으로 보아 일부 평성화(平聲化)

• 枝(平) … 枝葉(지엽 ; 平仄)·枝節(지절 ; 平仄)·花枝(화지 ; 平平)·連枝(연지 ; 平平) 등에서 전 2례에서 '枝'가 평고조(平高調)되지 아니하고, 후 2례에서 '平平' 식으로 발음되는 것으로 보아 일부 측성화(仄聲化)

• 童(平) … 童子(동자 ; 平仄)·童女(동녀 ; 平仄)·神童(신동 ; 平平)·兒童(아동 ; 平平)의 전 2례에서 장음화하고, 후 2례에서 '平平' 식으로 발음되는 것으로 보아 일부 측성화(仄聲化)

• 冬(平) … 冬服(동복 ; 平仄)·冬服(동복 ; 平平)·三冬(삼동 ; 平平)·嚴冬(엄동 ; 平平)의 전 2례에서 '冬'이 장음화하는 경향이 있는 것으로 보아 일부 측성화(仄聲化)

• 村(平) … 村落(촌락 ; 平仄) · 村長(촌장 ; 平仄) · 寒村(한촌 ; 平平) · 漁村(어촌 ; 平平)의 전 2례에서 '村'이 장음화하고 후 2례에서 평고조(平高調) 현상이 나타나는 것으로 보아 완전 측성화(仄聲化)

• 江(平) … 江北(강북 ; 平仄) · 江月(강월 ; 平仄) · 長江(장강 ; 平平) · 淸江(청강 ; 平平)의 전 2례에서 '江'이 고조되지 아니하는 것으로 보아 일부 측성화(仄聲化)

• 冠(平) … 冠絶(관절 ; 平仄) · 冠玉(관옥 ; 平仄) · 衣冠(의관 ; 平平) · 華冠(화관 ; 平平)의 전 2례에서 '冠'이 고조되지 않는 것으로 보아 일부 측성화(仄聲化)[51]

－예시 147

(라) 동음이훈(同音異訓) 이성조(異聲調)에서의 상혼(相混)

한쪽이 우세한 다른 한쪽을 따르게 되거나, 대등세(對等勢)인 경우는 상혼한다.

---

51 '冠'은 관모(官帽)의 뜻으로 평성(平聲)이나 '관을 쓰다'의 뜻으로는 측성(仄聲)이니, 관예(冠禮)가 그 예이다. 또 冠服(관복 ; 平仄) · 冠帶(관대 ; 平仄)의 경우는 '冠帽(관모)'의 뜻이므로 '冠'이 고조되어 정상이다. '江, 棺, 冠'의 단독어는 완전 측성어(仄聲語)로 고유어화했다. 이들 말은 측성성 조사(仄聲性助詞, 平助詞) '-이, -을, -에, -과' 등 위에서도 고조되지 않으며, 평성성 조사(平聲性助詞, 平助詞) '-마다, -조차' 등 위에서도 무반응이다. '산이, 산을, 산마다, 산조차'의 경우와 대비(對比)해 보면 그것들이 이미 평성(平聲)이 아님을 알 수 있다.

- 間 ┬ 사이 간(平) … 間隙(간주)·間隔(간격)
  └ 가끔, 엿볼 간(仄) … 間或(간혹)·間諜(간첩)

- 相 ┬ 서로 상(平) … 相互(상호)·相議(상의)
  └ 상 볼, 재상 상(仄) … 相公(상공)·相法(상법)

- 長 ┬ 길 장(平) … 長短(장단)·長點(장점)
  └ 어른 장(仄) … 長者(장자)·長幼(장유)

- 興 ┬ 일어날 흥(平) … 興起(흥기)·興亡(흥망)·興業(흥업)
  └ 흥겨울 흥(仄) … 興味(흥미)·興趣(흥취)·興行(흥행)

- 重 ┬ 무거울 중(仄) … 重大(중대)·重罰(중벌)·重病(중병)
  └ 거듭 중(平) … 重修(중수)·重疊(중첩)·重複(중복)

- 王 ┬ 임금 왕(平) … 王后(왕후)
  └ 임금질 할 왕(仄) … 王道(왕도)

- 聞 ┬ 들을 문(平) … 聞見(문견)·聞望(문망)·聲聞(성문)
  └ 들릴 문(仄) … 風聞(풍문)·傳聞(전문)

- 禪 ┬ 사양할 선(仄) … 禪位(선위)·禪讓(선양)
  └ 고요할 선(平) … 禪房(선방)·禪宗(선종)·禪家(선가)·參禪(참선)

—예시 148

(마) 한자어의 고유어화

羹(平)	湯(平)	肝(平)	頉(入)	窟(入)	毒(入)…
갱	탕	간	탈	굴	독

—예시 149

이와 같은 단음절어는 한자어란 관념이 희박해진 데서 변한 것이라 할 수 있다. 더구나 '頉, 窟, 毒, 峽'은 다 입성(入聲)이어서 끝단음이 촉급한 것이 그 특징임에도 불구하고 장음화하였음은 그것이 한자어에 연원(淵源)했음을 전연 의식하지 못한 데서 연유됐음을 알 수 있다.[52]

(바) 잘못 관행(慣行)된 말

이 가운데는 개화기(開化期)에 수입된 신조어(新造語)로서, 처음부터 한문 소양(素養)이 없는 사람들에 의하여 길을 잘못 낸 말들이 적지 않으니, 전통적 성조에서 벗어난 현행 관용어의 대부분은 이에 속한다.

다음에 열거한 말도 일부 유식인들 사이에서는 법에 맞게 발음하는 것을 듣기는 하나, 일반적인 현상은 아닌 듯하다.

(ㄱ) '平仄' 구조이므로 첫음절이 평고조(平高調)되어야 할 말인데도 고조되지 않은 말

高等	高士	姑息	居住	英語	衣類	期待
고등	고사	고식	거주	영어	의류	기대

營養	裝備	窓口	閨秀	貫節	虛僞	經緯
영양	장비	장구	규수	관절	허위	경위

52　언론(言論), 공론(公論), 공론(空論), 통론(通論)에서 첫음절이 고조되는 것은 일견 속조(俗調) 같으나, '論'이 '平'과 '仄'의 통고저(通高低)임에서 온 정당한 성조이다.
　　'頉'은 한자이기도 하나, '탈(有故)'의 뜻으로 쓰는 것은 오직 국자(國字)로서의 씀이다.

開化	文化	天候	寒食	交替	中繼	生日
개화	문화	천후	한식	교체	중계	생일

儀式	回轉	糧食	人口	三伏	相互	支拂
의식	회전	양식	인구	삼복	상호	지불

知性	鐘路	裁斷	空想	機械	株主	先進國
지성	종로	재단	공상	기계	주주	선진국

前置詞…

전치사

—예시 150

(ㄴ) '平仄' 구조가 아니므로 첫음절이 고조될 이유가 없는데도 평고조 (平高調)되는 말

醫師	依支	埋魂	分離
의사	의지	매혼	분리

鄕愁	幽靈	言明	離韓
향수	유령	언명	이한

—예시 151

(ㄷ) 첫 자가 입성자(入聲字)로서 단순한 측고조(仄高調)임에도 불구하고 마치 평고조(平高調)처럼 발음되는 말

白紙	白芷	白朮	白丁	白米	白土	白飯	白곰	白범
백지	백지	백출	백정	백미	백토	백반	백곰	백범

白木	白墨	白礬	白粉	白湯[53]	直指寺[54]
백목	백묵	백반	백분	백탕	직지사

—예시 152

이들은 다 관행에서일 뿐, 특별한 이유는 없는 듯하다.

(2) 평측(平仄) 구조가 같아 어의 구별이 안 되는 말들

우리말은 고저장단으로 말미암아 같은 철자(綴字)에서라도 구분되게 발음함으로써 어의 분화에 기여(寄與)함이 큰 것이나, 다음 말들은 그 평측(平仄) 구조가 서로 같으므로 발음도 똑같아 문맥 의미로서가 아니고는 어의 구별을 할 수가 없다.

歌詞	:	袈裟	假使	:	假死	公約	:	空約
가사		가사	가사		가사	공약		공약

---

53 윗 예어들의 '白'이 특이하게도 평고조(平高調)처럼 발음되는 것과는 반대로, '백봉령(白伏笭), 백발(白髮), 백미(白眉), 白노루, 白도라지' 등에서의 '白'은 제대로 측고조(仄高調) 구실을 하고 있다. 또 '白金'의 '白'은 '白丁'의 '白'만큼은 덜 고조되지마는 그런데도 '百金'의 '白'보다는 더 고조됨을 본다. '白米 : 白眉'의 대비에서의 시차성(示差性)은 더욱 현저하다.

54 직지사(直指寺)나 직지사역(直指寺驛)을 그 고장 사람들은 하나같이 '直'을 평고조(平高調) 같은 발음으로 일컫는다.

우리말의 고저장단

過慾	:	寡慾	教師	:	校舍	教訓	:	校訓
과욕		과욕	교사		교사	교훈		교훈
大金	:	代金	大路	:	大怒	獨房	:	篤方
대금		대금	대로		대노	독방		독방
獨創	:	獨唱	露點	:	露店	民願	:	民怨
독창		독창	노점		노점	민원		민원
事實	:	史實	純粹	:	巡狩	新學	:	神學
사실		사실	순수		순수	신학		신학
失名	:	失明·實名	失效	:	實效	晝間	:	主幹
실명		실명·실명	실효		실효	주간		주간
心身	:	心神	連覇	:	連敗	元首	:	元帥
심신		심신	연패		연패	원수		원수
乳兒	:	幼兒	前身	:	全身	慘事	:	慘死
유아		유아	전신		전신	참사		참사
覇者	:	敗者	學力	:	學歷	停電	:	停戰
패자		패자	학력		학력	정전		정전
大氣	:	大器	病院	:	病源	訂正	:	訂定
대기		대기	병원		병원	정정		정정
怨望	:	願望	粉飾	:	粉食	風景	:	風磬
원망		원망	분식		분식	풍경		풍경
紙質	:	地質	財貨	:	災禍	洋食	:	洋式
지질		지질	재화		재화	양식		양식

次長	:	車掌		無明	:	無名		自首	:	自手
차장		차장		무명		무명		자수		자수
舌禍	:	雪禍		亭亭	:	丁丁		師表	:	辭表
설화		설화		정정		정정		사표		사표
解散	:	解産		異性	:	異姓		國民章	:	國民葬
해산		해산		이성		이성		국민장		국민장
同性	:	同姓		祝髮	:	畜髮		曠古	:	廣告
동성		동성		축발		축발		광고		광고
感祝	:	減縮		學校長	:	學校葬				
감축		감축		학교장		학교장				

—예시 153

우리말의 고저장단

15

언어의 성조(聲調) 질서

(1) 사성(四聲)과 고저장단(高低長短)

사성인 '평성(平聲) · 상성(上聲) · 거성(去聲) 입성(入聲)'은 자음(字音)의 고저와 장단을 동시에 지시 규제하는 기능을 보유하고 있어, 그 자음의 발음에서 구현된다. 어떤 학자들은 다음과 같은《소학언해(小學諺解)》〈범례(凡例)〉의

무릇 글자 음의 고저는 다 방점에 준거하여 이루어진다.〔凡字音高低皆以傍點爲準…〕

또는《훈몽자회(訓蒙字會)》〈범례(凡例)〉의

무릇 글자 음의 고저는 다 글자 옆에 베푼 점의 있고 없고 많고 적고
에 따라 구별되는 것이다. 〔凡字音高低皆以字傍點之有無多少…〕

를 들어, 방점(傍點)은 고저 위주이지 장단 위주가 아니라고 주장하나,
그렇지 않다. 이는 고저를 주안점(主眼点)으로 논함에 있어 방점이 이를
담당하고 있음을 말하였을 뿐, 그 방점이 담당하고 있는 또 하나의 기
능인 장단을 부정하거나 제외한다는 뜻이 아님에 유의하여야 한다.

더구나 '옛날에는 고저 기능만 담당하고 있었는데, 어느 시기에 고
저 기능은 없어지고 그를 계승해서 장단이란 새로운 기능으로 바뀐 것
이 사성이다'라는 학자들의 주장은 너무나 가당찮은 논리라 아니할 수
없다.

이는 《동국정운(東國正韻)》〈서(序)〉의

칠음과 사성이 종횡으로 서로 어울림으로써, 맑고 흐림과 가볍고 무
거움과 빠르고 느림의 구별이 절로 생겨나게 되는 것이다.〔七音四聲經
緯相交 而淸濁輕重深淺疾徐 生於自然矣〕**55**

또 《중문대사전(中文大辭典)》〈사성조(四聲條)〉의

자고로 전해오는 사성의 음의 이치란, 다름 아닌 음의 고저 강약장단

---

55 칠음(七音)이란 아음(牙音), 설음(舌音), 순음(脣音), 치음(齒音), 후음(喉音), 반설음(半舌音), 반치음(半齒
音)의 7가지 음성을 이름이다.

우리말의 고저장단

을 구분한 것에 지나지 않는 것이다.〔白來言四聲音理者… 要之不外以
音之高低强弱長短而區分之也〕

라 한 것으로 보아서도 알 수 있듯이, 고저와 장단은 진작부터 상호 긴
밀한 관계여서 사물의 표리와 같으며, 생체의 호흡과 맥박의 관계와도
같은 유기적·복합적 기능으로써 동시에 작용하는 것이라, 고저와 장
단을 따로따로 관념조차 할 수 없었으니, 하물며 그 시대의 선후를 어
찌 논할 수 있으며, 어느 것이 소멸하고 어느 것이 계승하였다고 할 수
있겠는가?

　그러므로 우리의 선인들은 '음운(音韻)'이란 용어 대신 '고저장단'이
란 말을 즐겨 썼으며, 그것을 둘로 분리할 수 없는 한 단어인 양 관용
(慣用)했던 것이다. 다시 말하면, 고저와 동시에 작용하지 않는 장단을
생각할 수 없고, 장단과 동시에 작용하지 않는 고저를 상상할 수 없었
기 때문에, 그것은 두 단어가 아니라, 4음절로 된 한 단어인 양 사용해
왔던 것이다.[56]

56　허웅(許雄) 님의 《국어음운학(國語音韻學)》 455쪽에는 임란 이후 사회심리의 변화에 따라 "평성(平聲)
　　과 거성(去聲)은 단음으로, 상성(上聲)은 장음으로 변하여, 여기 장음이 성조에 대치되는데, 현대어의
　　운소(韻素) 조직은 여기 완성된다" 하였고, 박병채(朴炳采) 님은 《조선 초기 국어 한자음의 성고조(聲調
　　攷)》 43쪽에서 "중부방언인 표준어에서 보여 주는 음의 장단은 중기 국어의 성조체계가 고저에 대한
　　의식이 해소되면서 계승된 결과라 할 수 있다"고 했다. 또 그 이유로는 두 개의 초분절음소가 동시에
　　가능할 수 있느냐가 문제 되며, 둘 중 어느 하나는 잉여적일 수밖에 없기 때문이라고 했다.

(2) 말소리의 입체성(立體性)

사람의 호흡에 편승(便乘)하여 실현되는 구두(口頭) 언어는, 그 호흡의 기세(氣勢)가 바탕이 되고, 구강 내(內)의 각종 발음기관이 가세하여 필연적으로 높고 낮고 길고 짧음의 숨결〔氣勢〕을 띤 말결〔言波〕로 나타나게 마련이다.

호흡이 살아 있는 사람의 표징(標徵)인 만큼, 그 숨결에는 파동(波動)이 나타나게 마련임은 자연 이세(理勢)이며, 그 파동의 기세(氣勢)로 실현되는 언어 또한 소밀(疏密)·종횡(縱橫)의 입체적 말결〔高低長短〕을 일으키게 됨은 너무나 당연한 천지 자연의 이세일 뿐이다.

그것은 또 이렇게도 생각해 볼 수 있을 것이다. 산 사람의 입을 통해 나오는 살아 있는 말소리란, 하나의 기하학적인 선으로 표현될 수 없듯이, 장단만으로 된 평면적인 소리일 수도 없다. 그것은 반드시 부피를 가진 소리, 곧 고저장단이 동시작용하는 입체적인 소리인 것이다.

그리고 그것은 비단 인간의 언어에만 국한된 것이 아니라, 무릇 목청을 떨어서 내는 모든 동물의 소리가 다 그러하다.

보라. 저 옥반에 구슬을 굴리듯 동글동글한 명금(鳴禽)들의 울음소리나 포효(咆哮)하는 맹수들의 그것이 어느 것 하나 입체적인 부피로 나타나지 않는 것이 있는가?

그것은 인간이나 동물의 후두(喉頭) 구조나 입술의 형태가 선천적으로 이미 둥글게 되어 있으니, 그런 기관을 통해 나는 소리가 테이프처럼 평평한 평면일 수는 없는, 필연적인 입체성일 것임은 자명한 일이 아닐 수 없다.

또, 우리 생활 언어의 구체적인 개념(慨念) 하나하나가, 오랜 세월에 걸친 언중(言衆)의 불연이연(不然而然)으로 조정된 약속이듯이, 숨결을 바탕으로 한 고저장단의 말결도 언중이 공통으로 지켜야 하는 점에서는 또한 불연이연으로 조정된 일종의 약속이라 할 수 있다.

그러나 그 생성 경위는 서로 다르다. 곧, 말의 뜻이 언중의 오랜 세월에 걸친 조정에서 이루어진 약속임과는 달리, 그 언어의 고저장단은 인간의 보편적인 생리 현상에서 자연발생적으로 자리 잡힌 것이라는 점에서 서로 같지 않다는 뜻이다. 요약하면 전자는 인위성이 짙은데 반하여, 후자는 자연성이 강하다는 말이다.

(3) 언어 질서의 자생력(自生力)

한 민족이나 국가가 공유(共有)·공용(共用)하는 공기(公器)로서의 언어 질서란, 인류 공동생활의 질서에 선행되는 가장 귀중한 것이 아닐 수 없다.

그러나 그것은 일조에 이루어진 것이 아니며, 또한 어떤 주체가 있어 창도(唱導)한 것도 아니요, 서로의 합의(合意)를 묶는 절차를 거친 약속도 아니다. 더구나 이런 규율을 준수하도록 강요당하지도 않았건만, 자연발생적으로 자생하여 필경 한 규범으로 자리 잡히게 되어진 것이다.

이러한 규범이 자리 잡히게 되기까지는, 무질서·부조리·갈등·시행착오…들을 무수히 겪는 가운데, 그 경험들을 바탕으로 인간 지혜가

좁쌀만큼 입쌀만큼 점진적으로 열리면서 드디어 그 지어지선(止於至善)에 정위(定位)하게 된 것이라 할 만하다.

물론 이 지선(至善)은 앞으로도 영원히 추구될 지선(至善)의 최고 이념을 향하여 상황과 함께 유동적이기는 하나, 그러나 그 대간(大幹)은 이미 진작부터 태산부동(泰山不動)으로 정위(定位)되어 있는 것이다.

학자들은 이 질서를 성문화하여 문법이라 이른다. 본고(本稿)의 주제인 '성조'는 그 문법의 한 부문이면서, 또한 그것은 그것대로의 독자적인 신경조직과 기동성(機動性)을 갖추고 있어, 구체적인 언어에 활력을 부여하는 기능을 담당하고 있는 것이다.

특히 우리말이 가지는 이 질서의 놀라운 진리는, 한글이 세계 문자 중 그러하듯이, 이 또한 세계 언어 중의 으뜸이라 할 만큼 특출하다. 성조 부문만 보더라도, 위에서 보아 온 대로, 이처럼 평측(平仄)의 일관된 진리가 언어의 세포 하나하나에까지 미만(彌漫)히 내재(內在)해 있어, 그것이 고저장단으로 언어 활동에 구현되는, 그런 언어가 세계에 또 어디 있다 하겠는가?

그것은 우리의 맥박을 타고 언어의 박자로 고동(鼓動)하고, 우리의 숨결을 타고 율동하듯 춤추는 언어의 리듬으로 작용한다. 만일이 작용이 거세(去勢)된다면 우리의 언어는 일시에 그 생명력을 잃게 되어, 위화(違和)·무력(無力)·불감(不感)·돈좌(頓挫)하게 되고 말 것이다. 마치 큰 자석(磁石)과도 같은 것이 배후에 도사리고 있어, 그 자기권(磁氣圈) 내에 드는 모든 쇳가루나 쇳조각 하나하나를, 저마다 질서의 주체인 양 S·N으로 대자(帶磁)케 하여 상인(相引)·상척(相斥)의 자동적·역학적 과정을 거쳐 남북으로 정위(定位)케 함으로써 한 어란의 우주 질서를 재편해 내는 것과도 같이, 우리의 모든 말조각들이 마치 자기권 내에 든 쇳가루나 쇳 조각처럼 '평측(平仄)'이란 보이지 않는 커다란 우주 질서에 이끌리어 기계적·자동적으로 저마다의 제 위치, 곧 서로 간의 고저장단의 역학 적인 새 질서를 창졸 간에도 차질 없이 이루어 내는 그 신통함은, 이야 말로 천지 간에 미만(彌漫)한 진리의 상호 감응(感應)에서라 할 만큼 감동 적이다.

이를 다시 구체적으로 부연하면, 우리말의 모든 어휘는 반드시 평성 성(平聲性) 또는 측성성(仄聲性)의 어느 한 성질(聲質)을 띠고 있음은 물론, 심지어 조사·어미·접사에 이르기까지 모든 말조각이 저마다 평측(平 仄) 어느 쪽에든 분속(分屬)되지 아니한 것이 없어, 그것들이 서로 어우 러지면서는 자리다툼하는 일 없이 저마다 자율적으로 제 위치를 스스 로 찾아 고저장단으로 정위하는 것을 보면, 그저 신기할 뿐이다. 그것 은 마치 하나의 생명체가 기능을 달리하는 여러 기관으로 이루어지고, 그 기관 하나하나는 저마다 독특한 임무를 띤 생명의 원초(原初) 단위인 많은 세포의 유기적 조직체로 구성되어 있어, 그것들이 각각 제 맡은 기능을 발휘함으로써, 하나의 큰 생명을 영위하는 데 이바지하고 있는 것과도 같다 하겠다.

우리말의 성조에 이와 같은 평측(平仄) 질서가 세포의 쇄말(瑣末)에까 지 일사불란(一絲不亂)하게 실행되고 있음을 보고 있으면, 그 신기로움은 천리(天理)의 소이연(所以然)인 양 우주 질서의 응축(凝縮)된 일면(一面)을 대

---

57 이와 같은 '평측(平仄)'은 동양철학의 '음양(陰陽)'과도 같은 것이나, 음성·양성 운운하기에는 모음의 그 것과의 혼동도 염려될 뿐 아니라, 역시 그 기능까지도 자체 어의(語意) 속에 명시되어 있는 '평측(平仄)' 을 그대로 잉용(仍用)하는 것이 가장 적합하므로 딴 용어의 대체를 배제한다.

하는 듯, 거의 종교적인 숭고감(崇高感)마저 들게 함이 있음을 깨닫게 될 것이다.[57]

16

성조(聲調)의 고금(古今)

(1) 우리말 성조(聲調)의 연원(淵源)

무릇 성조란 산 사람의 숨결에 실려 나오는 '말'에 필연적으로 일어
나게 마련인 '고저장단'의 말결을 이름이다. 그러므로 산 사람의 입을
통하여 나오는 말치고 그러한 말결〔言決〕이 일어나지 않는 말이란 있
을 수 없는 일이다.

우리말의 성조도 그 연원(淵源)을 찾는다면, 그것은 말할 것도 없이,
우리 민족어의 형성 초기부터 이미 그런 방향으로 자리 잡혀 오면서
발달되어 왔을 것임은 자명(自明)한 일이다. 그것은 오늘날 우리말의 고
저장단이 가장 확실하게 시현(示顯)되고 있는 경상권, 곧 경주를 중심으
로 하는 협의(狹義)의 신라언어권임을 보아서도 더욱 그러하다.

한자는 한사군(漢四郡) 이전부터 이미 수입되기 시작한 것으로 보지마는, 그 또한 개개자(個個字)에 필수적으로 부수(附隨)되어 있는 제2음소인 사성(四聲), 곧 '平上去入'성의 속성(屬性)까지 통째로 들어오게 되었던 것이다.

그것은 고유어의 고저장단과 한자의 고저장단이 아무런 거부감 없이 융화(融和)되었기 때문임은 물론이다. 그것은 고유어가 계속 한자어로 대체되어 오는 것으로 보아서도 그 상관관계를 알 수 있으니, 말하자면 고유어와 한자어는 그 혈형(血型)이 서로 같아 상호 수혈(輸血)에 아무런 거부 반응 없이 받아들여졌기 때문이라고도 할 수 있다.

(2) 표준어와 방언의 성조(聲調)

오늘날 우리말에 실행되고 있는 고저장단의 성조는 신라언어권에 속하는 경상도 지방에서 가장 잘 보존되어 온 것으로, 오늘날까지도 개개 낱말에 이르기까지 충실히 지켜져 오고 있다.

성조를 연구하는 학자들이 경상방언을 소재로 삼는 경우가 많으나, 경상방언도 국어 교육의 보급에 따라 청장년 층에서는 이미 대부분 표준어로 개체되었다. 그러나 그럼에도 아랑곳없이 발음에서의 고저장단은 조금도 바뀐 것 없이 방언에서의 고저장단대로 표준어를 발음하고 있음을 주의 깊게 보아야 할 것이다. 이미 마치 기존의 곡에 가사를 갈아 넣은 것과 같다고나 할까? 아무튼 이는 곧, 말은 바뀌어도 가락은 예전대로라는 것을 말해 주고 있는 것이니, 그러고 보면, 이 가락이야

우리말의 고저장단

말로 '말'과는 별도(別途)로 자립하는, '말'보다 선정적(先定的)인 것이라 아니할 수 없다.

다시 말하면, 가락이 비록 말에 바탕하여 이루어졌다 할지라도 일단 탄생한 가락은 사람에게로 귀속(歸屬)되어 말과는 별도로 생존하고 있는 것이니, 언어를 표준으로 일컬을 것이 아니라, 그 언어권을 이룬 언중(言衆)을 표준으로 일컬어야 할 것이다.

곧 '영남 사투리의 성조'가 아니라, '영남인의 성조'라 해야 한다는 말이다.

(3) 한시문(漢詩文)의 독송(讀誦)에서 다져진 평측(平仄)

고유어의 고저장단의 변동은 언어 관행의 시대적 변동에 따른 것이라 하겠으나, 한자어에 있어서는 쉽사리 변동될 수 없었으니, 그것은 그 구성 한자의 매개자(每個字)의 배후에 버티고 있는 운소(平·上·去·入)의 규제와 감시 때문에 좀체로 이를 일탈(逸脫)하거나 방종(放縱)할 수 없게 되어 있기 때문이다.

한시문을 음영(吟詠)하거나 독송(讀誦)함에 있어서도 만일 이를 몰각(沒却)하고 제멋대로 고저장단을 함부로 조작한다면, 이를 '돌글' 또는 '장작글'을 읽는다 하여, 그 정도(正道) 아님을 나무랐던 것이다. '돌글'이란 전통에 없는 제멋대로의 글, 곧 '돌놈'의 글이란 뜻이요, '장작글'이란 장작을 패듯 함부로 무식하게 읽는 글이란 뜻이다. 사실 독서성(讀書聲)을 들으면 글 뜻을 알고 읽는지 어떤지를 금방 알게 마련인 것이다.

평측(平仄)이 우리말(고유어·한자어를 막론하고)의 고저를 담당하는 중요한 임무를 띠고 있음은 새삼 말할 나위도 없거니와, 그렇다 하여 평측(平仄) 교육을 따로 베푼 것은 아니요, 고저의 논리적 체계를 의식한 학습을 하게 한 것은 더구나 아니었다. 그러면서도 고저장단이 철저하게 교습(教習)되었던 것은 한시문의 독송에서였던 것이다.

당시의 필수 교과인 경전(經傳)을 주축(主軸)으로 하는 한시문 학습은 독송으로 시종(始終)한다 해도 과언이 아닐 만큼, 그 고저의 가락을 중시하여 반드시 음독(音讀)을 했던 것이니, 천자문(千字文)에서 경서(經書)에 이르기까지, 율문(律文)은 말할 것도 없거니와 모든 독음조(讀音調)는 반드시 그 글을 구성하고 있는 한자의 평측(平仄) 구조에 따라 목고저가 잡혀 나가게 마련이었던 것이다.

예를 들면 :

• 孟子ㅣ 見梁惠王하신데 王曰叟ㅣ 不遠千里而 來하시니 亦將 有以 利吾國乎잇가
   孟子ㅣ 對曰 王은 何必曰 利니잇고 亦有 仁義 而已矣니이다

《맹자(孟子)》

• 詩에 曰, 周雖舊邦이나 其命維新이라 하니 是故로 君子는 無所不用 其極이니라.**58**

《대학(大學)》

---

58 ‘周雖久邦(주수구방)’에서 ‘周(平)’는 다음의 ‘雖’가 평성(平聲)임에도 불구하고 평고조(平高調)로 발음됨은, 아마도 주제어(主題語)로서의 제시적(提示的) 의미 강조의 자연적 현상이 아닌가 여겨진다.

우리말의 고저장단

• 熹怒哀樂之ˇ未發을 謂之ˊ中이오 發而ˇ皆中節을 謂之ˇ和니
  中也者는 天下之ˇ大本也오 和也者는 天下之ˇ達道也니라

《중용(中庸)》

*'ˉ'은 상성(上聲) 단음절 측고조(仄高調) 장음(長音), 'ˊ'은 평고조(平高調), 'ˋ'은
측고조(仄高調), 'ˇ'는 잠깐 띄움.

시문(詩文)의 독송이 반드시 평측(平仄)에 의하여 목고저가 잡히게 되었
음은 한자어에 방점한 다음 문장의 예를 보아서도 더욱 입증될 것이다.

• 元원亨형利·리貞뎡은 天텬道:도之지ˇ常샹이오 仁인義·의禮:례
  智·디는 人인·性셩之지ˇ綱강이니라
  凡범此·츠厥·궐初초애 無무:有유不·불善:션하야 藹·애然연四·사
  端단이 髓슈:感감而見:현이니라

《소학제사(小學題辭)》

─예시 154

위에서와 같이 고저장단은 그 시문(詩文)의 평측(平仄) 구조에 따라 정
해지는 것으로, 스승의 범독(範讀)에 따라, 또 그때그때의 교정에 따라,
암송(暗誦)에 이르기까지 독송(讀誦)을 거듭하는 가운데 평측(平仄)은 저
절로 몸에 배게 체득되어지는 것이었다. 특히 시부(詩賦)나 사륙문(四六
文) 따위 운문의 독송에 있어서는 평측(平仄)의 시차(示差)가 더욱 두드러
지게 느껴지는 것이다. 그것은 그 고저장단의 구조가 음악적·율동적

으로 배려되어 있기 때문이기도 하지마는, 송독자의 도도한 감흥에 따라, 내재하여 있는 고저장단을 보통 이상으로 과장(誇張)하려는 경향이 있기 때문이기도 하다.

馬上逢寒食(仄仄平平仄)

途中送暮春(平平仄仄平)

可憐江浦望(仄平平仄仄)

不見洛橋人(仄仄仄平平)

—예시 155

이는 〈당음(唐音)〉의 첫머리이지만, 이 오언절구(五言絶句)의 평측(平仄) 구조는 그 자체가 음악적이요 율동적인 한 악곡(樂曲)으로 작곡되어진 것이라 할 수 있다. 모든 시부(詩賦)가 다 그러하듯, 한시(漢詩)란 이미 마련된 20여 가지의 곡에 가사를 붙인 것과도 같아서 그 악곡대로 발성만 하면 저절로 흥바람이 나게 마련이다. 그래서 모르는 사이에 평측(平仄) 분별은 부소득(副所得)으로 심화(深化)되게 마련이었다.

이와 같이 매개자(每個字)의 평측(平仄)에 통달하게 되면, 스스로 시부를 창작함에 있어서도 아무 어려움 없이 자연스럽게 고저장단을 이상적으로 안배(按配)하여 구사할 수 있게 되는 것이다.

다시 말하지만 한시문의 독송 가락은 개개인의 임의에서가 아니라, 그 시문의 평측(平仄) 구조에 따라 고저가 정해지므로 고금(古今)이 따로 없고 경향이 따로 없이 여출일구(如出一口)일 수밖에 없었고, 문리(文理)가 트이고 나면 아무리 생소한 글을 대해서도 능숙하게 그 가락이 잡히게 마련이었으니, 그 낭랑한 독송의 가락이 허턱쓰는 목고저가 아님을 안다면 긴 설명은 필요치 않으리라 본다. 그러므로 그 읽거나 읊는 가락만 들음으로도, 그 글의 내용을 옳게 이해하고 있는지 아닌지를 가늠할 수 있었던 것이다.

이처럼 부조(父祖)에까지 지켜져 오던 전통이 아무리 격변하는 조류요 환경이라 할지라도 그것이 그렇게 쉬 무너질 수 있다는 것인가?

갑오경장의 대개혁도 이미 1세기가 지났다. 그 사이의 사회 변동은 과거 수천 년의 그것보다 더할 만큼, 인심을 뒤흔들었으니, 언어엔들, 아니, 언어이기 때문에 더 큰 변동이 일어났던 것이다.

그것은 고저에 있어 '최고조·고조·저조'의 전통적인 3단체계가 '고조·저조'의 2단체계로 바뀌어졌으며, 또 장단에 있어서도 '장(長)·초장(稍長)·단(短)'의 전통적인 3단체계가 '장·단'의 2단체계로 바뀌어, '예시 143'과 같이, 고저장단의 궤를 같이하여 단순화하게 되었다. 그것은 측상평고조(仄上平高調)란 최고조의 돌출부가 마손(摩損)됨에 따라 좀 더 원만한 형태로 가까워졌으며, 거·입성(去·入聲)의 어지중간한 음장도 단(短)으로 평성과 통합하게 된 것이다.

17

고저는 소멸(消滅)한 것이 아니다

(1) 고저가 소멸했다는 논리의 부당성

음운학자들은 한결같이 경상도 이외 지방의 고저 성조는 늦잡아도 17세기 말에 이미 소멸한 것으로 보려 하고 있다. 어떤 이는 임란 직후로 잡기도 하고, 어떤 이는 16세기 중엽으로 잡기도 하며, 또 어떤 이는 17세기 전반으로 잡기도 한다. 그리고 그 중에는 '고저가 소멸되면서 장단이 이에 대체되었다'는 학자와, '아니다. 장단은 고저와 함께 진작부터 병행했던 것이다' 하는 학자들로 나뉘어져 있다. 이들 주장에 대해서는 위에서 언급한 바 있기에 재론하지 않기로 한다.

아무튼 그 소멸 시기의 폭이 2세기에 걸친 경정(逕庭)이 있음을 보아서도, 그것이 얼마나 확고한 근거 없는, 하나의 억측(臆測)에 불과한 것이었는가를 알 수 있다. 필자가 이렇게 단언하는 것은 다음과 같은 이유에서이다.

첫째, 문헌상의 방점 소멸을, 마치 당시의 언어 현실에 고저가 이미 사라지고 없어졌기 때문으로 보는 이도 있으나, 이는 천만부당하다 아니할 수 없다. 그것은 그 시점(施點)이 워낙 번쇄한데다가, 간행물량(刊行物量)이 많아짐에 따라 일일이 감당하기 힘들었음에서요, 한편, 비록 그것을 생략할지라도 언어의 강한 보수성으로 인해 고저를 그르칠 염려는 없으리라는 시인(時人)들의 의식이 지배적으로 자리 잡히면서 이를 철폐함에 이른 것으로 추단할 수 있기 때문이다. 그것은 같은 시기의 출판물이면서도 시점한 것과, 아니한 것이 혼재(混在)하여 있었던 것만 보아도 짐작이 어렵지 않다.

방점의 철폐는 임란 이후에 나타나기 시작한 현상이었지만, 이는 그 시점(時點)에서의 당연한 심리적 경향이었을 것으로 짐작된다. 칠년전란으로 거덜난 백성들은 물론, 식자(識者)들의 철저한 자기반성(自己反省)·자기성찰(自己省察)에서, 지금까지의 관습적·타성적·형식적이던 번거로운 모든 것을 타파하고, 실리 위주로 간편·간소(簡素)를 추구하는 정신의 일환으로 나타난 당연한 현상이었던 것이다.

사실 15세기 방점의 시작은 실로 지나치게 의욕적이며 학구적이어서, 매 어절(每語節)을 단위로 작곡하다시피 음절마다 성조 표시를 했는데 이는 과욕임에 틀림없었다.[59]

---

59 시점(施點)에 있어 1점은 거·입성(去·入聲), 2점은 상성(上聲), 무점은 평성(平聲)이니, 매 음절마다 성조가 표시되어 있는 셈이다. 곧 방점이 표시되어 있지 않은 글자는 한 자도 없는 셈이다.

그럼에도 그 번쇄함을 2세기 동안이나 지속해 왔던 것은 인내도 인내려니와, 그만큼 성조의 중요성을 절대시해 왔던 것이었음을 짐작하게도 해준다.

사실 그런 고저나 장단을, 사전도 아닌 문장 속에 일일이 부호로 챙긴 일이 세계 어느 언어에 또 있었던가? 이의 철폐는 오히려 성숙된 결과의 탈구피적(脫舊皮的) 당연한 처사였을 뿐이다.

둘째, 문헌상의 방점의 철폐가, 동시에 고저의 급격한 쇠퇴를 가져오게 된 것이란 견해도 있으나 이 또한 부당하다. 왜냐하면, 살아 있는 언어현실이란, 얼마 되지 않던 당시 간행물의 방점 유무와는 아무런 관련도 없이 독자의 관행대로 전승되었을 것이기 때문에, 방점의 소멸을 고저의 소멸로 볼 수는 없으며, 또 언어의 변동이 그렇게 획시기적(劃時期的)으로 이루어지는 것은 아니기 때문이다.

셋째, 위에서와 같이 우리말의 고저가 비록 약화되기는 하였으나 오늘날의 중부어어귀에서두 뚜렷이 현행되고 있을 뿐만 아니라, 중부지방의 교양 있는 노년층, 또는 누대 유가(儒家) 후예(後裔)들의 발음에는 그 전통적인 고저가, 경상권 언어에서만큼이나 분명하게, 경사(傾斜)진 억양 속에 역력히 살아 있음을 볼 수 있다.

넷째, 한시·한문·불경 등의 독송조(讀誦調)에는 아직도 경향이 따로 없이 그대로 유지되고 있음을 확인할 수 있다.

이상과 같은 여러 면으로 보아 고저가 약화된 결정적인 시기는 갑오경장(甲吾更張) 이후일 것으로 필자는 확신한다.

(2) 평고조(平高調)가 약화된 원인

(가) 직접적인 원인

고저가 약화되게 된 결정적인 이유는 다음의 몇 가지로 요약할 수 있다. 그 직접적 원인으로 다음과 같은 것을 들 수 있다.

1) 발음에 들이는 힘을 가급적 덜 들이고자 하는 자연 심리에서라 할 수 있다.

정통(正統)대로라면 이들 평고조(平高調)의 높이는 평성(平聲) 본연의 음고(音高)인 이단고(二段高)로 도약한 높이로서, 측고조(仄高調)보다도 더 많은 힘이 소모되는 발음이다. 그러나 사람들은 될 수 있는 대로 힘을 덜 들이고도 뜻이 통하는 선에서 절충한 높이, 곧 2단이 아닌 1단의 측고조(仄高調) 높이만큼의 높이로 타협하려는 경제 심리에 이끌리게 되었으며,

2) 15세기 이후 언제부터인지 또 어느 지방에서부터인지 확언할 수는 없으나, 아마도 서울 말씨에서 비롯됐을 듯도 한 현상으로, 연속되는 말가락을 빗가락〔傾斜調〕으로 멋을 부리는 '엇가락' 현상이 나타나, 유행처럼 번지기 시작했다. 그것은 말가락의 미적 장식 같은 것으로서, 또렷한 고저장단의 말가락에 얼기설기 엇가락으로 서리는 굴곡조(屈曲調)의 선율(旋律)과도 같은 부차적(副次的)인 억양(抑揚)이 그것이다. 경상도 사람들은 이런 말씨를 '경사조(京辭調·傾斜調)' 또는 '엇진말'이라 한다. 이러한 매끄럽고 세련된 가락은 평고조(平高調)의 이단고(二段高)의 돌기(突起)와 서로 용납할 수 없는 마찰을 빚게 마련이어서 돌기는 서서히, 극히 서서히 마모(磨耗)되어 갈 수밖에 없었으니, 이처럼 1)과 2)는

상부상조하여 평고조(平高調)를 측고조(仄高調)의 높이로 끌어내리는 데 각각 일조(一助)를 하게 된 것이라 할 수 있다.

　그렇다면, 유독 경상어만이 이러한 추세에 아랑곳없이 전통적 가락을 지켜오게 된 까닭은 무엇인가?

　그것은 말할 것도 없이, 지형적으로 타지방과 격리되어 있었기 때문이라 할 수 있다. 교통이 비교적 원활하고 인적 교류가 많았던 평야지대인 호남, 호서, 경기, 광서 등지로는 엇가락의 '경사조'가 점차로 번져 나가 쉽게 수용되었던 것과는 달리, 영남(嶺南) 지방은 이와는 아주 대조적이다. 곧 북서방을 길게 병풍처럼 둘러 친 소백산맥(小白山脈)의 장벽으로 말미암아, 타지방과의 교통이 차단되어, 남북이나 동서 교통이 조령, 죽령(竹嶺), 이화령(梨花嶺), 추풍령(秋風嶺), 팔량치(八良峙), 육십령(六十嶺) 등의 준령(峻嶺)을 넘어, 겨우 인마(人馬)의 통로가 트였을 뿐으로, 외부와의 교류가 적었던 탓이라 할 수 있다. 따라서 일반적으로 보수성이 강하고 타협심도 적어, 고박(古朴)하고 우직(愚直)한 기성(氣性) 그대로, 경사조의 엇진 말씨의 유행도 외면하고, 발음에 들이는 힘을 아끼려는 경제적 타산도 없이, 신라어의 전통적 가락을 오늘날까지 고수해오고 있는 것이라 할 수 있다.

　여담이지만 필자가 어렸을 때만 해도, 엇진 말씨의 채장수나 방물장수가 마을에 들어오면 '경사쟁이'가 왔다고들 수군거렸다. '경사쟁이'란 경사(京辭), 곧 서울말을 쓰는 사람이란 뜻이다. 그러나 서울 아닌 충청도·전라도는 물론, 경사(傾斜)진 멜로디가 들어 있는 말가락을 쓰는 사람이면 누구나 다 경사쟁이로 불려졌다. 곧 '경사'란 '京辭, 傾斜'의 일자양의(一字兩義)의 말인 듯 보여진다. 그러고 보면 경상어에는 '종(縱)'

의 고저와 '횡(橫)'의 장단이 있을 뿐, 타지방에 있는 '빗가락' 또는 '엇가락'이라 할 '사(斜)'의 요소가 배제(排除)되어 있는 셈이다.

이상과 같은 발음의 경제 심리와 경사조의 엇가락, 이 둘의 연합세력은 평고조(平高調)에 대한 무상의 적대관계로 나타났다. 그러나 평고조(平高調)는 평고조(平高調)대로 저항하여, 그 사이의 길항(拮抗)은 오랜 세대에 걸쳐 서서히 진행되어 왔던 것이다. 그러나 연합 세력은 평고조(平高調)의 2단고 돌기를 극히 미세하게나마 조금씩 조금씩 잠식(蠶食)해 오던 중, 갑오경장이라는 사회적 격변기에 직면하게 되자, 연합군이 대거 득세하게 되었다.

어째서냐 하면 :

1) 외래적인 것에 더 관심이 쏠리다 보니, 자연 전통적인 것을 소홀히 여기게 되었으며,

2) 종전의 틀에서 벗어나 자유분방하고자 하는 사상이 팽배해지면서 언어의 방종을 중대시하지 않게 되었으며,

3) 학문이 다양화함에 따라 한문 일변도의 서당교육이 쇠퇴하게 됨과 동시에, 독송(讀誦) 위주이던 청각적 교육에서 묵독(默讀) 위주인 시각적 교육으로, 또 반복적 독송에서 일회적 이해에 그치는 교육으로 이행하게 되었으며,

4) 신문명에 현혹된 신진(新進) 학자들의 고저에 대한 무관심과,

5) 평측(平仄)에 소양(素養)이 없는 언중들이 물밀듯 들어오는 외래한자어의 고저를 함부로 그릇되게 길냄으로써라 할 만하다.

(나) 직간접적 원인

고저와 장단은 원래 상호 긴밀한 유기적 관계임을 위에서도 역설해 왔거니와, 그것들은 서로 맞물려 어느 쪽이 선행하거나 후행하는 것이 아닌 동시작용으로 구체적 성음을 빚어내는 것이다. 그러므로 만일 그 음장(音長)이나 경중(輕重)을 그르치면 자동적으로 고저에도 차질이 생기게 마련인 것이다.

좀 더 구체적으로 말하자면 '예시 7'에서 보인 대로

- 평성(平聲)은 가장 짧고 가볍고 낮은 소리
- 측성(仄聲)은 무겁고 높은 소리면서, 그 중의 상성(上聲)은 가장 긴 소리
- 거성(去聲)·입성(入聲)은 비장비단(非長非短)의 무겁고 높은 소리

인데, 이러한 이들의 속성을 그르치면 고저와 장단은 동시에 뒤틀리게 되고 만다. 곧 장단을 그르치면 고저도 글디지게 되고, 고지를 그르치면 장단도 그릇되게 되는 것이니, '平+仄' 구조어에서 일어나는 '측상평고도(仄上平高跳 ; 平高調)' 현상을 예로 볼지라도 그 서로의 미묘한 역학적 함수관계를 역력히 볼 수 있다.

'예시 10'의 말들 중

千古	人品	親善	兵士(모두 平+仄)
천고	인품	친선	병사

를 예로 볼지라도, '千, 人, 親, 兵'이 '가볍고 낮은 가장 짧은 소리'라는 평성(平聲) 자신의 분수를 스스로 극명하게 의식하고 있음이 보여진다. 저의 미약함을 보강하지 않고는 '仄'의 성세(聲勢)에 깔려 저 자신이 말살(抹殺)되고 말리라는 위기의식을 느껴 발연(勃然) 긴장(緊張)도 하고 아연(俄然) 격앙(激昂)도 하게 되는 것이다.('평고조(平高調) 현상이 나타나게 되는 이유'(78쪽) 참조) 그러나 만일 그러한 '平' 자신의 분수를 망각하고 어지중간한 음장으로 거만하게 나온다면 이는 이미 거성(去聲)적 성질을 띠게 됨으로써 평고도(平高跳) 현상은 나타날 수가 없게 되고 만다.

또 '仄'과 같은 장애물을 뛰어넘는 데는 그 체공(滯空) 시간이 길 수가 없다. 도약동작(跳躍動作)과 동시에 유월동작(踰越動作)도 병행되는 것처럼 '측상고도(仄上高跳)'의 '平'의 도약(跳躍) 음장(音長)은 최단(最短)에서만 가능한 것이다. 만일 '平'을 차단(次短)으로 늦추거나 하는 것은, 도약을 포기하는 것이 되어 고도(高跳)는 불발로 그치고 만다.

이상은 '平+仄' 구조어의 '平'의 처지에서 본 것이나, '仄'의 처지로 보아서는 평고조(平高調)의 고도(高跳)는 자신에 의함인 양 뽐낼 수도 있는 것이다. 곧 측상평고도(仄上平高跳)가 되는 것은 '仄'의 역충력(逆衝力)에 의하여 앞에 다가온 '平'을 꼬드기어 (역충작용에 의하여) 아연(俄然) 긴장(緊張)케 하고 발연(勃然) 흥분(興奮)케 하는, 말하자면 '仄'으로서의 고유권능을 행사한 것이라 할 수 있다. 그러나 이 경우에도 '平'이 '仄'의 권도(權道)에 고분고분 따르지 않고 거성(去聲)적 거만을 부린다면 '仄'의 권능도 먹혀들지 못할 것은 앞의 경우와 마찬가지일 것이다.

사실 평고조(平高調) 현상은 위에서와 같이, 전후음이 저마다의 분수와 기능을 동시에 충실히 이행했을 때만 나타나게 되는 것이다.

18

장단(長短)에 대하여

(1) 고저(高低)를 배제한 장단(長短)의 부실성(不實性)

우리는 광복 후 이미 반세기를 지나오는 동안, 유치원에서 대학에 이르기까지, 국어 교육에서 장단을 강조해 오고 있다. 그러나 아직 이 문제마저도 백년하청(百年河淸)인 양 별 진전이 없는 것 같이 느껴진다. 제 나라 국호인 '한국(韓國)'을 '한국(漢國 : 中國)'과 구별하지 못하는 사람이고 보면, '조(曺)'와 '조(趙)', '정(丁)'과 '정(鄭)', '장(張)'과 '장(蔣)', '임(林)'과 '임(任)', '유(兪) · 유(劉)'와 '유(柳)', '진(秦) · 진(陳)'과 '진(晉)', '신(申) · 신(辛)'과 '신(愼)' 등 남의 성씨의 혼동쯤이야 아무렇지도 않게 여기는 지식인들이 얼마나 많은지 모를 일이다.

도대체 어찌하여 그 길고 짧음을 그렇게도 명확하게 구별하지 못하는가? 그 원인은 고저를 배제한 장단만을 교육해 왔기 때문이 아닌가 여겨진다.

위에서 대비(對比)한 명사들은, 전자는 평성(平聲)이라 짧은 소리요, 후자는 측성(仄聲) 중의 상성(上聲)이라 무겁고 긴 소리이다. 그러나 전자의 짧음은 그저 단순히 짧기만 한 소리가 아니다. '韓國'은 '平仄' 구조어이기 때문에 측상평고조(仄上平高調)의 원칙에 따라 '韓'이 긴장 앙양되어 있는 고도음(高跳音)의 소리요, '曺·丁·張·林·兪·劉·秦·陳·申·辛'은 평성단음절어(平聲單音節語)로서의 고조현상에서 그 이유를 밝혔듯이, 또한 긴장 앙양되어 있는 평고조(平高調)인 것이다. 이는 누언(累言)한 대로 고저장단이란 서로 분리해서 생각할 수 없는, 유기적으로 동시 작용하는 것이어야 그 장단의 음장(音長)도 선명하게 나타나고, 또한 그 고저의 고도(高度)도 확연히 드러나게 마련인 것이다. 다시 말하면 고저장단이 유기적 동시작용을 해야만 고저도 살고 장단도 사는 것이다.

중언부언(重言復言)의 혐이 없지 않으나 이 점에 대하여 좀 더 부연해 보면, '측상평고도(仄上平高跳)'에 있어, '仄'을 만난 '平'이 '아연 긴장 앙양하느니', 또는 '발연 고도하느니' 등으로 표현했듯이, '아연'이니 '발연'이니는 다 '순간적'인 정신 차림이나 몸가짐의 다급한 상황이며, '긴장·양양·고도'는 그러한 상황에서 취하게 되는 필연적인 태세(態勢)요 동작인 것이다.

'긴장(緊張)·앙양(昻揚)·고도(高跳)'란 '밀도(密度) 높게 바싹 줄어든 팽팽한 영근 소리'로 바뀐다는 뜻이다.

이때의 평성(平聲)이 다른 위치에서의 평성(平聲)과는 달리, 고밀도(高密度) 고장력(高張力)의 팽팽한 영근 소리로서의 입체감이 두드러지는 것은, 그것이 '仄'을 최단으로 발음했기 때문만도 아니며, 그것을 고조로 발음했기 때문만도 아니다. 그 둘이 동시에 작동함에서 빚어난 결과인 것이다. '仄仄' 구조나 '平平' 구조의 말을 대비하여 볼지라도 단순히 길고 짧음의 문제가 아니라, 그 길고 짧음에는 소리의 무게와 높이가 실려 있는 것이다. '仄仄'은 중후한 긴 소리인 상성(上聲) 또는 약간 긴 소리인 거성(去聲)·입성(入聲)의 연속이요, '平平'은 낮고 가벼운 짧은 소리의 연속으로, 그 소리의 질량(質量)이 서로 다름을 알 것이다.

이상에서와 같이 고저는 평면적인 장단에 부피를 주어 입체적인 생동성을 부여하는 요소로서, 이 둘의 기능은 언제나 유기적으로 동시작용함으로써야 올바른 어음(語音)이 구현되게 마련인 것이다.

사실 고저와 장단은 따져 보면 두 단어임에 틀림없지마는, 그러나 우리 선인들의 입에서는 언제나 한 단어로 일컬어져 왔던 것임을 위에서도 말했거니와, 그 그럴 만한 참뜻을 터득하지 못하고서는 아직 고저장단익 삶아 있는 참 경지를 이해했다 할 수 없을 것이다

여담(餘談)이지만, 10여 년 전의 일이다. 어느 씨름 해설가가 라디오 방송에서 '중량급(中量級)'과 '중량급(重量級)'의 체급(體級)이 혼동될까 봐, 수없이 되풀이되는 이 두 말을 그때마다 일일이 '가운데 중 자 중량급', '무거울 중 자 중량급' 하며 '중량급'을 똑같이 발음하고 있는 것을 들으면서 그 번거로움을 딱하게 여긴 적이 있었다. '光州'와 '廣州'를 '빛 광 자 광주', '넓을 광 자 광주', 또는 '전라도 광주', '경기도 광주' 등으로 일컫는 이도 종종 보지만, 이 또한 같은 사례인 것이다.[60]

그 흔하게 쓰이는 '고속버스, 고속도로'의 '고속'의 '高(平)'를 장음으로 발음하는가 하면, 정작 길게 발음해야 할 '화재(火災), 사인(死因), 사적

(史籍)…' 따위의 첫음절을 짧게 발음하는 등의 난맥상을 어찌 이루 다 열거할 수 있으랴?

이 모두 평측(平仄) 불변(不辨)에 기인한 고저장단의 오류임은 말할 나위도 없는 일이다.[61]

그러나 위의 예는 비록 오류이기는 하나 소신에서 나온 일이라, 그 오류임을 깨달아 언젠가는 스스로 시정하는 기회가 있을 것으로 기대되지만, 장단에 자신이 없을 때면 으레 그 그릇되었을 때의 책망을 모면하기 위하여, 장단 공히 비장비단(非長非短)으로 어지중간하게 호도(糊塗)하는 사람에게는 아마 그런 기회마저도 오기 어려울 것으로 여겨진다.

유추를 해 보아도 알 수 없으면, 사전을 찾는 일에라도 부지런해야 하겠건만, 장단을 불간할 수 없는 말에 봉착(逢着)하면 으레 그건 애매모호로 교지(巧智)를 발휘하는 것은 청자를 불쾌·불안케 한다. 이는 남을 속이기 전에 먼저 자기기만을 범하는 일로서, 대중 앞에서는 교직인·언론인·지도적 인사들이 가장 삼가야 할 일이 아닐 수 없다.

고저장단은 표리(表裏)와 같아 언제나 동시작용하는 것이므로 장단이

---

60 '중(中)·광(光)'은 평성(平聲)이니 짧고 가볍게, '중(重)·광(廣)'은 측성(仄聲) 중에서도 상성(上聲)이니 무겁고 길게 발음함으로써 자연 구별이 되는 말이다.

61 '고속(高速)·고견(高見)·고귀(高貴)·고급(高級)·고압(高壓)…'은 평고조(平高調)이며, '고산(高山)·고성(高聲)·고관(高官)·고공(高空)·고저(高低)…'는 평평조(平平調)이다.
'화재(火災)·화급(火急)·화산(火山)·화성(火星)·화인(火因)·화상(火傷)·화요일(火曜日)…'의 '火'나, '사적(史籍)·사관(史官)·사기(史記)·사학(史學)·사화(史話)·사극(史劇)…'의 '史'나, '사망(死亡)·사인(死因)·사선(死線)·사수(死守)·사생(死生)…'의 '死'는 다 상성(上聲)의 측고조(仄高調)로 중후한 장음임에 유의할 것이다.
'韓國'의 '韓'은 평성(平聲)인데, 이를 제대로 발음하지 못함으로써, 이에서 파생하는 무수한 명사, 이를테면 '한중(韓中)·한일(韓日)·한씨(韓氏)·한전(韓電)·한적(韓赤)·한반도(韓半島)·한민족(韓民族)…' 따위의 모든 발음이 이하동문으로 잘못되어짐을 생각해 볼 것이다.

그릇되고 보면 고저 또한 그릇될 것은 당연한 일이다.

이러한 와중(渦中)에서 우리 고유어의 고저장단에는 적지 않은 변이(變移)가 있게 되었으나, 한자어에만은 그 한자 자체에 내장(內藏)되어 있는 평·측성성(平·仄聲性) 속성으로 말미암은 복원력(復原力)에 의하여 함부로 일탈(逸脫)이나 방종(放縱)을 영구화하지는 못하게 하기 때문에, 오늘날까지도 고저의 원형을 유지해 오고 있는 것이다. 이처럼 고저가 교육과 언어정책의 권외(圈外)에서 야생으로 버티어 오고 있음은 신기롭기도 하고 대견하기도 한 한편, 또한 그러한 천대하에서인지라 그 약화 내지 난조(亂調)도 그만큼 심하여 식자들을 안타깝게 하고 있음이 사실이다.

이제 더 이상 이러한 난맥상을 방관할 수만은 없어, 이에 대한 필자의 연구가 아직 미숙한데도 불고(不顧)하고, 참람하게 졸고(拙稿)를 시도(試圖)하게 되었음도 기실(其實) 이러한 충정(衷情)에서임을 고백하는 바이다.

(2) 장단(長短)의 몇 가지 문제점

위에서 필자는 고저에 대해서만 편중되게 역설해 온 감이 없지 않다. 그러나 그것은 고저가 너무나 오랫동안 그 존재마저 인정받지 못할 만큼 학계에서 방기(放棄)되어 온 것과는 달리, 장단만은 그래도 오늘날까지 제도권 안에서 보호 육성되어 오고 있기 때문일 뿐, 장단이 고저보다 그 중요성이나 문제성이 적어서가 아니다.

오늘날 장단에 대한 문제성으로는 크게 세 가지를 지적하겠는데, 첫

째는 그 길고 짧음의 불명확성이고, 둘째는 제2음절 장음의 단음화이
며, 셋째는 사전상 장단 표시의 불일치성이다.

(3) 장단음(長短音) 발음의 불명확성(不明確性)

  우리말 음절의 장단은, 단(短)은 1음장(音長)이요, 장(長)은 2음장으로,
장은 단의 이배장(二倍長)이다. 또 거·입성(去·入聲)은 비장비단(非長非短)으
로 그 중간적 음장이다. 그러나 사전상의 표시는 장(長)에만 베풀고, 너
무 번거로울 것을 피하여 거·입성(去·入聲)은 별도의 부호를 쓰지 않음
으로써, 그 나머지는 모두가 일률로 단음인 양 다루어져 있다. 그러나
장[上聲]과 단[平聲]이 워낙 극과 극으로 양립되어 있는 만큼, 그 두
음의 선명한 대립으로 말미암아, 필경 그 중간적 존재인 거·입성(去·入
聲)은 그 자체의 중후한 무게로 인해 낮고 가볍고 짧은 평성(平聲)의 그
것과는 자연 구별되게 마련이다.
  다음은 제1음절의 장단의 대비이다.
  첫음절의 (ㄱ)길고, (ㄴ)짧음을 명확하게 발음함으로써 동음이의(同
音異義)임을 확실히 할 것이다.[62]

---

62 (A)(B)에 대비한 어휘들은 한글 표기상으로는 동음이의어(同音異義語)라 할 수 있으나, 발음상으로는
    엄격히 말해서 이운이의어(異韻異義語)일 뿐이다.

(A)

(ㄱ)	(ㄴ)	(ㄱ)	(ㄴ)	(ㄱ)	(ㄴ)
측고조	평고조	측고조	평고조	측고조	평고조
仄仄·仄平	平仄	仄仄·仄平	平仄	仄仄·仄平	平仄
貢物 : 公物		放火 : 防火		卑語 : 飛語	
공물 : 공물		방화 : 방화		비어 : 비어	
秘話 : 悲話		史料 : 飼料		謝意 : 辭意	
비화 : 비화		사료 : 사료		사의 : 사의	
上品 : 商品		善導 : 先導		性病 : 成病	
상품 : 상품		선도 : 선도		성병 : 성병	
盛業 : 成業		數學 : 修學		視點 : 時點	
성업 : 성업		수학 : 수학		시점 : 시점	
市價 : 時價		愛樂 : 哀樂		養病 : 伴病	
시가 : 시가		애락 : 애락		양병 : 양병	
存籍 · 除籍		轉用 : 專用		戰後 ; 前後	
재적 : 제적		전용 : 전용		전후 : 전후	
漢族 : 韓族		黨首 : 唐手			
한족 : 한족		당수 : 당수			

(B)

(ㄱ)	(ㄴ)	(ㄱ)	(ㄴ)	(ㄱ)	(ㄴ)
측고조	평저조	측고조	평저조	측고조	평저조
仄仄·仄平	平平	仄仄·仄平	平平	仄仄·仄平	平平
諫臣 : 奸臣		共營 : 公營		廣州 : 光州	
간신 : 간신		공영 : 공영		광주 : 광주	

武人	：	無人	美風	：	微風	竝書	：	兵書
무인	：	무인	미풍	：	미풍	병서	：	병서

事情	：	私情	上聲	：	商聲	聖人	：	成人
사정	：	사정	상성	：	상성	성인	：	성인

養心	：	良心	壯嚴	：	莊嚴	漢醫	：	韓醫
양심	：	양심	장엄	：	장엄	한의	：	한의

遠因	：	原因	行狀	：	行裝
원인	：	원인	행장	：	행장

―예시 156

＊(A)(B)의 (ㄱ)은 다 측기어(仄起語)로서 측고조(仄高調)이지만, (A)의 (ㄴ)은 모두가 '平仄' 구조어이기 때문에 평고조(平高調)로 긴장 앙양된 고조음임에 유의할 것이며, (B)의 (ㄴ)은 다 '平平'형이라 무고조인 것이다.

　이상은 장단을 그르치면 정반대의 뜻으로 뒤집어질 위험성마저 있는 어휘들이지만, 이런 대비어는 부지기수일 것이며, 또 그것의 파생어까지 계산에 넣는다면 그 수는 엄청날 것이다.
　장단을 그르칠 경우 정반대의 개념으로 뒤집어질 어휘로는 放火 ： 防火, 在籍 ： 除籍, 漢族 ： 韓族, 諫臣 ： 奸臣, 廣州 ： 光州… 등이다.
　'韓'은 평성(平聲)이요, '漢'은 측성(仄聲)이다. 이 두 음의 장단을 그르치면, 이들 글자로 시작되는 수천수만의 말들이 자기광(磁氣狂)을 일으키듯 동시에 그릇되고 말 것이다.
　이자어(異字語)끼리의 대비는 더욱 그 수가 많을 것이나, 이 또한 중요하기는 전자와 마찬가지이기에 생각나는 대로 들어보면 다음과 같다.

(A)	(ㄱ)	(ㄴ)	(ㄱ)	(ㄴ)	(ㄱ)	(ㄴ)
	측고조	평고조	측고조	평고조	측고조	평고조
	仄仄·仄平	平仄	仄仄·仄平	平仄	仄仄·仄平	平仄
	感想 : 鑑賞		警覺 : 頃刻		警備 : 經費	
	감상 : 감상		경각 : 경각		경비 : 경비	
	輕視 : 輕視		古俗 : 高速		誣告 : 無故	
	경시 : 경시		고속 : 고속		무고 : 무고	
	動議 : 同意		賣場 : 埋葬		暮色 : 摸索	
	동의 : 동의		매장 : 매장		모색 : 모색	
	舞踊 : 無用		社稷 : 辭職		算數 : 山水	
	무용 : 무용		사직 : 사직		산수 : 산수	
	小室 : 消失		再修 : 才數		數學 : 修學	
	소실 : 소실		재수 : 재수		수학 : 수학	
	有感 : 遺憾		二洞 : 移動		以前 : 移轉	
	유감 : 유감		이동 : 이동		이전 : 이전	
	校監 : 交感		將帥 : 長壽		電鐵 : 前轍	
	교감 : 교감		장수 : 장수		전철 : 전철	
	正體 : 停滯		政府 : 情婦		戰後 : 前後	
	정체 : 정체		정부 : 정부		전후 : 전후	

우리말의 고저장단

(B)	(ㄱ)	(ㄴ)	(ㄱ)	(ㄴ)	(ㄱ)	(ㄴ)
	측고조	평저조	측고조	평저조	측고조	평저조
	仄仄·仄平	平平	仄仄·仄平	平平	仄仄·仄平	平平
	感謝 :	監司	共産 :	空山	錦江 :	金剛
	감사 :	감사	공산 :	공산	금강 :	금강
	憧憬 :	東京	善戰 :	宣傳	有名 :	幽明
	동경 :	동경	선전 :	선전	유명 :	유명
	意思 :	醫師	正常 :	情狀	畵廊 :	花郎
	의사 :	의사	정상 :	정상	화랑 :	화랑
	火傷 :	華商…				
	화상 :	화상				

—예시 157

*(A)(B)의 (ㄴ)은 모두 측기어(仄起語)로서 측고조(仄高調)이나, (A)의 (ㄴ)은 '平仄' 구조어로서 평고조(平高調)이며, B의 (ㄴ)은 '平平'으로 평저조(平低調)인 것이다.

이상과 같이 이 또한 부지기수인데, 그 파생어까지 계산에 넣는다면 그 수 또한 엄청날 것이다.

뿐만 아니라, 다 같은 측고조(仄高調)이면서도 장단이 서로 다른 '豫防 : 禮訪, 大劍 : 帶劍…' 등까지를 거론(擧論)한다면 이 또한 그 수가 적지 않을 것이다.

그 하나의 장단의 그르침은 무수한 파생어의 장단까지 동시에 그르치게 되는 것이니, 어찌 소홀히 생각할 수 있으랴?[63]

(4) 제2음절 장음의 단음화

장단은 제1음절에서만 중요한 것이 아니다. 제2음절 이하에서도 그
것의 중요성은 똑같은 것으로, 만일 이를 그르친다면, 그것은 첫음절
에서의 그르침과 조금도 다르지 않은 어의상(語意上)의 중대한 차질이
생길 것은 뻔한 일이다. 우선 동자(同字)끼리의 제2음절 장단의 대비를
몇 들어 본다.

다음에서 제2음절의 (ㄱ)길고 (ㄴ)짧음을 대비하여 동음이의(同音異
義)를 확실히 할 것이다.

(ㅅ)	(ㄱ)	(ㄴ)	(ㄱ)	(ㄴ)	(ㄱ)	(ㄴ)
	평고조	평저조	평고조	평저조	평고조	평저조
	仄仄·仄平	平平	仄仄·仄平	平平	仄仄·仄平	平平
	끝음장	끝음단	끝음장	끝음단	끝음장	끝음단
	家政 :	家庭	公事 :	公私	共産 :	公山
	가정 :	가정	공사 :	공사	공산 :	공산

---

63 '高'는 평성(平聲)이다. 그것이 평성(平聲)인지 측성(仄聲)인지 모를 경우엔 고견(高見)·고귀(高貴)·고급
(高級 ; 平+仄)·고공(高空)·고관(高官)·고려(高麗)·고봉(高峰)·고산(高山 ; 平+平)… 등으로 유추(類推)
해 보면 '고속(高速)'의 '高'도 그것이 짧은 소리임을 금방 알게 될 것이다. 이와 같은 유추의 방법은 사
전을 뒤지는 수고로움을 덜어 주는 좋은 방법인 것이다.

公案	:	公安	軍事	:	軍師	規定	:	規程
공안	:	공안	군사	:	군사	규정	:	규정
金鑛	:	金光	同姓	:	同聲	民政	:	民情
금광	:	금광	동성	:	동성	민정	:	민정
飛上	:	飛翔	山下	:	山河	山火	:	山花
비상	:	비상	산하	:	산하	산화	:	산화
喪葬	:	喪章	先史	:	先師	純正	:	純情
상장	:	상장	선사	:	선사	순정	:	순정
嚴命	:	嚴明	恩赦	:	恩師	離恨	:	離韓
엄명	:	엄명	은사	:	은사	이한	:	이한
人定	:	人情	中正	:	中庭	親政	:	親庭
인정	:	인정	중정	:	중정	친정	:	친정
春享	:	春香	忠信	:	忠臣	黃禍	:	黃化
춘향	:	춘향	충신	:	충신	황화	:	황화
閑暇	:	閒家	花信	:	花神			
한가	:	한가	화신	:	화신			

(B)

(ㄱ)	(ㄴ)	(ㄱ)	(ㄴ)	(ㄱ)	(ㄴ)
측고조	측고조	측고조	측고조	측고조	측고조
仄仄·仄平	仄仄·仄平	仄仄·仄平	仄仄·仄平	仄仄·仄平	仄仄·仄平
끝음장	끝음단	끝음장	끝음단	끝음장	끝음단
決定 : 結晶	牧使 : 牧師	武將 : 武裝
결정 : 결정	목사 : 목사	무장 : 무장

不正 : 不精	市長 : 市場	頂上 : 正常
부정 : 부정	시장 : 시장	정상 : 정상
遷度 : 遷都	下向 : 下鄕	合葬 : 合掌
천도 : 천도	하향 : 하향	합장 : 합장
互選 : 互先		
호선 : 호선		

-예시 158

*(A)의 (ㄱ)은 '平仄' 구조어로서, 제2음절이 장음일 뿐만 아니라, 제1음절이 평고조(平高調)되는 어휘들이며, (ㄴ)은 '平平' 구조로서 제2음절이 단음이다. 또 (B)의 (ㄱ)(ㄴ)은 다 측기어(仄起語)로서 측고조(仄高調)이나, (ㄱ)은 '仄仄'이면서 끝음이 상성(上聲 : '상거상혼'에 의한)이므로 길고, (ㄴ)은 '仄平'이라 끝음이 짧다.

이자(異字)끼리의 대비도 마찬가지다. 다음에서 제2음절의 (ㄱ)길고 (ㄴ)짧음을 대비(對比)하여 동음이의(同音異義)를 확실히 해야 할 것이다.

(A)	(ㄱ)	(ㄴ)	(ㄱ)	(ㄴ)	(ㄱ)	(ㄴ)
	평고조	평저조	평고조	평저조	평고조	평저조
	平仄	平平	平仄	平平	平仄	平平
	끝음장	끝음단	끝음장	끝음단	끝음장	끝음단
	家事 : 歌詞		驚動 : 京東		傾向 : 京鄕	
	가사 : 가사		경동 : 경동		경향 : 경향	

空老	:	功勞	公衆	:	空中	公翰	:	空閒
공노	:	공로	공중	:	공중	공한	:	공한

同庚	:	東京	同壻	:	東西	東向	:	同鄕
동경	:	동경	동서	:	동서	동향	:	동향

同好	:	東湖	防禦	:	魴魚	非命	:	悲鳴
동호	:	동호	방어	:	방어	비명	:	비명

時祭	:	詩題	修鍊	:	睡蓮	身命	:	神明
시제	:	시제	수련	:	수련	신명	:	신명

深重	:	心中	安葬	:	鞍裝	冤痛	:	圓筒
심중	:	심중	안장	:	안장	원통	:	원통

流轉	:	遺傳	陰性	:	音聲	訂定	:	丁丁
유전	:	유전	음성	:	음성	정정	:	정정

訂定	:	亭亭	涵養	:	咸陽…
정정	:	정정	함양	:	함양

(B)

(ㄱ)	(ㄴ)	(ㄱ)	(ㄴ)	(ㄱ)	(ㄴ)
끝음장	**끝음단**	**끝음장**	**끝음단**	**끝음장**	**끝음단**
慶事 :	傾斜	屢代 :	樓臺	大郡 :	大君
경사 :	경사	누대 :	누대	대군 :	대군
面面 :	綿綿	反共 :	半空	社長 :	死藏
면면 :	면면	반공 :	반공	사장 :	사장
所信 :	小臣	駐在 :	主宰	主祭 :	主題
소신 :	소신	주재 :	주재	주제 :	주제

造化	:	調和	會議	:	懷疑…
조화	:	조화	회의	:	회의

-예시 159

*(A)의 (ㄱ)은 '平仄' 구조어로서 평고조(平高調)되는 어휘들일 뿐만 아니라, 끝음이 길되, (ㄴ)은 끝음이 짧으며, (B)의 (ㄱ)은 측고조(仄高調)이면서 끝음이 길되, (ㄴ)은 끝음이 짧다.

제3음절의 장단으로 :

國民葬	:	國民章	春香祭	:	春香齋
국민장	:	국민장	춘향제	:	춘향재
裁判長	:	裁判場	山水畵	:	山水花…
재판장	:	재판장	산수화	:	산수화

-예시 160

등의 대비도 들 수 있지만, 그보다도 그 수많은 성명(姓名), 자(字), 호(號), 시호(諡號)들, 이를테면

金尙重 : 金尙中	李純信 : 李舜臣	朴長遠 : 朴長源
崔子震 : 崔子眞	李文順 : 李文純	月城郡 : 月城君

-예시 161

등을 들면 한이 없다.

또 우리나라의 행정구역명은 공교롭게도 '구(區)' 하나를 제외하고는, 시(市), 도(道), 군(郡), 읍(邑), 면(面), 리(里), 동(洞)이 한결같이 긴 소리의 측성자(仄聲字)로 되어 있어 ○○市 또는 ○○道 ○○郡 ○○邑 ○○面 ○○里 또는 ○○洞이다. 제3음절에 무게가 실려 있는 긴 소리임을 감안한다면 그 수가 엄청난 것임을 알 것이다. 하물며,

平天下	沒風景	北東向	不公正
평천하	몰풍경	북동향	부공정
空虛感	全世界	朝鮮史	唐詩選…
공허감	전세계	조선사	당시선

등 제3음절의 긴 소리 말을 어찌 다 들 수 있으랴?

또 4음절의 장음도 :

膾不壓細	三三五五	三思而行	漁父之利
회불압세	삼삼오오	삼사이행	어부지리
風樹之嘆	烏合之衆	自中之亂	破竹之勢
풍수지탄	오합지중	자중지란	파죽지세
半途而廢	不可思議…		
반도이폐	불가사의		

등, 이 또한 불가승수(不可勝數)인 것이다.

이는 한자어에서뿐만 아니라, 고유어에서도 마찬가지니, 중세 국어에서 제2음절에 상성점(上聲點 ; 2점)으로 표시하던 말을 몇 들어 보면 :

대범(큰 범)	용병(나병)
말왕(마름)	쇠재〔鐵峴〕
표범(표범)	흔날(한낱)
들에(떠들썩하다)	값돌(감돌다)
두텁(두껍다)	짓괴(지껄이다)
듣줍(듣잡다)	횟돌(빙돌다)
맛곫(응답하다)	맛갑(알맞다)
받내(받아내다)	석배(썩어 없어지다)
잡쥐(잡아 쥐다)	죽살(죽고 살다)

―예시 162

와 같고, 제3음절에 상성(上聲)을 표한 말로는 '접동새(새이름)', 제4음절에 상성(上聲)을 표한 말로는 '고솜도티(고슴도치)' 등이 보인다.

이는 현대어에서도 마찬가지다 원말이 길면 이의 파생어에서도 그 부분이 길어야 한다.

감〔柿·資材〕-돌감·생감·암감…물감·옷감…

공〔球〕-탁구공·축구공·농구공·배구공…

돌다〔廻〕-횟돌다·애돌다·휘돌다…

설다(未熟)-낯설다·눈설다·산설고 물설다…

없다(無)-상없다·숭없다·실없다…

-예시 163

위와 같이 원말 '감, 공, 돌다, 설다, 없다'의 장음은 파생어에서도 2음절·3음절을 막론하고 장음으로, 마치 유전자(遺傳子)처럼 정확하게 나타나고 있음을 보게 된다.

그 대비의 예를 몇 더 들어 보기로 하면 다음과 같다.

밤(夜) → 한밤·달밤·반밤·그믐밤·아닌밤·가을밤

밤(栗) → 알밤·군밤·생밤·굴밤·외톨밤·송이밤·가을밤

눈(眼) → 밤눈·짝눈·뜬눈·삼눈·먼눈·실눈

눈(雪) → 밤눈·봄눈·첫눈·싸락눈·함박눈

벌(野) → 갯벌·모래벌·황산벌

벌(蜂) → 꿀벌·일벌·땅벌·말벌·참벌·여왕벌

굴(蠣) → 벗굴·토굴·햇굴·미네굴·양식굴

굴(窟) → 땅굴·범굴·기찻굴·바윗굴

돌(週期) → 첫돌·두돌·세돌·네돌…

돌(石) → 옥돌·차돌·떡돌·숫돌·바둑돌

배〔梨〕→ 꿀배·참배·돌배·먹골배·나주배

배〔倍〕→ 한 배·두 배·천 배·만 배…

새〔目賊〕→ 억새·속새·어욱새·더욱새

새〔鳥〕→ 멧새·참새·황새·날새·잘새

솔〔松〕→ 청솔·한솔·외솔

솔〔刷子〕→ 옷솔·치솔·풀솔·털솔·쇠솔

—예시 164

이상에서 보아온 바와 같이, 원말이 짧으면 그 파생어도 그 위치에 아랑곳없이 언제나 짧고, 반대로 원말이 길면 그 파생어도 그 위치에 상관없이 언제나 긴 소리로 발음됨을 알 수 있다.

이처럼 제2음절이 장음도 첫음절에서의 그것과 조금도 다름없는 중요한 역할을 담당하고 있는 것으로, 특히 한자어인 경우, 그 구성자의 운소(韻素 : 사성·평측)에 따라, 그 말의 고저장단은 이미 선정적(先定的)으로 규정되어 있는 것이므로, 아무도 이를 배반할 수 없으며, 아무도 이를 거역할 수 없다. 그래서, 제 운가(韻價)대로 발음함으로써만 언어로서의 공통된 이해를 얻게 되는 것이다.

그런데도 불구하고 제2음절 이하에서는 장음도 단음화한다는 일부 주장에 따라 국어사전마다, 유사 이래(有史以來) 충실히 지켜 오던 제2음절 이하의 장음 표시를 지워 버린 일은, 진실로 중대한 역행(逆行)이 아닐 수 없다.[64]

물론 제2음절의 장음에 다소의 단촉화(短促化) 경향이 없는 것은 아니다. 그러나 그것은 이 문제에만 국한된 것이 아니라, 무엇이든 빨리빨리로 치닫는 현대인의 조급한 심리의 일환으로, 언어 동작 전반에 나타나는 현상이기도 한 것이다. 그것은 록송이니 랩송 등에 나타나는 노랫말과 몸짓의 추세와도 상통한다 할 것이다. 이와 같이 오늘날 청소년들의 말씨가 점점 거칠어지고 빨라져 가는 경향은 다 심리의 조급이 원인인 한편, 그러한 진중(鎭重)하지 못한 말씨가 또한 스스로 심리의 조급을 재생산하는 것이므로, 이와 같은 인과상승(因果相乘)의 악순환이 유행처럼 가속화로 번져 가고 있는 것이다. 그러나 유행이란 일시적 현상에 지나지 않는 것이다.

　아득히 먼 옛날부터 민족과 함께해 왔고, 또 길이 민족과 함께해 갈 우리의 언어(言語) 중심(中心)이 유행 따라 흔들려서는 아니 될 일이니, 아무리 그러한 단촉화 경향이 있다 할지라도 오히려 진득이 이를 제어(制御)하여 돌아올 곳을 지켜 주어야 할 사전이, 도리어 유행에 영합(迎合)하거나 앞장을 서는 일은 온당한 일이라 할 수 없다.

　세상의 어느 문화민족의 말에, 두음 이하는 몰밀어 단촉하게 발음함으로써 속사포나 다발총 쏘듯 하는, 그런 말이 있단 말인가?

　그렇게 됨에서 오게 될 폐단으로, 수많은 동음이운어(同音異韻語) '예시 145~148'을 동음동운어(同音同韻語)로 혼란케 하는 상황을 양산(量産)함으로써 어의분화(語意分化)에 역행하게 되는 일쯤은 차라리 둘째다. 그

64　그릇된 입버릇에 젖어 있는 일부 사람들에 있어서는 제2음절이 장음보다는 단음 쪽이 자연스럽고 몸에 붙는 어감으로 느껴지게 될는지 모르겠으나, 이는 이미 산업사회의 공해 현상인 현대인의 불안 초조에서 유래되어 그릇된 버릇으로 굳어진 결과임을 반성해야 할 것이다.

가장 심각한 문제는, 만일 이러한 현상이 장기화·고정화한다면 그러한 저품(低品)한 언어의 습행(習行)에서 알게 모르게 변화되어 갈 인간성 내지 민족성에의 부정적 영향이다.

그러므로 우리의 선인들은 2음절 이하의 장음에도 번거롭다 아니하고 일일이 장음표(방점 2점)을 베풀었으며, 우리의 부조(父祖)들도 자녀들이 자칫 조급한 저품의 말씨에 물들세라, 엄히 경계하여 그때그때마다 올바르게 시정함을 잊지 않았던 것이다.

고저장단은 음절에 구애됨이 없이 고루 분포될수록 이상적이다. 마찬가지로 장음도 2음절·3음절 가릴 것 없이 우리말에서의 천연의 분포 그대로 충실하게 행사되어야 한다. 특히 2음절·3음절의 어말 장음(語末長音)은 그 언어의 안정감과 진중미(鎭重味)를 더해 줌으로써 진실감(眞實感)과 신뢰성(信賴性)을 가지게도 한다.

말소리란 사람의 자연스러운 생리 현상이요, 생활 리듬인 숨결을 타고, 오르락내리락하며 이어지는 유연한 파상 운동으로, 그 음아적 운율미(韻律美) 때문에 화자나 청자가 말의 즐거움을 누리게 될 뿐만 아니라, 장시간의 계속에도 피로해지지 않게 마련인 것인데, 이제 이를 단촉(短促) 일변도(一邊倒)로 몰아간다면, 그 율동미·유연성·진중미를 일거에 잃게 되는 반면, 얻게 되는 것은 경조부박(輕佻浮薄)하다는 인상뿐일 것이다.

언어의 진중(鎭重)은 행동의 진중으로 직결되는 것이며, 사고(思考)에도 여유를 얻게 됨으로써 사리판단을 신중히 할 수도 있게 되는 것인 즉, 이러한 교육적 측면에서라도 2음절 이하의 장음 표시는 복원(復元)되어야 할 것이다. 그리되고서야 비로소 '장단' 문제에서나마 사전으로서의 올바른 구실을 하게 될 것이다.

(5) 사전상(辭典上) 장단(長短) 표시의 불일치성

　다음으로 문제가 되는 것은 구체적인 어휘에 실시한 장음 표시가 사전마다 엇갈리어 통일되지 못한 점이다.

　일례로 '韓國'의 '韓'을 들어볼지라도, 조선총독부 편찬 사전에는 짧게, 문세영(文世榮) 사전과 한글학회 사전에는 길게 표시되어 있다. '韓'이 평성(平聲)임을 기준으로 삼는다면 마땅히 짧아야 할 것은 상식 이하의 일이겠건마는, 도대체 무엇에 근거하여 장음이 되었단 말인가? 이 또한 한 개인의 말버릇에 기준했다고 한다면 이런 망발이 어디 있겠는가? 그러나 오늘날 대다수의 사전들은 이를 짧게 바로잡아 표시하고 있건마는, 권위를 자처하는 사전의 그런 잘못된 표시를 내세우는 많은 지식인들이 아직도 천연덕스럽게 'ː 한국'으로 길게 발음하고 있음을 우리는 다반사로 듣게 된다.

　이렇게 한 낱말의 잘못은 하나라 하여 가벼이 볼 것이 아니니, 이에서 곁따라 생긴 파생어 또한 이하 동문으로 모조리 잘못되는 것이다. 韓國○○기관(機關), ─○○회사(會社), ─○○단체(團體) 등등 수천수만의 말들이 하나같이 잘못되어짐을 생각하면 그 피해는 엄청난 것이며, 또 그러한 어휘가 한둘이 아니니, 고저를 배제한 장단만의 반세기에 걸친 지도 육성의 성과가 그저 한심할 뿐이다. 이처럼 국어사전의 소임이 막중한 만큼, 그 출판은 가장 소신 있게 신중을 기해야 할 것이다.

사전상의 장음 표시의 엇갈림은 주로 상성(上聲)·거성(去聲) 사이를 방황하여 현주소라 할 곳이 없는 한자의 경우가 많다.

곧 상거상혼(上去相混)은 과거에 겪었던 것으로 종결된 것이 아니다. 새로이 그 방황의 길로 떠나고 있는 상당수의 상성자(上聲字) 또는 거성자(去聲字)들도 많아, 음의 장단이 엇갈리게 됨은 어쩔 수 없는 일이라 할 수 있다.

그러나 아무런 도인(導引)도 규제도 없이 방임하여, 그 방황이 장기화했던 과거와는 달리, 앞으로는 그 한자의 고저와의 상관관계에서 이를 도인함으로써, 그 떠도는 동안을 한결 단축해 갈 수 있으리라 믿는다.

다시 말하면, 장단을 장단만의 문제로 해결할 수는 없는 일이라, 반드시 고저와의 일괄된 안목에서 해결해야 올바른 현주소에 정착하게 할 수 있다는 것이다.(355쪽 참조) 이런 의미에서도 장차 고저장단을 겸비한 진정한 표준이 될 국어사전의 출현이 하루 빨리 이루어지기를 갈망하는 바이다.

3부

결론

　우리는 광복 후 고저는 방기한 채, 장단만을 소중히 한 파행적(跛行的)인 국어 교육으로 오늘에 이르렀다.

　그러나 고저의 생명은 강인하여, 고저는 고저대로 반세기 동안이나 교육권 외에 버려진 채, 야생으로 명맥을 이어 오면서, 여전히 장단과 제휴하여, 오늘의 우리말의 생명의 일면을 담당해 오고 있는 것이다.

　그리고 그것은 제도권 안에서 보호 육성되어 오면서도, 아직도 많은 문제를 안고 있는 장단의 오류(誤謬) 이상도 아닐 만큼, 비교적 건전히 골격을 유지해 오고 있는 것이다.

(1) 고저장단(高低長短)의 기준

고저장단의 기준은 '사성(四聲)'에 있다. '사성'이란 말소리의 성질(聲質)을 네 가지 유형으로 분류한 '평성(平聲)·상성(上聲)·거성(去聲)·입성(入聲)'을 이름이다. 그리고 그 유형 중 가장 공통점이 많은 것끼리 다시 묶어 양립체계로 정리한 것이 '평측(平仄)'이다. 곧 자음(字音)이나 어음(語音)의 성질(聲質)상 공통점이 많은 '上·去·入 삼성(三聲)'을 묶어 '측성(仄聲)'으로 삼아, 이외는 대척적 성질인 '평성(平聲)'과 양립하게 한 것의 일컬음이다. 이는 사성보다 간편한 원초적(原初的) 분류로서, 고저장단을 논함에 있어 가장 실용적 기본요소로 일컬어지고 있는 것이다.

고저와 장단은 호흡과 맥박처럼 분리해서 생각할 수 없는, 유기적 동시작용으로 언제나 두 기능이 병행하게 마련인 것이다. 곧 서로 떠나서는 어느 한쪽도 온전할 수 없는 관계에 있으므로, 우리의 선인들은 '고저장단'을 두 단어로 보지 않고 하나의 묶여진 사상(事像)으로 간넘해 왔던 것이다.

(2) 평측(平仄)과 고저(高低)의 관계

평측(平仄)과 고저(高低)의 관계는 다음과 같다.

> ┌ 측성(仄聲)은 고조
> └ 평성(平聲)은 저조이나

└ 일정한 조건하에서는 평성(平聲)도 고조된다.

  일정한 조건이란 측성(仄聲) 직전(直前)에 위치한 평성(平聲)을 이름이
니, 이 경우 평성(平聲)이 고조되는 기현상이 일어나는데, 이것이 곧 '측
상평고조(仄上平高調)', 약칭해서, '평고조(平高調)'인 것이다. 이리하여 고
저와 평측(平仄) 관계를 일람해 보면 다음과 같다.

```
                  ┌ 측고조(仄高調) … 측기어(仄起語 ; 仄+仄 또는 仄+平)
            ┌ 고조 ┤
            │     └ 평고조(平高調) … 평기어(平起語 중 '平+仄' 구조어)
      고저 ┤
            └ 저조 … '平+平' 구조어
```

  측성(仄聲)의 고조와 평성(平聲)의 저조는 상식 중의 상식이나, 저조를
본분으로 하는 평성(平聲)이 고조되는 평고조(平高調)는 상식을 초월한
성조계(聲調界)의 혜성과도 같은 존재로, 그 행태(行態)는 눈부시다. 그리
고 그 평고조(平高調)의 가락은 측성(仄聲)보다도 더 높은 최고조이다. 그
리하여 전통적인 고래의 고저 단계는

        최고조(最高調),   고조(高調),   저조(低調)

의 3단체계였다.
  이 전통을 그대로 계승 현행하고 있는 지방은 경주를 중심으로 한
신라언어권이다.[65]

그러나 기타의 전역에서는 이미 최고조는 고조로 한 계단 낮아졌으니, 이는 마치 모난 돌이 정맞은 격으로, 그 '最'의 돌출부(突出部)가 다분히 마손(摩損)된 상태여서, 이제는 고저(高低) 2단체계로 바뀌게 된 것이다. 이를 일람하면 다음과 같다.

(가) 고저의 고금(古今)

	고(古) : 3단		금(今) : 2단
최고조 …	평고조(측성 앞의 平)	고조 …	측고조(어두의 上·去·入)
고조 …	측고조(어두의 上·去·入)		평고조(仄 앞의 平)
저조 …	平	저조 …	平

장단도 마찬가지로 고래(古來)의 체계는

단음(平),　　　　장음(上),　　　　초장음(去·入)

의 3단체계였던 것이나, 오늘날은 초장음(稍長音 ; 非長非短)이 단음화(短音化)함에 따라 이를 측단음(仄短音)으로, 평성(平聲)의 평단음(平短音)과 대응하여 장단 2단체계로 바뀌게 되었다. 이를 일람하면 다음과 같다.

---

65 같은 신라언어권·경상언어권이라 할지라도 경주를 중심으로 한 반경(半徑)이 멀어질수록 전통색(傳統色)이 희박해져 감을 보게 된다.

(나) 장단의 고금(古今)

고(古) : 3단

┌ 장음 … 上
├ 초장음 … 去·入
└ 단음 … 平

금(今) : 2단

┌ 장음 … 上 [66]
└ 단음 … ┌ 측단음(仄短音) … 去·入
         └ 평단음(平短音) … 平 [67]

위에서와 같이 고저와 장단은 그 변천 과정 또한 궤를 같이하여 3단에서 2단으로 단순화해졌다. 이는 성조의 변이에 따른 고저장단 상호 간의 역학(力學) 관계에서 빚어진 필연적인 귀결(歸結)임은 말할 나위도 없는 일이다.

이제 이를 일괄 총람하면 다음과 같다.

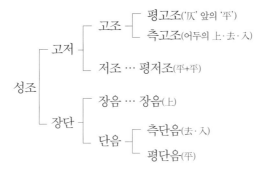

성조 ┬ 고저 ┬ 고조 ┬ 평고조('仄' 앞의 '平')
     │   │   └ 측고조(어두의 上·去·入)
     │   └ 저조 … 평저조(平+平)
     └ 장단 ┬ 장음 … 장음(上)
            └ 단음 ┬ 측단음(去·入)
                   └ 평단음(平)

───────────────

66 고유어의 상성(上聲)은 '화이거(和而擧 ; 선저후고)'에서 한자음의 상성(上聲) '여이거(厲而擧 ; 선고후고)'로 일원화했음을 전제로 한다. 별론은 '상성(上聲)의 선고후고'(333쪽) 참조.

67 거성(去聲) 한자의 대다수는 이른바 '상거상혼(上去相混)'으로 장음화하여 상성(上聲)으로 전속(轉屬)한 반면, 상성(上聲)에서 내부(來附)한 소수의 거성(去聲)과 소수의 잔류 거성(殘留去聲) 및 고유어 거성(去聲)은 단음화했다. 그러나 측단음(仄短音)은 그 무게와 높이에 수반되는 자연부가(自然附加)의 길이가 있으므로, 가장 짧고 가볍고 낮은 평단음(平短音)과 똑같을 수는 없다. 또 측단음(仄短音)은 중단음(重短音), 평단음(平短音)은 경단음(輕短音)이라 할 수도 있다.

이는 전국의 수많은 방언권(方言圈)에서 저마다 상이한 가락인 듯 현행되고 있는 성조의 밑바닥에 흐르고 있는 저류(低流)요, 주류(主流)인 것이다. 곧 권역(圈域)마다 이색(異色)지게 들리는 고저장단의 가락은 이 저주류(底主流)의 표면에 아롱지는 문양(紋樣)에 불과한 것일 뿐, 그 가장 근본을 따져 보면 모두가 이 대원칙에 귀일(歸一)하게 되는 것임을 알 수 있다.

(3) 우리말의 성(性)

우리말의 모든 어편(語片)은 한자어나 고유어를 막론하고 '평성성(平聲性)'과 '측성성(仄聲性)'의 양성으로 분립 대응한다. 곧 어편(語片)의 첫 음절의 평측(平仄)에 따라 그 평측성(平仄性)이 결정되는 것이다. 2음절의 경우 :

• 모든 평기어(平起語 ; 平平·平仄)는 평성성어(平聲性語 ; 平聲語)이며,
• 모든 측기어(仄平·仄仄)는 측성성어(仄聲性語 ; 仄聲語)이다.

그러므로 체언·용언·수식언 따위 실사(實辭)는 물론, 조사·어미·각종 접사 등의 허사(虛辭)에 이르기까지, 모든 어편(語片)은, 그 첫음절의 평측(平仄)에 따라 평성어(平聲語) 또는 측성어(仄聲語)의 그 어느 한쪽에 소속(所屬)되게 마련이다. 따라서 명사가 평성성 명사(平聲性名詞 ; 平名詞)와 측성성 명사(仄聲性名詞 ; 仄名詞)로 나뉘어지듯, 모든 품사가 다 그러하

고, 조사도 평성성 조사(平聲性助詞 ; 平助詞)와 측성성 조사(仄聲性助詞 ; 仄助詞)로 양립되어 있다. 뿐만 아니라 각종 접사(접두·접요·접미)들도 평측성(平仄性)으로 양립되어 있으니, 이는 마치 동양철학의 음양(陰陽)이나 남녀의 양립과도 같은데다가 그 수 또한 남녀의 비율만큼이나 비등한데, 성격 또한 닮아 있다. 곧 평성성(平聲性)은 여성과도 같아 평온(平穩)하고 유약(柔弱)한 데 반하여, 측성성(仄聲性)은 남성과도 같아 강건(剛健)하고 고매(高邁)하다.

그리고 한 번 운명지어진 이 성(性)은 그 말의 개념과 표리(表裏)가 되어 성전환(性轉換)하지 않는다. 그러나 새로운 개념으로 변신하기 위하여 취하는 접두사에 따라 성(性)도 전환된다.

예를 들면 :

<blockquote>

A. 조선(朝鮮) → 고조선(古朝鮮 ; 仄平平)

완전(完全) → 불완전(不完全 ; 仄平平)

B. 천하(天下) → 만천하(滿天下 ; 仄平仄)

공정(公正) → 불공정(不公正 ; 仄平仄) **68**

</blockquote>

과 같이 평성성(平聲性)에 측성(仄聲)이 접두하면 측성성(仄聲性)으로 성전환하게 된다.

또 측성성(仄聲性)에 평성(平聲)이 접두하면 평성성(平聲性)으로 바뀜도 당연하다. 예를 들면 :

---

68   A는 평저조(平低調)에서 측고조(仄高調)로, B는 평고조(平高調)에서 측고조(仄高調)로 바뀐 예이다.

득점(得點) → 고득점(高得點 ; 平仄仄)

수표(手票) → 공수표(空手票 ; 平仄仄)

발명(發明) → 신발명(新發明 ; 平仄平)

조모(祖母) → 증조모(曾祖母 ; 平仄仄)[69]

(4) 연접관계(連接關係)에서 이루어지는 새 질서

평성어(平聲語), 측성어(仄聲語)들은 그들 사이의 연접관계에서도 고저
장단의 정연한 새로운 그때그때의 임시 질서를 창출한다. 그것은 지금
까지 말해 온 고저장단의 원리에 의하여 일사불란하게 기계적·자동
적으로 이루어지는 것이다. 그 중에서도 언제 어디서나 항구적(恒久的)
불변고조(不變高調)인 측고조(仄高調 ; 上·去·入)와는 대조적으로, 저조(低調)
를 주조(主調)로 하는 평성(平聲)이, 어떤 일정한 여건에 처했을 때(平이 仄
의 직전에 놓였을 때)의 일시적 반발로 나타나는 측상평고조(仄上平高調 ; 平高調)
현상은, 활성화(活性化)한 동적고조(動的高調)로서, 가장 이채롭다.〔'평고조
(平高調) 현상이 나타나게 되는 이유'(78쪽) 참조〕

그것은 각종 어편들의 일시적인 만남의 접선(接線)에서 구성되는 '平
+仄' 구조의 곳곳마다에 유루(遺漏) 없이 발생한다.

평성어(平聲語) '산'을 중심으로 그 변화 양상을 살펴보면 다음과 같다.

---

[69]　이들은 모두 측고조(仄高調)가 평고조(平高調)로 바뀐 예이다.

- 山+만은·까지(체언+평조) → 平+平仄 → 平平仄

  ∴ 제2음절 평고조

- 山+이·은(체언+측조사) → 平+仄 → 平仄

  ∴ 제1음절 평고조

- 山+하(河)·천(川)·딸기·머루(체언+평성어) → 平+平平 → 平平平

  ∴ 평저조

- 山+수(水)·상(上)·새·불(체언+측성어) → 平+仄 → 平仄

  ∴ 제1음절 평고조

이상은 평·측성어(平·仄聲語)가 하접(下接)한 경우였으나, 상접(上接)한 경우도 같은 계산에 의하여 그 변화 양상이 일목요연해진다.

- 청(青)·공(空)·춘(春)+山 → 平+平 → 平平 ∴ 평저조
- 벽(碧)·광(鑛)·울(蔚)+山 → 仄+平 → 仄平 ∴ 제1음절 측고조

이상을 1차 변화라 한다면, 2차 변화도 :

- 산하(山河)·산천(山川)+만은·까지(체언+평조사) →

  平平+平仄 → 平平平仄 ∴ 제3음절 평고조

- 청산(青山)·공산(空山)·춘산(春山)+이·은(체언+측조사) →

  平平+仄 → 平平仄 ∴ 제2음절 평고조

와 같은 계산으로 한 치의 예외도 없다. 어미도 마찬가지다. 평성어(平

^{聲語} '嚴(엄)하다 · 傳(전)하다'를 예로 살펴보면 다음과 같다.

- 엄하 · 전하+도다 · 거늘(_{용언+평어미}) →

  平平+平仄 → 平平平仄 ∴ 제3음절 평고조
- 엄하 · 전하+니라 · 므로(_{용언+측어미}) →

  平平+仄○ → 平平仄○ ∴ 제2음절 평고조

접사와의 연접의 예는 다음과 같다.

- 엄하 · 전하+더라 · 겠다(_{용언+평접요사}) →

  平平+平仄 → 平平平仄 ∴ 제3음절 평고조
- 엄하 · 전하+였다 · 시다(_{용언+측접요사}) →

  平平+仄仄 → 平平仄仄 ∴ 제2음절 평고조

(5) 측하무고조(仄下無高調)의 원리

일단 고조한 다음의 음절들은 다시 고조되지 못한다. 그것은 이미 고조에 힘을 소모했는지라, 연해 재고조하기가 어렵기 때문이다. 예를 들어

世界(仄仄)   古史(仄仄)   政治(仄仄)
세계   고사   정치

에서 어두인 '世·古·政'이 측고조(仄高調)되므로 그 이하의 '仄'은 측하무고조(仄下無高調)의 원칙에 의하여, 평성(平聲)보다는 높지만, 어두의 '仄'만큼은 높지 못한 비고비저(非高非低)의 상태로 약화된다. 그러나,

別世界(仄仄仄)　　　上古史(仄仄仄)　　　舊政治(仄仄仄)
별세계　　　　　　　상고사　　　　　　　구정치

와 같이 어두에 다른 측성이 상접(上接)하면 이번에는 그 새로운 어두의 '仄'인 '別·上·舊'의 산하(傘下)에 들게 됨으로써 '世界·古史·政治'의 '측측'은 이에 복속하여 비고비저로 약화되고 만다.

耳目口鼻(仄仄仄仄)　　　不問曲直(仄仄仄仄)
이목구비　　　　　　　　불문곡직

위의 예에서는 어두의 '耳·不'이 측고조(仄高調)되므로, 그 이하의 '仄仄仄'은 죄다 약화한다. 그러나 고도에 있어서는 약화하되, 상성(上聲)의 경우 그 음장(音長)에는 변함이 없다.

(6) 고저장단(高低長短)의 사전(辭典) 표시 시안(試案)

성조란 고저만을 지칭하는 말이 아니라, 고저장단을 통칭하는 말로서, 이 둘이 병행함으로써야 비로소 그 유기적 성조 기능을 완수할 수

있는 것이다. 고저를 동반하지 않는 장단은 부실한 장단이며, 그 반대 또한 그러하다.

그러므로 마땅히 고저를 복적(復籍)시켜, 장단과 함께 사전 표시를 하고서야 비로소 언중의 올바른 길잡이로서의 사전 구실을 다하게 될 것이다.

그 대강의 안을 잡아 보면 다음과 같다.

1. 측고조(仄高調)와 평고조(平高調)는 구별하여 표시한다.

측고조(仄高調) : ' ` '

평고조(平高調) : ' ´ '

단 상성(上聲)으로서의 측고조(仄高調)는 ' ‾ ' 표로 고저와 장단을 양겸(兩兼)한다. 이는 장음으로서의 측고조(仄高調)임을 아울러 나타낸다.

주ˋ식(主食)   주ˊ식(柱式)

기ˊ일(忌日)   기ˊ일(期日)

상‾서(上書)   상ˊ서(祥瑞)

2. 평저조(平低調)인 평성(平聲)은 무표시로 한다.

문장(文章)   인간(人間)   가을   마음

이에 측성(仄聲)이 접두하면 측고조(仄高調)가 되므로 첫음절에 'ㆍ' 또는 'ㅡ' 표를 한다.

고문장(古文章)　　　만인간(萬人間)　　　늦가을　　　두마음

이에 측성(仄聲)이 접미하면 '平平仄'형이 되어 제2음절이 평고조(平高調)된다.

문장력(文章力)　　　인간성(人間性)　　　가을일　　　마음껏

3. 평성단음절어(平聲單音節語)는 평고조(平高調)와 같은 높이이므로 'ㆍ' 표를 베푼다.

산(山)　　　　　　양(羊)　　　　　　금(金)
집〔家〕　　　　　　배〔梨〕　　　　　　말〔馬〕

단, 접사의 평측(平仄)에 따라 고저가 변동되는 경우는 변동된 대로 표시한다.

평성(平聲)이 접두하면, '平平'형이 되므로 무표시로 한다.

청산(靑山)　　　　산양(山羊)　　　　황금(黃金)
술집　　　　　　　꿀배　　　　　　　흰말

평성(平聲)에 평성(平聲)이 접미해도 역시 '平平'형이 되므로 무고조로 무표시이다.

산림(山林)　　　　　우양(牛羊)　　　　　금은(金銀)
집마루　　　　　　　배꼭지　　　　　　　말갈기

측성(仄聲)이 접두하면 측고조(仄高調)가 되므로 첫음절에 ' ` ' 또는 ' ‾ ' 표를 한다.

태산(泰山)　　　　　목양(牧羊)　　　　　현금(現金)
움집　　　　　　　　돌배　　　　　　　　큰말

측성(仄聲)이 접미하면 '平仄'형이 되어 '평고조(平高調)'가 되므로 ' ´ ' 표를 한다.

산록(山麓)　　　　　양각(羊角)　　　　　금광(金鑛)
집터　　　　　　　　배맛　　　　　　　　말죽

4. 측기어(仄起語 ; 仄平·仄仄)는 다 측고조(仄高調)이므로 첫음절에 ' ` ' 또는 ' ‾ ' 표를 한다.

'仄平'型 … 관행(慣行)　　　지조(志操)　　　후생(厚生)
'仄仄'型 … 법안(法案)　　　말세(末世)　　　냉혈(冷血)

　　　　　　　　　　　　　　　　　　우리말의 고저장단

5. 고유어의 성조 표시도 마찬가지다.

平高調 ··· 뿌́리　　　얼́음　　　고사́리　　　주머́니

仄高調 ··· 눈̀물　　　상̀투　　　임̀자

6. 제2음절 이하의 상성(上聲)음에도 장음 표시를 한다.

신성̄(神聖),　　　이동̄(移動),　　　칭찬̄(稱讚)

단 '平+上' 구조의 측상평고조(仄上平高調)에는 제1음절에 ' ´ '표, 제2음절에 ' ¯ '표를 한다.

명́사̄(名士),　　　치̀세̄(治世)

천́상̄천́하̄(天上天下)　　　사́해̄형́제̄(四海兄弟) [70]

위의 사전 표시 부호는 단순히 하나의 안(案)에 불과하다. 컴퓨터로 이런 부호를 표제어(標題語)에 베풀 때의 편불편(便不便)은 미처 고려되어 있지 않기 때문에, 그 실제에 임해서는 다시 면밀히 재고되어야 할 것이다.[71]

이상과 같이 본론의 요지를 대강 추림으로써 결론이라 삼아 보았으

---

[70] 제2고조는 제1고조보다 약화된다.

나, 요는 서로 떼어 놓을 수 없는 유기적 관계인 '고저장단'에서 '고저'만을 억지로 떼어 제도권 밖으로 내친 지도 이미 반세기! 그러나 고저는 고저대로 야생의 처지에서도 '장단'과 제휴하여 오늘날까지 제 구실을 다해 오고 있다. 우리는 마땅히 지난날의 파행적(跛行的) 처사의 잘못을 깨달아, 이제라도 하루 빨리 이를 복권(復權)시킴으로써, 성조 교육이 본궤도에 올라, 합자연적이요 과학적인 일사불란한 성조 질서를 회복할 수 있게 되어야 할 것이다.

어찌 우리 언중(言衆)으로 하여금, 길을 두고 메로 가게 하리요?

---

71 자정(字頂)에 베푸는 상성(上聲)의 ' ˉ ' 표를 우측 자간(字間)에 ' ː '로 표시한다거나, 또는 헷갈리지 않게 상성표(上聲標)와 함께 측고조표(仄高調標)인 ' ˋ '도 함께 베푸는 것이 어떨지 등, 실무에 편리하도록 다시 세심하게, 또 예쁘게 디자인되어야 할 것이다.

우리말의 고저장단

4부 ── 별론

중국 한자음 사성(四聲)과 우리 어음(語音)의 사성(四聲)

(1) 한자음(漢字音)과 귀화한자음(歸化漢字音)

사성이란 자음(字音)의 발음상에서 실현되는 고저장단의 네 가지 유형을 이름이다.

수입 당초의 한자의 자음은 중국음 그대로였을 것은 물론이나, 그중 우리의 음운 체계에 동화되기 어려운 음은 귀화 과정에서 점차 우리의 음운 체계로 동화되어 왔던 것으로 추측된다.[72]

이는 일본, 동남아 각국으로 들어간 한자음이 똑같은 뿌리에서 나왔으면서도, 오늘날과 같이 서로 엄청나게 달라진 것으로 보아서도 저간(這間)의 사정을 짐작하고도 남음이 있다 할 것이다. 이리하여 오늘날의 귀화한자음은 중국의 한자음과는 별개의 음을 이루고 있다.

그러나 운소(韻素 : 사성)만은, 변이(變移)된 극소수를 제외하고는, 수입 당초의 운소 그대로인 것이다.

(2) 중국 사성(四聲)과 고유어 사성(四聲)

사성은 원래 한자음의 성조이나, 이는 우리 고유어의 성조에도 그대로 부합(符合)되는 것이었으므로, 당시 정음 창제에 참여한 학자들은 이를 우리 어음에도 도입 원용하게 되었던 것이다.

그리하여 새로 지은 글자로 우리말을 표기함에 있어, 모든 간행물에 일일이 글자의 좌측에 성점(聲點 : 傍點)을 베풀었던 것이다. 그리고 이후 내내 이와 같은 번거로운 작업을 장장 2세기에 걸쳐 지속하였던 것이니, 우리 선인들이 얼마나 성조를 중요시했었던가를 가히 짐작하고도 남음이 있다 할 것이다.

당시 정립한 우리말 사성은 다음과 같다.

---

72 수입 당초의 한자음은 점차 변천되어, 훈민정음을 창제하던 15세기에는 그 중국음과의 거리가 너무 심하게 되었으므로 이를 바로잡고자 《동국정운(東國正韻)》을 간행하였으며, 정음에도 오늘날 쓰이지 않게 된 괴벽한 글자들 'ㆍ, ㆆ, ㅿ, ㆁ, ㆅ, ㅱ, ㅸ, ㆄ, 치두음(齒頭音)' 등을 만들어 가면서까지 그 당시의 음을 정확히 표기하려 했지마는, 600년 동안에 그것들은 국어의 변천에 따라 함께 변천하였으니, 예를 들면, 'ㆍ'를 비롯한 상기의 괴벽한 음들이 현용음의 범주 내로 바뀌어졌으며, 'ㅅ, ㅈ, ㅊ' 아래의 'ㅑ, ㅕ, ㅛ, ㅠ'가 'ㅏ, ㅓ, ㅗ, ㅜ'로, 'ㅑ, ㅕ, ㅛ, ㅠ' 위의 'ㄷ, ㅌ'이 'ㅈ, ㅊ'으로, '믈, 블, 플' 등이 '물, 불, 풀' 등으로 바뀐 것 등이 그것이다.

《훈민정음》의 사성
- 평성(平聲) … 安而和(안이화)
- 상성(上聲) …… 和而擧(화이거)
- 거성(去聲) …… 擧而壯(거이장)
- 입성(入聲) … 促而塞(촉이색)

이 중 '평·상·거성(平·上·去聲)'의 설명은 형식도 정연(整然)하게 마치 '말꼬리 따먹기' 놀이에서처럼 연쇄상으로 단계 단계 받아 넘겨져 있다.

이를 풀어보면 다음과 같다.

- 평성(平聲)이란, 바로 이 평성자(平聲字)들인 '安·和'의 음과 같이 낮은 가락의 소리이며, 또 '安·和'의 뜻과 같이 '평안하고 온화하여 기복이 없는 잔잔한 소리 가락'임을 보임이요,
- 상성(上聲)이란, '和'와 같은 평성(平聲)의 낮은 가락에서 시작하여 상성(上聲)인 '擧'의 높은 가락으로 올라가는 소리이며, 그 자의(字意)가 시사하는 대로, '화평한 저조에서 시작하여 고조로 높이 쳐드는 가락'임을 보임이요,
- 거성(去聲)이란, 바로 상성(上聲)인 '擧'의 쳐든 가락인 동시에 거성(去聲)인 '壯'과 같은 높은 가락이며, 또 그 자의와 같이 '높이 쳐든 장한 가락'임을 보임이며,
- 입성(入聲)이란, 바로 입성자(入聲字)인 '促·塞'의 자음과도 같이 'ㄱ, ㄹ(ㅭ), ㅂ' 받침소리와 같은 폐쇄음이며, 또 그 자의와 같이 '끝소리가 촉박하게 빨리 틀어막히는 가락'임을 보인 것이다.

이 사성 설명에 예거(例擧)된 '安·和·擧·壯·促·塞' 등의 글자들은 제각기 그 '音'과 '訓'으로써 사성의 소리 가락이 어떻게 서로 다른가를 매우 간명하면서도 요령 있게 시사해 주고 있는 것이다. 그러나 오늘의 학자들은 자음(字音)의 예시면(例示面)만 취할 뿐, 그 자의(字意)가 시사하는 또 하나의 중요한 측면을 간과하고 있음은, 귀중한 문헌의 뜻을 반실(半失)하고 있음이 아닐 수 없다.

이 사성 설명에는 고저만 보였을 뿐 장단에 대한 언급이 없다. 그것은 이의 모델로 삼았던 중국의 《원화운보(元和韻譜)》의 사성 설명도 마찬가지다. 다만 입성(入聲)만은 '直而促'이니, '促而塞'이니 한 데서 간접적으로 그 음장(音長)을 짐작할 수 있을 뿐이다. 이러함에서 일부 학자들이 '15세기 사성은 고저 위주였었는데, 그 후 고저가 소멸되면서 장단이 이를 계승하게 되었다'는 가당치 않은 오해를 하게도 되었던 것이다.

고저에 반드시 장단이 수반되는 것은 고래의 상식이니, 그것들이 상호 유기적으로 동시 작용함으로써 비로소 하나의 입체적인 가락이 형성되는 것이므로, 모든 운보(韻譜)에서 장단에 대한 언급이 없는 것은, 이에 대한 언급은 차라리 상식에 맡기는 것으로도 족하기 때문으로 보여진다.

이를 도시하면 다음과 같다. 평·거·입성(平·去·入聲)의 가락의 전후는 수평인 데 반하여, 상성(上聲)은 하나의 경사진 선분으로 나타난다.

고저＼사성	평성	상성	거성	입성
고		／	—	—
저	—	／		

우리말의 고저장단

*여기서 보는 상성(上聲)의 경사는 매우 가파르다.[73]

한편 《훈민정음언해(訓民正音諺解)》에서의 사성 설명은 또한 다음과 같다.

《훈민정음언해》의 사성
- 평성(平聲) — 뭇늦가본 소리
- 상성(上聲) — 처섬이 늦갑고 내중이 노푼 소리
- 거성(去聲) — 뭇노푼 소리
- 입성(入聲) — 샐리 긋돋눈 소리

이를 도시하면 다음과 같다.[74]

고저 \ 사성	평성	상성	거성	입성
뭇늦가본 소리			——	——
노푼 소리		/		
늦가본 소리				
뭇늦가본 소리	——			

---

73 입성(入聲)은 그 높이에 대한 언급이 없으나 '상·거성(上·去聲)'과 함께 측성(仄聲)임을 감안하여 거성 (去聲)과 등고(等高)로 잡은 것이며, 평·거·입성(平·去·入聲)은 고저에 수반되는 음장(音長)으로 상정한 것이다.

74 '늦가본 소리'는 '낮은 소리(低調)'요, '뭇늦가본 소리'는 '가장 낮은 소리(最低調)'의 뜻으로 잡음이 보통이다.

*여기서 보는 상성(上聲)의 경사는 완만해졌다. 전자보다 운두(韻頭)가 높아지고
운미(韻尾)가 낮아졌기 때문이다.

이 전후의 두 도해를 자세히 비교해 볼 것이다. 고저의 계층(階層), 고
저의 위치, 고저의 선후, 선분의 장단, 특히 상성(上聲) 선분의 수평으로
의 환산(換算) 길이 등에 유의할 것이다.

위의 《훈민정음해례(訓民正音解例)》와 《훈민정음언해(訓民正音諺解)》에서의
사성 설명에는 상치(相値)되는 곳이 있으니, 이를 살펴보면 다음과 같다.

- 첫째, 《훈민정음해례》에서는 성조가 '고'와 '저'의 2단이던 것이,
  《훈민정음언해》에서는 '최고', '고', '저', '최저'의 4단으로 세분되
  어 있다.
- 둘째, 상성(上聲)의 경우 《훈민정음언해》에는 '뭇▽가▽봇 수리(최저
  조)'에서 시작하여 '뭇노픈 소리(최고조)'로 올라가는 소리로 되어 있
  으나, 《훈민정음해례》에는 같이 '▽가▽봇 소리(저조)'에서 시작하여
  '노픈 소리(고조)'로 올라가는 소리로 되어 있다.

우리는 이 《훈민정음해례》와 그 《언해》와의 사이에서 빚어진 이와
같은 상치(相値)를 결코 가벼이 보아 넘길 수는 없다. 이는 우리 고유어
의 상성(上聲)을 '和而擧'로 규정함에 있어 얼마나 이견(異見)이 많았던
나머지의 불확실한 결정이었던가를 엿보게 하는 중대한 단서가 아닐
수 없기 때문이다.

우리말의 고저장단

당시 우리가 도입한 사성은 중국의 전통적인 정운(正韻 ; 古韻, 字韻)이었음에도 불구하고, 유독 상성(上聲)만은 중국의 속운(俗韻 ; 會話韻)이라고 할 관화(官話)의 상성(上聲 ; 제3성)으로 대체되어 있음을 발견하게 된다.

중국의 정운으로 자주 인용되는, 다음의 당(唐)《원화운보(元和韻譜)》의 상성과 대비해 보면 단적으로 그 경위를 엿볼 수 있는 것이다.

$$
《원화운보》의\ 사성
\begin{cases}
평성(平聲) - 哀而安(애이안) \\
상성(上聲) - 厲而舉(여이거) \\
거성(去聲) - 清而遠(청이원) \\
입성(入聲) - 直而促(직이촉)
\end{cases}
$$

중국의 속운(俗韻)이라고 할 관화(官話)의 운이 지방에 따라 시속(時俗)에 따라 변천을 거듭해 오는 것과는 달리, 위의 운보는 오늘날까지 중국의 정운으로서의 떳떳한 위치를 지켜오고 있을 뿐만 아니라, 우리의 귀화한자음 성조로도 자초지종 변동 없이 정운으로서 일관해 오고 있는 것이다.

여기서 잠시《원화운보》의 '厲而舉'가 위에서 풀어 본《훈민정음해례》의 和而舉'의 풀이와 어떻게 다른가를 비교해 보면[75] '상성(上聲)'이란, 시작도 '厲'와 같이 높은 소리요, 끝소리도 '舉'와 같이 높은 소리이며, 또 그 두 자의(字意)와 같이 처음부터 '거세게 높이 쳐들린 소리'란

---

75 '和而擧'와 '厲而擧'에 대한 우리나라 음성학자들은 동의어의 다른 표현으로만 보아, 똑같이 선저후고(先底後高)로 풀이하고 있으나, 이는 잘못이다.

풀이가 된다.

이는 곧, '和'는 평성(平聲)이요, '厲'는 거성(去聲)이기 때문에 '和而擧'
는 선저후고(先低後高)의 소리요, '厲而擧'는 선고후고(先高後高)의 소리임
을 말해 주고 있는 것이다.

이는 또 전통적인 정운으로《원화운보》만큼이나 자주 인용되는, 명
(明) 석진공(釋眞空)의《옥약시가결(玉鑰匙歌訣)》의 내용과도 부합되는 것이
다. 이는 '歌訣'이라 했듯이 칠언절구(七言絶句)의 형식으로 된 사성 풀이
로서《강희자전(康熙字典)》의 분사성(分四聲)에도 이를 채택하고 있다.

그것은 다음과 같다.

《옥약시가결》의 사성 ┬ 平聲平道莫低昂 (평성평도막저앙)
                    │ 上聲高呼猛烈强 (상성고호맹렬강)
                    │ 去聲分明哀遠道 (거성분명애원도)
                    └ 入聲短促急收藏 (입성단촉급수장)

여기의 '上聲高呼猛烈强'은 '높은 소리로 부르짖는 맹렬하고도 강한
소리'란 뜻이니, 이는 위의《원화운보》의 상성(上聲) '여이거(厲而擧)'와 똑
같은 내용으로, 둘 다 상성(上聲)이 선고후고임을 말해 주고 있는 것이
다. 선저후고의 상성(上聲)은 중국의 속운(俗韻)인 북경관화(北京官話)의 상
성(上聲: 제3성)일 뿐이다. 우리가 도입한 사성의 바탕이 되는 정운(正韻)이
이러함에도 불구하고, 운학(韻學)에 명철(明徹)했던 당시의 학자들이 어
찌하여 우리말의 평·거·입성(平·去·入聲)은 정운에 의거하면서, 유독 상
성(上聲)만은 정운 아닌 속운으로 대체했던 것일까?[76]

우리말의 고저장단

운학(韻學)에 밝은 최세진(崔世珍)은 《번역(飜譯)노걸대박통사(老乞大朴通事)》〈범례(凡例)〉에서 우리 고유어 어음에도 '평측(平仄)'이 있음을 확인하고, 평·상·거·입성(平·上·去·入聲)과 가점(加點)에 대하여 다음과 같이 말하였다.

　무릇 우리나라의 말소리에도 평음(平音)이 있고 측음(仄音)이 있으니, 평음(平音)은 '哀·安'과 같은 글자들의 음과 같으며, 측음(仄音)에는 두 갈래가 있으니, '여이거(廬而擧)'인 '齒(치)' 자의 음과 같은 소리와 '곧바로 높은 소리'인 '位(위)' 자의 음과 같은 소리가 그것이다. '애이안(哀而安)'과 같은 소리는 평성(平聲)이요, '여이거(廬而擧)'와 같은 소리는 상성(上聲)이며, 곧바로 높은 소리는 거성(去聲)과 입성(入聲)이다. 그러므로 평성(平聲)은 점이 없고, 상성(上聲)은 2점, 거성(去聲)과 입성(入聲)은 1점을 찍는다.[77]

　凡本國語音有平有仄 平音哀而安 仄音有二焉 有廬而擧如齒字之呼者

---

76 중국의 속운(俗韻)이라 할 관화의 운과 정운(正韻)의 운과는 경정(逕庭)의 차가 있는 것이다.
그 사성은 오늘날의 북경관화(北京官話)의 체계로 정운(正韻)과는 별도로 형성되어 있으니, 평성(平聲)은 북송(北宋) 때 이미 '上平聲 下平聲'으로 나뉘어지고, 입성(入聲)도 폐쇄성(閉鎖性) 말음(末音)을 잃고, 그 성질(聲質)의 고저장단에 따라 상평(上平), 하평(下平), 상성(上聲), 거성(去聲)으로 분속(分屬)되고 말았던 것이다. 그러므로 똑같은 '사성'으로 호칭하지만, 전통적 정운의 '사성'과는 아주 딴판의 '사성'일 뿐이다. 참고로 관화의 사서 체계를 보이면 다음과 같다.

　　　　　　　　┌─ 상평성(上平聲 ; 陰平·제1성)
　북경관화의 사성　├─ 하평성(下平聲 ; 陽平·제2성)
　　　　　　　　├─ 상성(上聲 ; 제3성)
　　　　　　　　└─ 거성(去聲 ; 제4성)

77 '평음(平音)·측음(仄音)'은 '평성(平聲)·측성(仄聲)'과 같은 말이다.

有直而高如位字之呼者 哀而安者爲平聲 厲而擧者(爲上聲)[78]

直而高者爲去聲入聲 故國俗言語 平聲無點 上聲二點 去聲入聲一
點…

이를 도시하면 다음과 같다.

또《훈몽자회(訓蒙字會)》〈범례〉에서는 다음과 같이 말했다.

무릇 글자 음이 높고 낮음은 다 글자 옆에 찍은 점의 있고 없고 많고
적음을 준거로 삼는다. 평성(平聲)은 무점이요, 상성(上聲)은 2점이요, 거
성(去聲)·입성(入聲)은 다 1점이다. 평성(平聲)은 '애이안(哀而安)'하고, 상성
(上聲)은 '여이거(厲而擧)'하고, 거성(去聲)은 '청이원(清而遠)'하고, 입성(入聲)
은 '직이촉(直而促)'하니, 이는 언해에서도 마찬가지다.

凡字音高低 皆以字傍點之有無多少爲準 平聲無點 上聲二點 去聲
入聲

皆一點 平聲哀而安 上聲厲而擧 去聲清而遠 入聲直而促 諺解亦同

---

78 ( ) 안은 탈자(脫字)된 곳을 보완한 것임.

우리말의 고저장단

이를 다시 도시하면 다음과 같다.

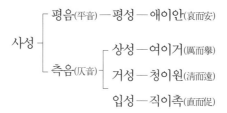

이는 전적으로 《원화운보》와 부합되는 내용으로, 우리는 이 전후의 두 〈범례〉를 통하여 다음과 같은 사실을 확인하게 된다.

1. 고유어의 사성도 평성(平聲)과 측성(仄聲)으로 양립해 있다.
2. 한자의 사성과 고유어의 사성은 완전 일치한다.
3. 따라서 고유어 상성(上聲)도 '여이거(厲而擧)'로 선고후고(先高後高)이며 측성(仄聲)이다.[79]

이들 고저의 위치와 장단의 서분을 도시하면 다음과 같다.

---

79 상성(上聲)은 장음이기 때문에 운두(韻頭 ; 출발음)가 고음임에도 불구하고 그것이 음장의 '깊'에 희석(稀釋)되어 저음(低音)인 양 착인(錯認)됨에서 일어난 오착이 아닐까 의심스러우며, 오늘날의 학자들도 역시 그러한 오착으로 '和而擧'를 무조건 수용한 그 선입견에서 상성(上聲)을 저고조(低高調) 또는 저조(低調)로 오인하고 있는 것이 아닐까 여겨지기도 한다.

고저＼사성	평성	상성	거성	입성
고조(仄音)		—		—
저조(平音)	—			

이와 같이 '和而擧'가 '厲而擧'로 대치됨으로써 상성(上聲)도 비로소 명실공히 측성(仄聲) 구실을 하게 된 것이다. 상성(上聲)이 '和而擧'로 선저후고(先低後高)인 한에서는 측성(仄聲) 자격을 얻을 수 없기 때문이다. 이에 대해서는 별론인 '상성(上聲)의 선고후고'(333쪽)에서 다시 상론(詳論)하기로 한다.

이와 같이 최세진(崔世珍)에 이르러 상성(上聲)의 위상은 '厲而擧'로 잡히어 현금에서와 같은 당당한 측성(仄聲)으로 복권(復權)되었으나, 창제 당시와 불과 1세기도 안 되는 동안의 일로서는, 더구나 보수성이 강한 고저의 문세로시는, 어진히 당초의 '和而擧'의 규정이 의문으로 남게 된다.[80]

고유어의 사성도 한자음의 그것과 똑같이 중국의 정운에 근거하였으면서, 어찌하여 유독 상성(上聲)만은 그 속운이라고 할 북경관화의 상성(上聲 : 제3성)과 같은 선저후고(先低後高)인 '和而擧'로 규정지었던 것일까? 이에 대한 몇 가지 어설픈 억측(臆測)을 해 본다면 다음과 같다.

1. 특수한 어휘, 이를테면 '부톄(부처가)', 긔('그것'의 주격), 쉬라(數이라)… 등

---

80 최세진(崔世珍)의 《훈몽자회》의 간행은 《훈민정음》 영포(領布) 후 81년 만의 일이다.

우리말의 고저장단

격조사와의 축략어(縮略語)의 선저후고를 모든 상성(上聲)에 두루 적용함은 아니었는지?

2. 선고후고(先高後高)임에도 불구하고, 음고가 그 음장의 '긺'에 희석(稀釋)되어, 선저후고인 양 청각적 착인(錯認)을 일으키게 되었음은 아니었는지?

3. 당시 선흥 국가의 의욕에 찬 국자(國字)의 창제에 있어, 국태민안(國泰民安)하고 시화연풍(時和年豊)한 상서로운 뜻을 우의(寓意)코자 사성(四聲)을 춘하추동의 사계(四季)에 상징(象徵) 배정(配定)하였으니, 그러므로 '哀·厲' 등 자의(字意)의 불상(不祥)함은 기피(忌避)하여 '安而和·和而擧'로, 또 '淸而遠'보다는, 위에서 내려오는 문세(文勢)에 이끌려 '擧而壯'으로, 그리하여 '和和·擧擧'로 수미(首尾)가 상교(相交)되게 하였으니, 이는《훈민정음해례》에서와 같이 봄에 씨앗이 싹트고, 여름에 무성하게 자라, 가을에 열매를 거두고, 겨울에 간수한다는,

> 平聲 安而和 春也 萬物舒泰
> 上聲 和而擧 夏也 萬物長成
> 去聲 擧而壯 秋也 萬物成熟
> 入聲 促而塞 冬也 萬物閉藏

의 자연 이세를 함축하게 함이라, 이러한 일련의 도도한 의욕과 전개해 가는 합논리적 필세(筆勢)에 이끌리어, 필경 '和而擧' 쪽의 주장이 우세해졌기 때문은 아니었는지?

4. 위의 1·2·3을 배경으로 '和而擧' 쪽의 주장이 우세해짐에 따라 '厲

而擧' 쪽의 반론도 만만치 않았음은, 저《훈민정음해례》와《훈민정음언해》의 상성(上聲) 설명에 차이를 보이게 된 경위와 무관하지 않을 듯하며, 또 미구(未久)에 '和而擧'가 '厲而擧'로 일원화되었음으로 보아, 창제 당시의 '和而擧'의 규정이 많은 논란을 겪은 불확실한 제정이 아니었던가 억측도 든다. 이에 대하여는 별론인 '상성(上聲)의 선고후고'(333쪽)을 아울러 보아주기 바란다.

우리말의 고저장단

2

상성(上聲)의 선고후고(先高後高)

(1) 훈민정음에서의 상성(上聲)의 운가(韻價)

《훈민정음해례》의 사성 설명은 :

평성(平聲) – 安而和(안이화)　　　상성(上聲) – 和而擧(화이거)

거성(去聲) – 擧而壯(거이장)　　　입성(入聲) – 促而塞(촉이색)

으로, 사성이 각각 예시자 두 자씩으로 간명하게 설명되어 있다.

그 중에서도 평·상·거성(平·上·去聲)의 설명은 예시자를 연쇄상으로 엮어 가면서, 소리 상호 간의 차이와 특징을 대비적·점층적으로, 매우 간략하면서도 요령 있게 풀이하고 있다.

곧, 평성(平聲)은 '安', '和'의 소리와 같은 소리임을 보임이요, 상성(上聲)은 '和'에서 '擧'로 올라가는 소리, 거성(去聲)은 '擧'로 시작한 '壯'한 소리, 입성(入聲)은 '促', '塞'과 같이 촉급하게 폐색(閉塞)하는 소리임을 보이고 있다.

하기야 '平·上·去·入' 자체가 이미 제각기 그 소리를 대표하는 글자들로서, 평성(平聲)은 '平' 자 소리, 상성(上聲)은 '上' 자 소리, 거성(去聲)은 '去' 자 소리, 입성(入聲)은 '入' 자 소리와 같은 소리임을 보이는 조어들이다.

위의《훈민정음해례》의 설명 중 상·거성(上·去聲)의 설명을 다시 살펴보면 :

상성(上聲)의 '和而擧'는 그 소리가 평성(평성)에서 시작하여 높아 가는 소리요,

거성(去聲)의 '擧而壯'은 높은 소리로 시작한 높은 소리(장한 소리)임을 보이고 있다.

그렇다면 저《훈민정음언해》의

왼녀긔 흔 뎜을 더으면 뭇노픈 소리(去聲)오
평성은 뭇ᄂᆞᆺ가ᄫᆞᆫ 소리라

한 대로 상성(上聲)을 풀이한다면

상성(上聲)은 처서미 뭇눗갑고 乃내終즁이 뭇노픈 소리

로 되었어야 할 것이다. 그러나 《훈민정음언해》의 상성(上聲) 풀이는 :

상성(上聲)은 처서미 눗갑고 乃내終즁이 노픈 소리

로 되어 있을 뿐이다.

'뭇'을 '最'의 뜻으로 본다면, 그 있고 없음은 한 단계의 차가 나게 된다.

곧 《언해》의 상성(上聲) 풀이대로 한다면 :

상성(上聲)은 처음이 예사 낮은 소리요 내중(乃終)이 예사 높은 소리

란 뜻이 되어 《해례》의 '和而舉', 즉 '平+去'에 트집이 생기게 된다.
다시 말하면

'눗가톤 소리'와 '뭇눗가톤 소리'
'노픈 소리'와 '뭇노픈 소리'

는 '낮은 소리와 높은 소리'를 다시 각각 2단계로 세분한 것이라, 저 정
제(整齊)된 형식미를 좇아 대충 표현한 '安而和', '和而舉'보다 한결 신
뢰성이 높다 하겠다. 따라서 일반적으로 상성(上聲)을 '平+去'의 연속구
조로 보지마는, 여기의 '平'은 평성(平聲)보다는 조금 높고 '去'는 거성
(去聲)보다는 조금 낮은 소리로 이해된다.

그러나 비록 그렇다 할지라도 여전히 선저후고(先低後高)를 벗어나지는 못하는 것인데, 이러한 고유어가 실제로 과연 행해지고 있었던가에 대해서는 매우 회의적이라 아니할 수 없다.

우리 문헌에서 선저후고로 발음했을 듯한 상성(上聲) 표시의 고유어를 찾아보면 :

: 긔(그것이)	: 제(제가)	: 네(네가)
: 너희(너희가)	: 눌(누구를)	: 숴라(數이라)
부 : 톄(부처가)	드 : 리(다리가)	ᄆ : 듸(마디가)
그 : 듸(그대가)	받 : 줍고(받잡고)	

등인데 특수한 경우 외에는 이런 음이 실재했을 것 같지 않다. 위의 예는 한 어휘의 단독형으로서가 아니라, 그 주격 또는 소유격, 목적격, 서술격 등과이 추야ᄋᆞ료, 이를 신간이 ᅡ도록 한껏 감정은 넣어 받음했을 때에만의 현상일 뿐, 기타 단독형에서는 볼 수가 없다.

또 다음과 같은 말까지도 의식적·의도적으로 선저후고되게 굴곡(屈曲) 발음을 하면 못할 바도 아니요, 또 그럴듯하게 들릴지도 모르나, 실제의 생활어조라 하기에는 너무나 고의성이 짙은, 귀에 거슬리는 가락이라 아니할 수 없다.

: 돈(錢)	: 돌(石)	: 되(胡)
: 둘(二)	: 뒤(後)	: 내(川)
: 감(柿)	: 깁(紗)	: 말(語)

:낛〔箇〕	:눈〔雪〕	:골〔谷〕
:곰〔熊〕	:괴〔猫〕	:벌〔蜂〕
:가치〔鵲〕	:님금〔王〕	:대초〔棗〕
:얼운〔長者〕	:겨집〔女〕	쓴:님〔女〕
들:돌〔擧石〕	목:숨〔命〕	꼭:뒤〔後頭〕
갈:웜(갈범)	녓:밤〔蓮實〕	대:범〔大虎〕
:거즛〔僞〕	아바:님〔父〕	:업〔無〕
:덥〔暑〕	:돕〔助〕	:굽〔炙〕
:쉬〔休〕	:넘〔過〕	:덜〔減〕
:곱〔艶〕	:닛〔續〕	:터디〔坼〕
:새리〔忌〕	갓:갑다〔近〕	두:텁〔厚〕
돈:갑〔篤〕	늧:갑〔卑〕	살:갑〔可愛〕
들:에〔喧〕	붑:괴〔沸〕	뼈:듕〔墮〕…

더구나 다음과 같은 경우, 상성(上聲) 다음의 상성(上聲)이나 거성(去聲) 다음의 상성(上聲)을 어떻게 선저후고로 발음할 수 있었을까는 더욱 의심스럽다.[81]

·빅:셩〔百姓〕	·믌:ᄀᆞ〔水邊〕

---

81 최세진(崔世珍)의 《노박(老朴)》 방점조(傍點條)에는 '연속된 두 자가 다 상성(上聲)일 경우에는 두 소리를 다 상성(上聲)으로 내기가 어려우므로, 윗자의 소리는 평성(平聲)과 같이 발음한다(但連兩字皆上聲而難 俱依本聲之呼者則呼上字如平聲…)' 운운한 대문이 있으나, 이는 관화(官話)의 한자음에 대한 설명일 뿐 이다.

·믌 : 뉘누리〔渦〕　　　　　바·ᄂ : 질(바느질)

·빗 : 솝〔腹中〕　　　　　·보·라 : 매(보라매)

·픔 : 돈〔貸金〕　　　　　:볃 : 새〔鶺鴒〕

몸·알 : 리〔知己〕　　　　:묏 : 새〔山鳥〕

:묏 : 괴〔狸〕　　　　　　:몯 : 내〔無量〕

:겨집 : 종〔婢〕　　　　　·ᄲᅡ : 디(빠뜨리다)

·밥 : 짓〔炊〕　　　　　　·발 : 뵈〔售〕

:믜 : 왼(미움의 受動)　　:만 : 뎡(망정)

:걸 : 내〔渡〕　　　　　　·ᄲᅧ : 듐〔陷〕

·처 : 듐〔垂〕[82]

위의 경우는 거의 장음 표시로서의 의미 외에는 별 의미가 따로 있었을 것 같지 않다.

(2) 최세진(崔世珍)이 본 상성(上聲)의 운가(韻價)

최세진은《번역(飜譯)노걸대박통사(老乞大朴通事)》〈범례(凡例)〉국음조(國音條)에서

82　이 경우는 상성(上聲) 직전의 높은 소리〔去聲〕의 여세(餘勢)에 이끌리어 자연 상성(上聲) 자체가 또한 선고후고(先高後高)로 소리났을 것이건마는, 15세기 방점 표시의 원칙 그대로, 복합되기 이전의 각 성점을 산술적으로 옮겨 놨을 뿐이다.

哀而安者爲平聲, 厲而擧者(爲上聲), 直而高者爲去聲入聲

이라 했고, 그의《훈몽자회》〈범례〉에서는

平聲哀而安, 上聲厲而擧, 去聲淸而遠, 入聲直而促, 而諺解亦同

이라 하여, 우리 어음(語音)도 한자음과 똑같이《원화운보》와 같음을 보임으로써 고유어의 상성(上聲)도 '和而擧'가 아닌, '厲而擧'임을 입증하고 있다. 또《소학언해(小學諺解)》〈범례(凡例)〉에도

無点은 平而低ᄒ고, 二点은 厲而擧ᄒ고, 一点은 直而高ᄒ니라.

했다. 이 또한《원화운보》를 인용한 것인데, 이를 표로 보이면 다음과 같다.

이와 같이 최세진은 이미 한자의 국음(國音) 상성(上聲)을 당시의 현실음대로 '和而擧'가 아닌, '厲而擧'로 규정지었음을 볼 수 있다. 이는 고유어와 한자어의 성조를 동일한 안목에서 다루어 오던 당시인지라, 한

자 상성(上聲)이 ‘厲而擧’일진댄 고유어의 상성(上聲)도 그 궤를 같이했을 것은 의심할 여지가 없으니, 전게(前揭)한 《훈몽자회》의 인문(引文) 말미(末尾)에 다져놓은 고유어의 상성(上聲)에 있어서도 마찬가지라고 한 ‘언해역동(諺解亦同)’이 또한 이를 말해 주고 있다.

  상성(上聲)의 ‘和而擧’와 ‘厲而擧’는 어떻게 다른가? 단적으로 말해서 전자는 선저후고(先低後高)를 뜻함이요, 후자는 선고후고(先高後高)임을 뜻하는 말이다. 곧, ‘和而擧’의 ‘和’가 평성자(平聲字)임에 대하여 ‘厲而擧’의 ‘厲’는 거성자(去聲字)임에 유의하여야 한다. 이는 최세진의 《노박(老朴)》〈범례(凡例)〉에 보인

先低後厲而促急
先低而中按後厲而且緩

등의 ‘厲’가 ‘厲而擧’의 ‘厲’와 똑같이 ‘低’의 대칭인 ‘高’를 뜻하고 있음을 보아도 더욱 명료하다.
  또 《훈민정음》 초성해(初聲解)에

ㅋ比ㄱ 聲出稍厲故加畫

이라 했고, 또 종성해(終聲解)에는

不淸不濁之字 其聲不厲 故用於終則 宜於平上去

全淸·次淸·全濁之字 其聲爲厲 故用於終則 宜於入

이라고 했는데, 여기에서의 '厲'의 뜻도 다 같은 뜻으로 씌었다.
  이제 '厲'가 나타내는 자의(字義)를 자세히 살펴보면 :

  '떨치다, 엄하다, 사납다, 거세다, 들날리다, 맹렬하다' 등이며, 단어로
서의 뜻도 '厲音'은 '소리를 돋우다'의 뜻이요, '厲聲'은 '소리를 지르다,
언성을 높이다'의 뜻이다.[83]

  이와 같이 상성(上聲)의 '厲而擧'는 석진공(釋眞空)의 《옥약시가결(玉鑰匙
歌訣)》의 상성(上聲) 규정과 서로 부합한다.
  그 전문은 다음과 같다.

        平聲平道莫低昂 上聲高呼猛烈强
        去聲分明哀遠道 入聲短促急收藏

  이는 한 수의 칠언절구(七言絶句)의 형식으로 읊어져 있어, 사성의 특
색이 매우 구체적·인상적으로 이해될 수 있게 설명되어 있다.

---

83 《훈몽자회》〈범례〉의 끝부분에 있는 '上聲厲而擧'의 언해를 '기리혀 나종 들티는 소리 옛字ᄌ는 上
  샹聲성이니'로 풀이되어 있는데, 이는 바른 풀이가 될 수 없다. '기리혀'는 '길게 늘인다'는 뜻으로 음
  장을 말했을 뿐, 음고를 나타낸 '厲'의 본의를 그르친 것으로서, 이는 《훈민정음언해》의 풀이를 의식한
  나머지, 그에 가깝게 맞추려는 고의성(故意性)이 짙은 오류이다. 이 〈범례〉 말미(末尾)의 언해 부분은
  후인의 어설픈 가필(加筆)임이 분명하다.

이와 같이 상성(上聲)의 '厲而擧'는 '上聲高呼猛烈强'과도 부합되는 설명으로, 상성(上聲)은 '높은 소리로 부르짖는 맹렬하고도 강한 소리', 곧 선고후고임을 극명하게 말해주고 있는 것이다.

또《국문석음소학언해(國文釋音小學諺解)》〈범례〉에는

上聲·去聲 字傍加一點 … 凡係做語之曳聲處 亦加一點

이라 했는데, 이는《훈민정음해례》에도 언급함이 없는, 꽤나 재미있는 합리적인 해석이다.

곧, 상성(上聲)과 거성(去聲)은 똑같은 높은 소리(仄聲)이기 때문에 다같이 1점을 가하고, 그 중의 상성(上聲)은 끄는 소리, 즉 장음이기 때문에, 장음 몫으로 다시 1점을 가하여, 그래서 상성(上聲)은 2점으로 표시하게 된 것이라는 풀이이니, 이 역시 상성(上聲)이 선고후고임을 간접적으로 입증하고 있다 하겠다.

《훈민정음》의 상성(上聲) 설명인 '和而擧'는 전적으로 우리 고유어의 상성(上聲)에 국한한 것이었지마는, 그 고유어의 상성(上聲)으로 다룬 어휘수는 평·거·입성(平·去·入聲)의 그것보다 매우 근소하다.

필자가 15세기 문헌《訓音》·《龍歌》·《月江》·《月釋》… 등에서 쓰인 고유어에서의 사성의 빈도를 무작위로 표본조사한 통계는 다음과 같다.

평성(平聲) — 31.3%

상성(上聲) — 3.6%

거성(去聲) · 입성(入聲) ― 45.1%

　상성(上聲) 3.6%란 수치는 평 · 거 · 입성(入聲)의 96.4%에 비하여 실로 미미한 것으로서, 다만 그 명목을 지키기 위한 존치(存置) 의의(意義)에 불과할 뿐이다.

　고유어의 상성(上聲)을 '和而擧', 즉 선저후고로 규정하기에는 이미 전술한 바와 같이 그 바탕이 허약했으므로 정음 창제 당시의 유도(誘導)에도 불구하고 점차 한자 상성(上聲)음과 동화되어 오늘날과 같은 선고후고로 굳어진 것이라 추리되며, 그것은 이미 최세진 시대(정음 창제에서 약 80년 후)에까지 소급될 것으로 추측된다. 그것은 《훈몽자회》의 다음과 같은 평고조어의 방점을 무점+상성으로 표시한 데서도 상성(上聲)이 선고후고임을 알 수 있다.[84]

綜잉아 종　　　　　棒막대 방

䌴기울 칙　　　　　騰봄놀 등

躍봄놀 약　　　　　踊봄놀 용

趯뛰놀 텩　　　　　薰누릴 훈

豹표엄 표

　이들 '잉아, 막대…' 등은 '平+仄' 구조어로서 현대어에서도 평고조

84　음성학자들이 현대의 우리 고유어 상성(上聲 ; 장음)을 훈민정음에서 밝힌 대로, 앞 낮고 뒤 높은 가락으로 발음하여 성조상의 저조로 인식하고 있으나, 이는 '和而擧'의 선입관에 사로잡혀 현실음의 실상을 재검토해 보지 않기 때문이 아닌가 여겨진다.

(平高調)되는 말들이다. 상성(上聲)도 거·입성(去·入聲)과 똑같이 그 앞의 평성(平聲)을 충동하여 고조케 할 역충력(逆衝力)을 가진 측성(仄聲)으로서의 성질(聲質 ; 선고후고)임을 인식한 표기였을 것이기 때문이다.[85] 이와 같이 평고조되게 하는 상성 표시의 예를《훈몽자회》에서 좀 더 들면 다음과 같다.

듣 : 쟝(진간쟝·陳醬)　　　목 : 숨(목숨·命)

밑 : 쳔(밑쳔·本錢)　　　싱 : 깁(생명주·生絹)

앒 : 뒤(앞뒤·前後)　　　흔 : 낫(한낱·一箇)

흔 : 두(한두·一二)　　　설맷 : 골(地名)

한 : 가·히(한가롭게·閑)

85　사성을 규정한 문헌과 그 내용을 일람하면 다음과 같다.

문헌 사성	훈민정음 해례	훈민정음 언해	원화운보	석진공 옥약시가결	훈몽자회 범례	노걸대박 통사 범례	소학언해 범례
평성	安而和	뭇ᄂᆞ가ᄫᆞᆫ 소리	哀而安	平聲平道	莫低昂	哀而安	平而低
상성	和而擧	처ᅀᅥ미 ᄂᆞᆺ갑고 내종이 노ᄑᆞᆫ 소리	厲而擧	上聲高呼 猛烈强	厲而擧	厲而擧	厲而擧
거성	擧而壯	뭇 노ᄑᆞᆫ 소리	淸而遠	去聲分明 哀遠道	淸而遠	直而高	直而高
입성	促而塞	ᄲᆞᆯ리 긋듣ᄂᆞᆫ 소리	促而塞	入聲短促 急收藏	直而高	直而高	直而高

(3) 상성(上聲)의 선고후고(先高後高)에 대한 여러 논거(論據)

위에서 상성(上聲)이 선고후고인 문헌상의 고증을 보아 왔거니와, 그 외에도 상성(上聲)이 선고후고인 논거는 많다.

첫째, 상성(上聲)이 선고후고가 아니어서는 측성(仄聲)이 될 수 없다. 상성(上聲)이 거성(去聲)·입성(入聲)과 함께 측성(仄聲)으로 묶이어 평성(平聲)과 대응하게 되었음은, 그 거·입성(去·入聲)과 함께 측성(仄聲)적 공통된 자질을 가졌기 때문임은 자명한 일이다. 그것은 우선 이 '仄' 자의 자의로서도 단적으로 이해할 수 있다.

'仄'은 '치솟다', '우뚝하다'의 뜻이며, 또, '우뚝하게 버티어 서다'의 뜻이기도 하다. '우뚝'이란 그 시발(始發)의 자세(姿勢)를 형용함이니, 선저후고를 형용하는 말일 수는 없다.

'치솟다'도 마찬가지다. 그래서 측성(仄聲 : 上·去·入)은 다 높은 소리라 하고, 측성(仄聲)의 한자를 '높은 자', 평성(平聲)의 한자는 '낮은 자'라 하며, 측성(仄聲)으로 시작하는 말은 죄다 어두고조어(語頭高調語)가 되는 것이며, 측성(仄聲) 위에 평성(平聲)이 오면 이른바 '측상평고조(仄上平高調)'의 현상이 나타나게 되는 것이다.

董	腫	講	紙	尾	語	麌	薺	蟹	賄	軫	吻	阮	旱	濟
동	종	강	지	미	어	우	제	해	회	진	문	원	한	산

銑	篠	巧	皓	哿	馬	養	梗	逈	有	寢	感	琰	豏
선	소	교	호	가	마	양	경	형	유	침	감	염	함

이는 상성(上聲) 29운의 운통자(韻統字 : 代表字)들이다.

모두 다 선고후고로 첫머리부터 높은 가락으로 발음되는 글자들이다.

이는 위와 같은 귀화한자음에서뿐만 아니라, 고유어 상성(上聲)에 있어서도 마찬가지다. 측상평고조(仄上平高調) 현상이 나타나는 까닭은 측성(仄聲)의 운두(韻頭 : 시발음)가 고조이기 때문에 그 직전의 평성(平聲)을 역충(逆衝)하여 기폭(起爆)케 함으로써 나타나게 되는 현상인데, 만일 상성(上聲)의 시발음이 저조였다면 그것은 이미 측성(仄聲) 구실을 못하는 불구적 존재가 되어 측성(仄聲)의 범주에서 추방되고 말았을 것이다.

이리하여 한자어나 고유어를 막론하고, 모든 상성(上聲) 첫음절의 어휘들 :

上書	擧國	海洋	友情
상서	거국	해양	우정
史學	古人	善隣	士氣
사학	고인	선린	사기
展示	市場	幸福 .	鑛山
전시	시장	행복	광산
冷害	始作	下待…	
냉해	시작	하대	
사람	임금	거짓	무당
안개	계집	대추	모과

우리말의 고저장단

비단	보배	배추	소경
수건	우산	비자…	

이들은 한결같이 중후한 선고후고의 어두고조로 제1음절이 측고조
(仄高調)됨을 보게 된다.

또 '평성(平聲)+상성(上聲)' 구조의

人品	生死	言語	靑史
인품	생사	언어	청사
親善	軍士	平壤	魚市
친선	군사	평양	어시
多幸	人影	先後	金鑛
다행	인영	선후	금광
人道	千古	農事	先代
인도	천고	농사	선대

등은 한결같이 평고조(平高調)로 제1음절이 평고조(平高調)되는 현상을 보
게 된다.

곧 '평성(平聲)+상성(上聲)' 구조의 한자어로서 앞의 평성(平聲)이 한결
같이 고조되는 것을 볼 수 있다. 여기서 만일 제2음절의 상성(上聲)음이
선저후고라면 어떻게 그 앞의 평성(平聲)을 고조시킬 수 있겠는가? '平
+上' 구조의 모든 한자어가 예외 없이 평고조(平高調)로 반응하는 것으
로 보아서도 상성음(上聲音)이 선고후고임을 알 수 있다. '예시 10'에서

좀 더 많은 실례를 볼 수 있을 것이다.

뿐만 아니라 2점으로 방점하던 상성음(上聲音)이 선고후고임을 알 수 있다. '예시 10'에서 좀 더 많은 실례를 볼 수 있을 것이다.

뿐만 아니라 2점으로 방점하던 상성어(上聲語)에 평성성(平聲性) 접두어가 붙는 경우, 그 접두어 '平'에 나타나는 평고조(平高調) 현상이 현대어에서 극명하게 나타나는 것으로 보아서도 고유어의 상성(上聲) 또한 선고후고였음이 입증되는 것이다.

고유어 상성어(上聲語)에 평성접두어(平聲接頭語)가 붙어 평고조(平高調)되는 예를 다음에서 볼 것이다.

감(柿)-생감

골(谷)-산골

길(丈)-한길, 천길

내(川)-앞내

돌(石)-들돌

둘(二)-한둘, 단둘

말(語)-상말, 헛말, 원말, 밑말

배추(白菜)-생배추

발(簾)-문발

병(病)-생병, 꾀병

샘(泉)-술샘

속(裏)-산속, 한속

쉰(五十)-갓쉰

게(蟹)-참게, 꽃게

골(管)-왕골

낱(箇)-한낱

널(板) 쪽널

돈(錢)-잔돈, 공돈, 생돈

뒤(後)-앞뒤, 집뒤, 등뒤

메(山)-앞메, 한메

붕어-금붕어

밤(栗)-생밤, 왕밤, 산밤

새(鳥)-산새, 콩새

섬(島)-꽃섬

숨(息)-날숨

실(絲)-금실, 은실, 청실, 홍실

옴〔疥〕-왜옴   외〔瓜〕-참외

일〔事〕-밭일

사람-생사람   없다-상없다

열다-문열다   놀다-뛰놀다

돌다-횟돌다   세다-굳세다

갈다-밭갈다   얼다-공얼다

둘째는, 상성(上聲)의 선고후고는 '상·거성(上·去聲)'이 혼효(混淆)되어 '상거상혼(上去相混)', '상거무별(上去無別)'이 될 수밖에 없었으니, 이로 보아서도 상성(上聲)이 선저후고가 아닌 선고후고임을 반증하고 있는 것이다.

이에 대해서는 다시 다음 항에서 상론하기로 한다.

(4) 상성(上聲)의 선고후고(先高後高)와 상거상혼(上去相混)

상성(上聲)이 선저후고가 아니라 선고후고임을 위에서 밝혀 왔거니와, 그리고 보면 상성(上聲)과 거성(去聲)은 똑같은 측성(仄聲)인데다가, 음장(音長)에 약간의 차이가 있을 뿐이다. 곧 상성(上聲)의 장음(長音)과 거성(去聲)의 초장음(稍長音)이 그것으로, 이 근소한 음장차(音長差)로 말미암아 필경 두 소리는 쉬 서로 넘나들 수 있게 됨으로써, 많은 대류(對流)가 이루어지게 된 것이다. 이를《동국정운(東國正韻)》에서는

고유어의 말소리는 사성이 분명하나, 한자음의 상성(上聲)과 거성(去
聲)은 구별할 수가 없다.〔語音則四聲甚明 字音則上去無別〕

했고,《소학언해》〈범례〉에서는

요새 세속의 한자음은 상성(上聲)과 거성(去聲)이 서로 섞이어, 당장에
분변하기가 어렵다.〔近世時俗之音 上去相混 難以卒變〕**86**

라 했다.

이는 모든 상성(上聲)과 거성(去聲)이 전등(全等)하게 되었다는 뜻이 아
니라, 양성(兩聲) 중의 일부가 교류하여 상성자(上聲字)가 초장음화하여
거성(去聲)이 되기도 하고, 거성자(去聲字)가 장음화하여 상성(上聲)이 되기
도 한 것이 많아 상·거성(上·去聲)을 현실음만으로는 구별해 낼 수가 없
게 되었다는 뜻이다.

그러나 이 상·거(上·去) 양성은 다 측성(仄聲)이므로 '평측(平仄)' 구분으
로 족한 우리의 어문 생활에는 아무런 불편이 없었던 것이다.

여기서 상거상혼(上去相混)·상거무별(上去無別)이 되게 된 원인을 좀 더
깊이 캐어 보면 :

---

86 '變'은 '辨'의 통자(通字)로서 '난이졸변(難以卒變)'은 당장에 분별하기 어렵다는 뜻이다.

상성(上聲)이 선저후고의 장음

거성(去聲)이 선고후고의 초장음

이라고 가정한다면, 상성(上聲)과 거성(去聲)은 고저에서나 장단에서나 차이가 현수(懸殊)하여 절대로 상혼(相混)이나 무별(無別)이 되지는 못하였을 것이다. 그러나

상성(上聲)은 선고후고의 장음

거성(去聲)은 선고후고의 초장음

으로, 상성(上聲)의 운두(韻頭 : 시발성)가 거성(去聲)이 높이와 같게 됨으로써 상거성(上去聲)의 차이는 약간의 음장차로 좁혀지고 만다. 곧 상성(上聲)을 약간 짧게 발음하면 거성(去聲)으로 들리게 되고, 거성(去聲)을 약간 길게 발음하면 상성(上聲)이 된다. 따라서 상거상혼(上去相混)이란, 필경 상·거성(上·去聲)의 경계가 모호하게 됨에서 일어나게 마련인 필연적인 혼선인 것이다.

그런데 그 대류(對流)의 방향을 살펴보면 :

단음(短音·평성),　　　　장음(長音·상성),　　　　초장음(梢長音·거성)

중, '단'과 '장'이 안정된 제 자리에 위치해 있는 것과는 달리, '초장(梢長)'이란 불안정한 비단비장(非短非長)의 어중간한 불안정한 위치이기 때

문에, 어느 쪽으론가로 기울어지려는 성향을 띠게 마련이다.

이제 그 실상을 보면 :

상성(上聲)이 거성(去聲) 길이를 닮아 거성화(去聲化)한 율(率)보다 거성(去聲)이 상성(上聲) 길이를 닮아 상성화(上聲化)한 율(率)이 단연 높고, 거성(去聲)이 평성(平聲) 길이를 닮아 평성화(平聲化)한 것은 '平'과 '仄'의 고저가 서로 다르기 때문에 극히 근소할 뿐이다.[87] 자세한 내용은 '한자 사성(四聲)의 변이 현황'(377쪽) 참조

거성(去聲)이 상성(上聲) 쪽으로 기운 율(率)이 단연 높다는 말은, 거성(去聲)의 장음화가 많다는 뜻이기도 하다. 그것은 우선 거성(去聲)의 대표자인 《규장전운(奎章全韻)》의 거성(去聲) 운통(韻統)인,

送	宋	絳	寘	未	御	遇	霽	泰	卦
송	송	강	치	미	어	우	제	태	괘
隊	震	問	願	翰	諫	霰	嘯	效	號
대	진	문	원	한	간	산	소	효	호
箇	禡	漾	敬	徑	宥	沁	勘	艶	陷
개	마	양	경	경	유	심	감	염	함

---

87 거성(去聲)이 평성화(平聲化)하기 어려운 것은 :
상·거(上·去) 간의 대류는 음장만 다를 뿐 고저는 서로 같기 때문이지만, 거·평(去·平) 간의 대류는 음장도 다르고 고저도 다르므로, 그 인력(引力)하는 방향이 같은 측성(仄聲) 범주 내인 상성(上聲) 쪽으로 우세함은 이세의 당연함일 뿐이다.

우리말의 고저장단

의 30자 중 대부분이 다 상성(上聲)과 구별할 수 없을 만큼 장음화하여 있음으로도 알 수 있다.[88]

또《소학언해》〈범례〉의 시점(施點)을 눈여겨보면 :

近:근世:셰時시俗·속之지音음이 上:샹去:거相샹混:혼하야

難란 以:이 卒졸 變:변이라

若·약盡:진用:용本·본音음이면 有:유駭·히俗·속聽·텽故·고로

戊무寅:인本·본에 上:샹去:거二:이聲성을 從죵 俗·쇽 爲위點:뎜일세

今금 依의 此·츠 例:례하야 以:이 便편 讀·독者쟈하니라.

위에서와 같이 이 글에 가점(加點)한 작자 자신이 이미 얼마나 상거상혼이 되어 있는가를 역력히 볼 수 있어 매우 흥미롭다. 곧 상성(上聲)이다 싶어 찍은 2점과 거성(去聲)이리라 싶어 찍은 1점이 실제와 얼마나 상위(相違)되어 있는가를 보면, 그 상혼의 실상을 짐작하고도 남음이 있다 할 것이다.

거성(去聲)을 상성(上聲)인 줄 알아 2점인 것은

'世:세 去:거 變:변 用:용 聽:텽 戊:무 二:이 例:례'의 8자이며, 본연의 거성(去聲)으로 유지된 것은

---

88 거성(去聲) 한자는 원칙적으로 단모음화하였다고 주장하는 학자도 있으나 오히려 그 반대임은 위에서 밝힌 바와 같다.

'故·고 本·본'의 2자이며,

상성(上聲)을 거성(去聲)인 줄 알아 1점인 것은

'駭·히 此·ᄎ'의 2자이며,

본연의 상성(上聲)으로 유지된 것은

'近:근 上:샹 混:혼 以:이 盡:진 點:뎜 有:유'의 7자이다.

　다시 말하면 거성(去聲)이 거성(去聲)으로 유지된 것이 2자에 불과한 데 반하여, 상성화(上聲化)한 것이 8자나 된다. 한편 상성(上聲)으로서 거성화(去聲化)한 것이 2자에 불과한 데 반하여, 본연의 상성(上聲)으로 유지된 것이 7자나 됨에서 그 상혼의 내역에도 수긍이 갈 것이다.

　이와 같이 상거상혼·상거무별의 경위(經緯)를 상고해 봄으로도, 상성(上聲)의 운가(韻價)가 '和而擧' 아닌 '厲而擧', 즉 '선고후고'임을 간접적으로 확증받게 되는 것이다.

＃ 3

거성(去聲)의 정체(正體)

(1) 거성(去聲)의 음장(音長)

거성(去聲)은 고저로는 측성(仄聲)이요, 장단으로는 초장음(稍長音)이다.

초장음이란, 장음인 상성(上聲)만큼은 길지 않은, 조금 긴 소리란 뜻이다. 이는 단음인 평성(平聲)을 표준한다면, 평성(平聲)만큼 짧지는 않은, 조금 짧은 소리란 뜻으로 초단음(稍短音)이라 해도 무방할, 평성(平聲)과 상성(上聲)의 중간적 위치의 어중간한 소리이다.

그러나 같은 중간적 위치이면서도 확실하게 자리 잡은 입성(入聲)과는 달리 거성(去聲)의 위치는 중간적이면서도 미확실한 다소 유동적이며, 장차 안정을 찾아 어느 쪽으론가로 기울어지게 되기까지의 임시적·잠정적인 머무름과도 같은, 비장비단(非長非短)의 어중간한 소리이다.

도대체 이와 같은 어중간한 소리가 어찌하여 발생하게 되는 것이며, 또 그러한 불안정한 소리가 어찌하여 어느 쪽으로든 모조리 편향(偏向)되어 체제 자체가 무너져 버리지 않고, 두 사이에 위태로이 자리를 틀고 항존(恒存)하게 되는지에 대하여, 이하 잠시 고찰해 보고자 한다.

(2) 거성(去聲)의 발생 기서(機緖)

우선 거성(去聲)의 초장음은 그 발생 기서(機緖)부터가 이미 그러한 운명적인 연기(緣起)에서임을 엿볼 수 있다.

곧 이 초장음은 처음부터 의식적·의도적으로 그렇게 소리 내자 해서 얻어진 소리가 아니다. 다만 측성(仄聲)으로서의 중후성을 감안하여 듬직하고 묵직하게 발음하다 보니, 절로 그 무게에 딸려 약간의 길이도 생기게 된 것으로, 말하자면, 이 길이는 무게에 수반된 프리미엄으로 부가(附加)된 음장(音長)이라 할 수 있는 것이다.

이는 평성(平聲)과 거성(去聲)의 음질이 근본 다르기 때문이니, 이를 비유하자면, 엷고 가벼운 금속과 두껍고 무거운 금속에서 나는 소리의 질감은 경민(輕敏)과 둔중(鈍重)의 차가 날뿐만 아니라, 그 소리의 지속에도 자연 장단의 차가 나게 마련인 이치와도 같다 할 것이다.

이제 평성(平聲)과 거성(去聲)의 속성을 살펴보면 :

평성—輕, 淸, 急, 薄, 銳…
　　 경　 청　 급　 박　 예

거성—重,　濁,　緩,　厚,　鈍…
중　　탁　완　후　둔

과 같이 대차적(對蹠的)이다. 청(淸)의 음운학자 강영(江永)은 그의《음학변미(音學辨微)》에서, 평성(平聲)은 '종이나 북을 칠 때의 소리와 같다〔如擊鐘鼓〕' 하고, 측성(仄聲)은 '흙이나 나무나 돌을 칠 때의 소리와 같다〔如擊土木石〕'고 했는데, 이 또한 평성(平聲) 대 측성(仄聲)의 부경(浮輕) 대 심중(沈重)의 비유인 것이다. 이는 '예시 8'의 평성(平聲)과 측성(仄聲)의 청각 인상과도 다르지 않다. 측성(仄聲)으로서의 거성(去聲)의 이러한 중후한 질감(質感)에 수반된 자연부가(自然附加)의 음장(音長)이 평성(平聲)과 상성(上聲) 사이에 머물러 어중간해짐은 어찌할 수 없는 자연 이세라 할 것이다.

　이와 같이 고저와 장단은 서로 분리되어서는 둘 다 온전하지 못할 유기적 함수관계(函數關係)에 있다 할 수 있으니, 거성의 음질을 가볍게 보면 그 음장도 평성(平聲) 길이로 짧아지게 될 것이요, 이를 과중히 대접하면 상성(上聲) 길이로 길어지게 마련이다. 이런 경위는 상성(上聲)도 마찬가지여서, 필경 상거상혼의 결과를 가져오게 된 것으로, 그 내막이 기실 거성(去聲)의 불안정한 음장에서 연유되었음을 깨닫게 해준다. 별론인 '한자 사성(四聲)의 변이 현황'(377쪽) 참조.

(3) 평단음(平短音)과 측단음(仄短音)

　거성(去聲)을 내함(內含)한 구체적인 여러 어례를 들어 평성(平聲)과의 역학 관계를 시험해 봄으로써, 고금(古今)을 통한 거성(去聲) 음질의 달라짐이 없음을 엿볼 수 있을 것이다.

예 : 平平(평저조) : 仄平(측고조)

棋風 : 氣風	愁心 : 水深	愁城 : 守城	銀魚 : 隱語
기풍 기풍	수심 수심	수성 수성	은어 은어

'氣'는 '基, 期, 旗, 奇, 祈, 機…' 등과 똑같은 사전상의 단음이나 '氣'는 거성(去聲)으로 측단음(仄短音)이요, 기타는 다 평성(平聲)으로서의 평단음(平短音)이다. 이를 시험해 보는 방법은 가정법(假定法)에 의한 추리이다. 곧, '氣'를 평성(平聲)이라고 가정한다면 :

'氣力, 氣勢, 氣壓…' 등 측성(仄聲) 위에서는 '기력, 기세, 기압…'과 같이 평고조(平高調) 현상이 나타날 것이요,

정작 평고조어(平高調語)인 '才氣, 元氣, 心氣…'와 같이 평성(平聲) 아래에서는 '平平'형 무고조가 되고 말 것이다.

또 '氣'를 만일 평단음(平短音)으로 발음한다면

'가, 는, 를, 에…'

등의 측성조사(仄聲助詞) 앞에서는 '氣'가 평고조(平高調)로 바뀌게 될 것이다.

그러나 평성이라고 가정했던 '氣'는 위의 모든 시험에 거부반응을 보임으로써 그가 거성(去聲)임을 과시하고 있다.

몇 어례를 일괄해서 보기로 하자.

위치 종류	(A) 측성 앞에서		(B) 평성 뒤에서		(C) 측조사 앞에서	
記 기	記憶 기억	記誦 기송	明記 명기	書記 서기	記가 기가	記는 기는
	記錄 기록	記者 기자	添記 첨기	聰記 총기	記를 기를	記에 기에
主 주	主上 주상	主婦 주부	公主 공주	翁主 옹주	主가 주가	主는 주는
	主筆 주필	主管 주관	神主 신주	喪主 상주	主를 주를	主에 주에
父 부	父子 부자	父母 부모	漁父 어부	君父 군부	父가 부가	父는 부는
	父老 부노	父祖 부조	嚴父 엄부	田父 전부	父를 부를	父에 부에
子 자	子女 자녀	子弟 자제	天子 천자	男子 남자	子가 자가	子는 자는
	子息 자식	子姪 자질	元子 원자	公子 공자	子를 자를	子에 자에

위의 표에서와 같이 '記, 主, 父, 子'의 거성자(去聲字)들을 평성(平聲)이라고 가정하여, 평단음(平短音)으로 발음한다면 (A)의 말들은 모두 어두의 평고조(平高調)로 소리날 것이요, (B)의 말들에는 모두 어두의 평고조(平高調) 현상이 사라지고 '平平'형 평저조(平低調)가 되고 말 것이며, (C)의 측성성(仄聲性) 조사 앞에서는 난데없는 평고조(平高調) 현상이 나타나 도무지 말이 되지 않게 될 것이다.

그러나 이들 예어들은 하나같이 그 어불성설(語不成說)의 가정에 크게 반발 항거함으로써, 거성(去聲)은 평성(平聲)과 같은 평단음(平短音)이 아닌 측단음(仄短音)임을 강력히 내세우고 있음을 보게 되는 것이다.

  고유어에 있어서도 마찬가지다. 단 한자는 표의문자(表意文字)로서 글자마다 평측(平仄)이 고정되어 있지마는, 한글은 표음문자(表音文字)이기 때문에 어사(語辭)에 따라 그 평측(平仄)이 각각 다를 뿐이다.

거성어 \ 위치	(A) 측성 앞에서	(B) 평성 뒤에서	(C) 측조사 앞에서
물	물새 물결 물약	꽃물 봇물 한물	물이 물은 물을 물에
불	불곰 불돌 불칼	향불 산불 혼불	불이 불은 불을 불에
풀	풀빛 풀잎 풀숲	향풀 생풀 삼풀	풀이 풀은 풀을 풀에

  거성어(去聲語) '물, 불, 풀…' 등을 평성(平聲)이라 가정하고 발음한다면 한자 어례에서와 마찬가지로 성조가 정반대로 뒤집혀짐을 보게 될 것이다. 이 또한 평단음(平短音)과 측단음(仄短音)은 그 무게에 차가 있듯이, 길이에 있어서도 차가 있음을 강력히 보여 주고 있는 것으로 이해해야 할 것이다.
  그뿐 아니다. 다음과 같은 2음절어를 예로 들어 :

가을,   마음,   나루,   보리

등 '平平' 구조어의 제2음절을 거성(去聲)으로 가정하여 소리 낸다면, 이 말들을 당장 어두(語頭) 평고조(平高調)의 말 아닌 말이 되고 말 것이다.

우리말의 고저장단

위의 여러 실험에서 보다시피, 우리말의 모든 거성(去聲 : 한자어든 고유어든)이 평성(平聲)과 똑같은 소리로 단음화가 되었다고 가정한다면, 수만 수십만에 이를 모든 '平+去' 구조어들은 일제히 어두 평고조(平高調)가 불발이 되었을 것이며, 수만 수십만에 이를 '去+仄' 구조어들의 측고조(仄高調)에서는 난데없는 어두 평고조(平高調)가 나타날 것이다. 어찌 그뿐이랴? 이루 셀 수도 없는 '去+○' 구조의 어두 측고조(仄高調)는 자취를 감췄을 것이요, 모든 평·측성성(平·仄聲性) 조사나 어미 앞에서의 반응도 정반대로 뒤집혀지는, 성조 질서의 대란이 닥쳤을 것이다. 그러나 고맙게도 오늘날 그 질서가 건재(健在)한 것은 사성과 평측(平仄)이 저마다 제 분수와 권능을 지켜 옛 법칙에 한 치도 벗어남이 없기 때문인 것이다.

한편 또 거성(去聲)과 입성(入聲)과의 대비에서, 두 음장이 서로 같음을 다음에서 확인하게 될 것이다.

(4) 거성(去聲)·입성(入聲)의 음장 대비

본고의 '예시 7'에서, 거성(去聲)·입성(入聲)은 장단에 있어 '상성(上聲) 다음으로 길고', '평성(平聲) 다음으로 짧다'라고 표시하고, 이를 통분하여 비장비단으로 평성(平聲)과 상성(上聲)의 중간 길이와 같다고 한 바 있다. 그리고 달리 이를 초장음이라고 말해 왔다. 그러나 일반적으로는 '입성(入聲)은 끝닫음이 빠르다'는 설명 때문에 거성(去聲)과 상동(相同)할

만큼 길다고는 생각하지 않고 있는 듯하다.[89]

ㄱ. 단어상으로 보는 첫음절 입성(入聲)·거성(去聲)의 음장 비교

입성	:	거성		입성	:	거성
八禮		判例		雜異		自費
팔례		판례		잡이		자비
括理		管理		國映		究竟
괄리		관리		국영		구경
栗里		潤里		逆理		領利
율리		윤리		역리		영리
渴力		幹力		月老		院老
갈력		간력		월로		원로
菜理		廉吏		述然		舌聯

---

89 음절의 음장을 '장음·중음·단음'으로 갈라 다룬 학자는 최현배(崔鉉培) 선생과 허웅(許雄) 님인데, 이 중음은 영남성조(嶺南聲調)에뿐만 아니라, 표준어 발음에도 여전히 건재하고 있는 것으로, 옛 문헌에는 1점(去·入)으로 가점(加點)했던 말들이다.

예 : 손[手], 배[舟], 새끼[繩]….

《훈민정음해례》〈합자해〉의 '諺音平上去入, 如활爲弓而其聲平, :돌爲石而其聲上, ·갈爲刀而其聲去, ·붇爲筆而其聲入之類'에서도 보듯이 : 돌[石]과 ·갈[刀], 그리고 ·갈[刀]과 ·붇[筆]의 길이 비교에서도 짐작이 갈 것이다.

고유어의 입성(入聲)은 한자의 입성(入聲)과는 달라서, 'ㄱ,ㄷ(ㅎ), ㅂ'의 폐쇄종성일지라도, 그 음질에 따라 평·상·거성(平·上·去聲)으로 각기 달리 다루어, '긷[柱]·녑[脅]'과 같은 가볍고 짧고 낮은 소리는 평성(平聲)으로, '낟[粒]·깁[繒]'과 같이 묵직하면서도 긴 소리는 상성(上聲)으로, '못[釘]·입[口]'과 같이 묵직하면서도 약간 긴 소리는 거성(去聲)으로 다루는 한편, '붓[筆]'과 같이 묵직하면서도 빨리 끝닫는 소리는 입성(入聲)으로 다루었던 것이다.

우리말의 고저장단

엽리	염리	술연	수련
十里	審理	不易	府力
십리	심리	불역	부력
密獵	敏獵	域南	嶺南
밀렵	민렵	역남	영남
直泳	地境	屋內	甕內
직영	지경	옥내	옹내[90]

위의 대비에서 특히 입성(入聲)과 거성(去聲)의 음장이 서로 같음을 확인하게 될 것이다. 입성(入聲)은 '直而促'이니, '促而塞'이니 하여, 그 '끝닫음이 빠르다'는 선입감으로 말미암아 일반적으로 평성(平聲)보다도 더 짧은 소리인 양 착각하기 쉬우나 그렇지 않다. 보라. 입성(入聲)은 다 초·중·종성을 갖춘 소리일 뿐만 아니라, 그 종성은 다 'ㄱ, ㅭ, ㅂ' 따위 폐쇄종성들이다. 그러므로 아무리 빨리 발음하려고 서둘러도 이 폐쇄종성이 완결되기까지에 소요되는 시간은 평성(平聲)보다 길다는 것을 알게 될 것이다.

위에서와 같이 입성(入聲) 자체의 구성요건(폐쇄종성)으로 말미암아 자동적·필연적으로 정해지게 되는 이 초장음은, 거성(去聲)의 불안정한 초장음과는 달리, 언제나 안정적인 불변의 음장인 것이다. 그러므로

---

90 이 표에서 보인 거성자(去聲字) '判, 管, 潤, 幹, 廉, 審, 敏, 地, 甕, 自, 究, 領, 院, 首, 府, 女, 嶺…' 등은 다 거성(去聲) 본연의 초장음으로 현행되고 있는 자들이며 '八, 括, 栗, 渴, 葉, 十, 密, 直, 雜, 國, 月, 述, 不, 域, 屋' 등은 입성자(入聲字)로서, 그 자음접변(子音接變)된 음과 거성음(去聲音)과의 대비에서 서로 같은 초장음임을 확인하게 될 것이다.

거성(去聲)의 음장을 논함에 있어, 이 입성(入聲)과의 대비로써 증명할 수도 있을 것이다. 또 다음의 첫음절 평성(平聲)과 첫음절 입성(入聲)의 대비에서도 그 입성(入聲)의 초장음을 확인할 수 있을 것이다.[91]

평성	:	입성		평성	:	입성
人類		一流		千里		哲理
인류		일류		천리		철리
崇慕		叔母		宮內		國內
숭모		숙모		궁내		국내
文理		物理				
문리		물리				

---

91 좌측의 어휘들은 다 평고조(平高調)되는 말들이기 때문에 첫음절이 경단(輕短)함과는 대조적으로 우측은 측고조(仄高調)로서의 둔중(鈍重)함을 실감하게 될 것이다.

4

입성(入聲)의 음장(音長)

(1) 입성(入聲)의 특징

《훈민정음》의 사성 풀이는 일견 고저(高低) 위주인 듯한 인상을 주는 가운데서도 입성(入聲)만은 '促而塞'이라 하여 '서둘러 끝막는 소리'로 설명되어 있고,《원화운보(元和韻譜)》에도 '直而促'이라 하여 '곧바로 끝닫는 촉박한 소리'로 되어 있으며, 석진공(釋眞空)《옥약시가결(玉鑰匙歌訣)》에도 '入聲短促急收藏'이라 하여 '입성(入聲)은 짧고 촉박한 소리로서 빨리 끝마무리하는 소리'로 풀이되어 있다.

이와 같은 설명들은 다 입성(入聲)의 종성 발음 과정의 단촉(短促)함을 특기하였을 뿐, 초·중·종성 전체의 음장을 운위(云謂)한것이 아님에도 불구하고, 얼핏 느껴지기로는, 입성(入聲)은 사성 중 '가장 짧은 소리',

곧 '평성(平聲)보다도 더 짧은 소리'로 오인받을 만도 하다.

입성(入聲)의 입성(入聲)됨은 오직 그 종성에 있으니, 이제 그 종성을 구명함으로써 입성(入聲)의 음장도 구체적으로 드러나게 되리라 생각한다.

모든 종성은 다음과 같이 '개방종성(開放終聲)'과 '폐쇄종성(閉鎖終聲)'의 둘로 나누어진다. 그것을 일람하면 다음과 같다.

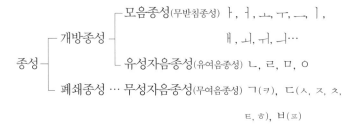

모든 개방종성은 그 종성의 여음(餘音)을 한없이 길게 끌어갈 수 있지마는, 폐쇄종성은 일단 종성이 끝마무리됨과 동시에 그 여음은 완전히 봉쇄되어 버리고 만다. 그러므로 전기(前記)한 입성(入聲)의 설명들은 다 그 폐쇄종성의 불연장성(不延長性)을 강조한 내용들인 것이다.

(2) 한자의 입성(入聲)과 고유어의 입성(入聲)

위의 종성일람표에서 보는 바와 같이, 폐쇄종성은 고유어에서는 두루 쓰일 수 있으나, 한자의 입성(入聲) 종성으로는 'ㄱ, ㄹ, ㅂ'의 3종성이 쓰일 뿐이다.

왜냐하면 한자의 귀화음에는 'ㄷ, ㅅ, ㅈ, ㅊ, ㅋ, ㅌ, ㅍ, ㅎ' 종성을 가진 음은 없기 때문이다.

'日, 月' 등 'ㄹ' 종성의 한자 입성(入聲)은, 그 'ㄹ' 종성이 유성종성이기 때문에 그대로는 입성(入聲)이 될 수 없다. 그래서 '이영보래(以影補來)'라 하여, 영모(影母)인 'ㅎ'을 가지고 내모(來母)인 'ㄹ'을 보완하여 'ㅭ' 종성을 만들어 폐쇄음이 되도록 합리화했던 것이다. 곧 'ㅎ'으로 'ㄹ'의 여음을 틀어막는다는 이치로

日싏, 月웛…

과 같이 표기했던 것이다. 그 소리는 '일짜(日字), 월짜(月字)'할 때의, '짜'로 넘어가기 직전의 음과 같이 폐쇄되는 소리인 것이다.

모든 'ㄹ' 종성 한자음은 이와 같이 'ㅎ'이 없어진 오늘날에도 유성음으로서의 'ㄹ'이 아니라, 'ㅎ'과 병서(竝書)되었을 때의 음과 똑같은 폐쇄음으로서의 'ㄹ'인 것이다.

이는 'ㄹ' 종성 한자음의 본고장인 중국 원음이 본디 폐쇄종성이었기 때문이었으나, 지금은 남부의 일부 방언에만 남아 있을 뿐, 북경관화(北京官話)에는 이미 송대(宋代)에 그 폐쇄성 말음(末音)이 없어지게 됨으로써 입성(入聲)으로서의 자격을 상실하고, 상평성(上平聲)·하평성(下平聲)·상성(上聲)·거성(去聲)으로 분속되고 말았다. 그러나 우리에게로 귀화한 한자음은 당초의 정운(正韻) 그대로 유지되어 오고 있으니, 속운(俗韻)으로 바뀌어 그 정체(正體)마저 잃고 만 중국의 사정과는 아주 딴판이다.

수입(輸入) 당초의 음을 그대로 유지하고 있기로는 일본도 마찬가지

다. 그들의 입성음(入聲音)인 'ジツ(日), ケツ(月), ポク(木), カク(角)'의 'ツ, ク'와 같이 우리의 'ㄹ, ㄱ'종성은 현대어에도 쓰이고 있다.⁹²

위에서와 같이 한자의 입성(入聲) 요건은 'ㄱ, ㄹ(ㅭ), ㅂ'종성에 국한하지만, 고유어에서의 입성(入聲) 요건은 모든 폐쇄성 종성이 두루 해당된다고 할 수 있다. 그러나 고유어에서는 한자에서와는 달라서, 같은 폐쇄종성이면서도 그 음절을 구성하는 모음의 장단에 따라 배속(配屬)이 달라지는 것이 특이하다.

곧 'ㄱ, ㄹ(ㅭ), ㅂ' 받침의 한자는 예외 없이 입성(入聲)인 데 반하여 고유어에서는 그 구성 모음이 무겁고 길면 상성(上聲), 가볍고 짧으면 평성(平聲), 중후하면서도 비장비단(非長非短)이면 거·입성(去·入聲)인 것이다.

《훈민정음》〈합자해〉의 풀이는 다음과 같다.

文之入聲與擧聲相似 諺之入聲無定

或似平聲如깁爲柱녑爲脅

或似上聲如 : 낟爲穀 : 깁爲繒

或似去聲如·몯爲釘·입爲口

곧 한자의 입성(入聲)과 거성(去聲)은 서로 비슷하니, 고유어의 입성(入聲)은 일정함이 없으니,

깉(기둥·柱), 녑(옆구리·脅)과 같은 소리는 평성(平聲)과 같고,

: 낟(낟알·穀), : 깁(비단·繪)과 같은 소리는 상성(上聲)과 같으며,

·몯(釘), ·입(口)과 같은 소리는 거성(去聲)과 같다.

또 같은 〈합자해〉에서 다시 예를 들어

활爲弓而其聲平

:돌爲石而其聲上

·갈爲刀而其聲去

·붇爲筆而其聲入

이라 하여 구성 모음의 고저장단에 따라, 같은 'ㄹ' 받침이라도 '활〔弓〕'
은 평성(平聲)이요, ': 돌〔石〕'은 상성(上聲)이요, '·갈(칼·刀)'은 거성(去聲)이
며, '·붇〔筆〕'은 입성(入聲)이라고 했다.

　이와 같이 입성(入聲)의 예로서는 '붇〔筆〕' 하나만을 들고 있어 마치
존치명목(存置名目)으로 내세웠음에 불과하다는 인상일 뿐만 아니라,
'ㄱ종성' 입성(入聲)은 예거(例擧)조차 된 것이 없다. 그래서 숫제 고유어
에는 실질상의 입성(入聲)이 존재하지 않는다고 주장하는 학자도 있게
된 것이다. 그러나 그 어찌 없다고 단언할 수 있으랴?

　다만 수다로이 열거하는 번거로움을 줄였을 따름일 것이리라. 아마
도 방점 1점의 단음절 폐쇄음 어휘의 대다수는 거성(去聲)으로 다룬 것
이라 보기보다는, 입성(入聲)으로 다룬 것이 상당수 있으리라 봄이 옳지
않을까 한다.

《훈민정음》〈용자례〉에서 예를 든 가운데의

　·밥〔飯〕,　　·톱〔鉅〕,　　·탁〔턱·리〕,　　·낟〔鎌〕,　　·갇〔笠〕…

등을 들 수 있을 것 같다.

　다만 거성(去聲)과 입성(入聲)은 똑같은 비장비단(非長非短)의 중후한 음절로서의 측성(仄聲)이기 때문에 자연 서로 헷갈리게 마련이다. 그러나 구태여 구별할 필요마저 없다는 듯, 방점도 똑같이 1점으로 배정되어 있어, 실제로 아무런 불편이 없으며, 오늘날까지도 그러하다.

　또 고유어의 입성(入聲)은 평·상·거성(平·上·去聲)으로 분입한 중국의 속운을 도입한 것이라 주장하는 학자도 있으나, 이 또한 지나친 단정이라 아니할 수 없다. 왜냐하면 중국의 입성(入聲)은 입성(入聲)의 유일한 요건인 폐쇄적 말음이 오랜 세월에 걸친 음운 변천으로 말미암아 개방존성하한 견가이 귀추인 데 반하여, 우리의 고유어 입성(入聲)은 종성 자체에는 변동이 없는 채, 구성 모음의 장단에 따라 평·상·거성(平·上·去聲)적 성질(聲質)의 것은 애초부터 그쪽 소속일 뿐, 입성(入聲)으로 입적(入籍)한 바도 없으니, 어찌 이를 동일시할 수 있으랴?

(3) 입성(入聲)과 평성(平聲)의 대비

　사성의 음장은 상성(上聲)이 최장이요, 평성(平聲)이 최단임을 기준으로 하여, 거성(去聲)은 상성(上聲) 다음으로 긴 차장(次長)이요, 입성(入聲)은

　　　　　　　　　　　　　　　　우리말의 고저장단

평성(平聲) 다음으로 짧은 차단(次短)인 것이다. 이 거성(去聲)과 입성(入聲)의 차장과 차단은 그 위차가 상성(上聲)과 평성(平聲) 사이, 곧 최장과 최단의 중점에 합치된다. 그러므로 거성(去聲)과 입성(入聲)의 음장은 비장비단의 중간 길이로서 서로 똑같은 것이다. 이제 다음의 입성(入聲)과 평성(平聲)과의 대비와 입성(入聲)과 거성(去聲)과의 대비에서, 그 서로의 차이를 체감(體感)할 수 있을 것이다.

우측은 첫 음이 평성(平聲)인 평고조어(平高調語)요, 좌측은 첫 음이 입성(入聲)인 측고조어(仄高調語)이다.

이 대비표는 좌측의 입성(入聲)종성에 연접되는 그 다음 음절의 초성과의 자음접변(子音接變)으로 말미암아 우측의 평성어(平聲語)와 서로 비슷하게 된 상태에서의 대비이다.

• ㄱ종성

入		平		入		平
측고조		평고조		측고조		평고조
角木	:	綱目		隔離	:	經理
각목		강목		격리		경리
擊滅	:	輕蔑		穀物	:	公物
격멸		경멸		곡물		공물
國內	:	宮內		國利	:	窮理
국내		궁내		국리		궁리
國營	:	俱慶		獨樂	:	同樂
국영		구경		독락		동락

木理	:	蒙利		伯夷	:	排氣
목리		몽리		백이		배기
霹靂	:	兵力		朔望	:	相望
벽력		병력		삭망		상망
叔母	:	崇慕		食餌	:	猜忌
숙모		숭모		식이		시기
赤米	:	精米				
적미		정미				

- ㄹ종성

入		平		入		平
측고조		**평고조**		**측고조**		**평고조**
物理	:	文理		不亦	:	浮力
물리		문리		불역		부력
活力	:	還曆		悅樂	:	連絡
활력		환력		열락		연락
月老	:	元老		月曆	:	原力
월노		원노		월력		원력
月利	:	元理		一流	:	人類
월리		원리		일류		인류
節力	:	全力		絕禮	:	前例
절력		전력		절예		전례

哲理	:	千里		別離	:	邊利
철리		천리		별리		변리

- ㅂ종성

入		平		入		平
측고조		**평고조**		**측고조**		**평고조**
甲五	:	家寶		十里	:	心理
갑오		가보		십리		심리
十五	:	時報		葉腋	:	餘白
십오		시보		엽액		여백
立木	:	林木		法例	:	凡例
입목		임목		법례		범례
業命	:	嚴命		法理	:	凡理
업명		엄명		법리		범리
揷木	:	杉木				
삽목		삼목				

　평성어(平聲語)의 경우, 중성(中聲 ; 모음)으로 끝나는 무종성어(無終聲語 ; 받침 없는 말)는 말할 것도 없거니와, 초·중·종성을 갖춘 음이라 할지라도 그 종성이란 것이 다 유성종성인 'ㄴ, ㄹ, ㅁ, ㅇ'이기 때문에 이들 유성 종성의 발음은 그 발단(發端)에서 이미 완결되지만, 입성(入聲)의 폐쇄종 성은 그 종성이 완전히 끝마무려져 입매무새가 폐쇄음의 종결 상태로 정위(定位)함으로써야 완결되는 것이므로, 그 사이의 시차가 없을 수 없

는 것이다. 다시 말하면, 폐쇄종성인 입성(入聲)의 발음은 없을 수 없는 것이다. 다시 말하면, 폐쇄종성인 입성(入聲)의 발음은 제아무리 입싸게 발음한다 해도, 그 종성의 마지막 닫힐 때까지에 소요되는 시간이 평성보다는 길 수밖에 없다는 것이다.

위 표의 좌우 대비음이 서로 비슷하기는 하나, 서로가 보유하고 있는 '平' 또는 '仄'의 근본만은 끝내 어찌하지 못하기 때문에, 측고조(仄高調)와 평고조(平高調)의 차이는 해소될 수 없는 것이다.

角木 : 綱目,	物理 : 文理,	甲五 : 家寶
각목　　강목	물리　　문리	갑오　　가보

등 'ㄱ, ㄹ, ㅂ'종성의 어느 예에서도 입성(入聲)의 중후한 초장음(초단음·비장비단)으로 된 측고조(仄高調)와, 평성(平聲)의 긴장한 최단음으로 된 평고조이 대비는 그 상이함이 선명하게 체감될 것이다.

(4) 입성(入聲)과 거성(去聲)의 대비

입성(入聲)과 거성(去聲)의 차이는 종성의 차이에 있다. 곧 거성(去聲)의 종성이 개방성임과는 반대로 입성(入聲)의 종성은 반드시 폐쇄성 종성이란 점이다.

이러한 운미(韻尾)의 상이(相異)에도 불구하고 입성(入聲)과 거성(去聲)은 서로 같은 점이 많으니,

우리말의 고저장단

음질에 있어 다 같이 중후하며

고저에 있어 다 같이 고조이며

장단에 있어 다 같이 상·평성(上·平聲)의 중간 음장

이다. 그러므로 《훈민정음》〈합자해〉에서도 '한자의 입성(入聲)과 거성(去聲)은 서로 같다〔文之入聲與去聲相似〕' 하였으며, 고유어에 있어서도 한자에서와 마찬가지로 방점 1점을 배정하여 서로 혼동되어도 불편이 없도록 배려되어 있는 것이다.

다음에 보이는 자음접변(子音接變)의 입성어(入聲語)와 거성어(去聲語)의 대비에서 그 서로의 음장, 음질이 같음을 확인할 수 있을 것이다.〔좌측은 입성(入聲)으로서의 측고조(仄高調)요, 우측은 거성(去聲)으로서의 측고조(仄高調) 어휘들이다〕

入	去		入	去		入	去
驛南 :	嶺南		末利 :	漫利		密淚 :	憫淚
역남	영남		말리	만리		밀루	민루
域門 :	領門		密獵 :	敏獵		葉脈 :	廉脈
역문	영문		밀렵	민렵		엽맥	염맥
朔明 :	象明		角木 :	岡目		八禮 :	判例
삭명	상명		각목	강목		팔례	판례
擊目 :	頃目		乙老 :	隱老		括力 :	館歷
격목	경목		을노	은로		괄력	관력

竹翁	:	主公	逸樂	:	印烙	蜀門	:	銃門
죽옹		주공	일락		인락	촉문		총문

一類	:	刃類	葛路	:	幹奴	吉禮	:	緊禮
일류		인류	갈로		간노	길례		긴례

위에서 보인 '입성(入聲)과 평성(平聲)의 대비' 및 '입성(入聲)과 거성(去聲)의 대비'에서 각각 그 서로의 이동(異同)을 실감함으로써, 사성의 음질을 구체적·종합적으로 이해하는 데 일조가 되었으리라 믿는다.

한편, 위와 같은 전통적 입·거성(入·去聲)의 고저와 장단이 똑같이 3단체계에서 2단체계로 단순화된 고금(古今)의 변이에 대해서는 '고저(高低)의 체계 변이(體系變移)'(224쪽)를 아울러 참조해 주기 바란다.

우리말의 고저장단

5

한자 사성(四聲)의 변이 현황

오랜 세월은 겪는 동안 한자의 고저장단에도 적지 않은 변천이 있어왔으니, 이의 실상을 살펴봄은 현대어의 성조에 많은 것을 시사해 주리라 믿는다.

1972년 문교부가 선정한 교육용 기초한자 1800자를 바탕으로, 이의 변이상(變移相)을 살펴보기로 한다.

이에 대한 필자의 조사 방식은 다음과 같다.

- 어례(語例) 중 측성자(仄聲字) 앞에서 ' ´ '로 반응하는 것은 평고조(平高調) 현상이니 평성(平聲)으로 간주되는 것이요,
- 평성(平聲) 앞에서 ' ˚ '로 반응하는 것은 '平平'이니 또한 평성(平聲)으로 간주하게 된다.

- '‾'는 상성(上聲)으로 장음이며, '·'는 거·입성(去·入聲)으로 중후한 초장음이다.

문제자 운통	어례 및 반응 상황	정변별	사성변이	평측변이
丹寒	丹鶴 丹藥 丹毒 朱丹 神丹 단학 단약 단독 주단 신단	正	平 → 平	平 → 平
士紙	士氣 士卒 士女 軍士 名士 사기 사졸 사녀 군사 명사	正	上 → 上	仄 → 仄
氣未	氣力 氣壓 氣運 同氣 和氣 기력 기압 기운 동기 화기	正	去 → 去	仄 → 仄
女語	女傑 女史 女色 仙女 宮女 여걸 여사 여색 선녀 궁녀	變	上 → 去	仄 → 仄
試眞	試鍊 試食 試驗 初試 鄕試 시련 시식 시험 초시 향시	變	去 → 上	仄 → 仄
村元	村落 村老 村家 山村 漁村 촌락 촌로 촌가 산촌 어촌	變	平 → 上	平 → 仄
盲庚	盲目 盲信 盲點 文盲 靑盲 맹목 맹신 맹점 문맹 청맹	變	平 → 去	平 → 仄
乳麌	乳母 乳臭 乳鉢 羊乳 牛乳 유모 유취 유발 양유 우유	變	平 → 平	仄 → 平
治寘	治國 治世 治産 根治 官治 치국 치세 치산 근치 관치	變	去 → 平	仄 → 平

童東	童話 童濯 童子 神童 兒童	一部變	平→平·上, 平→平·仄
	동화 동탁 동자 신동 아동		
江江	江水 江畔 江口 長江 滄江	一部變	平→平·去, 平→平·仄
	강수 강반 강구 장강 창강		
景梗	景仰 景慕 景況 風景 光景	一部變	上→上·去, 仄→仄
	경앙 경모 경황 풍경 광경		
止紙	止血 止息 止痛 停止 中止	一部變	上→去·平, 仄→仄·平
	지혈 지식 지통 정지 중지		
衛霽	衛滿 衛將 衛生 防衛 前衛	一部變	去→去·平, 仄→仄·平
	위만 위장 위생 방위 전위		
淨敬	淨潔 淨化 淨福 淸淨 明淨	一部變	去→去·上, 仄→仄
	정결 정화 정복 청정 명정		

- '丹'을 예로 보면, '鶴, 藥, 毒' 등 측성자(仄聲字) 앞에서는 평고조(平高調)로 반응하니 평성(平聲)이요, 제2음절에 처해서는 '朱, 神' 따위 평성(平聲)을 역충하려 고조되게 하지 못하고 '平平'으로 반응하니 이로 보아서도 평성(平聲)이다. 이와 같이 전후에서의 반응을 아울러 보아, '丹'은 완벽한 평성(平聲)으로서 변이됨이 없음을 알 수 있다.

- '女'는 '傑, 史, 色' 따위 측성(仄聲) 앞에서 장음으로 나타나지 아니하니 이미 상성(上聲)일 수 없으며, 그렇다고 측상평고조(仄上平高調)로 나타나지도 않으니 평성(平聲)일 수도 없다. 한편 '仙, 宮' 따위 평성(平聲)을 역충하여 평고조(平高調)되게 하는 것으로 보아 측성(仄

聲)임에 틀림없으니, 전후 아울러 보면 거성화(去聲化)했음이 뚜렷하다.

- '童'은 측성(仄聲)인 '話, 濯, 子' 앞에서 장음화하니 상성화(上聲化)한 것이요, '神, 兒' 따위 평성(平聲) 뒤에 위치해서 이를 평고조(平高調)되게 하지 못하는 것으로는 상성화(上聲化)가 아니라, 평성(平聲) 본래의 자세 그대로이니, 이는 일부가 상성화(上聲化)한 것이 된다.

다음의 한자들은 하나하나 위와 같은 방식에 의하여 조사된 것이다. 지면상 그 결과만을 적기(摘記)해 둔 것임을 부언(附言)하는 바이다.

- **상성화(上聲化)한 거성(去聲)**

世 亂 事 二 互 代 付 任 仲 佐 住 例 侍 係 信 俊 個 借 値 候 假 健 偶
備 僅 傲 債 價 內 共 再 凍 利 到 刺 制 副 創 劍 助 務 勝 勢 勵 勸 化
半 去 又 叛 吏 向 告 命 啓 問 唱 四 困 坐 報 墓 壤 壯 夏 外 夜 夢 大
契 奮 妄 妙 姓 孝 季 孟 定 宴 害 富 寸 對 準 向 就 岸 巷 帝 幣 幻 店
度 座 庶 廟 廢 建 弄 弊 弔 彈 御 復 怪 性 恨 悟 悔 惛 愼 溉 坑 振 捕
掛 援 悞 換 據 氾 汎 汗 泛 況 洞 浪 淚 渡 漏 漢 濫 附 院 陷 際 郡 念
怒 怨 恕 患 愛 態 慶 慕 慧 憲 應 戀 戊 戒 戰 戲 拜 放 政 故 效 敎 救
敗 科 映 暇 暗 暢 暮 暫 更 最 會 望 未 桂 校 案 械 概 歎 正 步 歲 炭
爛 照 片 獻 現 茱 萬 葬 著 蓋 蔽 藝 送 退 進 過 遁 運 遍 避 用 界 畏
異 畵 症 痛 廢 盛 破 硬 硯 示 秘 祭 禁 稅 竟 競 笑 第 箇 管 系 素 細

統練繼置署義耐聖聽肘背臥臭舊號衆製見視計訓詠訪
訟試誦誤謝證議護變讓讚豫貝貢貨貴貸貿費貳賀賃賈
賦賜賤贊走赴趣路較載輩配醉純銳鍊鎭鏡閉閏雁電霧
露面韻順類願鋨餓驗鳳鼻怪射敬致

317자

• 거성화(去聲化)한 상성(上聲)

主九像只土女姉婦婢子守審島嶺巧己憫指掌浦隱部恥
愚愈手敏斗本坂條比水父版苦草省矯礎祖禮穚簿米紀
紙緊罔腐表象賞起酉酒領館首體鼓齒究

65자

• 본연의 거성(去聲)

企位僞免刃券判募印句叫味器固地者塞壽太奈妹字寄
幹幾庫廉快慢播浸部忌志慰就旦晝智暴替棄構樹氣獸
秀緯肖胃自至舍訂記許詐認誌謂豈販賴銃顧麗鼓

72자

• 본연의 상성(上聲)

上丈下內且乃井久也了五亥亨以仕仰但似使保倒倣倍

儉免兩典冷勇動吾卯厚反友取口可古史右否品善喜在
境士獎好妄始娛孔宇宙寡寢寶少展巨左巳市幸序底府
廣引弟彩影往彼待後慎打技批拒抵抱捨掃採損汝洗海
淡浩淺混港準漫滿演漸犯猛限險忍怠恐感想意懇我戶
所擧敍改敢數整斷旅早旱是晚景普曖署曉有朗李果柱
沈柳某染檢武死殉毀母每此氏永火考老理苟近返造道
遣遠選產盡眼矢矣短祀社禍竝被補等算範簡累緖緩總
罪罷美羽耳肯與舞虎號裏賢解討語請講警負買距踐軟
轉辨辯里野錦錢鎖鑛雅雨靜響項頗顯飮飽養馬鬼鳥黨

233자

• 상성화(上聲化)한 평성(平聲)

伸低卑吹培壬汚拳攻村苗遷研肝肥航譜縣

18자

• 거성화(去聲化)한 평성(平聲)

酸盲寬

3자

• 평성화(平聲化)한 상성(上聲)

우리말의 고저장단

狗菌努腦惱稻尾寫受授誘乳頂組醜頃粉

17자

- **평성화(平聲化)한 거성(去聲)**

絹徑課偉段隧言+京貌飯線禪召訴殉瞬裕幼恣障臟燥雉
治派

24자

- **일부변이자(一部變移字)**

平 → 平·上
　　　恭童多符汎容湯包暴懸

10자

平 → 平·平
　　　陣江

2자

上 → 去·平
　　　犬鼓兆止慘胎

6자

上 → 上·去
　　　管亞瓦紫點

5자

去 → 去·平
　　　架塊具盜豆盧寺御陳

9자

去 → 去·上
　　　貫量令淨泰話次

7자

去 → 上・平

　　帶 帳 布　　　　　　　　　　　　　　　　　　　　3자

• 동음이훈(同音異訓) 이성조(異聲調)인 경우

　한쪽이 우세한 다른 한쪽을 따르게 되거나, 대등세인 경우 상혼(相混)
되는 자들은 미처 조사하지 못했다. 예 : 間, 相, 長, 與, 重, 王, 聞, 禪 따
위 '예시 148' 참조.

　(가) 이상을 정리해 보면 :

　　거성(去聲) → 상성(上聲)　　317
　　상성(上聲) → 상성(上聲)　　233　　550

　　상성(上聲) → 거성(去聲)　　62
　　거성(去聲) → 거성(去聲)　　72　　134

　　평성(平聲) → 상성(上聲)　　18
　　상성(上聲) → 평성(平聲)　　17　　35

　　평성(平聲) → 거성(去聲)　　3
　　거성(去聲) → 평성(平聲)　　24　　27　　　　　　　총746자

(나) 이 밖에도 일부변이자를 보면 :

평성(平聲) → 평성(平聲)·상성(上聲)　　10

평성(平聲) → 평성(平聲)·거성(去聲)　　2

상성(上聲) → 거성(去聲)·평성(平聲)　　6

상성(上聲) → 상성(上聲)·거성(去聲)　　5

거성(去聲) → 상성(上聲)·평성(平聲)　　9

거성(去聲) → 거성(去聲)·상성(上聲)　　7

거성(去聲) → 상성(上聲)·평성(平聲)　　3　　　　　　　　　　총42자

　이상은 오랜 세월에 걸친 수많은 우리 선인들의 입과 입을 통하여, 알게 모르게 그때 그때의 사회상의 극히 미세한 심리적 영향이, 풍화 작용하듯 언어에 미친 변모의 자취라 할 수 있다.
　우리는 이 기록의 통계에서 다음과 같은 많은 사실들을 읽어 낼 수 있다.

　(1) 1800자 중 거성(去聲) 총 432자의 73%가 상성화(上聲化)했으며, 상성(上聲) 총 313자의 20%가 거성화(去聲化)한, 상거상혼(上去相混)의 실상을 자세히 들여다보게 된다.
　(ㄱ) 위와 같이 상성(上聲)과 거성(去聲)이 이처럼 쉽게 넘나들 수 있었음만 보아도, 그 두 사이에는 장음과 초장음의 근소한 음장차가 있었

을 뿐, 상성(上聲)도 거성(去聲)도 똑같이 '선고후고의 측성(仄聲)'이었기 때문임을 알게 해주는 것이며,

(ㄴ) 그 중에서도 상성(上聲)이 163%로 불어나는 반면, 거성(去聲)이 38%로 부쩍 줄어든 사정은, 거성(去聲)이 비장비단(非長非短)의 불안정한 중간적 음장이기 때문이다. 그러므로 안정을 희구하는 심리에서 등거리의 이웃인 평성(平聲) 또는 상성(上聲)의 그 어느 쪽으로든 편향되게 마련이나, 그러나 실제에 있어서는 평성(平聲) 쪽으로 기운 것은 전 거성(去聲)의 10%에 불과한 반면, 상성(上聲) 쪽으로 기운 것은 76%나 되는 것이다. 이는 거성(去聲)과 상성(上聲)은 다 같은 측성(仄聲)으로서 고조이기 때문에 약간의 음장차가 있을 뿐이나, 거성(去聲)과 평성(平聲) 사이에는 음장차뿐만 아니라 '仄'과 '平'의 커다란 고저 장벽이 가로놓여 있기 때문이다.

(ㄷ) 이와 같이 상·거성(上·去聲)은 상혼하여 부단히 개편되어 오는 것인데, 현시점을 기준으로 개편 전후를 대비해 보면 :

	개편 전		개편 후
상성(上聲)	300	→	550
거성(去聲)	391	→	136

(ㄹ) 이리하여 개편 후의 상성(上聲)은 운보상(韻譜上)의 거성(去聲)과 상혼되어 있고, 개편 후의 거성(去聲)은 운보상의 상성(上聲)과 혼효되어 있음을 알 수 있다.

따라서 오늘날의 실용에 있어서는 운보상의 상·거성(上·去聲)에 구애

우리말의 고저장단

될 것이 없이, 현실적·실질적인 상·거성(上·去聲)이어야 할 것이다. 이들은 다 같이 측성(仄聲)이기 때문에 그 구별은 고저로서는 가늠이 될 수 없고, 다만 음장(音長)만이 표준일 뿐으로, 길면 상성(上聲)이요, 짧으면 거성(去聲)으로 인식하여 아무 불편이 없는 것이다.

(ㅁ) 이와 같이 상거상혼(上去相混)으로 서로 넘나듦이 심하여 장단에 큰 변동이 일어났으나, 상·거성(上·去聲)은 똑같은 측성(仄聲) 범주 내의 이동이었기 때문에 고저에는 아무런 변동도 일어난 것이 없으니, 그러고 보면 장단보다 고저가 월등히 보수적임을 알 수 있다. 그 비율을 보면 장단의 변동은 25%인 데 반하여 고저의 변동은 단 3%에 불과하다. 이로 보아서도 우리말의 고저가 장단에 못지않은, 아니 장단 이상으로 소중함을 깨닫게 해 주고 있는 것이라 할 것이다.

(2) 일부변이자는 어느 쪽으론가 이행되어 가고 있는 과정 중의 일시적 방황임을 말해 주는 것으로, 장차는 그 조짐의 방향으로 통일 정착될지도 모를 일이다.

같은 이세(理勢)로, 변천이 일단 종결 정착된 것으로 보이는 (가)의 글자들도 과거에는 (나)와 같은, 오랜 세월 많은 언중의 불안정한 방황의 과정을 거쳐 온 결과임을 말해 주는 것이며, 또한 이러한 정착이라 해서 미래에 다시 또 다른 가락으로 변천될 방황의 길로 나서지 않으리란 보장도 없는 것이니, 언어란 부단히 시대와 함께 호흡하는 생명적 존재이기 때문이다.

사실 오늘날 각 사전에 장단이 일정하지 못한 한자음이 많으니,

盲	畫	引	技	味	包	履	瓦	巧
맹	화	인	기	미	포	이	와	교
悽	排	濃	郊	掌	架	次	泰	荷
처	배	농	교	장	가	차	태	하
尊	街	寫…						
존	가	사						

등을 전후로 한 단어들로서 사전마다 장단 불일치한 예를 이루 다 들 수가 없다. 그런가 하면 한편 각 사전이 장음으로 통일되게 명시해 놓은 말들인데도 맹마수령격(盲馬隨鈴格)으로 오발음(誤發音)을 효빈(效顰)하여 짧게 발음하고 있는

火(화)   畫(화)   死(사)   使(사)…

등을 전후로 한 단어들도 적지 않다.

(3) 입성(入聲)은 그 독특한 폐쇄적 종성으로 말미암아 변이의 여지가 없는 것이다.

그러나 窟(굴), 毒(독), 帙(질), 蜜(밀), 頉(탈) 등 입성자(入聲字)가 단독으로 사용되는 경우, 고유어인 양 오인함에서 장음화하는 경향이 있다.

우리말의 고저장단

부록 1 ── 성조가 (聲調歌)

성조란 무엇인가? 고저와 장단이라.

고저는 말가락의 높낮이를 이름이요,

장단은 말소리의 길고 짧음 뜻함이니,

고저는 수직이요 장단은 수평이라.

수직·수평 종횡으로 동시에 작동함으로써

기맥이 상통하는 입체어(立體語)가 되느니라.

한자는 글자마다 '뜻'이 있고 '음'이 있고,

그 '음'을 규제하는 '운(韻)'이란 게 또 있으니,

평성(平聲)·상성(上聲)·거성(去聲)·입성(入聲) 사성이 그것으로,

그 모든 한자음은 이 중의 하나일다.

평성(平聲)은 가장 짧고 가벼운 낮은 소리,

'평' 하는 그 소리가 그 가락의 그 소리며,

상성(上聲)은 가장 길고 묵직한 높은 가락,

'상' 하는 그 소리가 그 가락의 그 소리며,
거성(去聲)은 중간 길이 묵직한 높은 가락,
'거' 하는 그 소리가 그 가락의 그 소리며,
입성(入聲) 또한 중간 길이 묵직한 높은 가락,
'입' 하는 그 소리가 그 가락의 그 소릴다.

공통된 음질(音質)끼리 간추려 재편(再編)하면,
묵직한 높은 소린 '상성(上聲)·거성(去聲)·입성(入聲)'임에
이 셋을 한데 묶어 '측성(仄聲)'이라 하고 나니,
가볍고 낮은 소린 '평성(平聲)' 하나뿐이기에,
그 이름 그대로로 '측성(仄聲)'과 마주 세워
'평성(平聲)·측성(仄聲)' 양립하니 사성보다 간편하다.

한자어만 그러할까 고유어도 똑같으니,
우리말의 이 양면을 구별함 부질없고,
지방마다 방언 있어 못 통하는 말 많지만,
고저장단 그 가락은 어디나 공통일다.

천지에 음양(陰陽) 있고 인간에 남녀 있듯,
우리말엔 평측(平仄) 있어 말조각 조각마다,
평성성(平聲性)·측성성(仄聲性) 양성으로 나눠진다.
첫소리의 성(性)에 따라 그 말 성이 결정되니,
어쩌면 그 비율도 남녀 비율 비슷하다.

평성(平聲)은 여성인 양 안존하고 유순하며,
측성(仄聲)은 남성인 양 씩씩하고 고매하다.
음양이 상조하고 남녀가 화합하듯,
평측(平仄)이 서로 얼려 고저장단 이뤄내니,
그 질서 다름 아닌 우주 질서 그것으로,
말조각 조각마다 속속들이 배어 있다.

2음절어 예를 들어 평측(平仄) 배열 살펴보면,
'仄仄·仄平·平平·平仄' 네 가지 유형이라.
이처럼 '平'과 '仄'이 앞서거니 뒤서거니
끼리끼리 짝짓거니 온갖 태로 배열해도,
첫 두 음절 표준하면 4유형에 불과하여,
유형 따라 고저장단 자동으로 정해지니,
유전자 법칙인 양 일사불란 정연하다.

'仄仄·仄平', '측기어(仄起語)'는 어두에 무게 실려
듬직하게 출발하니, 이 소위 '측고조(仄高調)'라,
'氣壓(기압), 敎育(교육), 合法(합법), 石灰(석회)' 이런 말이 그것이요,

'평기어(平起語)' 중 '平平'형은 그 소리도 평평하여,
잔잔히 물 흐르듯 도란도란 평저조(平低調)라.
'公州(공주), 靑山(청산), 가을, 바람' 이런 말이 그것일다.

그러나 평기어(平起語) 중 '平仄'형은 유별나서,
'仄'을 만난 '平'의 심기(心氣), 자기 성세(聲勢) 묻힐세라,
안간힘 써 청돋우니 이 소위 '평고조(平高調)'라.
'公主(공주), 淸算(청산), 하늘, 나라' 이런 말이 그것일다.

위에 든 어휘들은 본디 고저 그대로나,
앞뒤로 접사(接辭) 붙어 그 배열(排列)이 달라지면,
달라진 배열대로 고저 이동 당연하니,

일례로 측고조(仄高調)에 평성(平聲)이 접두하면,
'高氣壓(고기압), 私敎育(사교육), 非合法(비합법), 生石灰(생석회)' 등
'平仄'형이 됨으로써 평고조(平高調)로 돌변한다.

그러나 측고조(仄高調)에 측성(仄聲)이 접미해도,
'氣壓計(기압계), 敎育熱(교육열), 合法的(합법적), 石灰石(석회석)' 등
'平仄'형이 됨으로써 평고조로 돌변한다.

그러나 측고저(仄高低)에 측성(仄聲)이 접미해도
'氣壓計(기압계), 敎育熱(교육열), 合法的(합법적), 石灰石(석회석)' 등
여전히 측고조(仄高調)라, 측하(仄下)엔 무고조(無高調)며,
만일 '平平'형에 평성(平聲)이 접두하면,
'南公州(남공주), 香靑山(향청산), 산바람, 초가을' 등
'平平平'이 이어질 뿐 여전히 무고조라.

그러나 '平平'형에 '측성(仄聲)'이 접두하면,
'北公州(북공주), 鶴靑山(학청산), 늦가을, 솔바람' 등
'仄平平'형 됨으로써 '측고조(仄高調)'로 바꿔지며,

'측성(仄聲)'이 접미(接尾)하여 '平平仄'형 되고 보면,
'公州市(공주시), 靑山里(청산리), 가을밤, 바람결' 등
제2음절 평고조(平高調)로 홀연 긴장하게 되며,

'측조사(仄助詞)'가 접미해도 '平平仄'형 됨으로써
'公州의, 靑山엔, 바람도, 가을이' 등
제2음절 평고조(平高調)로 같은 현상 일어난다.

그러나 '平平'형에 '평조사(平助詞)'가 접미하면,
'公州마저, 靑山까지, 바람부터, 가을마냥'
제3음절 평고조(平高調)로 고조 위치 달라지니,
'평조사(平助詞)' 그 자체가 '平仄'형인 탓이니라.

그러나 '平仄'형에 측성(仄聲)이 접두하면,
'福公主(복공주), 大淸算(대청산), 봄하늘, 물나라' 등
측고조(仄高調) 가락 속에 평고조(平高調)는 사라진다.

측기어(仄起語)의 '측고조(仄高調)'는 어두에 한하지만,
'平仄'형의 '평고조(平高調)'는 어복(語腹)에도 일어나니,

‘平平仄, 平平平仄’ 이러한 배열에선
제2음절 제3음절 거기가 고조된다.

한 장의 용언화엔 ‘-하다, -되다, -롭다, -답다…’
이런 접사 붙게 되니, 그 구조는 ‘平仄’일다.
용언도 체언처럼 고유 고저 있지마는,
어미의 평측(平仄) 따라 고저도 달라진다.

측고조(仄高調)나 평고조(平高調)나 힘 소모가 컸는지라,
계속 힘줌 어렵기에 고조 뒤엔 무고조라.
‘仄仄’으로 이어져도 비고비저(非高非低) 약화되어
첫고조에 복속(服屬)하니 고조 체면 우뚝하다.

장단은 글자대로 장음·단음 나뉘나니,
장음은 2음장의 ‘상성(上聲)’ 소리 그것이요,
단음은 다시 나눠 평단음(平短音)과 측단음(仄短音) 중
평단음(平短音)은 ‘평성(平聲)’ 소리 경단음(輕短音)이 그것이요,
측단음(仄短音)은 ‘거·입성(去·入聲)’의 중단음(重短音)을 이름일다.
이렇듯 장단에도 경중감(輕重感)이 나는 것은,
동시에 작동하는 고저 운기(運氣) 때문일다.

장단음(長短音) 가닥지게 확실히 발음해야
고저도 덩그러니 입체(立體)로 부푸나니,

길고 짧음 자신 없어 어지중간 호도(糊塗)하면,
고저도 망가질 뿐 바보 말이 되고 만다.

우리말의 고저 위치 그 분포를 개관하면,
측고조(仄高調)나 평고조(平高調)나 어두 쪽에 치우치매,
어말(語末) 쪽 장음(長音)으로 이와 균형 이루거니,
제2음절 장음들을 단음 발음 하고 보면,
어의분별 불능함은 차라리 고사하고,
우리말의 전체 인상 경망함을 뉘 면하리?
천연의 평측 배합 인위로 깨지 말고
진중한 언어 품위 본래대로 지켜 가세.

이렇듯 사성 평측(平仄) 문자 뒤에 숨어 있어,
고저장단 지표되어 이날토록 지켜 오니,
고저도 장단마냥 제도권에 복적시켜,
사전마다 표시하고 학교마다 가르쳐서,
살아 있는 입체어로 가꾸어 보자사라.
현명한 우리 언중 길을 두고 메로 가랴?

평측(平仄)과 고저장단에 대한 제사(題詞)

평측(平仄)과 고저장단의 관계를 묶어, 한시 오언절구의 형식으로 요

약하면 다음과 같다.〔단 한시로서 갖추어야 할 평측법(平仄法)·운율법(韻律法) 등은 도외시되었음〕

• 제1수

字字分四聲(자자분사성) … 한 글자 글자마다 평·상·거·입성(平·上·去·入聲)으로 나뉘어져 있고,

聲聲有平仄(성성유평측) … 모든 말소리는 소리마다 평성(平聲)이나 측성(仄聲)에 매여 있다.

仄聲重厚高(측성중후고) … 측성(仄聲)은 묵직하고 두툼한 높은 가락이며,

平聲輕短低(평성경단저) … 평성(平聲)은 가볍고 짧은 낮은 가락이다.

• 제2수

仄起仄高調(측기측고조) … 측성(仄聲)으로 시작하는 모든 말은 어두가 고조되고,

平仄平高調(평측평고조) … '平+仄' 구조의 말은 평성(平聲)이 고조된다.

平平平低調(평평평저조) … 평성(平聲)으로 연속되는 말은 잔잔한 낮은 가락이며,

仄下無高調(측하무고조) … 한 번 고조된 다음 측성들은 비고비저(非高非低)로 약화된다.

부록 2 ── 고저일람표

고저일람표

여기에 보인 것은 1972년 문교부가 선정한 교육용 기초 한자 1800자를 중심으로, 그에 전접(前接) 또는 후접(後接)하여 이룬 어휘들을 고저(高低)별로 정리해 보인 예어(例語)들이다.

그 보는 요령은, 반드시 소리 내어 종횡(縱橫)으로 여러 차례 어감이 나도록 읽어 보는 일이다. 그러는 가운데 횡(橫)으로는 각 유형별로 어떻게 서로 다른가의 차이를 대조 확인하게 될 것이며, 종(縱)으로는 어느 하나— 예를 들어 평고조(平高調) 같으면 평고조 란을 계속 내리 읽어 감으로써 그 독특한 고조를 체감(體感)하게 될 것이다.

(1) 측고조(仄高調)

이 어휘들의 첫 자는 측성(仄聲)으로 시작하는 측기어(仄起語)로서, '仄仄' 또는 '仄平' 구조의 말들이 이에 속한다.

어두(語頭)가 측성(仄聲)인 만큼, 첫 발음부터 '듬직한 무게가 실린 중후(重厚)한 높은 가락', 진중감(鎭重感)을 띤 발음이어야 한다.

이 측고조는 평고조(平高調)와는 달리 언제나 어두(語頭)에서만 일어나는 것이 특징이다.

따라서 측고조표인 ' ˋ '는 '國家, 畵家'에서와 같이 첫음절에만 표시하게 된다. 번거로움을 피하여 이하는 표를 생략하였으나, 종(縱)으로 열거한 모든 어휘의 첫 자 머리에 이 ' ˋ ' 표가 있는 것으로 간주할 것이다.

한편 측고조어(仄高調語)에 다시 측성자가 접두하여 '大國家, 舊畵家'로 '仄仄平'이 되는 경우면 여전히 측고조일 뿐이지만, 평성자가 접두하는 경우면 돌연 평고조(平高調)로 바뀌어지게 된다. 곧 '新國家, 民畵家'와 같이 되고 보면 '平仄平' 구조가 됨으로써다. 따라서 이는 측성성어(仄聲性語)가 평성성어(平聲性語)로 성전환(性轉換)까지 하게 된 셈이다.

(2) 평고조(平高調)

평성(平聲) 다음에 측성(仄聲)이 오는, '平+仄' 구조의 모든 말이 이에 속한다.

평성의 본질은 '짧고 가볍고 낮은 소리'지만, 그 다음에 측성을 만나게 되면 '평'은 갑자기 긴장하여 반발하게 된다. 그것은 측성의 그 높은 성세(聲勢)에 압도(壓倒)되어 '平' 자신의 소리가 더욱 미약해질 것은 염려한 나머지, 오히려 '平'을 능가할 만큼 팽팽한 높은 가락으로 기세를 올리게 되기 때문이다. 그러나 그 '짧음'만은 길어지지 않을 뿐 아

우리말의 고저장단

니라, 오히려 경민(輕敏)할 만큼 '짧음'이 두드러진다.

그리고 평고조는 '平'과 '仄'이 만나는 짬이면 어두(語頭)·어복(語服) 어디에서나 일어나는 것이 또 하나의 특징이기도 하다.

평고조표 ' ′ '는 '家長, 家族'에서와 같이 고조되는 평자(平字) 위에 표시한다. 이하는 생략.

한편 이 평고조어(平高調語)에 평성자가 접두(接頭)하여 '新家長, 全家族'과 같이 '平平仄' 구조가 되고 보면, 고조점은 여전히 '仄'의 직전의 '平'인 '家'에 있게 되어 '제2음절 평고조'가 되지마는, 측성자가 접두하여 '女家長, 大家族'과 같이 되는 경우면, 당장 측고조어(仄高調語)로 성전환(性轉換)까지 하게 될 것은 뻔한 이치이다.

(3) 평저조(平低調)

이는 '平'의 본질이 '짧고 가볍고 낮은 소리'이므로, 이 두 소리가 이웃하게 되면 서로 거스르는 일 없이, 도란도란 화합하는 무고조(無高調)의 평온하면서도 화평한 어감을 자아낸다.

이에는 고조되는 곳이 없는 저조(低調)이므로 아무 표도 필요치 않다.

한편 이에 평성자가 접두하거나 접미하여 '新家庭, 新家風'이 되거나 '家庭人, 家風人'이 되는 경우는 다 '平平平' 구조가 되므로, 여전히 무고조의 평저조(平低調)이지만, 이에 측성자가 접두하여 '古家庭, 舊家風'과 같이 되고 보면, 그 당장 측성성(仄聲性)으로 전환하여 측고조가 되고 만다. 또 이에 측성자가 접미하게 되면 '平平仄'형이 되어 '家

庭學, 家風上'과 같이 제2음절이 평고조되며, 평성성 조사(平聲性助詞)가 연접하여 '家庭부터, 家庭까지, 家風만은…' 등과 같이 되면 이는 물론 제3음절이 고조된다. 그것은 '-부터, -까지, -마저, -만은…' 등 평성성 조사들은, 그 조사 자체가 '平＋仄' 구조로 되어 있기 때문이다.

또 측성성 조사(仄聲性助詞)가 연접하여 '家庭이, 家庭을, 家風은, 家風도…'와 같이 되면 제2음절이 평고조된다. 이는 물론 '平平＋仄→平平仄' 구조가 됨으로써다.

(4) 제2음절 평고조(平高調)

평평(平平)은 무고조의 평저조(平低調)로 화평한 가락이지만, 이도 '仄'을 만나게 되면 '平平＋仄→平平仄'의 구조가 됨으로써, 그 '平'과 '仄'이 만나는 쩜에 평고조 현상이 나타나게 된다. 그러므로 전체로 보아서는 제2음절 평고조로 나타난다. 이와 같은 현상은, '平平平仄'이나 '平平平平仄'의 경우도 똑같이 제3음절 제4음절에 평고조 현상이 일어나게 마련이다. 번거로움을 피하여 여기서는 '平平仄'의 예만 대표로 보일 뿐 다음절(多音節)의 경우는 같은 이치로 미루어 알 일이기에 생략한다.

평고조인 ' ′ '은 해당 음절인 '仄' 직전의 '平'에 표시한다. 이하 표시 생략.

한편 이 '平平仄'에 측성자가 접두하면 '仄平平仄'이 되어 측성성어로 바뀌어 측고조될 것은 물론이다.

우리말의 고저장단

音字(韻)	仄高調 (仄平 또는 仄仄)	平高調 (平仄)	平低調 (平平)	第2音節平高 (平平仄)
가 家(平)	國家 畵家	家長 家族	家庭 家風	家家禮
佳(平)	漸佳 甚佳	佳節 佳作	佳人 佳言	佳言集
可(仄)	可否 可決	無可 宜可	宜當 無能	無原則
歌(平)	牧歌 祝歌	歌曲 歌舞	家聲 歌謠	歌謠祭
加(平)	倍加 附加	加算 加入	加工 增加	增加勢
價(仄)	價格 價値	原價 時價	時空 原形	原形質
假(仄)	假名 假定	休暇 公假	公文 公休	公休日
각 角(仄)	角逐 角度	三角 頭角	頭巾 三千	三千萬
閣(仄)	閣下 閣僚	樓閣 層閣	樓門 層雲	雲門寺
却(仄)	却下 却說	忘却 消却	消防 忘年	忘年友
覺(仄)	覺悟 覺醒	先覺 知覺	先生 先驅	先驅者
刻(仄)	刻苦 刻薄	時刻 深刻	深山 時間	時間表
간 干(平)	若干 十干	干涉 干犯	干城 干支	干支法
間(平)	近間 這間	間隔 間歇	空間 人間	人間性
間(仄)	間諜 間言	離間 讒間	讒言 離巢	離巢性
刊(平)	發刊 廢刊	刊定 刊本	新刊 刊行	刊行本
幹(仄)	幹部 幹事	基幹 才幹	才童 基金	基金法
簡(仄)	簡單 簡略	書簡 清簡	清州 藏書	藏書閣
姦(平)	强姦 犯姦	姦計 姦惡	姦臣 姦淫	姦淫罪
갈 渴(仄)	渴望 渴求	飢渴 消渴	飢民 民生	民生苦

감	甘(平)	肥甘 食甘	甘受 甘草	甘言 甘泉	甘泉水
	感(仄)	感情 感動	情感 同感	情人 多情	多情感
	減(仄)	減員 減少	增減 輕減	輕舟 增加	增加勢
	敢(仄)	敢行 敢言	焉敢 何敢	何人 行書	行書體
	監(平)	總監 副監	監督 監禁	監房 監査	監査院
갑	甲(仄)	甲富 甲子	回甲 同甲	同門 回文	回文織
강	降(仄)	降雨 降水	昇降 霜降	昇天 昇平	昇平契
	講(仄)	講義 講師	開講 輪講	輪廻 開川	開天節
	强(平)	列强 健剛	强國 强敵	强調 强弓	强弓手
	康(平)	健康 小康	康健 康樂	康衢 康寧	康寧殿
	剛(平)	內剛 外剛	剛直 剛硬	堅剛 金剛	金剛石
	綱(平)	大綱 政綱	綱目 綱理	三綱 綱常	綱常罪
개	改(仄)	改革 改築	修改 更改	更張 修身	修身訣
	開(平)	廣開 半個	開業 開院	開城 開川	開天節
객	客(仄)	客室 客苦	門客 閑客	門人 黃泉	黃泉客
거	去(仄)	去聲 去年	除去 收去	秋收 除名	除名簿
	居(平)	穴居 隱居	居處 居室	居喪 去留	居留地
	擧(仄)	擧國 擧動	輕擧 高擧	高峰 輕油	輕洋食
	據(仄)	據點 證據	依據 雄據	根源 歸依	歸依佛
건	建(仄)	建設 建築	封建 封印	封書 開通	開通式
	乾(平)	旱乾 未乾	乾卦 乾象	乾杯 乾坤	乾魚物
걸	傑(仄)	傑作 傑出	人傑 三傑	三人 人心	心如水
검	儉(仄)	儉素 儉朴	勤儉 淸儉	淸明 勤勞	勤勞者

	劍(仄)	劍道 劍客	名劍 刀劍	刀圭 名人	名人戰
	檢(仄)	檢證 檢察	巡檢 臨檢	臨時 巡廻	廻文錦
격	格(仄)	格式 格調	人格 同格	同情 人情	人情劇
	擊(仄)	擊破 擊滅	遊擊 追擊	追加 遊星	星雲說
	激(仄)	激動 激戰	衝激 情激	情人 衝天	先天的
견	見(仄)	見解 見識	私見 先見	先山 私稱	私生子
	遣(仄)	遣悶 遣歸	派遣 消遣	消長 派生	派生語
결	決(仄)	決裂 決心	裁決 臨決	臨終 裁縫	裁縫術
	結(仄)	結論 結語	歸結 團結	團扇 歸家	家庭訓
	潔(仄)	潔白 潔癖	純潔 高潔	高山 純金	金環蝕
	缺(仄)	缺席 缺點	殘缺 亡缺	亡人 殘金	金蘭契
겸	兼(平)	幷兼 備兼	兼備 兼任	兼官 兼人	兼人勇
	謙(平)	自謙 卑謙	謙遜 謙讓	謙稱 謙辭	謙辭法
경	京(平)	上京 北京	京釜 京職	京仁 京城	京仁路
	景(仄)	景氣 景觀	光景 風景	風霜 光明	明經道
	輕(平)	可輕 重輕	輕視 輕重	輕派 輕風	風雲會
	更(平)	四更 變更	更迭 更定	更張 更新	更衣室
	經(平)	聖經 佛經	經理 經學	經文 經書	經營學
	耕(平)	筆耕 舌經	耕作 耕地	歸耕 農耕	農機械
	敬(仄)	敬意 敬禮	尊敬 恭敬	恭人 尊稱	尊賢錄
	驚(平)	大驚 一驚	驚歎 驚愕	驚風 驚魂	驚人鳥
	慶(仄)	慶事 慶賀	同慶 餘慶	餘生 同心	同心草
	競(仄)	競爭 競技	爭競 馳競	爭臣 驅馳	驅儺禮

	境(仄)	境界 境內	仙境 心境	心情 仙人	仙人掌
	鏡(仄)	鏡臺 鏡水	銅鏡 明鏡	明年 銅山	山神閣
	傾(平)	半傾 左傾	傾注 傾國	傾杯 傾斜	傾斜度
	硬(仄)	硬化 硬水	强硬 生硬	生還 强風	風流客
	警(仄)	警察 警鐘	巡警 軍警	軍人 巡廻	廻天力
계	季(仄)	季節 季秋	昆季 春季	春秋 昆蟲	驅蟲藥
	界(仄)	界標 界紙	仙界 三界	三春 仙山	山靈祭
	計(仄)	計算 計家	生計 時計	時期 生光	光明市
	溪(平)	碧溪 上溪	溪谷 溪澗	溪邊 溪流	流民歎
	系(仄)	系統 系圓	先系 傍系	先生 生時	生離別
	戒(仄)	戒律 戒嚴	齋戒 前戒	前生 書齋	藏書室
	繼(仄)	繼續 繼承	承繼 連繼	聯邦 承恩	恩人錄
	鷄(平)	野鷄 養鷄	鷄卵 鷄眼	鷄林 鷄聲	鷄鳴酒
	契(仄)	契約 契合	交契 書契	交流 流行	流行病
	啓(仄)	啓發 啓明	天啓 行啓	行星 天文	天文學
	階(平)	位階 石階	階級 階下	階前 階段	階段式
고	古(仄)	古文 古人	今古 懷古	懷人 今時	時間表
	故(仄)	故人 故友	溫故 無故	無常 溫泉	溫泉浴
	固(仄)	固有 固守	堅固 頑固	頑愚 堅持	持平職
	苦(仄)	苦學 苦悶	辛苦 勞苦	勞心 辛方	方言集
	高(平)	最高 等高	高級 高位	高官 高峰	高揚郡
	告(仄)	告別 告白	忠告 宣告	宣言 忠言	長休告
	姑(平)	外姑 內姑	姑母 姑婦	王姑 皇姑	王姑母

	孤(平)	託孤 獨孤	孤客 孤雁	孤軍 孤兒	孤兒院
	顧(仄)	顧問 顧命	懷顧 回顧	懷柔 柔和	柔和策
곡	谷(仄)	谷口 谷水	溪谷 山谷	溪流 流觴	流觴宴
	曲(仄)	曲調 曲節	名曲 歌曲	名人 歌謠	歌謠曲
	穀(仄)	穀食 穀物	田穀 新穀	農家 田家	田家樂
	哭(仄)	哭聲 痛哭	哀哭 悲哭	悲懷 哀歌	歌詞集
곤	困(仄)	困窮 困難	貧困 春困	貧民 春川	春川市
	坤(平)	轉坤 統坤	坤道 坤位	坤方 乾坤	乾坤道
골	骨(仄)	骨格 骨肉	仙骨 風骨	仙風 風流	風流骨
공	工(平)	職工 職業	工業 工作	工兵 工場	工場長
	功(平)	戰功 有功	功過 功利	功名 功勞	功勞賞
	空(平)	碧空 遠空	空襲 空地	空中 空虛	虛無境
	共(仄)	共存 共産	中共 親共	親庭 中庸	中庸解
	公(平)	郭公 奉公	公衆 公海	公平 公文	公田制
	供(仄)	供給 供出	提供 資供	提燈 燈心	燈心草
	攻(仄)	攻擊 攻防	侵攻 先攻	先民 侵耕	侵耕地
	恐(仄)	恐喝 恐慌	惶恐 驚恐	驚風 風聲	聲調攷
	貢(仄)	貢物 貢獻	租貢 來貢	來朝 朝廷	朝廷內
과	果(仄)	果敢 果園	名果 珍果	珍羞 名花	花郎戒
	科(平)	理科 法科	科目 科學	科頭 科場	科場內
	過(仄)	過失 過去	經過 通過	通行 經營	經營陣
	誇(平)	矜誇 自誇	誇示 誇矜	誇功 誇張	誇張癖
	寡(仄)	寡婦 寡黙	多寡 孤寡	孤松 多方	多方面

곽	郭(仄)	郭公 郭巨	城郭 輪郭	城門 輪廻	輪廻報
관	官(平)	百官 教官	官吏 官祿	官員 官能	官公署
	觀(平)	壯觀 達觀	觀察 觀念	觀音 觀光	觀光地
	關(平)	古觀 北關	關係 關與	關門 關心	關心事
	管(仄)	管理 管樂	移管 絃管	移居 移民	移民國
	貫(仄)	貫鄉 貫徹	清貫 通貫	通文 清流	清流壁
광	光(平)	日光 電光	光復 光景	光線 光州	光州市
	廣(仄)	廣告 廣大	深廣 增廣	增加 深層	成層圈
	鑛(仄)	鑛山 鑛脈	金鑛 銀鑛	金魚 金銀	金銀貨
괴	怪(仄)	怪物 怪談	奇怪 妖怪	妖星 奇人	奇人傳
교	交(平)	國交 外交	交換 交感	交通 交叉	交叉路
	教(仄)	教育 教室	全校 分校	分擔 全員	全種目
	橋(平)	陸橋 鐵橋	橋脚 橋上	橋梁 橋頭	橋頭堡
	教(仄)	教育 教授	宗教 邪教	邪心 宗孫	宗中物
구	九(仄)	九泉 九州	初九 重九	重陽 初生	初生月
	求(平)	請求 假求	求職 求命	求人 求心	求心力
	究(仄)	究竟 學究	窮究 論究	論文 無窮	無窮盡
	久(仄)	久遠 久習	悠久 良久	良心 悠然	悠悠適
	句(仄)	句節 句法	名句 聯句	聯詩 名言	驚人句
	舊(仄)	舊面 舊情	新舊 親舊	親家 新民	民生策
	區(平)	特區 學區	區域 區別	區分 區間	區分點
	驅(平)	馳驅 疾驅	驅逐 驅迫	驅除 驅蟲	驅蟲藥
	丘(平)	首丘 比丘	丘木 丘墓	丘山 丘陵	丘陵地

국	國(仄)	國民 國政	民國 全國	全人 人和	和蘭國
	菊(仄)	菊花 菊版	黃菊 霜菊	黃昏 昏忘	忘憂物
	局(仄)	局面 局所	時局 名局	時間 初盤	初盤戰
군	君(平)	大君 府君	君子 君主	君臨 君臣	君臣義
	郡(仄)	郡守 郡界	隣郡 邊郡	邊方 隣家	金陵郡
	軍(平)	陸軍 海軍	軍紀 軍警	三軍 空軍	軍團長
	群(平)	拔群 出群	群落 群小	群臣 群花	花郎道
궁	弓(平)	石弓 大弓	弓術 弓馬	弓人 弓形	弓形月
	宮(平)	月宮 後宮	宮女 宮室	宮城 宮中	宮中舞
	窮(平)	困窮 送窮	窮理 窮地	窮民 窮春	窮通理
권	卷(仄)	卷首 卷末	黃卷 三卷	三山 黃巾	黃巾賊
	權(平)	政權 國權	權力 權勢	權門 公權	公權力
귀	貴(仄)	貴族 貴人	高貴 尊貴	尊稱 高樓	高樓閣
	歸(平)	復歸 大歸	歸國 歸順	于歸 歸農	歸農地
	鬼(仄)	鬼神 地神	人鬼 邪鬼	邪心 人間	人間界
규	規(平)	子規 法規	規則 規律	規模 規程	規程上
균	均(平)	五均 國均	均等 均一	均田 平均	平均值
극	極(仄)	極力 極口	窮極 終極	窮民 民生	民生計
	劇(仄)	劇場 劇甚	悲劇 歌劇	悲歌 歌詞	詞華集
근	近(仄)	近代 近世	親近 隣近	隣家 親和	親和力
	勤(平)	出勤 缺勤	勤勉 勤儉	勤農 勤勞	勤勞者
	根(平)	禍根 病根	根性 根氣	根基 根源	根源說
	謹(仄)	謹愼 謹封	忠謹 言謹	忠君 忠言	忠言錄

금	金(平)	現金 巨金	金玉 金錢	金銅 金剛	金剛界
	今(平)	古今 現今	今日 今夜	今秋 今年	今年末
	禁(仄)	禁煙 禁酒	監禁 嚴禁	監農 通行	通行稅
	錦(仄)	錦繡 錦山	衣錦 文錦	衣裳 廻文	廻文錦
	禽(平)	野禽 暮禽	禽獸 禽獲	歸禽 鳴禽	鳴禽類
	琴(平)	大琴 寶琴	琴瑟 琴酒	琴棋 琴書	琴書樂
급	及(仄)	及第 及落	言及 波及	波平 言文	文書綴
	給(仄)	給水 給與	年給 官給	官人 年金	年金法
	急(仄)	急進 急速	時急 危急	時流 流民	燃眉急
	級(仄)	級友 級數	同級 高級	同期 高山	高山族
기	記(仄)	記者 記事	明記 詳記	昭詳 明賢	明賢錄
	起(仄)	起伏 起立	興起 驚起	驚風 興亡	秋風起
	期(平)	適期 滿期	期約 期必	期成 期年	期年服
	基(平)	國基 德基	基準 基本	基源 基金	基金法
	氣(仄)	氣力 氣運	空氣 煙氣	空間 人間	居移氣
	技(仄)	技術 技能	奇技 長技	長城 奇人	奇人傳
	紀(仄)	紀綱 紀元	倫紀 年紀	倫常 年齡	年齡別
	忌(仄)	忌日 忌祭	嫌忌 猜忌	嫌家 親家	慈親忌
	旗(平)	國旗 校旗	旗幅 旗手	旋旗 軍旗	軍旗手
	欺(平)	詐欺 自欺	欺瞞 欺世	欺君 欺心	心如鏡
	奇(平)	好奇 獵奇	奇妙 奇怪	奇人 奇文	奇文選
	棄(仄)	棄權 棄却	投棄 遺棄	遺文 投書	投書函
	畿(平)	國畿 四畿	畿內 畿服	王畿 京畿	京畿道

	飢(平)	療飢 凍飢	飢渴 飢饉	飢寒 飢民	飢民恤
	器(仄)	器量 器具	才器 兵器	兵書 兵戈	兵戈器
	機(平)	轉機 動機	機密 機會	天機 投機	機關室
긴	緊(仄)	緊急 緊縮	要緊 高緊	高明 要人	人工雨
길	吉(仄)	吉凶 吉日	貞吉 元吉	貞操 元和	元和體
난	暖(仄)	暖房 暖冬	溫暖 寒暖	寒天 溫情	溫陽邑
	難(平)	國難 苦難	亂局 難産	難題 難行	難行道
남	南(平)	嶺南 日南	南極 南北	南山 南風	南柯夢
	男(平)	得男 美男	男女 男子	男丁 男婚	婚姻禮
납	納(仄)	納稅 納期	嘉納 開納	嘉言 甘言	言中骨
내	內(仄)	內官 內亂	城內 年內	年間 城門	城門內
녀	女(仄)	女流 女史	三女 仙女	三年 仙人	天仙女
년	年(平)	去年 享年	年下 年老	年前 今年	今年度
념	念(仄)	念慮 念佛	通念 思念	通常 思歸	思歸鳥
녕	寧(平)	保寧 告寧	寧日 寧泰	寧親 安寧	寧邊郡
노	怒(仄)	怒氣 怒號	深怒 嗔怒	深思 深林	深呼吸
농	農(平)	富農 勸農	農業 農事	農家 農民	農民頌
능	能(平)	不能 可能	能力 能率	能仁 能文	能言鳥
니	泥(平)	雪泥 佛泥	泥醉 泥炭	泥金 泥人	泥人像
다	多(平)	過多 衆多	多寡 多恨	多才 多年	多方面
	茶(平)	綠茶 貢茶	茶禮 茶器	茶房 茶人	恒茶飯
단	丹(平)	牧丹 煉丹	丹毒 丹藥	丹青 丹心	丹陽郡
	單(平)	簡單 獨單	單價 單數	單文 單身	單線鐵

	短(仄)	短歌 短見	非短 修短	非情 修心	修心訣
	端(平)	末端 戰端	端吾 端坐	端陽 無端	多端事
	壇(平)	祭壇 校壇	壇上 壇下	文壇 花壇	花崗石
	檀(平)	紫檀 黑檀	檀木 檀板	檀君 檀香	神檀樹
	斷(仄)	斷水 斷酒	嚴斷 遮斷	嚴君 君臨	臨末學
	團(平)	集團 樂團	團體 團結	團扇 師團	師團長
달	達(仄)	達人 達見	英達 通達	英雄 通商	通商局
담	談(平)	面談 會談	談笑 談判	私談 相談	相談役
	淡(仄)	濃淡 淡墨	平淡 疏淡	平和 疏通	通風口
	擔(平)	左擔 負擔	擔任 擔架	加擔 擔當	擔當處
답	答(仄)	答禮 答案	名答 賢答	名賢 賢臣	賢臣錄
	畓(仄)	畓穀 墓畓	田畓 新畓	新聞 田農	田橫鳥
	踏(仄)	踏襲 踏步	高踏 連踏	高山 連名	連名訟
당	堂(平)	講堂 殿堂	堂上 堂叔	堂官 堂兄	堂兄弟
	當(平)	典當 適當	當局 當地	當家 勘當	當陽地
	唐(平)	盛唐 後唐	唐木 唐紙	唐書 唐詩	唐詩選
	黨(仄)	黨派 黨論	鄉黨 徒黨	徒勞 同鄉	鄉民會
대	大(仄)	大望 大成	多大 雄大	多情 英雄	英雄傳
	代(仄)	代價 代金	時代 三代	三時 明清	明清代
	待(仄)	待機 待望	歡待 招待	歡迎 招魂	招魂祭
	臺(平)	鏡臺 燭臺	臺北 臺閣	臺灣 臺詞	臺詞綴
덕	德(仄)	德育 德澤	人德 恩德	恩情 仁情	人情味
도	刀(平)	短刀 食刀	刀劍 刀筆	刀工 刀圭	刀圭界

	到(仄)	到處 到達	來到 三到	來生 三生	三生轉
	度(仄)	度量 度數	風度 經度	風霜 經營	經營學
	道(仄)	道路 道場	天道 人道	天文 人文	人文學
	島(仄)	島國 島民	諸島 孤島	諸君 孤軍	無人島
	倒(仄)	倒産 倒置	昏倒 傾倒	昏君 傾斜	傾斜地
	桃(平)	竹桃 白桃	桃李 桃色	桃花 桃源	桃源境
	逃(平)	遁逃 捕逃	逃走 逃避	逃山 逃亡	逃亡者
	徒(平)	學徒 逆徒	徒黨 徒食	生徒 門徒	生徒數
	都(平)	大都 首都	都會 都合	都城 都心	都心圈
	圖(平)	企圖 地圖	圖案 圖表	圖工 圖書	圖書館
	渡(仄)	渡江 渡美	飛渡 官渡	飛行 官員	官員數
	陶(平)	鬱陶 醉陶	陶冶 陶醉	陶工 陶潛	陶泓景
	導(仄)	導達 導線	傳導 先導	傳言 先天	先天的
독	讀(仄)	讀書 讀者	多讀 通讀	多端 通常	通常寶
	獨(仄)	獨立 獨島	惟獨 單獨	唯唯 單方	單方藥
	毒(仄)	毒藥 毒素	梅毒 餘毒	梅花 餘生	餘生計
	督(仄)	督勵 督戰	監督 都督	監修 都城	都城內
	篤(仄)	篤志 篤學	危篤 仁篤	危機 仁川	仁川市
돌	突(仄)	突變 突擊	溫突 衝突	衝天 溫泉	溫泉水
동	同(平)	大同 合同	同性 同業	同情 同盟	同盟國
	洞(仄)	洞里 洞窟	深洞 茶洞	幽深 茶園	園遊會
	東(平)	大東 極東	東北 東海	東窓 東風	東方朔
	銅(平)	赤銅 採銅	銅錢 銅像	銅山 銅青	銅人像

	動(仄)	動物 動靜	移動 行動	移行 行書	行書體
두	頭(平)	口頭 白頭	頭髮 頭痛	頭巾 頭風	頭風症
둔	鈍(仄)	鈍感 鈍濁	愚鈍 遲鈍	遲回 愚民	愚民嘆
득	得(仄)	得失 得票	收得 天得	收藏 天然	天然美
등	等(仄)	等級 等身	平等 同等	平和 同心	同心草
	登(平)	晚登 仰登	登錄 登用	登場 登山	登山路
	燈(平)	佛燈 電燈	燈燭 燈影	燈油 燈心	燈心紙
라	羅(平)	網羅 綺羅	羅列 羅漢	羅衣 新羅	新羅祭
락	落(仄)	落葉 落月	零落 段落	零時 段階	段成式
	樂(仄)	樂園 樂土	歡樂 同樂	同期 歡迎	歡迎會
	洛(仄)	洛陽 洛東	伊洛 歸洛	伊川 歸田	歸田錄
	絡(仄)	絡繹 脈絡	經絡 連絡	經書 私書	私書函
란	亂(仄)	亂動 亂筆	民亂 心亂	民心 心思	相思病
	蘭(平)	木蘭 紫蘭	蘭草 蘭室	蘭香 蘭花	蘭亭契
	爛(仄)	爛熟 爛漫	光爛 糜爛	光山 光州	光州市
람	覽(仄)	展覽 閱覽	遊覽 便覽	遊人 人便	人便送
랑	浪(仄)	浪漫 浪費	浮浪 流浪	流光 浮萍	浮萍草
	郎(平)	夜郎 堉郎	郎子 郎署	郎君 新郎	郎中令
	朗(仄)	朗讀 朗誦	明朗 晴朗	清明 明言	明明地
래	來(平)	去來 到來	來往 來訪	來賓 來年	來年末
랭	冷(仄)	冷情 冷淡	寒冷 溫冷	寒溫 溫情	溫如玉
략	略(仄)	略奪 略字	三略 侵略	侵魚 三巴	三巴戰
	掠(仄)	掠奪 掠劫	侵掠 楚掠	楚人 楚囚	楚囚淚

량	良(平)	善良 駿良	良藥 良夜	良田 良民	良家女
	量(仄)	量器 計量	才量 商量	才人 商工	商工業
	凉(平)	納凉 凄凉	凉氣 凉夜	凉風 凉州	凉州郡
	諒(仄)	諒察 諒解	忠諒 思諒	思親 忠州	忠州石
	糧(平)	食糧 後糧	糧穀 糧政	糧資 軍糧	軍糧米
려	旅(仄)	旅行 旅館	行旅 軍旅	行軍 軍兵	民兵隊
	麗(仄)	麗質 麗句	明麗 流麗	明君 流行	流行病
	慮(仄)	考慮 慮外	心慮 憂慮	心思 思親	親姻戚
	勵(仄)	勵行 激勵	誠勵 精勵	精誠 誠忠	忠魂塔
력	力(仄)	力行 力戰	人力 能力	人才 能文	賢能士
	歷(仄)	歷史 歷代	來歷 經歷	來年 經營	經營陣
	曆(仄)	曆書 曆年	陽曆 陰曆	陰陽 陽明	陽明學
련	連(平)	結連 合連	連勝 連結	連山 連名	連城璧
	鍊(仄)	鍊磨 練習	修鍊 精練	修身 精神	精神的
	憐(仄)	憐閔 憐恤	相憐 哀憐	哀鳴 相生	相輪塔
	聯(平)	首聯 柱聯	聯合 聯立	聯 聯珠	聯珠格
	戀(仄)	戀慕 戀情	悲戀 邪戀	悲懷 邪神	邪神祭
	蓮(平)	木蓮 睡蓮	蓮實 蓮葉	蓮池 蓮花	蓮花步
렬	列(仄)	列强 列島	分列 行列	分身 行程	行程曆
	烈(仄)	烈士 烈女	忠烈 先烈	忠臣 先驅	先驅者
	裂(仄)	決裂 滅裂	分裂 龜裂	分家 分光	分光器
	劣(仄)	劣勢 劣等	庸劣 優劣	庸君 優柔	優婆塞
령	令(仄)	令名 令狀	軍令 辭令	軍人 辭章	辭章派

	零(平)	墮零 落零	零落 零細	零時 零星	星雲說
	靈(平)	萬靈 衆靈	靈位 靈驗	靈芝 靈泉	靈泉水
례	例(仄)	例證 例外	先例 常例	先親 常時	常山舌
	禮(仄)	禮法 禮式	婚禮 無禮	婚姻 無機	無機物
로	路(仄)	路上 路程	山路 通路	山家 通常	通常禮
	露(仄)	露店 露天	霜露 承露	承前 霜花	霜花店
	老(仄)	老人 老熟	元老 中老	中原 元金	元嘉禮
	勞(平)	過勞 苦勞	勞苦 勞動	勞歌 勞心	勞心作
록	綠(仄)	綠水 綠竹	新綠 紅綠	新光 鮮紅	鮮紅色
	祿(仄)	祿米 祿俸	官祿 無祿	官廳 無情	無公害
	鹿(仄)	鹿茸 鹿皮	山鹿 麋鹿	山神 神靈	山靈閣
론	論(平)	輿論 衆論	論說 論理	論爭 論文	論文集
롱	弄(仄)	弄談 弄奸	愚弄 嘲弄	愚忠 愚民	愚民計
룡	龍(平)	臥龍 伏龍	龍虎 龍馬	龍宮 龍王	龍華會
루	樓(平)	望樓 玉樓	樓閣 樓上	樓臺 樓門	紅樓夢
	累(仄)	累計 累積	家累 煩累	家貧 煩悶	形骸累
	淚(仄)	淚眼 淚痕	含淚 聲淚	含情 聲音	千行淚
	漏(仄)	漏電 漏水	遺漏 無漏	遺言 無花	無花果
류	柳(仄)	柳眉 柳絲	花柳 楊柳	花城 楊平	楊平郡
	留(平)	保留 抑留	留保 留任	留聲 留心	留心處
	流(平)	急流 上流	流水 流動	流通 流行	流行症
	類(仄)	類似 類型	分類 人類	分明 人間	人間事
륙	六(仄)	六法 六德	初六 雙六	雙眉 初聲	初聲解

	陸(仄)	陸地 陸軍	離陸 平陸	離家 平原	平原郡
륜	倫(平)	五倫 不倫	倫序 倫次	倫常 人倫	人倫道
	輪(平)	五輪 月輪	輪讀 輪作	輪廻 輪番	輪番制
률	律(仄)	律動 律詩	音律 軍律	音波 軍需	軍需品
	栗(仄)	栗谷 栗里	生栗 黃栗	生涯 黃山	黃山谷
릉	陵(平)	武陵 古陵	陵墓 陵蔑	丘陵 陵雲	陵雲志
리	里(仄)	里數 里程	千里 鄕里	鄕音 三千	三千里
	理(仄)	理論 理致	生理 無理	生成 無家	無家別
	利(仄)	利益 利用	金利 便利	便宜 金冠	金冠塚
	李(仄)	李花 李桃	行李 桃李	行宮 桃花	桃花水
	吏(仄)	吏道 吏屬	官吏 公吏	官廳 公私	東關吏
	離(平)	隔離 別離	離別 離散	支離 遊離	遊離客
	裏(仄)	裏面 裏書	心裏 閨裏	心田 閨中	暗暗裏
린	隣(平)	善隣 近隣	隣接 隣國	隣人 隣家	東家食
림	林(平)	士林 樹林	林野 林業	林間 林泉	林深處
	臨(平)	枉臨 遠臨	臨戰 臨迫	君臨 臨時	臨時策
립	立(仄)	立案 立證	公立 中立	公明 中間	中間驛
마	馬(仄)	馬脚 馬牌	龍馬 軍馬	龍山 行軍	行軍樂
	麻(平)	大麻 亞麻	麻藥 麻紙	麻衣 麻田	麻沙本
	磨(平)	硏磨 琢磨	磨滅 磨擦	磨光 磨崖	磨崖佛
막	莫(仄)	莫强 莫重	文莫 遮莫	遮陽 文豪	文豪筆
	幕(仄)	幕間 幕後	天幕 軍幕	天山 軍兵	軍裝備
	漠(仄)	漠然 漠漠	沙漠 荒漠	荒民 沙工	沙羅樹

만	萬(仄)	萬歲 萬事	三萬 千萬	三民 三千	三千萬
	滿(仄)	滿場 滿開	圓滿 充滿	圓形 充當	充當額
	慢(仄)	慢然 慢遊	輕慢 陵慢	輕衣 陵雲	陵雲志
	漫(仄)	漫談 漫畵	遊漫 彌漫	遊人 彌縫	彌縫策
	蠻(平)	野蠻 八蠻	蠻族 蠻勇	蠻風 南蠻	南蠻國
말	末(仄)	末席 末端	終末 年末	年輪 終身	終身計
망	亡(平)	死亡 滅亡	亡命 亡失	亡靈 逃亡	逃亡者
	忘(平)	健忘 備忘	忘却 忘失	忘年 昏忘	昏忘症
	望(仄)	望月 望鄕	希望 人望	希求 人生	人生樂
	罔(仄)	罔極 罔測	迷罔 欺罔	迷宮 城南	城南市
매	買(仄)	買票 買收	收買 公買	收金 公開	公開狀
	賣(仄)	賣買 賣上	公賣 商賣	專門 商人	商工業
	梅(平)	早梅 落梅	梅毒 梅信	梅林 梅花	梅花落
	媒(平)	仲媒 鳥媒	媒介 媒酌	風媒 蟲媒	良媒體
맥	麥(仄)	麥酒 麥浪	蕎麥 胡麥	胡人 人皇	人皇氏
	脈(仄)	脈搏 血脈	山脈 金脈	山心 金銀	金銀寶
맹	猛(仄)	猛烈 猛將	雄猛 剛猛	雄飛 剛腸	剛腸族
	盟(平)	會盟 血盟	盟誓 盟約	盟兄 同盟	同盟國
면	勉(仄)	勉學 勉勵	勤勉 相勉	相逢 勤勞	勤勞者
	面(仄)	面目 面識	初面 平面	平安 初心	初心者
	眠(平)	熟眠 吾眠	眠食 眠藥	安眠 催眠	催眠劑
	綿(平)	纏綿 柳綿	綿密 綿織	連綿 綿羊	羊毛絲
멸	滅(仄)	滅亡 滅裂	明滅 消滅	明心 消防	消防署

명	名(平)	署名 命名	名曲 名目	名家 人名	人名錄
	命(仄)	命令 命脈	生命 人命	人倫 生年	生年月
	明(平)	失明 辨明	名哲 明示	明君 明經	明經道
	鳴(平)	自鳴 共鳴	鳴動 鳴笛	悲鳴 鳴禽	鳴禽類
	銘(平)	感銘 刻銘	銘酒 銘戒	碑銘 銘心	銘心骨
	冥(平)	北溟 晦明	冥福 冥界	頑冥 幽冥	幽冥界
모	母(仄)	母國 母性	姑母 生母	生存 存心	心勞症
	毛(平)	不毛 羽毛	毛髮 毛織	毛皮 純毛	純毛織
	暮(仄)	暮景 暮鐘	朝暮 衰暮	朝刊 靑山	靑山暮
	某(仄)	某處 某種	誰某 何某	誰何 如何	如來像
	謀(平)	逆謀 秘謀	謀反 謀議	智謀 謀臣	奸臣輩
	模(平)	聖模 世模	模範 模倣	規模 模型	模型像
	貌(仄)	貌樣 美貌	聲貌 風貌	聲明 風流	風流客
	募(仄)	募兵 募金	公募 招募	公金 招魂	招魂賦
	慕(仄)	戀慕 愛慕	追慕 哀慕	追加 哀歌	歌詞集
목	木(仄)	木手 木工	材木 喬木	資材 才能	才能士
	目(仄)	目的 目錄	題目 名目	題辭 名人	人名簿
	牧(仄)	牧師 牧童	遊牧 耕牧	遊人 耕耘	耕耘機
	沐(仄)	沐浴 沐雨	新沐 歸沐	新粧 歸依	歸依佛
	睦(仄)	睦親 睦友	親睦 和睦	和親 親迎	親迎禮
몰	沒(仄)	沒頭 沒收	埋沒 沈沒	埋香 沈沈	沈沈夜
몽	夢(仄)	夢幻 夢想	凶夢 靈夢	靈山 莊周	莊周夢

	蒙(平)	啓蒙 薐蒙	蒙利 蒙死	昏蒙 鴻蒙	蒙塵駕
묘	妙(仄)	妙策 妙齡	微妙 奇妙	奇人 微官	微官職
	廟(仄)	廟堂 廟宇	文廟 宗廟	宗家 文房	文房具
	墓(仄)	墓碑 墓碣	墳墓 陵墓	先人 先山	先山墓
무	茂(仄)	茂盛 茂林	豊茂 繁茂	繁文 豊山	豊山犬
	武(仄)	武勇 武器	文武 英武	文官 英雄	英雄傳
	務(仄)	務望 義務	公務 勤務	勤勞 公廳	官公務
	無(平)	絶無 有無	無敵 無罪	無常 無知	無生物
	霧(仄)	霧散 霧笛	雲霧 香霧	雲天 香花	花庭霧
	舞(仄)	舞臺 舞踊	歌舞 僧舞	歌僧 僧衣	空中舞
묵	墨(仄)	墨客 墨畫	香墨 親墨	香煙 親書	松煙墨
	默(仄)	默念 默想	緘默 玄默	封緘 玄琴	玄琴默
문	門(平)	北門 卑門	門客 門閥	門生 門前	門庭市
	問(仄)	問答 問病	存問 尋問	存亡 尋常	尋常問
	聞(仄)	聞望 聞達	風聞 聲聞	風聲 風雲	風霜氣
	文(平)	序文 美文	文集 文學	文名 文明	文明國
물	物(仄)	物質 産物	生物 文物	生徒 遺文	遺留物
미	米(仄)	米穀 米麥	精米 玄米	精神 玄孫	玄胡索
	未(仄)	未開 未熟	丁未 辛未	辛方 丁香	丁香木
	味(仄)	味覺 味感	無味 甘味	甘言 淸凉	淸凉味
	美(仄)	美德 美談	華美 淸美	華英 淸華	淸華美
	迷(平)	酒迷 路迷	迷信 迷夢	昏迷 迷宮	迷宮裏
	微(平)	隱微 極微	微力 微物	微溫 微風	微溫的

	眉(平)	柳眉 白眉	眉目 眉雪	眉間 眉山	峨眉月
민	民(平)	國民 愛民	民主 民法	民聲 民生	民生計
	敏(仄)	敏感 敏捷	明敏 機敏	明星 微溫	微生物
밀	密(仄)	密使 密會	親密 精密	精華 親庭	歸鄕客
	蜜(仄)	蜜柑 蜜月	蜂蜜 岩蜜	蜂巢 岩間	波羅蜜
박	泊(仄)	淡泊 宿泊	飄泊 停泊	流光 停留	停留所
	拍(仄)	拍手 拍子	歌拍 三拍	歌聲 三三	三三拍
	迫(仄)	迫害 迫力	驅迫 窮迫	驅蟲 窮愁	窮餘策
	朴(仄)	質朴 厚朴	忠朴 淳朴	淳風 忠魂	忠魂塔
	博(仄)	博識 博受	該博 精博	該當 精靈	精靈會
	薄(仄)	薄待 薄德	輕薄 浮薄	輕音 浮虛	浮虛說
반	反(仄)	反目 反擊	謀反 違反	謀人 違和	違和感
	飯(仄)	飯店 飯酒	乾飯 粗飯	粗安 乾魚	乾魚物
	半(仄)	半月 半空	前半 天半	前言 天文	天文學
	盤(平)	地盤 玉盤	盤舞 盤石	盤回 音盤	音聲學
	班(平)	武班 兩班	班長 班白	班師 文班	文明史
	叛(仄)	叛亂 叛逆	謀叛 離叛	謀臣 離鄕	懷鄕病
발	發(仄)	發達 發音	開發 連發	連枝 開門	開途國
	髮(仄)	髮膚 白髮	銀髮 金髮	金銀 銀河	銀河水
방	方(平)	處方 後方	方面 方法	方言 方舟	方相氏
	房(平)	冷房 獨房	房外 房內	房中 文房	文房友
	防(平)	國防 豫防	防水 防毒	防空 防寒	防寒具
	放(仄)	放課 放談	開放 追放	開城 追從	追從者

	訪(仄)	訪問 訪客	來訪 探訪	來生 探花	探花蝶
	芳(平)	衆芳 百芳	芳草 芳菊	芳年 芳名	芳名錄
	傍(平)	近傍 道傍	傍聽 傍證	傍人 傍觀	傍觀者
	邦(平)	萬邦 友邦	邦國 邦域	邦家 邦畿	京畿道
배	拜(仄)	拜見 拜禮	崇拜 三拜	崇仁 三千	三千世
	杯(平)	擧杯 祝杯	杯酒 杯圈	乾杯 金杯	杯中物
	倍(仄)	倍加 倍額	三倍 千倍	加工 三千	三千倍
	輩(仄)	輩出 輩行	先輩 年輩	先師 同年	同年輩
	背(仄)	背景 背叛	違背 離背	違言 離騷	離騷賦
백	白(仄)	白眉 白衣	明白 餘白	餘生 光明	明明白
	百(仄)	百姓 百歲	凡百 三百	三韓 凡人	人間味
	伯(仄)	伯父 伯仲	河伯 詞伯	山河 詞章	詞章學
	栢(仄)	栢子 栢葉	松栢 香栢	松花 香魂	香魂塚
번	番(平)	地番 上番	番地 番號	當番 輪番	輪番制
	煩(平)	累煩 劇煩	煩熱 煩雜	煩言 煩文	文兼武
	繁(平)	劇繁 世繁	繁殖 繁昌	繁文 繁華	繁華處
	飜(平)	亂飜 覆飜	飜譯 飜案	飜然 飜雲	飜然悟
벌	伐(仄)	伐木 伐草	征伐 侵伐	征塵 侵魚	漁民契
	罰(仄)	罰金 罰則	刑罰 天罰	天刑 天空	蒲鞭罰
범	凡(平)	大凡 超凡	凡俗 凡例	凡人 凡才	凡才類
	犯(仄)	犯人 犯罪	侵犯 防犯	侵淫 防空	防空策
	範(仄)	範圍 範疇	規範 模範	規模 規程	規程上
법	法(仄)	法度 法律	民法 刑法	民間 刑期	民刑事

벽	壁(仄)	壁報 壁畵	東壁 城壁	長城 城東	城東里
	碧(仄)	碧溪 碧眼	空碧 澄碧	澄空 空名	空頭漢
변	變(仄)	變故 變化	逢變 時變	逢時 時期	滄桑變
	辯(仄)	辯論 辯護	多辯 雄辯	雄深 多元	多元化
	辨(仄)	辨理 辨證	論辨 明辨	明文 論文	論文體
	邊(仄)	四邊 海邊	邊塞 邊界	邊城 邊方	邊方役
별	別(仄)	別號 別世	離別 生別	離婚 生時	生離別
병	病(仄)	病院 病患	多病 伴病	伴狂 多神	多神教
	兵(平)	將兵 伏兵	兵卒 兵法	兵丁 兵書	兵猶火
	竝(仄)	竝稱 竝合	相竝 兼竝	相爭 兼人	兼人勇
	屛(平)	曲屛 撤屛	屛去 屛息	屛居 屛風	屛風裏
보	保(仄)	保管 保守	留保 收保	收金 留心	遺留品
	步(仄)	步道 步調	行步 徒步	徒行 調和	金蓮步
	報(仄)	報告 報答	公報 通報	交通 公民	民聲報
	譜(仄)	譜牒 譜錄	年譜 音譜	年豊 音聲	音聲學
	補(仄)	補藥 補身	完補 修補	完全 修身	修人事
	寶(仄)	寶物 寶庫	家寶 通寶	通常 家庭	家庭婦
복	福(仄)	復祿 福地	多福 冥福	多情 冥冥	冥冥裏
	伏(仄)	伏線 伏願	降伏 埋伏	埋魂 降旗	旗行列
	服(仄)	服役 服務	承服 心服	承前 春心	春秋季
	復(仄)	復舊 復習	回復 收復	秋收 回婚	回婚禮
	腹(仄)	腹腔 腹痛	心腹 空腹	心中 空山	空閑地
	複(仄)	複道 複雜	單複 重複	單線 重修	重修記

본	本(仄)	本業 本格	根本 珍本	珍奇 根源	單行本
봉	蜂(平)	蜜蜂 土蜂	蜂蝶 蜂蜜	蜂房 蜂腰	蜂腰體
	封(平)	密封 襲封	封印 封建	封君 封墳	封墳土
	鳳(仄)	鳳姿 鳳凰	金鳳 丹鳳	神丹 丹山	丹山鳳
	峯(平)	遠峯 秀峯	峯勢 峯上	連峯 峯頭	千峯出
부	夫(平)	鑛夫 武夫	夫婦 夫子	夫人 夫君	君師父
	父(仄)	父母 父子	嚴父 田父	家兄 嚴親	親迎禮
	富(仄)	富强 富貴	豊富 貧富	豊年 貧民	貧民窟
	部(仄)	部隊 部落	軍部 全部	全人 軍民	軍機處
	付(仄)	付託 付送	分付 天付	分光 天花	天中節
	附(仄)	附錄 附近	歸附 來附	歸來 來歸	來歸處
	腐(仄)	豆腐 腐敗	陳腐 紅腐	紅蔘 陳皮	陳荒地
	府(仄)	府尹 政府	軍府 官府	軍人 官廳	安東府
	婦(仄)	婦德 婦道	夫婦 姑婦	姑蘇 夫君	君臣義
	否(仄)	否決 否認	安否 能否	安心 能仁	仁無敵
	負(仄)	勝負 負債	擔負 辜負	無事 擔當	擔當者
	副(仄)	副食 副詞	兼副 軍副	兼全 全軍	軍兵力
	簿(仄)	簿記 簿書	帳簿 名簿	帳中 名詞	金蘭簿
	賦(仄)	賦役 賦課	天賦 詩賦	詩書 圖書	圖書展
북	北(仄)	北斗 北海	南北 東北	東南 西南	西南海
분	分(平)	等分 半分	分割 分裂	春分 中分	中分點
	分(仄)	職分 過分	名分 身分	身元 名銜	名銜判
	紛(平)	世紛 放紛	紛香 焚蕩	紛紜 紛紛	紛紛雪

	粉(仄)	粉筆 粉壁	香紛 紅粉	香魚 紅花	紅花實
	奔(平)	出奔 走奔	奔放 奔赴	奔忙 奔喪	奔喪哭
	墳(平)	古墳 舊墳	墳墓 墳典	孤墳 荒墳	荒墳墓
	憤(仄)	憤激 憤痛	悲憤 公憤	悲哀 公州	公州市
불	不(仄)	不義 不眠	三不 無不	眠休 三千	三千甲
	佛(仄)	佛光 佛道	生佛 成佛	生光 圓光	金銅佛
붕	朋(平)	舊朋 友朋	朋類 朋黨	親朋 朋徒	朋徒黨
비	比(仄)	比肩 比較	無比 連比	連山 無心	無消息
	非(平)	是非 昨非	非凡 非禮	非人 非情	非公式
	悲(平)	大悲 喜悲	悲劇 悲憤	悲風 悲鳴	悲情漢
	飛(平)	燕飛 奮飛	飛閣 飛躍	飛流 飛仙	飛龍瀑
	鼻(仄)	鼻血 鼻腔	隆鼻 尖鼻	隆冬 尖端	尖端學
	碑(平)	口碑 墓碑	碑石 碑面	碑文 碑陰	碑陰記
	備(仄)	備置 備品	軍備 兼備	兼全 三軍	三軍部
	秘(仄)	秘密 秘訣	神秘 深秘	深淵 神靈	山靈閣
	費(仄)	費用 費隱	公費 虛費	虛心 公文	虛心境
빈	貧(平)	極貧 赤貧	貧富 貧賤	貧寒 貧交	貧交行
	賓(平)	貴賓 主賓	賓客 賓貢	賓辭 來賓	來賓席
빙	氷(平)	結氷 薄氷	氷炭 氷上	氷山 氷河	河東郡
사	四(仄)	四時 四聲	三十 三四	時空 三時	三時食
	士(仄)	士氣 士林	軍士 名士	軍機 名賢	名賢錄
	寺(仄)	寺刹 寺院	僧寺 山寺	山間 僧伽	僧伽大
	司(平)	上司 牧司	司法 司會	司空 司徒	司徒傳

詞(平)	品詞 動詞	詞賦 詞藝	詞章 詞華	詞華集
蛇(平)	大蛇 毒蛇	蛇足 蛇蝎	蛇龍 蛇心	蛇紋石
邪(平)	辟邪 詔邪	邪惡 邪教	邪心 邪神	邪神教
使(仄)	使臣 使節	行使 公使	行裝 公民	公羊傳
史(仄)	史官 史蹟	青史 書史	青雲 書經	東洋史
射(仄)	射亭 射倖	投射 鄉射	投機 鄉音	鄉三物
謝(仄)	謝過 謝禮	多謝 陳謝	陳情 多情	多情恨
賜(仄)	賜藥 賜暇	恩賜 遺賜	遺言 恩人	人情劇
斜(平)	大斜 挾斜	斜面 斜視	斜線 斜陽	斜陽路
社(仄)	社交 社會	宗社 公社	宗家 公開	公開狀
沙(平)	土沙 白沙	沙漠 沙器	沙工 沙防	沙羅樹
師(平)	出師 教師	師父 師表	師門 師團	師團長
死(仄)	死生 死守	生死 橫死	生涯 橫書	欣然死
私(平)	燕私 斥私	私學 私淑	公私 私生	私生活
絲(平)	柳絲 製絲	絲竹 絲笠	麻絲 悲絲	悲絲咽
査(平)	檢查 審查	查定 查丈	調查 搜查	搜查係
辭(平)	頌辭 固辭	辭表 辭典	辭林 辭章	辭章學
斯(平)	挾斯 瓦斯	斯道 斯界	斯文 斯慮	徐羅伐
事(仄)	事理 事情	農事 工事	農耕 工期	平章事
祀(仄)	祀田 祀事	時祀 祠祀	祠堂 時間	時間制
삭	削(仄)	削減 削除	添削 侵削	添加 侵淫	淫羊藿
	朔(仄)	朔望 朔風	元朔 邊朔	元旦 邊方	邊方職
산	山(平)	遠山 泰山	山谷 山水	山民 山陽	山陽路

	産(仄)	産室 産業	生産 難産	生民 難民	難民洞
	散(仄)	散在 散髮	分散 離散	離歌 分光	芎蘇散
	算(仄)	算數 算術	心算 加算	加工 心勞	乘除算
살	殺(仄)	殺人 殺害	生殺 屠殺	生民 屠蘇	屠蘇酒
삼	三(平)	十三 再三	三峽 三族	三才 三層	三層塔
	森(平)	鬱森 凜森	森列 森立	森羅 森林	森林浴
상	上(仄)	上告 上陸	無上 身上	身邊 無誠	無誠意
	尙(仄)	尙存 尙武	崇尙 和尙	崇文 平和	平和境
	常(平)	五常 日常	常例 常務	常時 時人	人民報
	賞(仄)	賞罰 賞春	金賞 襃賞	襃章 金銀	勤勞賞
	商(平)	協商 隊商	商議 商號	商人 商工	商工部
	詳(平)	未詳 不詳	詳細 詳察	詳明 詳探	探偵隊
	祥(平)	吉祥 大祥	祥瑞 祥運	祥雲 祥風	風雲會
	床(平)	起床 病床	床榻 床下	溫床 平床	床前月
	相(平)	互相 反相	相應 相議	相爭 相通	相生理
	相(仄)	相公 相國	賢相 眞相	賢人 人間	人間味
	霜(平)	曉霜 雪霜	霜露 霜葉	霜花 霜風	凌霜節
	想(仄)	想念 想像	回想 思想	事親 回婚	回回敎
	傷(平)	負傷 損傷	傷歎 傷創	傷心 傷兵	傷弓鳥
	喪(平)	護喪 國喪	喪亂 喪禮	初喪 喪家	喪家狗
	象(仄)	象形 象敎	形象 天象	形容 天文	天文學
	像(仄)	像形 佛像	彫像 銅像	銅人 彫蟲	彫蟲技
	桑(平)	摘桑 給桑	桑葉 桑海	桑田 農桑	桑灰水

	狀(仄)	狀啓 狀元	書狀 廻狀	書生 廻文	連名狀
	償(平)	補償 賠償	償債 償却	償金 償還	償還額
쌍	雙(平)	一雙 二雙	雙璧 雙淚	雙雙 雙方	雙關法
새	塞(仄)	塞翁 險塞	邊塞 防塞	邊方 防風	優婆塞
색	色(仄)	色盲 生彩	春色 青色	青春 春光	青紅色
	索(仄)	索引 索求	探索 摸索	探知 探求	探究者
생	生(平)	發生 衆生	生活 生産	生家 生男	生男禮
서	西(平)	海西 洛西	西北 西施	西南 西天	西歸浦
	序(仄)	序曲 序論	東序 西序	東西 東山	東山月
	書(平)	讀書 聖書	書店 書籍	書窓 書堂	書堂狗
	暑(仄)	暑氣 暑熱	寒暑 炎暑	寒心 炎天	天然色
	徐(仄)	敍事 敍述	陳敍 論敍	論功 陳情	陳情狀
	庶(仄)	庶務 庶母	民庶 人庶	人民 民天	天邪鬼
	恕(仄)	恕思 恕宥	容恕 忠恕	容貌 忠言	言中骨
	署(仄)	署理 署名	官署 公署	官廳 公民	官公署
	緒(仄)	緒論 緒業	心緒 情緒	心情 情田	情田簿
석	石(仄)	石油 石炭	金石 浮石	金光 浮生	花岡石
	夕(仄)	夕景 夕刊	朝夕 終夕	朝庭 終身	終身計
	昔(仄)	昔人 昔日	通昔 平昔	通常 平常	平常服
	惜(仄)	惜別 惜敗	哀惜 珍惜	悲哀 珍風	珍風景
	席(仄)	席捲 席次	經席 賓席	經筵 來賓	來賓席
	析(仄)	解析 析出	分析 通析	分家 通商	通商局
	釋(仄)	釋放 釋迦	稀釋 評釋	評言 稀星	星河漢

선	先(平)	祖先 率先	先後 先約	先頭 先天	先天的
	仙(平)	謫仙 酒仙	仙境 仙女	仙宮 仙人	仙人掌
	禪(平)	坐禪 參禪	禪道 禪院	禪家 禪宗	禪和子
	鮮(平)	肥鮮 遷碧	鮮血 鮮肉	鮮明 朝鮮	朝鮮族
	善(仄)	善導 善良	親善 仁善	親疎 仁人	非人化
	船(平)	發船 戰船	船室 船價	商船 漁船	船員室
	選(仄)	選手 選良	民選 當選	民權 當年	年中事
	宣(平)	不宣 口宣	宣誓 宣教	宣言 宣和	宣和譜
	旋(平)	凱旋 幹旋	旋律 旋轉	旋回 旋風	旋風的
설	雪(仄)	雪月 雪辱	風雪 殘雪	風雲 殘餘	殘餘物
	說(仄)	說明 說法	論說 傳說	論文 傳家	傳家寶
	設(仄)	設計 設置	公設 陳設	陳平 公民	民間說
	舌(仄)	舌禍 舌端	橫舌 喉舌	喉音 橫書	蘇張舌
섭	涉(仄)	涉獵 涉世	交涉 干涉	干天 交通	交通稅
성	姓(仄)	姓名 姓氏	同姓 稀姓	同名 同胞	同胞愛
	性(仄)	性格 性情	同性 根性	根源 同人	人間性
	成(平)	達成 養成	成就 成熟	成年 成婚	成均館
	城(平)	外城 落城	城壁 城郭	城樓 城門	城門內
	誠(平)	至誠 赤誠	誠意 誠實	誠金 誠心	誠齋集
	盛(仄)	盛大 盛衰	全盛 繁盛	繁華 全軍	軍糧米
	星(平)	木星 土星	星座 星霧	星霜 星流	流行語
	聖(平)	聖經 聖恩	神聖 詩聖	神仙 詩文	東文選
	聲(平)	上聲 去聲	聲樂 聲援	聲音 聲明	聲明戰

세	世(仄)	世界 世代	來世 身世	來歸 身邊	生生世
	稅(仄)	稅務 稅關	田稅 收稅	田園 收藏	通行稅
	細(仄)	細心 細路	微細 精細	微明 精油	精油所
	勢(仄)	勢力 勢家	時勢 情勢	時文 情人	人頭稅
	歲(仄)	歲月 歲寒	年歲 千歲	千年 年豊	登豊歲
소	小(仄)	小心 小麥	微小 群小	心勞 群雄	群雄起
	少(仄)	少女 少年	年少 稀少	年功 稀微	微生體
	所(仄)	所感 所得	名所 高所	名人 高山	高山族
	消(平)	解消 抹消	消息 消化	消風 消防	消防署
	素(仄)	素月 素材	純素 元素	純眞 元功	元和體
	笑(仄)	笑顏 笑聲	言笑 嬌笑	嬌歌 言聲	廻頭笑
	昭(平)	顯昭 布昭	昭代 昭穆	昭明 昭君	昭君恨
	蘇(平)	紫蘇 老蘇	蘇鐵 蘇復	蘇生 蘇聯	蘇聯國
	騷(平)	賦騷 變騷	騷動 騷亂	騷人 騷音	離騷體
	燒(平)	半燒 殆燒	燒失 燒却	全燒 延燒	燒夷彈
	掃(仄)	掃地 掃除	淸掃 揮掃	淸和 揮毫	揮毫展
	疏(平)	上疏 簡疏	疏遠 疏薄	親疏 疏通	通行量
	蔬(平)	菜蔬 野蔬	蔬食 蔬奠	家蔬 蔬筍	蔬筍氣
속	俗(仄)	俗世 俗情	民俗 風俗	民風 亡民	亡民俗
	速(仄)	速度 速記	高速 加速	高山 加盟	加盟國
	續(仄)	續發 續紋	連續 相續	相通 連珠	連城寶
	束(仄)	束縛 束髮	團束 拘束	拘留 團圓	團團月
	粟(仄)	粟米 粟膚	官粟 輸粟	輸情 官能	官能的

	屬(仄)	屬國 屬望	軍屬 家屬	軍情 家庭	家庭訓
손	孫(平)	後孫 外孫	孫子 孫婦	孫文 孫行	曾孫婦
	損(仄)	損失 損傷	增損 虧損	傷寒 增加	增加勢
송	松(平)	陸松 赤松	松柏 松竹	松明 松林	松林裏
	送(仄)	送別 送還	輸送 傳送	輸來 傳來	傳來說
	頌(仄)	頌德 頌歌	稱頌 歌頌	歌聲 稱名	名人戰
	訟(仄)	訟事 訟獄	爭訟 新訟	爭臣 新聞	新聞紙
	誦(仄)	誦讀 誦才	傳誦 謳誦	謳歌 傳家	傳家寶
쇠	衰(平)	老衰 盛衰	衰退 衰弱	衰年 齊衰	齊衰服
수	水(仄)	水面 水源	山水 防水	防風 源泉	桃花水
	手(仄)	手術 手足	空手 先手	先親 空中	空中閣
	首(仄)	首肯 首席	元首 年首	年功 元金	元嘉禮
	需(平)	祭需 應需	需用 需供	婚需 軍需	軍需品
	帥(仄)	帥長 將帥	元帥 魁帥	元朝 元孫	元宵月
	殊(平)	特殊 萬殊	殊絶 殊俗	殊常 殊勳	殊勳甲
	隨(平)	相隨 追隨	隨俗 隨駕	隨從 隨行	隨行者
	守(仄)	守護 守備	巡守 留守	巡廻 留連	留連記
	戍(仄)	衛戍 謫戍	邊戍 征戍	征人 邊庭	庭園樹
	收(平)	月收 領收	收入 收給	收支 收藏	收藏量
	輸(平)	運輸 陸輸	輸出 輸送	輸情 輸平	平均算
	獸(仄)	獸心 獸醫	禽獸 珍獸	珍奇 嘉禽	嘉禽類
	睡(仄)	睡眠 睡蓮	昏睡 甘睡	甘言 昏忘	昏忘症
	遂(仄)	遂行 遂事	成遂 生遂	生成 成功	成功率

	愁(平)	客愁 旅愁	愁亂 愁歎	愁眉 愁心	愁心曲
	樹(仄)	樹木 樹陰	花樹 春樹	春花 花紋	花紋席
	壽(仄)	壽命 壽福	長壽 天壽	天長 長明	南山壽
	數(仄)	數學 數多	張數 無數	無完 完全	完全數
	修(平)	補修 自修	修繕 修理	修身 修行	修身策
	秀(仄)	秀麗 秀才	神秀 英秀	神奇 英雄	英雄傳
숙	叔(仄)	叔父 叔姪	堂叔 妻叔	妻男 同堂	同堂叔
	淑(仄)	淑女 淑德	賢淑 貞淑	賢良 貞操	貞操帶
	宿(仄)	宿願 宿題	留宿 投宿	留名 投書	投書函
	熟(仄)	熟考 熟達	能熟 成熟	能仁 成人	成人禮
	肅(仄)	肅淸 肅啓	嚴肅 靜肅	嚴親 淸和	淸和日
순	順(仄)	順序 順從	和順 歸順	歸巢 和親	和親策
	純(平)	不純 至純	純厚 純粹	純眞 純情	純情派
	旬(平)	上旬 七旬	旬報 旬月	旬餘 初旬	初終禮
	循(平)	撫循 循	循守 循篤	循行 循環	循環期
	脣(平)	缺脣 反脣	脣舌 脣腫	丹脣 丹誠	誠心戒
	巡(平)	夜巡 浚巡	巡狩 巡察	巡杯 巡行	巡洋艦
술	述(仄)	述語 述懷	陳述 追述	追尊 陳情	詩書畫
	術(仄)	術數 術語	心術 仁術	仁心 心情	人情劇
숭	崇(平)	敬崇 信崇	崇拜 崇尙	崇嚴 崇儒	崇儒策
습	習(仄)	習慣 習得	風習 時習	風情 時間	時間表
	拾(仄)	拾得 拾遺	收拾 刪拾	收金 遺言	遺言狀
	濕(仄)	濕度 濕地	多濕 蒸濕	蒸民 多元	多元化

	襲(仄)	襲擊 襲衣	空襲 奇襲	奇松 空山	空山寂
승	乘(平)	萬乘 大乘	乘客 乘馬	乘船 乘風	乘風浪
	承(平)	繼承 奉承	承諾 承服	承從 承平	承平策
	勝(仄)	勝利 勝敗	連勝 優勝	優柔 連山	連山月
	昇(平)	上昇 擢昇	昇進 昇格	昇天 昇平	昇交點
	僧(平)	道僧 俗僧	僧舞 僧服	僧家 僧軍	僧軍將
시	市(仄)	市民 市內	城市 都市	都城 城門	門前市
	示(仄)	示威 示範	明示 昭示	昭明 昭光	光明日
	是(仄)	是非 是認	如是 先是	如來 先山	先山麓
	時(平)	四時 卽時	時局 時節	時風 時間	時間的
	詩(平)	古詩 漢詩	詩聖 詩集	詩仙 詩書	詩書氣
	矢(仄)	矢鏃 矢石	弓矢 流矢	弓人 流沙	流沙灘
	侍(仄)	侍下 侍上	嚴侍 慈侍	嚴親 慈堂	慈親下
	視(仄)	視覺 視力	斜視 明視	明年 斜陽	斜陽笛
	施(仄)	施賞 施設	西施 遺施	遺文 西南	西南海
	試(仄)	試驗 試鍊	庭試 鄕試	庭園 懷鄕	懷鄕病
	始(仄)	始動 始發	開始 原始	開門 原初	原初的
씨	氏(仄)	氏族 氏名	金氏 師氏	師恩 無名	無名氏
식	食(仄)	食糧 食卓	徒食 衣食	徒然 衣冠	衣冠族
	式(仄)	式年 式場	公式 新式	新聞 開場	開場式
	植(仄)	植木 植物	移植 分植	移民 盆栽	盆栽展
	識(仄)	識別 識見	知識 常識	知能 常春	常春藤
	息(仄)	嘆息 喘息	安息 消息	消光 安全	安全帶

	節(仄)	外節 服飾	修飾 文飾	修身 文章	文章誌
신	身(平)	滿身 保身	身體 身命	身言 終身	終身計
	申(平)	上申 內申	申告 申請	申時 申方	申聞鼓
	神(平)	鬼神 入神	神佛 神聖	神明 神通	神通力
	臣(平)	近臣 重臣	臣下 臣妾	功臣 君臣	君臣道
	信(仄)	信義 信心	春信 書信	書堂 書名	書名錄
	晨(平)	早晨 吉晨	晨夕 晨暮	晨鐘 晨鷄	晨鷄報
	愼(仄)	愼重 勤愼	謙愼 明愼	謙稱 明心	明心訣
	辛(平)	細辛 五辛	辛苦 辛亥	辛勤 辛夷	辛夷木
	新(平)	改新 日新	新品 新式	新婚 新情	新生活
실	失(仄)	失業 失言	遺失 消失	遺文 消炎	消炎劑
	室(仄)	室內 室人	居室 王室	王家 居常	芝蘭室
	實(仄)	實名 實力	無實 忠實	忠言 無花	無花果
심	心(平)	感心 野心	心理 心醉	心靈 心田	心田白
	甚(仄)	甚難 甚大	深甚 尤甚	殊尤 深林	深林虎
	深(平)	水深 淺深	深刻 深重	深耕 深山	深山谷
	尋(平)	訪尋 究尋	尋訪 尋問	千尋 尋常	尋常事
십	十(仄)	十戒 十干	三十 知十	知人 三千	三千萬
아	兒(平)	健兒 女兒	兒女 兒子	孤兒 男兒	男兒氣
	我(仄)	我執 我國	無我 亡我	亡身 無心	無心境
	雅(仄)	雅量 雅淡	端雅 優雅	優柔 端居	端溪石
	餓(仄)	餓死 餓鬼	飢餓 窮餓	飢寒 寒山	寒山寺
악	惡(仄)	惡夢 惡用	邪惡 凶惡	邪心 凶年	凶年作

	岳(仄)	岳丈 岳母	山岳 雲岳	山川 雲天	雲中鶴
욕	欲(仄)	欲望 欲界	私欲 貪欲	私情 貪心	貪財欲
	浴(仄)	浴室 浴日	溫浴 乾浴	溫床 乾燥	乾燥法
	辱(仄)	困辱 屈辱	榮辱 陵辱	榮光 陵運	陵運志
용	用(仄)	用務 用例	公用 私用	公平 公私	公私立
	勇(仄)	勇氣 勇敢	忠勇 仁勇	仁人 忠誠	兼人勇
	容(平)	美容 許容	容納 容恕	形容 容貌	容貌美
	庸(平)	附庸 凡庸	庸劣 庸掘	功庸 中庸	中庸道
우	宇(仄)	宇宙 氣宇	僧宇 堂宇	衡山 僧門	高僧傳
	右(仄)	右翼 左側	如右 鄰右	鄰家 如來	如來像
	牛(平)	水牛 野牛	牛馬 牛步	牛羊 羊毛	羊毛絲
	友(仄)	友邦 友愛	朋友 賢友	親朋 賢人	林泉友
	羽(仄)	羽衣 羽化	毛羽 蟬羽	蟬聲 毛衣	衣裳室
	郵(平)	督郵 置郵	郵送 郵票	郵書 郵亭	郵便物
	愚(平)	暗愚 下愚	愚劣 愚見	愚民 賢愚	愚夫歎
	偶(仄)	偶像 偶發	奇偶 良偶	良人 奇緣	因緣說
	優(平)	俳優 女優	優待 優勝	優遊 優言	優生學
	雨(仄)	雨氣 雨天	時雨 風雨	天時 春風	春分雨
	憂(平)	內憂 杞憂	憂患 憂國	憂愁 憂心	憂悶症
	遇(仄)	待遇 不遇	奇遇 恩遇	恩人 奇緣	奇緣遇
운	雲(平)	白雲 夏雲	雲影 雲海	靑雲 雲間	雲間鶴
	運(仄)	運命 運行	文運 天運	天文 通行	通行稅
	韻(仄)	韻文 韻字	音韻 和韻	和音 音聲	音聲學

웅	雄(平)	大雄 六雄	雄建 雄辯	英雄 群雄	群雄傳
원	元(平)	紀元 壯元	元氣 元老	元初 元和	元和體
	原(平)	病原 語原	原理 原色	原來 原形	原形質
	願(仄)	願書 願望	哀願 悲願	悲哀 哀傷	哀傷曲
	遠(仄)	遠近 遠大	疏遠 深遠	深情 情懷	情懷惡
	園(平)	果園 樂園	園藝 園主	園林 園丁	園丁記
	員(平)	滿員 社員	員石 員數	官員 人員	人員數
	援(仄)	援護 援助	聲援 軍援	名聲 軍團	軍團長
	院(仄)	病院 院長	書院 禪院	書堂 監査	監査院
	怨(仄)	怨望 怨恨	私怨 誰怨	誰何 公私	官公署
	圓(平)	廣圓 一圓	圓滿 圓熟	圓形 圓周	圓周率
월	月(仄)	月刊 月賦	明月 新月	明年 新生	生年月
	越(仄)	越權 越等	飛越 超越	超人 飛龍	龍門寺
위	位(仄)	位置 地位	高位 神位	高空 神通	神通力
	危(平)	險危 殆危	危急 危篤	安危 危機	危機說
	爲(平)	所爲 作爲	爲政 爲主	爲人 當爲	當爲性
	威(平)	國威 武威	威力 威脅	威嚴 威風	風塵界
	圍(平)	範圍 四圍	圍立 圍繞	圍棋 包圍	包圍陣
	違(平)	不違 避違	違反 違約	違期 違和	違和感
	慰(仄)	慰勞 慰問	安慰 恩慰	安心 恩功	功勞賞
	僞(仄)	僞善 僞證	眞僞 情僞	眞情 非情	非情責
유	由(平)	事由 理由	由是 由此	由緣 由來	由來說
	油(平)	石油 重油	油菓 油紙	油田 原油	原油價

	有(仄)	有識 有志	兼有 專有	兼人 專門	專門大
	幽(平)	九幽 僻幽	幽宅 幽閉	幽人 幽明	幽明界
	儒(平)	腐儒 巨儒	儒教 儒學	儒林 儒生	儒玄學
	遊(平)	野遊 外遊	遊覽 遊擊	遊船 遊離	遊離客
	柔(平)	不柔 善柔	柔道 柔順	柔和 懷柔	懷柔策
	遺(平)	拾遺 子遺	遺訓 遺失	遺言 遺傳	遺傳子
육	肉(仄)	肉體 肉親	魚肉 牛肉	魚頭 牛頭	頭音法
	育(仄)	育英 育兒	生育 成育	生成 成人	成人體
은	恩(平)	感恩 報恩	恩惠 恩德	恩師 恩人	人倫道
	銀(平)	水銀 白銀	銀漢 銀杏	銀魚 銀河	銀河水
음	音(平)	母音 福音	音律 音韻	音波 音聲	音聲學
	飮(仄)	飮食 飮酒	豪飮 鯨飮	鯨波 豪華	豪華版
	陰(平)	綠陰 暮陰	陰性 陰濕	光陰 陰陽	陰陽術
	淫(平)	浸淫 不淫	淫亂 淫雨	淫風 淫詞	詞文學
읍	邑(仄)	邑長 邑民	都邑 同邑	都城 同鄉	鄉人會
	泣(仄)	泣血 泣諫	悲泣 哀泣	悲鳴 悲哀	哀哀哭
응	應(仄)	應答 應援	相應 呼應	呼名 相思	相思馬
의	衣(平)	錦衣 脫衣	衣食 衣服	衣裳 衣冠	衣冠族
	依(平)	可依 博依	依據 依託	歸依 依存	依存性
	義(仄)	義理 義憤	仁義 非義	仁人 非常	非常口
	議(仄)	議論 議決	論議 爭議	論爭 爭臣	爭臣論
	儀(平)	賻儀 禮儀	儀範 儀禮	儀容 儀形	形容語
	疑(平)	質疑 問疑	疑惑 疑獄	疑心 疑兵	疑兵術

	醫(平)	漢醫	獸醫	醫術	醫藥	醫書 軍醫	醫科大
	意(仄)	意氣	意見	文意	春意	春心 文章	文章學
이	二(仄)	二世	二重	無二	千二	無心 千三	千三百
	以(仄)	以北	以上	無以	何以	何時 無期	無期限
	已(仄)	已往	已甚	而已	休已	休眠 安眠	安眠樂
	夷(平)	險夷	攘夷	夷狄	夷俗	傷痍 東夷	東夷傳
	異(仄)	異國	異端	驚異	奇異	奇人 驚波	波羅蜜
	移(平)	不移	對移	移動	移轉	移徙 移民	移民國
익	益(仄)	益甚	益友	無益	何益	何心 無花	無花果
인	人(平)	美人	老人	人體	人命	人形 人間	人間愛
	引(仄)	引繼	引力	拘引	連引	拘留 先賢	箜篌引
	仁(平)	輔仁	杏仁	仁義	仁術	仁心 仁王	仁王力
	因(平)	近因	敗因	因子	因襲	因山 因緣	因緣說
	忍(仄)	忍耐	忍從	容忍	甘忍	從容 甘言	甘言說
	姻(平)	外姻	戚姻	姻弟	姻姪	姻兄 婚姻	婚姻禮
	認(仄)	認識	認定	承認	公認	承前 公卿	公卿職
	印(仄)	印度	印鑑	官印	私印	官廳 私人	私生活
일	一(仄)	一念	一聲	同一	單一	名單 同庚	同庚會
	日(仄)	日課	日氣	今日	終日	今明 終身	終身計
	逸(仄)	逸話	逸品	安逸	遊逸	遊山 安東	安東市
임	任(仄)	任命	任期	留任	專任	專門 停留	停留所
	賃(仄)	賃貸	賃金	勞賃	船賃	船員 勤勞	勤勞者
입	入(仄)	入聲	入賞	收入	侵入	侵淫 收支	收支算

자	子(仄)	子孫 子正	公子 男子	男兒 公私	私生活
	字(仄)	字義 字典	文字 名字	名聲 英文	英文學
	者(仄)	筆者 讀者	亡者 從者	從心 亡身	前科者
	慈(平)	大慈 孝慈	慈母 慈愛	慈親 慈悲	慈悲佛
	紫(仄)	紫色 紫煙	千紫 紅紫	千尋 紅樓	紅樓夢
	資(平)	物資 學資	資格 資本	資金 資材	資財貴
	姿(平)	聖姿 勇姿	姿質 姿態	仙姿 神姿	神姿態
작	作(仄)	作家 作業	工作 名作	名工 名家	名家業
	酌(仄)	酌酒 酌定	淸酌 添酌	添杯 淸明	淸明節
	爵(仄)	爵位 爵祿	公爵 男爵	公平 男裝	男裝女
잔	殘(平)	敗殘 老殘	殘額 殘虐	衰殘 相殘	相殘劇
잠	潛(平)	退潛 隱潛	潛入 潛跡	潛行 潛居	潛夫論
	蠶(平)	養蠶 夏蠶	蠶食 蠶室	蠶種 蠶農	蠶農業
잡	雜(仄)	雜多 雜穀	煩雜 粗雜	煩多 粗衣	衣裳展
장	長(平)	細長 冗長	長久 長髮	長文 長城	長城邑
	長(仄)	長官 長男	生長 成長	生成 成功	成功率
	場(平)	道場 劇場	場所 場內	漁場 農場	農場長
	將(仄)	將校 將帥	名將 中將	名山 中原	中郞將
	壯(仄)	壯觀 壯烈	悲壯 宏壯	悲哀 哀歌	歌辭集
	章(平)	樂章 憲章	章句 章法	文章 勳章	勳章記
	丈(仄)	丈夫 丈人	方丈 査丈	行方 調査	調査室
	張(平)	出張 伸張	張本 張翰	張巡 張飛	張飛廟
	獎(仄)	獎勵 獎學	推獎 襃獎	推移 移民	移民局

	莊(平)	別莊 老莊	莊子 莊老	莊嚴 莊園	莊周夢
	裝(平)	武裝 變裝	裝飾 裝幀	男裝 行裝	裝身具
	藏(平)	貯藏 所藏	藏版 藏魄	藏經 藏書	藏書閣
	葬(仄)	葬禮 葬地	風葬 埋葬	埋魂 風雲	風雲會
	粧(平)	美粧 盛粧	粧飾 粧鏡	丹粧 華粧	華粧臺
	腸(平)	大腸 胃腸	腸壁 腸斷	羊腸 腔腸	腔腸類
재	才(平)	鬼才 秀才	才士 才德	才人 英才	天才的
	材(平)	敎材 石材	材木 材藝	人材 材能	能言鳥
	財(平)	蓄財 理財	財閥 財産	私財 財團	財團側
	災(平)	火災 水災	災禍 災變	災民 民生	民生苦
	裁(平)	決裁 獨裁	裁決 裁判	裁詩 裁縫	裁縫女
	載(仄)	積載 記載	連載 收載	船員 連環	連環計
쟁	爭(平)	戰爭 競爭	爭點 爭取	論爭 爭先	先鋒將
저	著(仄)	著書 著者	名著 論著	名工 工場	工場長
적	的(仄)	的實 的中	公的 私的	私心 心情	心情的
	赤(仄)	赤色 赤字	丹赤 紅赤	心中 紅爐	紅爐雪
	適(仄)	適當 適格	均適 無適	無心 平均	平均值
	敵(仄)	敵國 敵手	强敵 公敵	强風 公田	公田法
	笛(仄)	警笛 汽笛	長笛 胡笛	胡笳 長流	長流水
	滴(仄)	滴水 雨滴	餘滴 殘滴	殘餘 餘生	餘生計
	寂(仄)	寂寞 寂滅	幽寂 虛寂	虛無 幽深	幽深處
	籍(仄)	籍沒 學籍	書籍 兵籍	軍兵 書經	書經註
	賊(仄)	賊徒 賊船	山賊 殘賊	山間 殘生	紅巾賊

	跡(仄)	行跡 筆跡	人跡 追跡	追隨 前人	前人跡
	蹟(仄)	史蹟 秘蹟	遺蹟 痕蹟	傷痕 遺傳	遺傳子
	積(仄)	積極 積善	山積 堆積	山行 山川	山川景
	績(仄)	績女 績文	功績 紡績	成功 成文	成文法
전	田(平)	火田 井田	田地 田畓	田園 丹田	丹田穴
	全(平)	萬全 保全	全盛 全部	完全 全般	全般的
	典(仄)	典型 典當	辭典 經典	經書 書窓	書窓下
	前(平)	吾前 食前	前後 前代	生前 前身	身邊記
	展(仄)	展望 發展	親展 開展	親書 遺文	遺文展
	專(平)	獨專 女專	專念 專屬	專心 專門	專門職
	轉(仄)	轉嫁 轉籍	移轉 空轉	移民 空虛	空回轉
	戰(仄)	戰爭 戰術	停戰 終戰	停年 終身	終身計
	電(仄)	電擊 電子	停電 雷電	雷同 停雲	停雲篇
	錢(仄)	錢主 古錢	無錢 香錢	香油 無名	無名指
	傳(平)	急傳 驛傳	傳達 傳說	傳言 傳家	傳家寶
절	節(仄)	節槪 節約	名節 音節	名聲 音聲	聲調攷
	絶(仄)	絶望 絶交	中絶 三絶	中庸 三多	人跡絶
	切(仄)	切開 切實	親切 深切	親朋 幽深	幽深處
	折(仄)	折衷 夭折	摧折 橫折	橫行 行商	行商隊
점	店(仄)	店鋪 店員	商店 分店	商工 春分	春分節
	占(仄)	占領 獨占	私占 先占	私心 先天	先天的
	占(平)	口占 卜占	占卦 占術	占書 占星	占星術
	漸(仄)	漸進 漸減	東漸 南漸	東西 東南	東南亞

	點(仄)	點檢 點呼	傍點 聲點	聲明 傍觀	傍觀者
접	接(仄)	接續 接待	隣接 迎接	隣家 歡迎	歡迎宴
	蝶(仄)	蝶夢 野蝶	蝴蝶 狂蝶	狂風 風流	風流客
정	丁(平)	壯丁 白丁	丁夜 丁丑	丁男 丁香	丁香木
	停(平)	滯停 息停	停戰 停會	停年 停船	停船令
	井(仄)	井邑 井田	天井 金井	金銀 天山	天山脈
	正(仄)	正當 正義	公正 司正	公文 司書	司書函
	亭(平)	驛亭 客亭	亭子 亭閣	亭亭 亭然	亭林集
	程(平)	路程 里程	程子 程法	工程 音程	程朱學
	征(平)	遠征 出征	征伐 征服	征行 征夫	征夫怨
	政(仄)	政客 政見	軍政 民政	空軍 公民	公明黨
	定(仄)	定員 判定	平定 査定	調査 平和	平和境
	貞(平)	女貞 不貞	貞淑 貞節	貞和 忠貞	貞堅女
	精(平)	至精 酒精	精密 精氣	精誠 精神	精神病
	情(平)	感情 旅情	情勢 情景	多情 無情	無情漢
	整(仄)	整頓 整理	調整 修整	調和 修身	身元證
	淨(仄)	淨福 淨水	清淨 明淨	清明 明心	明心戒
	庭(平)	洞庭 戶庭	庭訓 庭教	園庭 庭球	庭球技
제	弟(仄)	弟子 弟嫂	師弟 賢弟	賢明 明明	明明地
	第(仄)	第宅 及第	門第 鄕第	同鄕 同門	同文會
	祭(仄)	祭物 祭器	時祭 虞祭	時風 三虞	三虞祭
	帝(仄)	帝國 帝王	天帝 先帝	天王 先王	先皇帝
	題(平)	主題 命題	題目 題字	題材 題名	題銘器

	提(平)	耳提 左提	提出 提供	前提 提燈	提燈列
	制(仄)	制動 制度	軍制 喪制	軍門 喪家	喪家狗
	齊(平)	整齊 一齊	齊唱 齊戒	齊民 齊家	平天下
	除(平)	掃除 斥除	除夜 除授	除煩 除名	除名簿
	製(仄)	製作 製品	新製 精製	新年 精神	精神力
조	造(仄)	造林 造化	人造 深造	深情 人間	人間性
	鳥(仄)	鳥獸 鳥瞰	魚鳥 黃鳥	魚群 黃花	傷弓鳥
	調(平)	曲調 律調	調理 調節	調查 調和	調和美
	弔(仄)	弔喪 弔意	哀弔 相弔	哀鳴 鳴禽	鳴禽屬
	操(平)	志操 節操	操業 操練	貞操 操縱	操縱士
	照(仄)	照明 照會	斜照 光照	斜光 光陰	陰陽學
	朝(平)	早朝 每朝	朝夕 朝會	朝廷 朝刊	朝刊紙
	助(仄)	助力 助長	天助 神助	天光 天神	天神助
	祖(平)	祖國 始祖	先祖 曾祖	先君 曾孫	曾孫女
	潮(平)	滿潮 赤潮	潮水 潮力	潮流 潮紅	潮紅症
족	足(仄)	足跡 手足	充足 豊足	充當 豊年	豊年頌
	族(仄)	族譜 族屬	民族 同族	同鄉 民謠	民謠集
존	存(平)	保存 所存	存續 存問	存亡 生存	生存計
	尊(平)	世尊 自尊	尊敬 尊重	尊衛 尊稱	尊稱法
졸	卒(仄)	卒倒 卒業	兵卒 軍卒	軍兵 兵營	兵營內
	拙(仄)	拙劣 拙速	工拙 頑拙	頑民 人工	人工物
종	宗(平)	祖宗 改宗	宗敎 宗廟	宗派 宗家	宗中物
	種(平)	雜種 變種	種別 種族	種豚 人種	人種別

	鐘(平)	警鐘 遠鐘	鐘閣 鐘磬	鐘聲 鐘樓	樓臺上
	終(平)	有終 始終	終結 終末	終生 終身	終身策
	從(平)	侍從 主從	從業 從事	從軍 從前	從前例
	縱(平)	放縱 任縱	縱覽 縱斷	縱橫 縱書	縱書體
좌	左(仄)	左右 左遷	如左 於左	如何 何如	何爲者
	坐(仄)	坐視 坐禪	連坐 安坐	安寧 連盟	連盟國
	座(仄)	座席 座談	星座 圓座	星群 圓周	圓周率
죄	罪(仄)	罪惡 罪人	無罪 原罪	原頭 無能	無能力
주	主(仄)	主客 主婦	君主 神主	君臣 神經	神經系
	注(仄)	注目 注文	傾注 頭注	先頭 傾城	傾城色
	住(仄)	住居 住宅	常住 安住	安居 常春	常春帶
	朱(平)	印朱 施朱	朱雀 朱子	朱門 朱書	朱黃色
	周(平)	外周 比周	周易 周密	周施 周邊	周邊國
	走(仄)	走狗 走力	狂走 奔走	奔忙 狂歌	歌謠集
	酒(仄)	酒客 酒色	洋酒 詩酒	詩書 東洋	鷄鳴酒
죽	竹(仄)	竹馬 竹筍	松竹 風竹	松風 松江	江南竹
준	準(仄)	準據 準備	依準 規準	依然 規程	程朱學
	俊(仄)	俊秀 俊傑	英俊 雄俊	英雄 雌雄	雌雄性
중	中(平)	貴中 集中	中立 中正	中年 中庸	中庸道
	重(仄)	重大 重厚	尊重 輕重	尊堂 輕傷	輕傷者
	重(平)	九重 萬重	重建 重九	重刊 重修	重修記
	衆(仄)	衆口 衆寡	公衆 民衆	公民 民聲	民聲函
증	增(平)	急增 激增	增減 增築	增收 增加	增加勢

	證(仄)	證據 證書	査證 公證	監査 公民	公民黨
	憎(平)	愛憎 可憎	憎惡 憎怨	嫌憎 嫌疑	疑妻症
	贈(仄)	贈與 贈呈	追贈 持贈	持論 追加	加工品
	症(仄)	症勢 病症	炎症 虛症	炎天 虛無	虛無感
	蒸(平)	暑蒸 鬱蒸	蒸發 蒸熱	蒸民 蒸炎	蒸溜水
지	池(平)	瑤池 電池	池面 池閣	天池 池魚	池魚殃
	智(仄)	智能 智慧	明智 全智	全能 明星	金剛智
	遲(平)	棲遲 巧遲	遲日 遲刻	遲廷 遲回	回歸熱
	知(平)	豫知 致知	知的 知識	無知 通知	知能犯
	地(仄)	地位 地上	空地 田地	空心 田家	居留地
	指(仄)	指紋 指示	要指 中指	要人 中原	中原鹿
	志(仄)	志望 志操	心志 明志	心中 明心	凌雲志
	至(仄)	至極 至誠	冬至 南至	冬眠 南韓	韓民族
	紙(仄)	紙幣 紙面	唐紙 空紙	空間 唐詩	唐詩選
직	直(仄)	直視 直言	當直 垂直	垂成 當然	當然職
	職(仄)	職分 職業	官職 公職	官廳 公人	官公職
	織(仄)	織物 織女	交織 耕織	農耕 文房	文房具
진	眞(平)	女眞 逼眞	眞理 眞僞	天眞 純眞	眞如月
	進(仄)	進級 進路	昇進 精進	精誠 昇平	昇平契
	盡(仄)	盡力 盡心	窮盡 歸盡	歸京 窮通	窮通理
	陳(平)	列陳 鋪陳	陳述 陳設	陳言 陳情	陳師道
	珍(平)	海珍 八珍	珍味 珍品	珍書 珍談	稀珍本
질	質(仄)	質問 質朴	人質 言質	甘言 人民	人民黨

	疾(仄)	疾病 疾走	時疾 風疾	風波 時風	風中燭
	姪(仄)	姪女 姪婦	姨姪 親姪	親堂 堂官	堂兄弟
집	集(仄)	集中 集團	雲集 文集	靑雲 詩文	詩文選
징	徵(平)	特徵 象徵	徵用 徵驗	徵收 徵兵	徵兵制
차	次(仄)	次官 次席	年次 行次	年光 行星	星南市
	此(仄)	此後 此日	從此 如此	從來 如今	如來佛
	借(仄)	借款 借用	前借 今借	前人 今春	今如古
	差(平)	落差 誤差	差別 差異	時差 差人	人間事
착	着(仄)	着工 着陸	沈着 安着	沈潛 安心	心如水
	錯(仄)	錯覺 錯誤	交錯 差錯	交流 流行	流行病
찬	贊(仄)	贊成 贊同	天贊 弘贊	同心 弘文	弘文館
	讚(仄)	讚美 讚頌	稱讚 書讚	尊稱 行書	行書體
찰	察(仄)	警察 診察	査察 監察	監査 監修	監修者
참	慘(仄)	慘憺 慘敗	悲慘 悽慘	悽然 悲哀	悲哀美
창	昌(平)	壽昌 盛昌	昌盛 昌運	昌陽 昌平	昌平世
	唱(仄)	唱歌 唱劇	提唱 先唱	提言 先君	先君子
	窓(平)	學窓 隔窓	窓戶 窓下	窓前 同窓	同窓會
	倉(平)	社倉 穀倉	倉頡 倉庫	倉皇 倉頭	倉庚鳥
	創(仄)	創作 創造	重創 開創	重修 開城	開城市
	蒼(平)	鬱蒼 老蒼	蒼朮 蒼白	蒼生 蒼龍	蒼龍窟
	暢(仄)	暢達 暢茂	流暢 通暢	流光 通常	通常例
채	菜(仄)	菜根 菜蔬	葷菜 鹽菜	鹽田 田園	田園樂

	彩(仄)	彩色 彩畫	神彩 奇彩	神奇 藏書	藏書閣
책	責(仄)	責任 責務	言責 收責	言文 收支	收支出
	冊(仄)	冊立 冊封	書冊 分冊	封緘 分家	分家屆
	策(仄)	策動 策定	方策 高策	方便 高峰	高峰嶺
처	妻(平)	愛妻 喪妻	妻妾 妻族	妻男 妻家	妻三寸
	處(仄)	處女 處世	居處 隨處	隨時 居留	居留地
척	尺(仄)	尺度 尺牘	三尺 刀尺	三千 刀圭	刀圭界
	斥(仄)	斥和 斥候	排斥 疏斥	排球 球形	形而下
	拓(仄)	拓本 拓殖	開拓 干拓	干城 開封	開封館
	戚(仄)	戚臣 戚誼	親戚 姻戚	婚姻 親堂	親姻戚
천	千(平)	數千 九千	千里 千萬	千山 千人	千人血
	天(平)	九天 感天	天罰 天地	天心 天然	天然美
	川(平)	百川 大川	川澤 川獵	川流 山川	山川景
	泉(平)	酒泉 鑛泉	泉石 泉水	泉聲 溫泉	溫泉水
	淺(仄)	淺學 淺薄	淸淺 深淺	淸貧 深山	深呼吸
	賤(仄)	賤待 賤視	微賤 貧賤	微行 貧民	貧民窟
	踐(仄)	踐祚 實踐	登踐 升踐	升平 登龍	登龍瀑
	薦(仄)	薦擧 薦新	推薦 論薦	推移 移居	移民國
철	鐵(仄)	鐵石 鐵則	生鐵 磁鐵	磁場 生鮮	生鮮膾
	哲(仄)	哲學 哲理	賢哲 明哲	賢明 明朝	明朝體
	徹(仄)	徹底 徹夜	靑徹 通徹	淸明 淸通	淸通面
첨	尖(平)	筆尖 塔尖	尖銳 尖塔	尖端 尖兵	强兵策
	添(平)	下添 別添	添削 添酌	添加 添增	人增壽

첩	妾(仄)	妾室 愛妾	妻妾 臣妾	妻家 臣民	安民曲
청	靑(平)	踏靑 淡靑	靑史 靑色	靑春 靑雲	靑雲客
	淸(平)	肅淸 氣淸	淸潔 淸算	淸廉 淸朝	淸朝體
	晴(平)	快晴 雨晴	晴朗 晴景	晴和 晴明	晴明節
	請(仄)	請願 請負	申請 要請	申時 要人	人情味
	聽(仄)	聽覺 聽衆	傾聽 天聽	傾斜 天文	天文學
	廳(平)	道廳 大廳	廳舍 廳長	官廳 支廳	支廳長
체	體(仄)	體驗 體裁	全體 人體	全人 人倫	人倫道
초	初(平)	最初 始初	初夜 初步	初春 初聲	初聲解
	草(仄)	草家 草綠	煙草 春草	煙霞 春花	春三月
	招(平)	類招 義招	招待 招請	招來 招魂	招魂祭
	超(平)	供超 問超	超越 超過	超人 超然	超人格
촉	促(仄)	促急 促迫	催促 追促	催眠 追從	追從者
	燭(仄)	燭光 燭淚	華燭 風燭	風光 華年	金蓮燭
촌	寸(仄)	寸刻 寸志	方寸 分寸	方言 分岐	分岐點
총	銃(仄)	銃劍 銃彈	長銃 新銃	長城 城樓	機關銃
	聰(平)	聖聰 四聰	聰氣 聰慧	聰明 聰智	智仁勇
최	最(仄)	最高 最善	尤最 功最	成功 功勞	功勞賞
	催(平)	主催 共催	催促 催告	開催 催眠	催眠術
추	秋(平)	晩秋 仲秋	秋月 秋夜	秋波 秋聲	秋聲賦
	追(平)	逐追 可追	追憶 追後	追從 追加	追加數
	推(平)	類推 選推	推薦 推戴	推移 推知	推知力
	抽(平)	麥抽 漸抽	抽象 抽出	抽身 抽籤	抽籤式

	醜(仄)	醜惡 醜聞	群醜 凶醜	凶年 群山	群山港
축	丑(仄)	丑年 丑時	丁丑 辛丑	辛方 丁年	年齡順
	祝(仄)	祝賀 祝文	心祝 工祝	人工 誠心	心靈術
	畜(仄)	畜産 畜舍	家畜 耕畜	家莊 農耕	農耕史
	蓄(仄)	蓄財 貯蓄	含蓄 藏蓄	藏書 含情	含情笑
	築(仄)	築城 建築	新築 增築	新聞 增收	增收量
	逐(仄)	逐出 逐條	追逐 驅逐	追加 驅蟲	驅蟲劑
	縮(仄)	縮略 縮小	收縮 軍縮	收藏 軍歌	軍茶利
춘	春(平)	早春 晩春	春夢 春困	春秋 春分	春分點
출	出(仄)	出馬 出發	支出 輸出	支流 流通	通知表
충	充(平)	補充 擴充	充滿 充溢	充當 充虛	虛無感
	忠(平)	盡忠 不忠	忠告 忠烈	忠臣 忠言	忠言苦
	蟲(平)	害蟲 寸蟲	蟲害 蟲類	昆蟲 蟲聲	聲調攷
	衝(平)	要衝 折衝	衝動 衝突	衝天 蒙衝	蒙衝艦
취	取(仄)	奪取 取得	爭取 攻取	爭功 功臣	功臣像
	就(仄)	就職 就任	成就 從就	從軍 成文	成文律
	臭(仄)	臭氣 惡臭	香臭 遺臭	遺香 香煙	煙霞癖
	醉(仄)	醉氣 醉中	心醉 長醉	心身 長生	長生殿
	趣(仄)	趣味 趣向	風趣 清趣	風煙 清流	清流壁
측	側(仄)	側近 側面	離側 傍側	流離 傍觀	傍觀者
	測(仄)	測量 測定	推測 觀測	推移 觀光	觀光客
층	層(平)	斷層 地層	層下 層等	層雲 層樓	層層閣
치	治(仄)	治療 治安	官治 民治	官家 民生	民兵隊

	致(仄)	致死 致富	招致 風致	招魂 風霜	風霜氣
	齒(仄)	齒牙 齒音	年齒 門齒	年齡 門前	門前沓
	恥(仄)	恥辱 雪恥	羞恥 深恥	深淵 羞明	羞明眼
친	親(平)	兩親 父親	親近 親戚	親知 親權	親權者
칠	七(仄)	七夕 七星	三七 陽七	三冬 陰陽	陽明學
	漆(仄)	漆器 漆夜	丹漆 膠漆	丹砂 阿膠	阿膠質
침	侵(平)	不侵 襲侵	侵略 侵犯	侵侮 侵殘	殘留賊
	沈(平)	擊沈 陸沈	沈重 沈沒	沈思 沈潛	潛大論
칭	稱(平)	愛稱 敬稱	稱頌 稱讚	尊稱 人稱	人稱法
쾌	快(仄)	快活 快晴	欣快 輕快	欣然 精油	精油所
타	他(平)	自他 利他	他意 他國	他年 他鄕	他山石
탁	濁(仄)	濁世 濁流	淸濁 貪濁	貪財 淸平	平和賞
	託(仄)	託送 囑託	依託 神託	神明 依存	依存度
탄	炭(仄)	炭鑛 木炭	氷炭 塗炭	氷山 糊塗	糊塗策
	歎(仄)	歎願 歎息	驚歎 悲歎	驚風 悲懷	亡羊歎
	彈(仄)	彈琴 彈力	飛彈 流彈	飛翔 流砂	流頭日
탈	脫(仄)	脫落 脫退	蟬脫 超脫	超然 蟬連	連城璧
	奪(仄)	奪取 奪還	侵奪 爭奪	爭名 名人	名人戰
탐	探(平)	密探 內探	探訪 探索	探知 探偵	探偵劇
	貪(平)	猛貪 不貪	貪慾 貪色	貪心 貪官	貪財吏
탑	塔(仄)	塔身 石塔	尖塔 層塔	尖端 層岩	層岩壁
태	太(仄)	太古 太極	明太 新太	新光 明淸	明淸代
	泰(仄)	泰山 泰斗	平泰 安泰	平安 安邊	安邊郡

	怠(仄)	怠慢 倦怠	衰怠 勤怠	衰微 勤勞	勤勞賞
	態(仄)	態度 世態	姿態 嬌態	嬌姿 雄姿	英雄傳
택	宅(仄)	宅地 住宅	家宅 幽宅	家聲 幽明	幽明界
	澤(仄)	澤畔 德澤	山澤 恩澤	恩師 山莊	莊周夢
	擇(仄)	擇日 選擇	銓擇 精擇	銓衡 精華	精靈會
토	土(仄)	土着 國土	黃土 風土	風聲 黃河	黃河水
	吐(仄)	吐露 吐瀉	嘔吐 呑吐	甘呑 甘言	方言攷
	兎(仄)	兎脣 兎絲	烏兎 蟾兎	嗚呼 金烏	烏頭白
	討(仄)	討論 討議	聲討 論討	聲明 論文	論文集
통	通(平)	普通 達通	通達 通告	通商 姦通	姦通罪
	統(仄)	統計 統一	傳統 宗統	宗孫 傳言	名言集
	痛(仄)	痛覺 痛快	悲痛 哀痛	悲哀 悲懷	懷柔策
퇴	退(仄)	退化 後退	謙退 屛退	屛居 謙稱	謙稱法
투	投(平)	暗投 暴投	投手 投賣	投身 投書	投書函
	透(仄)	透視 透明	通透 明透	通明 明光	光明市
특	特(仄)	特別 特惠	英特 奇特	英雄 神奇	奇男子
파	破(仄)	破壞 破鏡	看破 論破	窮通 傷弓	傷弓鳥
	波(平)	電波 短波	波及 波狀	波文 波頭	波羅蜜
판	判(仄)	判決 判斷	公判 裁判	公言 裁縫	裁縫針
	板(仄)	板本 板書	平板 看板	看山 平原	平原郡
	販(仄)	販賣 販路	屠販 商販	商街 浮屠	屠蘇酒
	版(仄)	版權 版圖	鉛版 銅版	鉛心 靑銅	靑銅像
팔	八(仄)	八字 八景	三八 初八	初春 三三	三三九

패	敗(仄)	敗北 腐敗	成敗 零敗	零時 成功	功勞牌
편	片(仄)	片舟 片道	花片 飛片	飛行 花紋	花紋席
	便(平)	兩便 信便	便殿 便利	郵便 便安	郵便函
	編(平)	改編 後編	編輯 編物	編修 編成	編年體
평	平(平)	地平 太平	平亂 平面	平聲 平均	平均值
	評(平)	批評 定評	評點 評判	評林 評言	評言集
폐	閉(仄)	閉鎖 閉門	開閉 幽閉	幽門 開花	開通式
	肺(仄)	肺病 肺炎	心肺 愁肺	愁心 心田	田橫島
	廢(仄)	廢業 廢棄	荒廢 存廢	荒城 存亡	亡年會
	弊(仄)	弊害 弊習	疲弊 時弊	時間 疲勞	疲勞症
	蔽(仄)	蔽塞 掩蔽	陰蔽 侵蔽	侵殘 陰陽	陰陽學
	幣(仄)	幣物 幣帛	金幣 財幣	金銀 貪財	貪財漢
포	胞(平)	細胞 育胞	胞子 胞疾	僑胞 同胞	同胞愛
	飽(仄)	飽食 飽和	溫飽 饑飽	饑寒 溫泉	溫泉水
	捕(仄)	逮捕 捕虜	拏捕 擒捕	追加 加工	加工法
폭	爆(仄)	爆擊 爆竹	原爆 空爆	原因 空輸	空輸品
	幅(仄)	大幅 反幅	全幅 巾幅	全人 頭巾	巾箱本
표	表(仄)	表決 表裏	圖表 辭表	圖書 司書	司書職
	標(仄)	標榜 標語	門標 名標	高山 名弓	名弓手
품	品(仄)	品格 品位	人品 良品	人心 良家	良家女
풍	風(平)	烈風 美風	風景 風習	風波 風雲	風塵世
	豊(平)	大豊 厚風	豊滿 豊富	豊年 豊漁	豊城劍
피	皮(平)	虎皮 外皮	皮骨 皮革	毛皮 皮膚	皮膚病

	疲(平)	困疲 力疲	疲困 疲弊	疲勞 疲民	疲民吏
	被(仄)	被告 被害	同被 蒙被	蒙恩 同鄉	同鄉會
	避(仄)	避亂 忌避	回避 逃避	逃亡 回歸	回歸點
필	必(仄)	必死 必勝	期必 何必	期間 何人	人皇氏
	筆(仄)	筆跡 達筆	名筆 飛筆	名聲 飛流	飛流瀑
하	下(仄)	下野 落下	門下 天下	門人 天然	天然美
	夏(仄)	夏季 夏穀	初夏 常夏	初旬 春分	春分點
	賀(仄)	賀客 祝賀	年賀 朝賀	朝廷 年金	年金法
	何(平)	若何 奈何	何必 何等	如何 幾何	幾何學
	河(平)	大河 運河	河海 河馬	氷河 黃河	黃河水
학	學(仄)	學界 學問	儒學 工學	儒生 工程	程朱學
	鶴(仄)	鶴髮 鶴首	黃鶴 玄鶴	玄孫 黃粱	黃粱夢
한	閑(平)	等閑 自閑	閑暇 閑寂	閑居 閑雲	閑雲夢
	寒(平)	惡寒 極寒	寒氣 寒暑	寒燈 寒微	寒微族
	恨(仄)	恨歎 怨恨	離恨 情恨	離情 情人	人情味
	限(仄)	限界 限度	年限 期限	期年 年光	光風月
	韓(平)	馬韓 大韓	韓國 韓中	韓人 三韓	韓非子
	汗(仄)	汗馬 汗衫	流汗 驚汗	流砂 驚風	驚風症
	漢(仄)	漢文 漢字	銀漢 韓漢	韓英 銀河	銀河水
할	割(仄)	割愛 割當	分割 中割	中心 分明	明文化
함	陷(仄)	陷落 陷沒	謀陷 讒陷	陰謀 讒言	讒言罪
합	合(仄)	合理 合當	和合 連合	連音 調和	調和美
항	恒(平)	有恒 久恒	恒用 恒産	恒心 恒常	恒茶飯

	巷(仄)	巷間 陋巷	深巷 閭巷	閭閻 深紅	深紅色
해	害(仄)	害毒 害蟲	風害 要害	風災 要求	求婚處
	海(仄)	海洋 海流	雲海 東海	雲山 山東	東南海
	亥(仄)	亥年 亥時	丁亥 辛亥	丁年 申方	東方朔
	解(仄)	解放 解産	和解 精解	和春 精神	精神力
핵	核(仄)	核果 核心	精核 中核	中心 精華	精華美
행	行(平)	逆行 急行	行脚 行路	行方 行書	行書體
	行(仄)	行狀 行蹟	言行 操行	持操 言官	官公署
	幸(仄)	幸福 幸運	僥幸 多幸	多情 情談	軍談類
향	向(仄)	向上 向學	方向 南向	南方 方言	方言集
	香(平)	菊香 焚香	香火 香氣	香油 香煙	香煙篆
	鄕(平)	望鄕 故鄕	鄕土 鄕黨	鄕人 同鄕	同鄕友
	響(仄)	響應 影響	音響 淸響	淸明 音聲	聲調攷
	享(仄)	享樂 享祀	春享 秋享	三春 春秋	春秋享
허	虛(平)	太虛 氣虛	虛勢 虛弱	虛無 虛心	虛心境
	許(仄)	許可 特許	何許 官許	官廳 何如	何爲者
헌	軒(平)	曲軒 竹軒	軒檻 軒豁	軒燈 飛軒	軒轅氏
	憲(仄)	憲法 憲章	官憲 違憲	違期 官邊	官邊說
	獻(仄)	獻金 獻身	文獻 嘉獻	嘉祥 文才	才能士
험	險(仄)	險難 險路	天險 危險	危樓 危機	危機說
	驗(仄)	實驗 試驗	經驗 徵驗	經文 徵收	徵收額
혁	革(仄)	革命 革新	兵革 皮革	兵科 毛皮	毛皮匠
현	現(仄)	現象 現在	權現 虹現	權能 秋雲	秋雲白

	賢(平)	聖賢 大賢	賢淑 賢哲	賢人 賢明	賢明策
	玄(平)	太玄 妙玄	玄妙 玄米	玄孫 幽玄	玄胡索
	弦(平)	上弦 下弦	弦月 弦誦	弦歌 弓弦	弓形月
	絃(平)	管絃 大絃	絃樂 絃誦	嬌絃 絃琴	琴三尺
	顯(仄)	顯考 顯達	明顯 榮顯	榮光 光明	光明市
혈	血(仄)	血管 血氣	貧血 鮮血	鮮明 貧民	民間說
	穴(仄)	穴居 虎穴	巖穴 丹穴	岩間 丹田	田園樂
협	協(仄)	協力 協同	和協 諧協	諧調 平和	平和境
	脅(仄)	脅迫 脅奪	威脅 胸脅	威光 驅蟲	驅蟲劑
형	兄(平)	老兄 從兄	兄弟 兄氏	兄嫂 仁兄	兄山項
	刑(平)	體刑 減刑	刑罰 刑法	刑場 刑名	刑名學
	形(平)	地形 外形	形勢 形式	形便 形容	形而上
	螢(平)	野螢 盛螢	螢雪 螢案	螢窓 螢光	螢光質
혜	惠(仄)	惠澤 惠書	恩惠 慈惠	慈親 恩光	光州市
	慧(仄)	彗星 慧眼	聰慧 明慧	聰明 明明	明明德
호	戶(仄)	戶籍 戶別	門戶 漁戶	門中 漁民	漁民契
	呼(平)	點呼 指呼	呼價 呼吸	塢呼 呼兄	呼兄弟
	好(仄)	好感 友好	同好 良好	良心 同期	同期會
	虎(仄)	虎口 虎穴	龍虎 如虎	如來 龍王	龍王國
	胡(平)	跋胡 五胡	胡亂 胡蝶	胡沙 胡人	胡人笛
	浩(仄)	浩蕩 浩然	剛浩 深浩	深衣 剛兵	剛柔日
	毫(平)	白毫 彩毫	毫末 毫髮	毫端 揮毫	揮毫展
	豪(平)	酒豪 富豪	豪傑 豪飮	文豪 豪遊	豪遊地

	號(仄)	號令 雅號	名號 年號	名詩 登年	年尊長
	湖(平)	大湖 五湖	湖水 湖畔	湖南 江湖	江湖癖
	護(仄)	護國 保護	加護 都護	都心 加工	加工業
혹	惑(仄)	惑星 惑世	迷惑 疑惑	疑心 迷宮	迷宮路
혼	婚(平)	早婚 晚婚	婚禮 婚約	婚姻 婚家	婚家宴
	昏(平)	老昏 耄昏	昏困 昏絶	冥昏 黃昏	黃昏景
	魂(平)	別魂 反魂	魂魄 魂膽	魂飛 招魂	招魂祭
홀	忽(仄)	忽待 忽然	疏忽 輕忽	疏通 輕油	輕工業
홍	紅(平)	淺紅 綠紅	紅疫 紅葉	紅潮 紅塵	紅塵世
	鴻(平)	雁鴻 九鴻	鴻雁 鴻業	鴻濛 鴻恩	鴻門宴
화	火(仄)	火急 火炎	兵火 漁火	軍兵 魚舟	魚舟子
	化(仄)	化石 化合	歸化 孵化	歸還 還元	元朝禮
	花(平)	百花 萬花	花信 花柳	花園 花郎	花郎戒
	貨(仄)	貨物 貨幣	財貨 良貨	財團 良弓	良弓匠
	和(平)	總和 共和	和解 和睦	和親 和音	音聲學
	禍(仄)	禍福 禍根	災禍 黃禍	災民 黃泉	泉臺下
	話(仄)	話頭 對話	神話 閑話	閑人 神奇	神農氏
	畫(仄)	畫家 畫壇	名畫 書畫	名稱 書窓	窓中月
	華(平)	國華 月華	華麗 華燭	豪華 榮華	華胥夢
확	確(仄)	確固 確認	精確 詳確	詳明 精華	精靈會
	穫(仄)	穫稻 穫刈	收穫 耕穫	收藏 農耕	農耕地
환	歡(平)	合歡 盡歡	歡喜 歡笑	歡談 歡呼	歡迎會
	患(仄)	患者 患難	憂患 親患	憂愁 親庭	庭園樹

우리말의 고저장단

	丸(平)	彈丸 砲丸	丸藥 丸劑	丸都 都心	都心圈
	換(仄)	換氣 換算	交換 相換	相談 交通	交通網
	環(平)	耳環 指環	環境 環視	花環 循環	循環系
	還(平)	返還 奪還	還給 還穀	歸還 生還	還流水
활	活(仄)	活氣 活動	生活 圓活	生光 圓心	求心點
황	黃(平)	地黃 大黃	黃鳥 黃海	黃泉 黃昏	黃金慾
	皇(平)	聖皇 玉皇	皇帝 皇室	皇居 皇都	天皇制
	況(仄)	況且 盛況	情況 商況	商街 情歌	歌辭集
	荒(平)	酒荒 八荒	荒廢 荒地	荒城 荒京	荒蕪地
회	回(平)	挽回 每回	回顧 回信	回歸 回文	回回敎
	會(仄)	會見 會談	機會 朝會	朝刊 機關	機關紙
	灰(平)	石灰 死灰	灰色 灰燼	灰心 灰身	灰成石
	悔(仄)	悔改 後悔	悲悔 追悔	悲哀 追從	追從者
	懷(平)	所懷 述懷	懷抱 懷妊	懷歸 悲懷	懷鄕病
획	獲(仄)	獲得 捕獲	漁獲 拿獲	漁民 民心	心情的
횡	橫(平)	暴橫 擅橫	橫領 橫死	橫書 縱橫	橫來厄
효	孝(平)	孝道 孝誠	忠孝 追孝	忠君 追尊	追尊號
	曉(仄)	曉星 曉諭	通曉 明曉	明星 通風	風流子
후	後(仄)	後援 後患	先後 前後	前生 先賢	先知者
	厚(仄)	厚待 厚德	溫厚 深厚	深恩 溫情	溫情的
훈	訓(仄)	訓戒 訓示	遺訓 家訓	家庭 遺傳	遺留品
휘	揮(平)	發揮 指揮	揮發 揮筆	揮毫 揮帳	揮帳裏
휴	休(平)	定休 不休	休暇 休戰	休光 休刊	公休日

	携(平)	必携 解携	携手 携帶	携行 携幼	提携說
흉	凶(平)	吉凶 大凶	凶計 凶器	元兇 凶年	年中事
	胸(平)	肺胸 氣胸	胸廓 胸襟	胸懷 胸中	胸中豁
흑	黑(仄)	黑白 黑字	純黑 深黑	昏冥 深思	深呼吸
흡	吸(仄)	吸收 吸入	呼吸 鯨吸	鯨吞 呼名	呼稱法
흥	興(平)	勃興 振興	興業 興敗	興亡 中興	中興主
	興(仄)	興味 興行	詩興 遊興	詩人 遊人	詩書畫
희	喜(仄)	喜報 喜悲	歡喜 欣喜	欣然 歡迎	歡迎會
	稀(平)	古稀 漸稀	稀貴 稀薄	稀年 稀種	稀元素
	戲(仄)	戲曲 戲弄	言戲 遊戲	言文 遊仙	遊仙窟

다음으로는 고문헌(古文獻)에 보이는 평고조(平高調)에 고유어(固有語)를 살펴보자.

아래에 표기된 말들은 '平+仄' 구조어로서 어두(語頭)에 평고조 현상이 나타난다.

• 체언(體言)

가·래(가래 鍤)　　　　가·마(가마 旋毛)　　　　가·슴(가슴 胸)

가·싀(가시 荊)　　　　가·지(가지 種類)　　　　가·히(개 犬)

각·시(각시 姬)　　　　갓·붐(가죽북 鼓)　　　　갓·블(갓풀 膠)

갓·신(갓신 皮鞋)　　　갓·옷(갓옷 裘)　　　　　거·름(걸음 步)

거·리(거리·건더기)　　거·믜(거미 蛛)　　　　　거·붑(거북 龜)

거·쉬(지렁이 蚯)　　　거·유(거위 鵝)　　　　　거·품(거품 沫)

우리말의 고저장단

거·피(꺼풀 皮)   겨·슬(겨울 冬)   고·개(고개 頸)

고·기(고기 肉)   고·비(굽이 曲)   고·티(고치 繭)

곧·갈(고깔 弁)   곳·닢(꽃잎 花葉)   구·리(구리 銅)

구·슬(구슬 玉)   구·슈(구유 槽)   굴·에(굴레 羈)

굴·헝(구렁 壑)   글·게(대패 鉋)   긁·픠(글피 大前日)

금·빛(금빛 金色)   긧·발(깃발 旂)   기·릐(길이 長)

기·름(기름 油)   기·슴(김 雜草)   기·츰(기침 嗽)

기·픠(깊이 深)   ᄀᆞ·새(가위 鋏)   나·비(나비 蝶)

나·홀(나흘 四日)   날·포(여러 날 數日)   너·븨(넓이 廣)

녓·밤(연밥 蓮實)   놀·애(노래 歌)   누·리(세상 世)

누·에(누에 蠶)   누·역(도롱이 簑)   니·마(이마 額)

니·믈(이물 船首)   니·블(이불 衾)   닐·웨(이레 七日)

다·쐐(닷새 五日)   담·뵈(담비 獤)   대·범(큰 범 大虎)

대·야(대야 鑰)   더·덕(더덕 莎蔘)   더·뷔(더위 暑)

더·품(거품 沫)   덥·게(덮개 蓋)   뎝·시(접시 楪)

도·리(도리 桁)   도·마(도마 俎)   동·모(동무 伴)

듧·치(들깨 野荏)   딤·치(김치 菹)   드·림(저울추 錘)

든:장(진간장 陳醬)   룡:병(문둥병 癩)   마·늘(마늘 蒜)

마·리(실마리 縷)   마·치(망치 鎚)   말·미(까닭 故)

말·왐(마름 藻)   마·리(머리 頭)   머·에(멍에 駕)

머·육(미역 海菜)   목·숨(목숨 命)   몰·애(모래 沙)

묏·골(산골 山谷)   무·덤(무덤 塚)   믿·쳔(밑천 本錢)

ᄆᆞ·쇼(마소 牛馬)   ᄆᆞ·ᄎᆞᆷ(마침 終)   믠·밥(공밥 徒食)

바·다(바다 海)　　　바·독(바둑 棋)　　　바·올(방울 領)

바·치(바치 匠人)　　바·탕(밑바탕 質)　　바·회(바위 岩)

바·회(바퀴 輪)　　　방·츄(방망이 棒)　　버·릇(버릇 癖)

버·슷(버섯 蕈)　　　벌·애(벌레 蟲)　　　벼·루(벼루 硯)

보·롬(보름 望日)　　부·들(부들 蒲)　　　부·체(부채 扇)

비·늘(비늘 鱗)　　　비·지(비지 豆渣)　　블·뎡(팔짱 拱手)

블·쇠(팔찌 釧)　　　블·톡(팔뚝 肘)　　　빅·훗(버릇 쫩)

빗·리(싸리 萩)　　　븟·벌(꿀벌 蜜蜂)　　晰·니(때·끼니 時)

빡·눈(짝눈 隻眼)　　사·돈(혼인 婚)　　　사·복(사북 鈑)

사·빙(새우 蝦)　　　사·올(사흘 三日)　　사·홈(싸움 鬪)

사·줄(쇠사슬 鎖)　　산·막(움집 窩)　　　삿·갇(삿갓 笠)

삿·기(새끼 雛)　　　새·옴(샘 妬)　　　　새·용(새옹 銚)

서·리(서리 霜)　　　서·에(성대 澌)　　　션·븨(선비 儒)

소·릭(소리 聲)　　　소·흠(소름 粟膚)　　송·이(송이 毬彙)

수·플(수풀 林)　　　술·위(수레 車)　　　숫·블(숯불 炭火)

시·름(시름 愁)　　　시·옴(현 絃)　　　　스·싀(사이 間)

슈·룹(우산 率)　　　싱·깁(생깁 生絹)　　쇠·리(꼬리 尾)

쏟:님(따님 女)　　　싸·회(사위 壻)　　　아·들(아들 男)

아·름(아름 抱)　　　아·싀(처음 初回)　　아·옥(아욱 葵)

아·지(아기 兒)　　　아·춤(아침 朝)　　　앏·뒤(앞뒤 前後)

어·름(얼음 氷)　　　어·리(우리 圈)　　　어·치(언치 韉)

엇·게(어깨 肩)　　　여·름(열매 實)　　　여·쇄(엿쇄 六日)

여·의(꽃술 蘂)　　　여·흘(여울 瀨)　　　열·흘(열홀 旬)

엿 · 귀(여귀 蓼)   오 · 개(고개 峴)   오 · 곰(오금 䐐)

오 · 늘(오늘 今日)   오 · 리(오리 條)   오 · 얏(오얏 李)

오 · 좀(오줌 尿)   우 · 룸(울음 泣)   우 · 리(우리 笠)

우 · 믈(우물 井)   우 · 숨(웃음 笑)   우 · 틔(치마 裳)

울 · 음(부르짖음)   이 · 슬(이슬 露)   이 · 아(잉아 綜)

이 · 틀(이틀 二日)   잇 · 기(이끼 苔)   자 · 리(자리 席)

잠 · 개(병장기 兵器)   저 · 울(저울 秤)   젼 · 뙤(잔디 莎)

젼 · 츳(까닭 故)   조 · 긔(조기 石首魚)   조 · 뿔(좁쌀 粟米)

주 · 검(주검 屍)   주 · 룸(주름 摺)   줄 · 기(줄기 幹)

즘 · 게(큰 나무 樹)   집 · 게(집게 鉗)   집 · 일(집안일 家事)

지 · 조(재주 才)   콩 · 퐟(콩팥 腎臟)   터 · 리(털 毛)

텬 · 동(천둥 天動雷)   하 · 리(참소 讒訴)   허 · 리(허리 腰)

허 · 믈(허물 舊皮)   허 · 튀(다리 · 종아리 腓) 호 · 믜(호미 鋤)

화 · 살(화살 矢)   흔 · 낫(한탄 一箇)   흔 · 숨(한숨 一寢)

• 용언(用言)

가 · 도(거두다 收)   가 · 르(가르다 歧)   가 · 싀(가시다 戀)

가 · 지(가지다 取)   갈 · 므(염습하다 殮)   감 · 쏠(감돌다 繞)

갓 · 기(깎이다 削)   거 · 츨(거칠다 荒)   건 · 디(건지다 濟)

것 · 듣(꺾이다 折)   견 · 듸(견디다 耐)   견 · 조(견주다 比)

결 · 오(겨루다 競)   겻 · 셔(맞서다 角立)   계 · 우(못 이기다 不勝)

고 · 오(꼬느다 · 꿇다) 고 · 오(고다 熬)   고 · 이(사랑하다 籠)

고 · 초(곧추세우다 控) 고 · 치(꽂히다 押)   과 · 호(일컫다 · 원하다)

괴·오(괴다 支)　　구·르(구르다 頓足)　　구·리(굴리다 轉)

구·진(꾸짖다 叱)　　구·치(굽히다 屈)　　구·틔(강요하다 强)

그·싀(기이다 匿)　　긁·쥐(움켜쥐다 杻)　　기·리(기리다 讚)

기·티(끼치다 遺)　　기·피(깊게 하다 深)　　길·오(기르다 養)

깃:깃(깃들이다 棲)　　ᄀᆞ·리(가리다 蔽)　　ᄀᆞ·릅(가렵다 癢)

ᄀᆞ·초(감추다 隱)　　ᄀᆞ·초(갖추다 具)　　ᄀᆞᆯ·오(가루다 竝)

ᄀᆞᆯ·외(침범하다 犯)　　나·소(나서다 進)　　나·오(드리다 進上)

나·토(나타나다 現)　　난·호(나누다 分)　　날·호(더디다 遲)

너·기(여기다 想)　　너·피(넓히다 廣)　　너·흘(물다·썹다 齕)

녀·토(옅게 하다 淺)　　노·기(녹이다 融)　　노·리(노린내 나다 羶)

놀오(놀리다 遊)　　놀·이(놀리다 弄)　　누·기(눅이다·늦추다 弛)

누·르(누르다 壓)　　니·기(익히다 習)　　니·르(이르다 至)

니·피(입히다 被)　　닐·오(이르다 謂)　　ᄂᆞᆫ·호(나누다 分)

ᄂᆞᆷ·드(날뛰다 抃)　　늘·외(더디다 遲)　　늘·이(날리다 飛)

ᄂᆞᆺ·갑(낮다 低)　　다·ᄃᆞᆷ(다듬다 練)　　ᄃᆞ·리(달이다 煎)

다·오(닦다 修築)　　다·티(닫히다 閉)　　다·히(대다 觸)

달·애(달래다 誘)　　달·오(달구다 燒)　　달·호(다루다 治)

담·기(담기다 盛)　　더·듬(더듬다 搜)　　더·듸(더디다 遲)

더·디(던지다 投)　　더·블(더불다 與)　　더·우(더하다 加)

더·이(데우다 煿)　　덟·기(물들이다 染)　　도·도(돋우다 挑)

돈·갑(도탑다 厚)　　돌·이(돌리다 廻)　　두·럽(둥글다 圓)

두·립(두렵다 懼)　　들·에(들레다 喧)　　들·이(들리다 被聽)

디·니(지니다 持)　　ᄃᆞ·리(거느리다 率)　　ᄃᆞ·토(다투다 爭)

돋·니(다니다 行)　　　돌·이(달리다 走)　　　둘·이(당기다 牽)

듬·기(잠기다 潛)　　　마·시(마시다 飮)　　　마·씨(맡기다 任)

마·치(맞히다 的中)　　만·나(만나다 逢)　　　말·이(말리다 禁)

맛·굶(응하다 應)　　　맛·디(맡기다 任)　　　머·금(머금다 含)

머·기(먹이다 使食)　　머·믈(머물다 逾)　　　머·흐(궂다 險)

모·도(모으다 集)　　　무·지(자르다 剪)　　　믈·이(물리다 贖)

믈·헐(허물다 頹)　　　미·치(미치다 狂)　　　밋·츠(미치다 及)

믄·지(만지다 撫)　　　몰·외(말리다 乾)　　　바·티(바치다 呈)

바·히(베다 斬)　　　　받·내(받아내다)　　　밧·고(바꾸다 換)

버·을(벌다 相疎)　　　버·희(베다·자르다 斷)　범·글(얽히다 縈)

보·차(보채다 使惱)　　봄·뇌(뛰놀다 躍)　　　부·츠(부치다 煽)

비·룻(비롯하다 始)　　비·을(성기다 疎)　　　빈·쏘(비싸다 價高)

빌·이(빌리다 價)　　　빙·이(꾸미다 粧)　　　브·리(버리다 捨)

붉·기(밝히다 明)　　　빅·호(배우다 學)　　　뛰·놀(뛰놀다 躍)

뽐·기(숨기다 匿)　　　삼·가(삼가다 謹)　　　새·오(새우다 妬)

서·리(서리다 蟠)　　　석:배(썩어 없어지다 朽)　설·픠(영롱하다 玲瓏)

셤·기(섬기다 奉事)　　소·기(속이다 欺)　　　수·기(숙이다 低頭)

수·수(떠들다 喧)　　　슬·흐(슬프다 悲)　　　시·기(시키다 使)

시·름(시름하다 愁)　　슬·갑(슬기롭다 慧)　　슬·ᄋᆞ(사뢰다 白)

슬·피(살피다 察)　　　슴·씨(삼키다 嚥)　　　ᄭᅮ·짖(꾸짖다 叱)

알·외(알리다 告)　　　암·굴(아물다 癒)　　　앗·기(아끼다 惜)

어·긔(어기다 違)　　　어·듭(어둡다 暗)　　　어·렵(어렵다 難)

어·리(어리석다 癡)　　어·위(너그럽다 寬)　　업·티(업치다 覆)

에·우(두르다 繞)　　　여·위(여위다 瘦)　　　여·희(여의다 別)

오·라(오래다 久)　　　오·을(온전하다 全)　　　옮·기(옮기다 移)

우·기(우기다 强之)　　움·츠(움츠리다 縮)　　　이·기(이기다 勝)

이·올(이울다 枯)　　　자·히(재다 尺)　　　　잡:쥐(잡아 쥐다 操)

저·지(적시다 潤)　　　져·믈(저물다 暮)　　　져·주(신문하다 詰)

졈·그(저물다 暮)　　　조·리(줄이다 略)　　　조·리(조리다 煮)

조·지(죷다 縮)　　　　주·기(죽이다 殺)　　　즈·츼(지치다 泄)

지·즐(지지르다 壓)　　지·지(지저귀다 噪)　　짓·괴(지껄이다 喧)

줌·ᄀᆞ(잠그다 鎖)　　　치·오(채우다 充)　　　틱·오(태우다 燒乘)

품·기(풍기다 燻)　　　퓌·우(피우다 燃)　　　프·르(푸르다 靑)

할·아(헐뜯다 讒)　　　혜·데(헤치다 披)　　　혜:젓(휘젓다 揚)

횟·돌(휘돌다 廻)　　　흘·긔(흘기다 眼白)　　흘·리(들리다 落)

부록 3 ─── 용어풀이

거성(去聲) : 측성(仄性)의 하나로서, '듬직한 약간 긴 소리', 곧 '氣, 主, 水, 苦…' 등이 이에 속한다. 상성(上聲)과는 같은 측성으로서 약간의 음장차(音長差) 뿐인 탓으로, 서로 드나듦이 심하여 얼른 분간해 내기 어렵다. 이를 상 거상혼(上去相混)이란 한다. 현대에서는 측단음(仄短音)으로 규정한다. 고 유어에서의 방점(傍點)은 1점. 380쪽 '상성화한 거성' 및 '거성화한 상성' 참조. → 측단음

경사(京辭·傾斜) : → 엇진말

고저(高低) : 고저란 고조(高調)와 저조(低調)를 묶어서 이르는 말. 곧 발음체(發音 體)의 진동수의 많고 적음에 따라 구별되는 음의 높낮이를 말한다. 고조 에는 어두(語頭)에 '上·去·入'성으로 이루어지는 측고조(仄高調)와, 측성 위에 위치한 평성이 고조되는 평고조(平高調)의 두 가지가 있고, 저조(低 調)에는 '평성+평성'의 연접으로 이루어지는 평저조(平低調)가 있다.

고저(高低)와 강약(强弱) : 고저는 같은 시간 내에서의 성대진동(聲帶振動)에 의한 음파수(音波數)의 다소(多少)에 의함이요, 강약은 발음할 때 들이는 힘에 의한 음파의 대소(大小)에 의함이다.

고저장단(高低長短) : → 성조(聲調)

개방종성(開放終聲) : 모든 모음(母音)과 'ㄴ, ㄹ, ㅁ, ㅇ' 자음으로 끝나는 소리를 말한다. 이들은 여음(餘音)을 한없이 길게 늘일 수 있다. ↔ 폐쇄종성

낮은 자(字) : 한자를 평측으로 구별하여 일컬을 때, 평성자(平聲字)를 일컫는 말 ↔ 높은 자(字)

높은 자(字) : 한자를 평측으로 구별하여 일컬을 때, 측성자(仄聲字), 곧 상성자 (上聲字)·거성자(去聲字)·입성자(入聲字)를 이르는 말 ↔ 낮은 자(字)

단음절 측성어(短音節仄聲語) : 이는 체언(體言)이든 용언(庸言)이든, 제 본래의 측성 (仄聲)대로 언제나 측고조(仄高調)로 나타난다. 배(舟), 손(手), 짚(藁), 옷 (衣), 갈다(耕), 되다(斗量), 들다(入) 등의 고유어 및 '北, 黨, 點, 命, 勢, 運, 熱…' 등의 한자어들이 그것이다. 이 한자어들은 이미 고유어화(固有 語化)한 말들로 간주되어서다.

단음절 평성어(短音節平聲語) : 단음절로 된 평성체언(體言)이나 평성용언(庸言)은 평고조(平高調)로 고조된다. 평성은 본래 성세(聲勢)가 미약하기 때문에, '平' 단독일 때는 그 미약함을 보강하려는 인간의 보강심리에서 유래된 결과라 할 수 있다. '말(馬), 배(梨), 손(客), 집(家), 갈다(改), 되다(化), 들다(擧), 달다(甘)…' 등이며 '山, 羊, 蘭, 王, 門, 窓, 神, 功, 詩…' 등 한 자어들은 이미 고유어화한 것으로 간주되는 말들에 나타난다. 그러나 이 말들도 다른 평성과 이웃하게 되면 '平+平→平平' 구조가 되므로 다 시 평성 본래의 저조로 돌아간다. '말고삐, 배꼭지, 손맞이, 집앞…' 등과 같다.

변조(變調) : 이에는 두 가지가 있다. 체언(體言)과 조사(助詞) 사이나 용언(用言) 과 어미(語尾) 사이의 고저법칙에 있어, 규칙정연하지 못하고 일부 벗어

나는 것을 이른다. 이는 일부 평성화나 일부 측성화로 나타나는 현상인 만큼, 이 또한 그 조건하에서의 일사불란한 규칙을 따르고 있음은 물론이다. ↔ 정조(正調)

보강고조 현상(補强高調現象) : 평성단음절어(平聲短音節語)의 고조 현상을 이른 말. 평성은 측성과 반대로 경(輕)·단(短)·저(低)·약(弱)·미(微)한 존재이므로, 제 단독일 때는, 어의(語義) 전달이 불분명해질 것을 염려한 나머지, 이를 평고조의 높이로까지 보강하게 되는 현상을 이름이다. 예 : '城, 山, 窓, 詩… 배〔梨〕, 손〔客〕, 집〔家〕, 술〔酒〕…' 따위.

사성(四聲) : 한자음의 고저장단을 나타내는 운(韻)의 네 가지, 곧 평성(平聲), 상성(上聲), 거성(擧聲), 입성(入聲)의 일컬음이다. 우리나라에서 일컫는 사성은 중국에서 전통적으로 내려오는 정운(正韻)의 사성으로, 중국의 속운(俗韻) 또는 어운(語韻)이라고도 일컬을 수 있는 북경관화(北京官話)에서의 사성과는 그 고저장단이 전연 다르다. 이 가운데 상성, 거성, 입성을 합하여 측성(仄聲)이라 하여, 평성과 대립관계로 보는 것이 '평측(平仄)'이다. → 평측(平仄)

상거무별(上去無別) : 상거상혼(上去相混)

상거상혼(上去相混) : 상성과 거성이 서로 섞이어 구별하기 어렵게 된 상태를 이르는 말. '世, 亂, 事…' 등 많은 거성자가 상성화, 곧 장음화(長音化)하는가 하면, '主, 九, 像' 등 본래의 많은 상성자가 거성화, 곧 측단음(仄短音)으로 바뀌는 등, 변동이 심하여 자전(字典)이나 옥편(玉篇)이나 운고(韻考)에 의하지 않고는, 상성·거성 자의 본적(本籍)을 알 수 없게 되었으므로, 오늘날은 그 현행음(現行音)의 장단(長短)을 표준으로 상·거성의 현주소를 알아낼 수밖에 없게 되었다.=상거무별(上去無別). 349쪽 참조.

상성 : 중후(重厚)한 가장 긴 소리로서, '上, 古, 久, 信, 命…' 등이 이에 속한다. 선저후고(先低後高)로 기록되었으나, 그 실상은 선고후고(先高後高)로, 운두(韻頭)부터 높은 소리이다. 또 거성(擧聲)과의 상혼(相混)으로 구별하기 어려우나, 현실적 상성은 평성의 이배장(二倍長), 곧 사성 중 가장 긴 소리를 표준하면 어렵지 않다. 고유어에서의 방점(傍點)은 2점이다. 사성 및 349쪽 '상거상혼' 참조.

선고후고(先高後高) : → 선저후고(先低後高)

선저후고(先低後高) : 상성(上聲)의 소리를 '和而擧'로 규정한《훈민정음》의 기록에 기대어 '상성은 처음이 낮고 나중이 높아지는 소리'로 보는 견해를 이름이다. 그러나 상성이 측성에 드는 만큼 '그 처음이 낮아서는' 측성 구실을 할 수 없기 때문에 논리에 맞지 않는다. 따라서 상성을 '厲而擧'로 규정한《원화운보(元和韻譜)》나,《옥약시가결(玉鑰匙歌訣)》의 '上聲高呼猛烈强'을 정운(正韻)으로 받들어, 상성은 선고후고(先高後高), 곧 첫 발음부터 높은 소리임에 틀림없다고 하는 필자의 주장이다. 333쪽 선고후고론 참조.

성조(聲調) : 고저장단(高低長短)을 통칭하는 말. 흔히 고저만을 뜻하는 것으로 알고 있음은 잘못이다. 고저와 장단이 동시작용함으로써 생동하는 성조가 이루어지는 것으로, 이는 호흡과 맥박의 관계와도 같은 것이다.

성조단위(聲調單位) : 한 음세(音勢)로 시종하는 고저장단의 소절(小節)을 말한다. 이에는 사전상(辭典上)의 단위와 실용상의 단위로 구분된다. 전자는 사전상의 모든 표제어(標題語)를 이름이요, 후자는 사전상의 단위를 바탕으로 하여, 거기 연접하여 이루어지는 '실사(實辭)+허사(虛辭)'로 된 어절이나, 또는 복합어절로서 사전상의 그것보다 포괄적(包括的)인 단위인 것이다.

양양조(昻壤調) : 이는 '처든 가락'과 같은 말로서 '평고조(平高調)'를 이름이다.

어복(語腹) : 한 어절(語節)의 어두(語頭)와 어말(語末)의 가운데 위치를 이르는 말. 4음절어의 경우면 제2음절이나, 제3음절이 이에 해당한다.

어편(語片) : '말조각', 곧 말을 최소단위로 분석한 그 하나하나의 조각을 이름이다. 실사(實辭)는 물론, 허사(虛辭)의 조사, 어미, 보조어간, 접두·접요·접미사 등을 총망라한, 그 하나하나를 이름이다. 이들은 저마다 남녀성과 같은 성(性) 구별이 있어, 측기어(仄起語)들은 측성성(仄聲性)의 말이요, 평기어(平起語)들은 평성성(平聲性)의 말들이다. 그리하여 그 말의 개념을 달라지게 하는 접두자에 따라 성전환(性轉換)을 하기도 한다.

엇가락말 : 엇진말

엇진말 : 경상권 사람들이 비경상권 사람들의 말씨를 일컫는 말. 고저장단은 정상적이지마는, 이를 발음함에 있어, 다분히 선율적(旋律的)인 가락으로 억양(抑揚)함을 지적하여 이른 말. 이를 또 '경사(京辭)'라고도 하는데, 이는 '서울 말씨'란 뜻과 동시에 '경사(傾斜)', 곧 '엇가락' 또는 '빗가락'이란 뜻으로도 풀이된다. 이는 경상도 말이 고저인 종(縱)과 장단인 횡(橫)만으로 군가락이 없이 이루어진 것과는 달리, 서울말을 포함한 비경상권 말씨에는 선율적인 사(斜)의 가락이 고저장단의 사이를 누비고 있기 때문에 붙여진 듯하다.

운(韻) : 한자(漢字)는 표의문자(表意文字)이기 때문에 글자마다 뜻〔訓〕이 있고 음(音)이 있고 운(韻)이 있다. 운이란 그 음을 발음할 때의 고저장단(高低長短)을 지시 규제하는 역할을 맡고 있는 것이다. 이는 사성(四聲), 곧 평성(平聲)·상성(上聲)·거성(擧聲)·입성(入聲)의 네 가지 틀에 의해서 이루어진다.

운소(韻消) : 여기서는 운(韻)을 담당하고 있는 요소란 뜻으로 쓰였다. → 운(韻)

운통(韻統) : 한자 운서(韻書)에 있는 운자(韻字)의 계통. 운통자(韻統字)들은 해당
계통의 대표자들이다. 이를 열거하면 다음과 같다.

> 평성 … 東冬江支微魚虞齊佳灰眞文元寒刪先蕭肴
> 豪歌麻陽庚青蒸尤侵覃鹽咸(이상 30운)

> 상성 … 董腫講紙尾語麌薺蟹賄軫吻阮旱濟銑篠巧
> 皓哿馬養梗迥有寢感琰豏(이상 29운)

> 거성 … 送宋絳寘未御遇霽泰卦隊震問願翰諫霰嘯
> 效號箇禡漾敬徑宥沁勘豔陷(이상 30운)

> 입성 … 屋沃覺質物月曷黠屑藥陌錫職緝合葉洽(이상
> 17운)

입성 : 한자의 입성은 '學, 錄, 入, 合, 日, 月…' 등과 같이 'ㄱ, ㄹ, ㅂ' 종성 글
자로서, 사성(四聲) 중 그 특색이 가장 두드러져 있어 분간하기에 어렵지
않다. 이는 거성(去聲)과 같이 중후(重厚)한 소리로서 평성과 상성의 중간
길이, 곧 비장비단(非長非短)의 소리지만 현대에서는 측단음(仄短音)으로
규정한다. 고유어에서의 방점은 1점. → 사성(四聲)

장작글 : 한문을 독송(讀誦)함에 있어, 그 문장의 구성 운(韻 ; 四聲, 平仄)에 따라
고저장단을 확실하게 읽지 못하고, 함부로 아무렇게나 읽는 것을, 무식
한 사람이 장작을 패듯 한다는 뜻으로 비꼬아 이르는 말.

정조(正調) : 이에는 두 가지가 있다. 체언(體言)과 조사(助詞) 사이의 고저대응
법칙과, 용언(用言)과 어미(語尾) 사이의 고저대응법칙에 있어, 한결같이
규칙정연함을 정조(正調)라 하고, 그러하지 못한 것을 변조(變調)라 한다.
↔ 변조(變調)

제2고조 : 한 어절(語節) 속에 고조되는 곳이 둘 있는 경우, 첫째 고조를 제1고

우리말의 고저장단

조, 그 다음의 고조를 제2고조라 한다. 이들은 대개 독립된 두 낱말의 연접으로 이루어지는 경우 '年末年始, 收入支出, 文武, 兼備'와 같이 '平仄平仄' 구조의 제1음절에 평고조인 제1고조, 제3음절에 같은 평고조의 제2고조가 일어난다. 또 '喜怒哀樂, 美風良俗, 有名無實'의 경우도 제1음절에 측고조, 제3음절에 평고조가 오게 마련이나, 그 두 고조의 사이가 너무 가깝기 때문에 말을 빨리 하는 경우에는, 제2고조는 제1고조의 그늘에 들어 매우 약화된다. 이는 '측하무고조(仄下無高調)'의 규정과도 마찰이 생기므로 제2고조는 허용규정으로 인정할 뿐이다.

처든 가락 : → 앙양조(昂揚調)

초단음(稍短音) : 조금 짧은 소리, 곧 입성(入聲)의 음장(音長)을 이른 말. 평성(平聲)의 짧음보다는 덜 짧은 소리로서, 필경 거성(去聲)의 초장음(稍長音)과 같이 평성과 성성의 중간 길이와 합치한다. → 초장음

초장음(稍長音) : 조금 긴 소리. 곧 거성(去聲)의 음장(音長)을 이른 말. 거성은 평성(平聲)과 상성(上聲)의 중간 길이로 비장비단(非長非短)의 길이였으나, 장단(長短) 이원 체제로 보는 현대어에서는 단(短)에 속한다. 그러나 거성의 그 중후한 무게에 수반되는 자연부가의 음장이 저 평성의 평단음(平短音)과 아주 같지는 않으므로 이를 측단음(仄短音)이라 한다. → 평단음·초단음(稍短音)

측고조(仄高調) : 측고조란 仄聲(上聲·去聲·入聲)으로 시작하는 모든 어휘의 어두고조(語頭高調)의 이름이다. 이에는 그 구성유형(構成類型)으로 보아 '仄仄', '仄平'의 두 가지가 있다. 둘 다 '仄'으로 시작하는 말이므로 이들을 묶어 측기어(仄起語)라 일컫는다. 측기어는 제2음절이 '仄'이든 '平'이든 상관없이 어두(語頭)가 고조된다. 그 성질(聲質)은 출발음(出發音)이 묵직하고

듬직한 어두고조로서, 저 평고조의 짧고 긴장한 고조와는 대조적이다. 약간의 보기를 들면 '改革, 氣運, 納稅, 最高, 紀綱, 國家… ·가·지(枝), ː말·슴(談), ·싹·듣(覺)…'들과 같다. ↔ 평고조(平高調)

측고조표(仄高調票) : '측고조'임을 나타내는 사전 표제어에 베푸는 '`'을 이른다. 예 : 수리(水利), 기운(氣運), 여인(女人), 정치(政治)와 같다. 장음으로서의 측고조표는 '⁻'으로 양겸(兩兼)한다.

측기어(仄起語) : 측성(仄聲)으로 시작하는 말. '平仄' 구조나 '仄仄' 구조를 묶어서 이르는 말.

측단음(仄短音) : 한자 거성(去聲)의 대다수는 소리가 길어져서 상성(上聲) 쪽으로 기울어졌으나, 잔류거성(殘留去聲)과 상성에서 온 거성은 예와 같이 초장음(梢長音)으로 약간 긴 소리이다. 그러나 장단(長短) 양 체계로 보는 현대의 안목으로는 '단(短)'으로 보되, 역시 듬직한 무게가 실려 잇는 '단(短)'이므로 이를 '측단음(仄短音)'이라 한 것이다. ↔ 평단음(平短音)

측상평고도(仄上平高跳) : 측상평고조(仄上平高調)의 '平'의 그 돌연한 고조 자세를 도약(跳躍)에 견주어 나타낸 말일 뿐, 필경 측상평고조, 즉 평고조(平高調)와 같은 내용이다.

측상평고조(仄上平高調) : 측성(仄聲) 위에 위치한 평성(平聲)은 고조된다는 뜻으로, '평고조(平高調)'와 같은 듯이다. 곧 '平+측' 구조인 '君子, 常識, 公正, 成就… 하·늘, 가·슴, 나·라, 소·리…' 등에서 측성 위에 위치한 '君, 常, 公, 成… 하, 가, 나, 소…' 따위 평성이 고조되는 현상을 말한다.

측성성 어미(仄聲性語尾) : 약칭하여 '측어미(仄語尾)'라고도 한다. 이는 평성성 어미(평어미)와 대응하여, '平平' 구조의 어휘에 연접하여 변화를 일으킨다. 측어미는 그 자체가 '仄'으로 시작하는 어미이기 때문에 '能하다, 傳하

여, 窮하므로, 嚴하시다, 勤하려면' 등과 같이 '平平+仄○→平平仄○' 구
조가 되기 때문에 제2음절, 곧 어간(語幹)의 말음(末音)이 평고조된다.

측성성 조사(仄聲性助詞) : 약칭해서 측조사(仄助詞)라고도 한다. 이는 '평성성 조
사(平助詞)'와 대응하여, '平平' 구조의 체언에 연접하여 변화를 일으킨
다. 이 측조사는 '이, 은, 에, 의, 도…' 등 그 수가 많으나, 그 자체가 측성
어이기 때문에 '平平' 구조의 체언에 연접되면 '平平+仄→平平仄' 구조
가 되어, '人間이, 文章은, 沙工도…'와 같이 제2음절, 곧 체언의 말음(末
音)이 평고조된다. 142쪽 '조사일람표' 참조.

측어미(仄語尾) : → 측성성 어미

측조사(仄助詞) : → 측성성 조사

측측(仄仄) : '平'과 '仄'이 연접하여 단어를 이룰 때의 네 가지 유형인 '仄仄,
仄平, 平平, 平仄' 중의 하나. 곧 '學問, 政治, 慶事, 會議' 등과 같은 '仄+
仄' 구조의 말들을 일컫는다. 이 '仄仄'은 '仄平'과 아울러 측기어(仄起語)
로서, 고저로는 측고조이며, 성으로는 측성성이다.

측평(仄平) : '平'과 '仄'이 연접하여 단어를 이룰 때의 네 가지 유형인 '仄仄,
仄平, 平平, 平仄' 중의 하나. 곧 '共存, 合心, 伏兵, 善良' 등과 같은 '仄+
平' 구조의 말들을 일컫는다. 이 '仄平'은 '仄仄'과 아울러 측기어(仄起語)
로서, 고저로는 측고조(仄高調)요, 성(性)으로는 측성성(仄聲性)이다.

측하무고조(仄下無高調) : 측고조(仄高調)나 평고조(平高調)가 한 번 어두에 나타난
뒤에는 다시 고조되지 않는다는 뜻. 그것은 고조에 들인 힘의 소모가 컸
으므로 잇달아 또 고조 현상이 나타나기 어렵기 때문이다. 곧 한 번 고
조된 그 뒤의 음절들은 약화한다는 뜻이다.

평고조(平高調) : 평고조란 측상평고조(仄上平高調)의 약칭이다. 곧 '人物, 常識,

元老, 光景, 交易'과 같이 '平+仄' 구조의 어휘들은 측성인 '物, 識, 老, 景, 易'의 위에 위치한 '人, 常, 元, 光, 交'와 같은 평성이 고조됨을 이름이다. 고유어인 '하늘〔天〕, 나라〔國〕, 어름〔氷〕, 아들〔子〕, 목숨〔命〕'들도 마찬가지다. 평성은 본래 가장 짧고 가볍고 낮은 가락이지만 측성과 만나는 경우에는, 제 소리의 미약함이 측성의 높은 성세에 압도되어 더욱 미약(微弱)해질 것을 두려워한 나머지, 측성보다 오히려 더 높은 소리로 반발할 때의 높은 가락을 이름이다. 한편 평고조는 어두(語頭)에서뿐만 아니라 어복(語腹)에서도, '平平仄·平平平仄·平平平平仄'의 경우 '求心力, 空山明月, 江東區廳長'과 같이 '仄'의 직전의 '平'이 고조되어 제2음절, 제3음절, 제4음절이 고조되는 것이 특징이다.

평고조표(平高調票) : '평고조'임을 나타내는 사전 표제어에는 베푸는 표. ' ′ '를 이른다. 예: 남북(南北), 남녀(男女), 하늘, 가슴….

평기어(平起語) : 평성으로 시작하는 말. 곧 '平平' 구조나 '平仄' 구조를 묶어서 이르는 말.

평단음(平短音) : 평성은 '짧고 가볍고 낮은 소리'이기 때문에 본래부터 단음(短音)이지만, 장단(長短) 양 체계로 보는 현대의 안목으로서는 초장음(梢長音)인 거성(去聲)과 입성(入聲)을 또한 단음으로 간주하여 '측단음(仄短音)'으로 구별하게 됨으로써 붙여진 이름일 뿐, 평단음이야말로 고래의 순수한 의미로서의 단음인 것이다. ↔ 측단음

평성 : ①사성(四聲), 곧 '평성, 상성, 거성, 입성' 중의 하나인 '평성'과 ②'평측(平仄)' 중 '측성(仄聲)'의 대로서의 '평성'과 형식은 다르나 뜻은 같다. 가장 짧고 가볍고 낮은 소리. '平, 安, 和, 哀…' 따위다. 고유어에서의 방점(傍點)은 무점(無点). → 사성(四聲)·평측(平仄)

평성성 어미(平聲性語尾) : 약칭하여 '평어미(平語尾)'라고도 한다. 이는 측성성 어미(측어미)와 대응하여 '평평' 구조의 어간(語幹)에 연접하여 변화를 일으킨다. 이들은 그 자체 '平+仄' 구조이기 때문에 '能하거늘, 傳하나니, 窮하도다'와 같이 '平平+平仄→平平平仄' 구조가 되어, 제3음절이 평고조된다. 183쪽 '어미알림표' 참조.

평성성 조사(平聲性助詞) : 약칭해서 평조사(平助詞)라고도 한다. 이는 측성성 조사(측조사)와 대응하여 '平平' 구조의 체언에 연접하여 변화를 일으킨다. 이 평조사는 '까지, 더러, 마저, 만은, 부터, 조차, 커녕, 하고, 한테' 등 그 자체가 '平+仄' 구조로 되어 제3음절이 고조된다. '人間만은, 文章부터, 沙工조차…'에서 제3음절이 평고조됨과 같다. 142쪽 '조사일람표' 참조.

평어미(平語尾) : → 평성성 어미

평저조(平低調) : 평측(平仄)의 네 가지 유형 중의 하나인 '平平' 구조의 말들이다. 가장 짧고 가볍고 낮은 소리인 평성이 서로 이웃함으로써 평온하고 잔잔한 낮은 가락으로 고조되는 데가 없이 도란도란 평화롭다. 平民, 南韓, 文明, 東洋, 空中, 人生… ㄱ슬〔秋〕, 도즉〔賊〕, ᄆᅀᆞᆷ〔心〕…들과 같다.

평조사(平助詞) : → 평성성 조사

평측(平仄) : 이에는 두 가지 뜻갈래로 나뉘어진다. ①일반명사로서의 平仄, 곧 사성(四聲)의성을 '평성'으로 하고, 상성(上聲)·거성(去聲)·입성(入聲)을 한데 묶어 '측성(仄聲)'으로 한, 양립(兩立)체계로서의 일컬음과 ②특수명사로서의 평측, 곧 '平'과 '仄'이 서로 만나게 되는 네 가지 유형인 '仄仄, 仄平, 平平, 平仄' 중의 하나로서의 일컬음이다. 이때는 대개 '平仄'형, '平仄' 구조, 또는 '平+仄' 등으로 표기했다. 이들은 다 고조로는 평고조(平高調)요, 성으로는 평성성(平聲性)이다.

평측(平仄)의 유형 : '仄仄, 平仄, 平平, 仄平'의 네 가지 유형을 이름이다. 앞의 둘은 측기어(仄起語)로서 어두(語頭)가 고조되는데, 이를 측고조(仄高調)라 하고, 뒤의 둘은 평기어(平起語)인데, '平平'은 고조되는 곳이 없는 평저조(平低調)이며, '平仄'은 측성 위에 위치한 평성이 갑자기 긴장 고조되는 평고조(平高調)이다. → 평측

평평(平平) : '平'과 '仄'이 연접하여 단어를 이룰 때의 네 가지 유형의 하나인 '仄仄, 仄平, 平平, 平仄' 중의 하나. 곧 '同窓, 花郞, 銀河, 身元, 家庭… 가슬, 마슴…' 등과 같은 '平平' 구조의 말들로서, 고저로는 평저조(平低調)요, 성으로는 평성성(平聲性)이다.

폐쇄종성 : 'ㄴ, ㄹ, ㅁ, ㅇ'의 네 종성(終聲)을 제외한 모든 자음(字音) 종성. 그 특징은 여음(餘音)이 없어, 음의 끝소리가 이내 닫혀 버리고 만다. ↔ 개방종성

우리말의 고저장단